**Stadtforschung aktuell
Band 2**

**Herausgegeben von:
Hellmut Wollmann
Gerd-Michael Hellstern**

Dieter von Lölhöffel
Dieter Schimanke
(Hrsg.)

Kommunalplanung vor neuen Herausforderungen

Bausteine für die
Verwaltungspraxis
der 80er Jahre

Birkhäuser Verlag
Basel · Boston · Stuttgart

CIP-Kurztitelaufnahme der Deutschen Bibliothek

Kommunalplanung vor neuen Herausforderungen :
Bausteine für d. Verwaltungspraxis d. 80er Jahre /
Dieter von Lölhöffel ; Dieter Schimanke (Hrsg.).
- Basel ; Boston ; Stuttgart : Birkhäuser, 1983.
  (Stadtforschung aktuell ; Bd. 2)
  ISBN 3-7643-1484-2
NE: Lölhöffel, Dieter von [Hrsg.]; GT

Die vorliegende Publikation ist urheberrechtlich geschützt.
Alle Rechte vorbehalten. Kein Teil dieses Buches darf ohne schriftliche
Genehmigung des Verlages in irgendeiner Form durch Fotokopie, Mikrofilm
oder andere Verfahren reproduziert oder in eine von Maschinen, insbesondere
Datenverarbeitungsanlagen, verwendbare Sprache übertragen werden.

© 1983 Birkhäuser Verlag Basel
Umschlaggestaltung: Konrad Bruckmann
Printed in Germany
ISBN 3-7643-1484-2

INHALTSVERZEICHNIS

Neue Herausforderung an das kommunale Handeln.
Zur Einleitung dieses Bandes   7

HANS-EBERHARD HAVERKAMPF / DIETER SCHIMANKE
Stadtplanung als Handlungsressource der Kommunalverwaltung   14

DIETER VON LÜLHÖFFEL
Ansatz einer kooperativen Stadtentwicklungsplanung   30

GERD WESSEL
Stadtentwicklungsplanung in einer mittleren Grossstadt   43

ARNULF VON HEYL / STEPHAN ROSENMUND
Stadtplanung und Stadterneuerung "mittlerer Reichweite und -intensität" am Beispiel der Stadt Stuttgart   57

UTZ INGO KÜPPER
Leistungspotentiale in der Stadtentwicklungsplanung   70

ERICH SPLITT
Krise und Chance der Kommunalen Entwicklungsplanung   72

HANS-GEORG LANGE
Funktion der Stadtentwicklungsplanung in den 80er Jahren   80

REINHOLD GÜTTER
Abschätzung der Wirkungen aktionistischer Stadterneuerung   85

HELMUT SCHREIBER / HERMANN BORGHORST

Integrative Planung und Chancengleichheit im städtischen Raum -
"Wertausgleichsplanung" in Berlin 99

STEPHAN RUSS-MOHL

Problemkonjunkturen - ein strategisches Potential für die
Kommunalpolitik? 121

GERHARD BANNER

Zur politisch-administrativen Steuerung in der Kommune 139

HERBERT KÖNIG

Von der politischen Erfolgskontrolle zum politischen Programmentwurf 165

GÜNTER IRLE

Transfer und Rezeption soziologischer Untersuchungsergebnisse in der
Kommunalverwaltung 187

RAINER PRÄTORIUS

Politische Problemverarbeitung und Sozialwissenschaft: von der
Hybris zum Zynismus 213

RENATE BEHNKEN / ALFRED BRUNNBAUER

Benutzerorientierte Evaluierung kleinräumiger Versorgung mit sozialer
Infrastruktur: Das Beispiel der Jugendzentren in Augsburg 222

JÜRGEN GOTTHOLD

Evaluation eines Stadtteilentwicklungsprogramms für einen
Sozialen Brennpunkt - Methodische Vorüberlegungen 243

KLAUS-MICHAEL BENEKE

Aufgabenkritik als (Teil-)Antwort der Bürokratiekritik? 271

Autorenverzeichnis 297

Neue Herausforderungen an das kommunale Handeln

Zur Einleitung dieses Bandes

Zu Beginn der 80er Jahre ist eine Reihe von Faktoren zu verzeichnen, die neue Herausforderungen für das kommunale Handeln markieren. Es sind dies insbesondere der anhaltende Trend zur Abwanderung in die Ballungsrandzonen mit den zunehmend negativen Folgen für die Städte wie soziale Entmischung und Entstehen sozialer Brennpunkte, Verödung in den Kernbereichen großer Städte, Zerstörung der städtischen Ausgleichsräume und wachsende Verkehrsbelastung der Städte; es sind dies ferner die Fragen nach der Stellung der ausländischen Mitbürger, die Probleme einer anhaltenden strukturell bedingten Arbeitslosigkeit - gerade bei Jugendlichen -, die Unsicherheit über die Auswirkungen neuer Technologien (z. B. Mikroprozessoren, Telekommunikation); die weitere - auch räumliche - Konzentration von Unternehmen und Arbeitsplätzen, die wachsende Bewertung von Belangen des Umweltschutzes und das zunehmende Stadtteilbewußtsein der Bürger, welches einhergeht mit der wachsenden Notwendigkeit der Bestandspflege vor allem bei Wohnen und quartiersbezogenen Gewerbe. Hinzu treten Veränderungen der ökonomischen Rahmenbedingungen, wobei unsicher ist, inwieweit das stark verlangsamte Wirtschaftswachstum bis hin zur Stagnation zeitlich begrenzt oder systemimmanent auf Dauer angelegt ist. Zumindest wirken letztere, zusätzlich zu Steuerungsversuchen über Konjunktur- und Strukturpolitk als darauf direkt bezogene Handlungsprogramme, recht unmittelbar und nicht selten unvorbereitet auf das öffentliche Handeln, vor allem wo über öffentliche Haushalte Leistungs- und Umverteilungsfunktionen erfüllt werden sollen und wenn Veränderungen auf der Einnahmenseite angesichts einer kontroversen Diskussion um Steuerbelastung und Staatsquote enge Grenzen gezogen sind.

Öffentliche Verwaltung, und speziell Kommunalverwaltung wegen des ausgeprägten direkten Kontaktes zum "Publikum", unterliegt als Teil des politischen und des gesellschaftlichen Systems und als konsequenterweise offenes Informations- und Entscheidungssystem gesellschaftlichen Wandlungsprozessen, die sich einerseits in gewandelten Anforderungen an Verwaltungsleistungen etwa im Sinne von veränderten Bedürfnissen, andererseits in veränderten Einstellungen zur Akzeptanz und Legitimation von Verwaltungsentscheidungen niederschlagen können. Eine Folge dieser üblicherweise als Wertwandel bezeichneten Prozesse sind neben Auswirkungen auf die materiellen Inhalte von Verwaltungsprogrammen auch Veränderungen der Entscheidungsprozesse, die offener bis hin zu direkter Bürgerbeteiligung zu gestalten sind.

Mit dem vorliegenden Sammelband soll der Frage nachgegangen werden, inwieweit die kommunalen Problemlösungsansätze, -verfahren und -instrumente geeignet sind, diesen skizzierten Entwicklungstendenzen und den daraus folgenden veränderten Problemlagen und Anforderungen an das kommunale Handeln gerecht zu werden, und auf welche Weise sie gegebenenfalls veränderbar und zu verändern sind. Fast alle Beiträge wurden zur Fachtagung der Deutschen Vereinigung für Politische Wissenschaft, die im Oktober 1981 in Essen zu dem Thema "Probleme der Stadtpolitik in den 80er Jahren" abgehalten wurde, erstellt und in der Arbeitsgruppe "Kommunale Problemverarbeitung" zur Diskussion gestellt, die sowohl in der rückblickenden als auch prospektiven Bewertung der Ansätze kontroverse Einschätzungen sehr deutlich werden ließ. Die einzelnen Beiträge knüpfen sinnvollerweise an die Entwicklung der heute vorfindbaren, durchaus unterschiedlichen Ansätze an, wobei von der Sache her der Schwerpunkt in den 70er Jahren liegt. In der einschlägigen Literatur lassen sich bereits mehrere Wellen der Bilanzierung feststellen. Der ersten Welle, die man als erste Ansätze zur systematischen Erfassung, Einordnung und Bewertung charakterisieren könnte (GÖB 1974; SIEBEL 1974; HESSE 1976), folgte eine sehr stark empirisch orientierte Auseinandersetzung mit den einzelnen vorzufindenden Ansätzen in der Verwaltungspraxis (EWRINGMANN u. a. 1979; MÜLLER-TRIMBUSCH 1979; SULZER 1979), jeweils begleitet von Erfahrungsaustausch und Reflexionen der Praxis selbst (z. T. abgedruckt bei WEGENER 1981; KGSt 1980). Eine beginnende dritte Welle (Deutscher Städtetag 1981; FISCHER 1980; MÄDING 1981), der auch dieser Band zugerechnet werden soll, interpretiert, wie oben bereits näher ausgeführt, die Situation von Ansätzen und geeigneten Instrumenten zu Beginn der 80er Jahre.

Wie der Diskussionsstand in Praxis und Wissenschaft bereits bei den ersten Zwischenbilanzen bzw. ersten beiden Wellen zeigt, werden die verschiedenen Ansätze zur Problembewältigung bereits darin unterschiedlich bewertet, inwieweit sie überhaupt wirksam und zur Problemverarbeitung der Kommunen in den 70er Jahren geeignet waren. Die Kontroverse setzt sich in ähnlicher oder veränderter Form in der Einschätzung für die 80er Jahre fort.

Diese unterschiedliche Interpretation, die in diesem Band mit sehr positiven Einschätzungen von WESSEL und LANGE, mit verhaltenem Optimismus von VON LÖLHÖFFEL, mit erheblicher Skepsis von HAVERKAMPF/SCHIMANKE und Kritik hierzu von KÜPPER vertreten ist, gilt vor allem für die kommunale Entwicklungsplanung, in der in Praxis und Literatur zu Beginn der 70er Jahre ein adäquates Instrument gesehen wurde, die Steuerungsfähigkeit der Verwaltung zu erhöhen. Stadtentwicklungsplanung sollte bestehende wie zukünftig zu erwartende Problemlagen in den Griff zu bekommen helfen, dabei die selbst stärker aufkommenden Fachplanungen koordinieren und Verbindungen zur Finanzplanung herstellen. Die hierzu in der kommunalen Praxis entwickelten Ansätze weichen in ihrer "Philosophie" sowohl bezüglich des Anspruchs der Instrumente als auch der Organisationsformen erheblich voneinander ab (vgl. HESSE 1976; EWRINGMANN u. a. 1979; MÜLLER-TRIMBUSCH 1979; SULZER 1979; KGSt 1980; Deutscher Städtetag 1981; SOBICH 1981). Die Bilanz im Jahr 1982 läßt allerdings eine gewisse Konvergenz der Ansätze erkennen: der Stadtentwicklungsplan - falls es ihn je gegeben haben sollte - ist tot, die Einbindung der Stadt(entwicklungs)planung in die Verwaltungsorganisation hat zwar eine gewisse Bedeutung, als wesentlich bedeutsamer wird jedoch das Entscheidungsverfahren angesehen, bei dem daher eindeutig der Schwerpunkt liegt. Der provozierenden Frage: "Was folgt der Kommunalen Entwicklungsplanung in den 80er Jahren?" wird - insbesondere von V. LÖLHOFFEL und WESSEL - geantwortet: eine Planung, die sich auf die wesentlichen Inhaltskerne der Stadtentwicklung beschränkt, Orientierungshilfen und -werte für die Fachplanungen (z. B. Grunddaten) zu geben und sich möglichst frühzeitig in die politisch-administrativen Entscheidungsprozesse, soweit sie für die Stadtentwicklung von Bedeutung sein können, einzuschalten versucht. Stadtentwicklungsplanung diesen Typs werde bzw. sei, was auch LANGE mit Hinweis auf die Entschließung des Präsidiums des Deutschen Städtetags ausdrücklich betont, ein notwendiges Führungsinstrument für die Verwaltungsleitung. Dies könnte tatsächlich vor allem dann zutreffen, wenn die Stadtentwicklungsplanung als der "Generalist", d. h. der, der die gesamten Problemfelder der Kommune übersieht, einanderzuordnet und zu gewichten versucht, an den Entscheidungsprozessen zur Aufgabenkritik beteiligt wird. Die darin liegende Gefahr, daß angesichts der Haushaltslage Aufgabenkritik auf ein fiskalistisches Kürzungsinstrumentarium reduziert wird und sich dann möglicherweise die Konflikte zwischen Stadtentwicklungsplanung und Fachplanungen verschärfen können, darf jedoch nicht übersehen werden, wenn auch über die Brücke der Aufgabenkritik der Weg gefunden werden kann, näher an die Haushalts- und Finanzplanung heranzukommen. Gerade diese bedarf in schwierigen Haushaltszeiten Unterstützung, um geordnete und im politisch-administrativen Entscheidungssystem mehrheitlich akzeptierte Grenz- und Rückzugslinien formulieren zu können. Die sich in der Stadtentwicklungsplanung teilweise abzeichnende Tendenz, ihren Schwerpunkt auf mittelfristige Investitionsplanung zu verlagern, deutet in diese Richtung. Das Verhältnis zwischen Stadtentwicklungsplanung und Finanzplanung wird allerdings sowohl für die Vergangenheit als auch für die Zukunft unterschiedlich eingeschätzt. Während VON HEYL/ROSENMUND davor warnen, Stadtentwicklung nur noch fiskalisch anzugehen, heben KÜPPER, LANGE, VON LOLHOFFEL und SPLITT positive Erfahrungen einer wechselseitigen Entscheidungsbeteiligung von Entwicklungsplanung und Investitionsplanung hervor. Auf jeden Fall sind hier qualitative Veränderungen im Gange. Angesichts einer teilweise relativ gesättigten Infrastruktur (regional wie sektoral, z. B. im Krankenhaus- oder Schulbereich) und vor allem angesichts geringer Spielräume im Vermögenshaushalt (mit der Folge in manchen Städten, in die mittelfristige Finanzplanung nur noch eine Handvoll neue Investitionsprojekte aufzunehmen) sind auch die politisch-administrativen Entscheidungsprozesse einem Wandel unterworfen, der von härteren Verteilungskämpfen geprägt ist. Diese Verteilungskonflikte können noch dadurch verschärft werden, daß teilörtliche Unterschiede in den eingangs skizzierten Problemlagen und in der Ausstattung mit öffentlicher Infrastruktur bzw. allgemein die zunehmend bewußt wahrgenommene Fehlentwicklung und Vernachlässigung von Stadtteilen die politisch-administrativen Entscheidungsprozesse zusätzlich belasten. Eine entlastende Funktion könnten hierbei Stadtteilprogramme, wie der von VON HEYL/ROSENMUND geschilderte pragmatische Ansatz in Stuttgart, oder eine sogen. Wertausgleichsplanung erfüllen, von der SCHREIBER/BORGHORST aus Berlin berichten.

Stadtentwicklungsplanung trifft ferner dort auf Grenzen, wo auch kleinere Investitionsvorhaben zwischen Kämmerer - Oberbürgermeister - Stadtrat - Bezirksvertretung - Parteigliederungen "politisch" entschieden werden, ein Entscheidungsverhalten, in dem BANNER generelle Entwicklungstendenzen sieht. Setzt man beim eigenen Kommunalhaushalt an, um wieder Spielräume für das kommunale Handeln zu schaffen, gewinnt der Verwaltungshaushalt ein erhöhtes Interesse. Man wird hoffen können, daß die negative Nutzen-Kosten-Bilanz des "Rasenmäherprinzips", das in den vergangenen Haushaltsjahren auf allen Verwaltungsebenen als neue Variante des Inkrementalismus Eingang in den Sprachschatz - zusammen mit irreführenden Bezeichnungen wie "Haushaltsstrukturgesetz" - fand, Allgemeingut der politisch-administrativen Entscheidungsträger wird und damit die Suche nach adäquaten Instrumenten verstärkt. In einem denkbaren Instrument, in der Aufgabenkritik, ein Allheilmittel zur Lösung kommunaler Probleme zu sehen, wäre jedoch kurzschlüssig. Zwar ist dieses Instrument in seinem Ausgangspunkt mit der Philosophie entwickelt worden, mittels Zweck-und Vollzugskritik die politischen Handlungsspielräume durch ein eigenständiges kommunales Instrumentarium zu erhöhen, jedoch ist es, worauf BENEKE hinweist, derzeit der Gefahr ausgesetzt, auf ein reines Haushaltskonsolidierungsinstrument verkürzt zu werden. Andererseits werden in dieser Tendenz Grenzen, die aus den Mechanismen des politischadministrativen Entscheidungsprozesses herrühren, deutlich, die jedem Ansatz, die Kapazität zur Problemlösung zu erweitern, gesetzt sind. Die Frage bleibt, warum den heutigen Problemlösungsverfahren weitgehend abgesprochen werden muß, prognostisch zu wirken und komplexere Problemfelder zu umfassen. GUTTER bewertet dieses Problemlösungsverhalten als aktionistisch und inkrementalistisch. Andererseits dürften dem Inkrementalismus auch gewisse positive Seiten abzugewinnen sein, indem Entscheidungssituationen überhaupt handhabbar bleiben. Mit der je spezifisch orientierten Handlungsrationalität der Entscheider und der begrenzten Problemlösungskapazität des Entscheidungssystems insgesamt kann ein solcher Inkrementalismus begründet werden. Die begrenzte Zahl von jeweils für die Entscheidungen relevanten Themen findet in dem Bild der Modewellen (WAGENER 1979) ihre Interpretation, die RUSS-MOHL mit dem Konzept der "issue cycles" oder Problemkonjunkturen zu einem Entscheidungsmodell weiterentwickelt, das für entwickelte Gesellschaftssysteme charakteristisch sei. Der Preis für einen derart interpretierbaren Inkrementalismus kann aber angesichts der ungelösten Stadtprobleme der nahen Zukunft hoch sein: Verödung der Innenstädte, Verslumung von Stadtquartieren, Ghettobildung für Ausländer, Probleme der zweiten Ausländergeneration, Probleme von Arbeitsmarkt und Arbeitslosigkeit, Alternativkulturen usw.

Mit dem vorliegenden Band soll sowohl von der Themenstellung her als auch von der unterschiedlichen Herkunft der Autoren aus Verwaltungspraxis und Wissenschaft der Dialog zwischen Wissenschaft und Praxis gefördert und von dem unterschiedlichen Ausgangspunkt her der je spezifische Lösungsbeitrag eingebracht werden. Vor allem ist die Frage nach dem Beitrag der Wissenschaft gestellt. Die Anforderungen sind dabei hoch und die Problemlagen schwierig. Andererseits sind die Erwartungen der Verwaltungspraxis angesichts mancherlei Enttäuschungen durch die Wissenschaft niedrig bzw. niedriger geworden. Die Politikwissenschaft hat die öffentliche Verwaltung lange Zeit als "black box" betrachtet und verwaltungsinternen Problemverarbeitungsthemen wie Organisation, Personal, Verfahren, Methodik der Entscheidungsfindung wenig Beachtung geschenkt. Verwaltungswissenschaftliche Überlegungen zur Verbesserung der Methodik, etwa der Vorschlag von KÖNIG, eine Harmonie von Budget-, Programm-, Organisations- und Verfahrensstrukturen herzustellen, sollten deshalb genauer geprüft werden.

Ein interessantes Feld, auf dem sich eine Reihe von Berührungspunkten zwischen Wissenschaft und Praxis ergeben, ist in den von der Praxisseite als notwendig erachteten und z. T. von ihr selbst entwickelten Ansätzen der Indikatorenfindung und -anwendung vorzufinden, um das kommunale Handeln und die Entwicklungsprozesse steuern und kontrollieren zu können. Von seiten der Wissenschaft wird hierauf ambivalent reagiert: einerseits werden, wie von BEHNKEN/BRUNNBAUER, die Kataloge von Indikatoren mittels wissenschaftlich-systematischen Vorgehens erweitert und zugleich die zusätzlichen methodischen Probleme aufgezeigt, andererseits wird, wie von GOTTHOLD, das Konzept der Indikatoren und einer zielorientierten Evaluation insgesamt in Zweifel gezogen. Der Transfer von wissenschaftlicher Erkenntnis in die Verwaltungspraxis ("Wissenschaftsdefizit der Praxis"), die Identifizierung von praxisrelevanten Problemen ("Praxisdefizit der Wissenschaft") und der oft zitierte und beschworene Dialog zwischen Wissenschaft und Praxis werden auch hier zum Thema. Wenn ihm Bedeutung zugemessen wird, ist unter Berücksichtigung der von PRÄTORIUS pointiert vorgetragenen Skepsis bei der Interaktion von Wissenschaft und Praxis über den von IRLE als Lösungsmöglichkeit aufgezeigten Weg eines längeren mehrdimensionalen Lernprozesses nachzudenken.

Zusammenfassend lassen sich an dem Wendepunkt des kommunalen Handelns zu Beginn der 80er Jahre folgende gegensätzliche Entwicklungslinien kennzeichnen: Es ist möglich, daß die aufgebauten kommunalen Problemlösungsinstrumente und -methoden durch kurzfristige, inkrementale, von der Ressourcenseite bestimmte Entscheidungsmuster noch stärker als in der Vergangenheit verdrängt werden - zum Nachteil der Leistungsfähigkeit der Kommunen wie des politisch-administrativen Systems insgesamt, die anstehenden und zu erwartenden Probleme zu lösen. Eine denkbare Handlungsweise wäre jedoch, Instrumente und Methodik so zu verändern, daß sie einerseits für die Problemfelder angemessene Lösungen - die mehr als nur das Überleben des Systems sichern - erbringen können, andererseits gestufte Auffangpositionen zu entwickeln in der Lage sind, vor allem dann, wenn es um die - auch von der methodischen Seite her - notwendige Verbindung mit der Ressourcenplanung geht.

Die folgenden Abhandlungen sollen dazu beitragen, diese Wege aufspüren und ihre möglichen Folgen abschätzen zu helfen.

LITERATUR

Deutscher Städtetag 1981, Probleme der Stadtentwicklung, DST-Beiträge zur Stadtentwicklung, Reihe E, Heft 9, Köln 1981

EWRINGMANN, DIETER/HARTJE, VOLKMAR/MUNSTERMANN, ENGELBERT/ TRUTZEL, KLAUS 1979, Programmplanung als Instrument der Stadtentwicklungsplanung, Opladen 1979

FISCHER, KLAUS 1980, Von der Entwicklungsplanung zur Konsolidierungsplanung: Perspektiven zur Raumordnung der 80er Jahre, in: Der Landkreis 1980, S. 417 ff.

GÖB, RÜDIGER 1974, Möglichkeiten und Grenzen der Stadtentwicklungsplanung, in: Die Öffentliche Verwaltung 1974, S. 86 ff.

HESSE, JOACHIM JENS 1976, Organisation kommunaler Entwicklungsplanung, Stuttgart 1976

KGSt 1980, Kommunale Entwicklungsplanung in der Bundesrepublik Deutschland, "Ergebnisse einer Erhebung", hrsg. von der Kommunalen Gemeinschaftsstelle für Verwaltungsvereinfachung, Köln 1980

MÄDING, HEINRICH 1981, Kommunale Entwicklungsplanung. Durch Wen? Für Wen? Konstanz 1981

MÜLLER-TRIMBUSCH, JÜRGEN 1979, Eine Organisation für die planende Kommunalverwaltung in Mittel- und Großstädten, Stuttgart 1979

SIEBEL, WALTER 1974, Entwicklungstendenzen komunaler Planung, Teil IV des Forschungsprojekts Interdisziplinäres Zusammenwirken bei der Ausbildungvon Stadt-, Regional- und Landesplanern, Schriftenreihe "Städtebauliche Forschung" des Bundesministers für Raumordnung, Bauwesen und Städtebau, Bonn 1974

SOBICH, WOLFGANG 1981, Finanzwirtschaftliches Planungsverhalten der Kommunen, dargestellt an fünf deutschen Großstädten, Frankfurt 1981

SULZER, JÖRG 1979, Stadtentwicklung: Koordination von Raum- und Investitionsplanung, Frankfurt 1979

WAGENER, FRIDO 1979, Der öffentliche Dienst im Staat der Gegenwart, Veröffentlichung der Vereinigung der Deutschen Staatsrechtslehrer, H. 37, Berlin 1979

WEGENER, GERHARD (Hrsg.) 1981 Kommunale Entwicklungsplanung, Ausgewählte Beiträge aus Wissenschaft und Praxis, Dortmund 1981

HANS-ERHARD HAVERKAMPF
DIETER SCHIMANKE

STADTPLANUNG ALS HANDLUNGSRESSOURCE DER KOMMUNALVERWALTUNG?

1. AUSGANGSTHESEN

HAUPTTHESE 1:
Stadtentwicklungsplanung und Stadtplanung werden für die Kommunalpolitik der 80er Jahre nicht mehr den zentralen Stellenwert wie in den 70er Jahren haben. An ihre Stelle treten vermehrt Ver- und Entsorgungsfragen, Fragen der INHALTE kommunaler Leistungsangebote, soziale und ethnische Auseinandersetzungen sowie Verteilungskämpfe.

HAUPTTHESE 2:
Unter diesen - veränderten - Bedingungen können Verwaltungsstrukturen (Organisation und Verfahren) und die Methodik der Entscheidung eine Handlungsressource darstellen.

2. PROBLEMSTELLUNG

Mit dem Thema der Kommunalen Problemverarbeitung sind sowohl die Programmstruktur wie die Organisations- und Verfahrensstruktur für das kommunale Handeln angesprochen. Mit Programmstruktur ist die in Verwaltungsprogramme geronnene Bearbeitung von materiellen Problemfeldern gemeint. Es geht hierbei um das sozio-ökonomische Umfeld, das das kommunale Handeln und deren Folgen für die kommunalen Handlungsprogramme bestimmt. Hierauf bezieht sich die 1. THESE, die unter 3. näher erläutert wird. Dabei werden die verschiedenen Phasen kommunalen Handelns und Planens mit ihren je spezifischen sozio-ökonomischen Bedingungen, politischen Grundhaltungen und administrativen Antworten in den 50-er und 60-er Jahren sowie in den 70-er Jahren behandelt. Anschließend werden die gewandelten Anforderungen an und die Wirkungen für das kommunale Handeln der 80-er Jahre prospektiv aufzuzeigen versucht.

(Kommunal) Verwaltung weist jedoch auch in interner Hinsicht hoch ausdifferenzierte, dem Wandel unterworfene Strukturen auf. Hierauf bezieht sich die 2. THESE, die unten unter 4. näher erläutert wird. Es geht dabei um Fragen der Organisation und des Entscheidungsverfahrens, insbesondere auf welche Weise verschiedene Teilproblemlösungen von einzelnen Verwaltungseinheiten zueinander in Bezug gesetzt werden. Es geht aber dann auch um die Einbeziehung und den Einfluß externer Aktoren in Entscheidungsverfahren und deren Ergebnisse. Schließlich ist die Methodik des kommunalen Entscheidungshandelns angesprochen.

3. RAHMENBEDINGUNGEN KOMMUNALEN HANDELNS UND`DEREN FOLGEN FÜR DAS KOMMUNALE PROBLEMLÖSUNGSVERHALTEN IM WANDEL

3.1. BEDINGUNGSFAKTOREN FÜR DIE PLANUNGSKONJUNKTUR DER 70-ER JAHRE

3.1.1. VERLUST DES STÄDTEBAULICHEN KONSENS DER BEIDEN WIEDERAUFBAU-JAHRZEHNTE

Die 50-er und 60-er Jahre waren stadtplanerisch durch eindeutig bestimmte Notlagen und hochgradigen Konsens der Mittel ihrer Beseitigung bestimmt. Nicht unbedacht war der Rahmen der Stadtplanung durch Wiederaufbaugesetze bestimmt. Allenfalls wurde zu Beginn des Wiederaufbaues über die grundsätzliche Frage des historisch getreuen Aufbaues oder der Aufgabe des - meist mittelalterlichen - Stadtkerns diskutiert (Beispiele mit unterschiedlichem Ausgang: Nürnberg, Frankfurt). Aber selbst im Falle des Entscheids gegen einen Wiederaufbau wurden die zerstörten Innenstädte zumindest auf Quartiersebene dem alten Stadtgrundriß entsprechend - korrigiert um den üblichen Hauptstraßendurchbruch - wieder aufgebaut. Unterhalb dieser stadträumlichen Ebene konnte mit den heute kaum denkbaren Enteignungs- und Umlegungsinstrumenten der Wiederaufbaugesetze eine den damaligen bescheidenen Mitteln entsprechende bauliche Neuordnung durchgesetzt werden.

Auch die über die Trümmersanierung hinausgehende STADTERWEITERUNG der Nachkriegsjahrzehnte wurde mit ihrem enormen Bauvolumen vom weitestgehenden Konsens der Planer und der Bevölkerung über das, was "moderner" Städtebau sei, getragen. An das vorgegebene Muster der Ver- und Entsorgungsnetze und der Hauptverkehrsstraßen wurde "angestrickt". Die dazu verfügbaren Stadtbautheorien konzentrierten sich im wesentlichen auf das Gedankengut der Charta von Athen und den "Reichsheimstätten-Bau", verbunden mit der unkritischen Vorbild-Funktion der USA für den Prozeß der steigenden Motorisierung. Für architektonische Konzeptionen des genossenschaftlichen Wohnungsbaues der "Höfe" frühfunktionaler und expressionistischer Prägung war in einer Atmosphäre des "Wohlstands für Alle" und damit auch der "Begrünung und Belichtung für Alle" kein ideologischer Platz.

Planungspolitisch bezeichnend für diese Phase war

(1) das dem hohen gesellschaftlichen Grundkonsens zu den Inhalten von Stadtplanung entsprechende Desinteresse an den damit verbundenen Entscheidungen und Entscheidern

(2) der Verzicht auf jedes planerisch differenzierte und nach sozialen und stadtsoziologischen Entwicklungstrends abgesicherte Planungsinstrumentarium.
Zum Vergleich: 1958 wurden in Frankfurt 11.000 Wohnungen erstellt; die dazu notwendigen Aufbaupläne handelte der damalige Aufbau-Ausschuß des Stadtparlaments in Sitzungen ab, die selten länger als eine Viertelstunde dauerten! 1981 werden in Frankfurt voraussichtlich ca. 600 WE in Stadterweiterungs- (Arrondierungs-) Gebieten gebaut, die in jahrelangen Diskussionsprozessen entscheidungsreif wurden. Für jedes dieser Gebiete existiert ein stadtklimatisches Gutachten, eine General-Grünplanung, Infrastruktur-Untersuchungen, Verkehrsplanungen, Bauleitpläne usw....

Das Problem der Evaluation in den Nachkriegsjahrzehnten mit hohem Zielkonsens und Vertrauen in Entwicklungskonstanz bestand lediglich im Aufzählen von produzierten Volumina (Wohnungen, Straßen usw.).

Der folgende Wandel bzw. überhaupt das Entstehen eines Planungsbewußtseins datiert nicht etwa mit der Planungsgesetzgebung der 60-er Jahre. Das Bundesbaugesetz von 1961 und seine Folgeverordnungen "liberalisierten" lediglich die Wiederaufbaugesetze, machten sie sozusagen "marktflüssig", um den Effekt des Mengen-Ausstoßes an gebauter Stadt noch zu erhöhen. Der "Städtebau-Markt" funktionierte ebenfalls mit einer "Arena-Gesinnung" von Planung. Bauleitpläne boten allenfalls Randbedingungen für Erschließungsmaßnahmen neuer Baugebiete. Weil immer verkaufbar und vermietbar, waren sie auch immer marktgerecht = bedarfsgerecht.

Die Wurzel unseres heute noch vorherrschenden Planungsbewußtseins entstand vielmehr aus der Ende der 60-er Jahre erwachsenen Kritik am Bild der aufgebauten Städte ("Unwirtlichkeit") und an den deutlich fühlbaren Engpaßsituationen, die sich aus der "Überladung" der tradierten Vorkriegs-Stadtstruktur durch expansiven Neubau ergab: Infrastruktur-Defizit, Verkehrschaos, Landschaftsfraß, Verödung. Diese Situation hätte sich sicherlich auf technokratische, mehr fachöffentliche Ansätze zur Problemlösung beschränkt, wenn sie nicht in den Strudel einer breiten Diskussion um ein neues Staats-, Demokratie- und gesellschaftspolitisches Verständnis geraten wäre, ja geradezu zu dessen Paradefall.

3.1.2. DER AUFBRUCH ZUR REFORM

Diese "Reform-Diskussion" war im wesentlichen bestimmt durch folgende Brennpunkte:

(1)   Ungleichgewicht privaten Reichtums zur öffentlichen Armut

(2)   Von Quantität zum Wachstum an Lebensqualität

(3)   Höhere Effizienz der öffentlichen Verwaltung durch Management-Methoden und integrierte Planung

(4)   Neudefinition des Verhältnisses von Markt-Mechanismus und staatlicher Lenkung

(5)   Partizipation als Teil einer neuen Demokratie-Kultur.

Die neuen gesellschaftspolitischen Positionen zu Ziffern 1 und 2 fanden ihr Sach-Pendant auf kommunaler Ebene im schon eben beschriebenen "Infrastruktur-Defizit", das sich ganz natürlich bis in die 60-er Jahre kumuliert hatte, weil wegen der enormen Wohnungsnot immer noch eine zusätzliche Wohnungseinheit mehr Nutzen stiftete als eine zusätzliche "Einheit" Infrastruktur - um das Problem in der Sprache der Grenznutzen-Theorie zu formulieren. War der traditionelle "physische" Planer nun schon einigermaßen durch die aufkommende Zielkonfusion verwirrt, weil seine Rezepte nicht mehr galten, so wurde er durch die "Unwirtlichkeitsdiskussion" sogar als ganzer Berufsstand desavouiert und in die Defensive gedrängt. Konnte er noch mit den neuen für Stadtentwicklungspläne typischen Input-Output-Rechnungen, wie "Das Bevölkerungssoll in 1985 ergibt ein bestimmtes Schülerpotential nach Jahrgängen gesplittet und löst über m^2-Quotienten einen berechenbaren räumlich gesplitteten Schulraumbedarf aus", zurechtkommen, so blieb ihm die folgende Diskussion über neue Schulformen und ihre Raumspezifika, soziologisch argumentierende Wertungen zu Investitionsprioritäten sowie Methodiken integrierter Gesamtplanung vollends fremd.

Die Verwaltungseffizienz sollte durch Teamwork-Projektorganisation und Planungssysteme auf einen Stand gebracht werden, die die der neuen Planungskomplexität entsprechende "Problemerkennungs- und Lösungskapazität" bereitstellen sollte. Kosten-Nutzen- und Effektivitäts-Analysen konnten schließlich dem Politiker aufzeigen, wie man "rational" über Punktverteilungen und Gewichtungen an sich mehrdimensionale Präferenz-Rangfolgen in eindimensionale und damit "rational" entscheidbare politische Rangfolgen verwandeln kann.

Das Thema "Steuerung des Investitionsgeschehens durch den Markt oder die öffentliche Hand" fand in dieser Phase der breit angelegten Offensive der Stadtentwicklungsplanung ihren Platz in der konzeptionellen Bekämpfung der "Bodenspekulation". Stadtteilentwicklungsplanung, Sicherung des Wohnens gegen Umnutzung, Abschöpfung des Bodenwertzuwachses, Sanierungsplanung bieten die entsprechenden Stichworte dazu.

Auch die politische Partizipationsdebatte fand ihr fast ausschließliches Anwendungsfeld in den Städten, da eine direkte Beteiligung an Entscheidungen übergeordneter Körperschaften praktisch ohne Aussicht schien. Auch hier bot Stadtentwicklungsplanung mit ihren vielfältigen Planfiguren vom Schulentwicklungsplan über den Stadtteilentwicklungsplan bis zum Konzept für bestimmte Neubaugebiete den Vorteil "bausparender" Entscheidungsfindung. Mit Partizipation verband sich auch das technokratische Interesse an "Frühwarnung" und Aussteuern von Konflikten, lange bevor "die Bagger anrücken". Umgekehrt konnte Stadtentwicklung Kontrolldruck auf die Verwaltung ausüben, weil bei einmal beschlossener Planung differenzierte Handlungsanweisungen der Verwaltung vorlagen, die ihr die Beliebigkeit von Schubladen-Plänen nahm. Als Nebeneffekt konnte Planungsbeteiligung für die Betroffenen einen Schulungseffekt auslösen, der als Beitrag zum "mündigen Bürger" gewertet wurde.

Gemessen an den politischen Reformkriterien der 70-er Jahre, wie hier in fünf Punkten summarisch genannt, war also die Stadtentwicklungsplanung in ihrem inhaltlichen und kommunikativen Ansatz die rundum richtige Antwort auf die Aufbruchsstimmung.

3.2. DIE 80-ER JAHRE, EIN DEZENNIUM DES "MUDDLING THROUGH"?

Kann nun - ein dennoch unbefriedigendes Fazit nach 10 Jahren einmal akzeptiert - die Analyse von Aufstieg und Fall der Stadtentwicklungsplanung lauten: Der gesellschaftliche Leitbild-Überbau sei nun ein anderer und damit Stadtentwicklungsplanung in den 80-er Jahren weitgehend abgelöst?

Sicher spielt diese Klimaveränderung auch eine Rolle, die Ursachenbeschränkung allein darauf geriete wohl jedoch etwas zu kurz gegriffen. Auch würde die Stadtentwicklungsplanung zu sehr auf die "ideologischen" Ziehväter verkürzt und ihre auch "neutral" nutzbaren methodischen Aspekte vernachlässigt.

In Anlehnung an einen modifizierten system- und entscheidungstheoretischen Ansatz seien diese Fragen im folgenden thesenartig umrissen.

3.2.1. IST DER STADTTEILENTWICKLUNGSPLANUNG DIE RECHTZEITIGE "PROGNOSE VON MÄNGELLAGEN" GELUNGEN ?

Unterlegt man der Stadtentwicklungsplanung einen Prognosezeitraum von mindestens 10 Jahren, so zeigen sich neben eklatanten Fehleinschätzungen auch einige wichtige, frühzeitig thematisierte Problemlagen.

Entgangen ist der Stadtentwicklungsplanung - wohl auch wegen des noch herrschenden politischen Erwartungsdrucks - das Problem des Bevölkerungsrückganges und der Stadtflucht. Die Nichtvorhersehbarkeit der "neuen ökonomischen Lage" sei entschuldigt, obwohl sie sehr viele kommunale Entwicklungsparameter entscheidend negativ beeinflußt.

Ein wesentlicher Verdienst der Stadtentwicklungsplanung ist jedoch ihre schon frühe Erkenntnis der Konkurrenz von Individualverkehr und städtischer Individualität. Ihr beharrlicher Ruf nach Vorrang des ÖPNV, das konzeptionell abgespeicherte schrittweise Verdrängen des Autos aus der Innenstadt, das Rückbesinnen auf klassische Verkehrsarten des Fußgangs und des Radfahrens, die Integration von Verkehrs- in Stadtentwicklungsplanung haben schließlich dazu beigetragen, die "erkannte Mangellage" auszugleichen, zumal sich ihr Rückhalt durch die Politik der Erdöl-Substitution unverhofft erhöhte.

Im Effekt ist wohl die Look-out-Qualität der Stadtentwicklungsplanung besser als die des blinden Huhns bemessen, besser auch als alle anderen bekannten Instrumente einschließlich des gesunden Menschenverstandes, im Ergebnis konnten aber die selbstgenährten Erwartungshaltungen nicht als überzeugender Ansatz gehalten werden.

3.2.2. ENTWICKELTE DIE STADTENTWICKLUNGSPLANUNG DIE NOTWENDIGE
ZIEL- UND MASSNAHMENPHANTASIE ?

Stadtentwicklungsplanung war immer auf Gesamtplanung festgelegt. Aus diesem kanonischen Anspruch erwuchsen meist umfangreiche Materialerhebungen und Gundsatzüberlegungen, die sich an demographischen, flächenmäßigen und ökonomischen Zieldaten festmachten.

Die Erstellung - noch vielmehr die politische Vermittlung - der einzelnen Fach- und Raumpläne nahm dann meist Jahre in Anspruch und konnte damit die Fristigkeit politischer Ungeduld nach Antworten nicht einholen. Dazu gesellte sich die aus der Verpflichtung zur rationalen Planung herrührende Wissenschaftlichkeit der Methodik mit umfänglichen Ziel-Mittel-Deduktionen von zwar logischer Stringenz, aber ohne "das Grün des goldenen Lebensbaumes" und mit schwerfälligem Fortschreibungsrhythmus.

3.2.3. ENTSCHEIDEN POLITIKER MIT STADTENTWICKLUNGSPLÄNEN
BESSER ALS OHNE ?

Die Dramaturgie politischen Denkens und Handelns unterscheidet sich von dem des Stadtentwicklungsplanes erheblich. Seine "Botschaft" - der Plan - erreicht den Politiker schon deshalb nicht im Original, weil das Medium extreme "Gutenberg-Galaxis" darstellt, während der Politiker hört, sieht und durch die Haut aufnimmt. Eingang findet Stadtentwicklungsplanung auf zweierlei Weise in kommunalpolitisches Handeln.

(1) Aussagen des MYTHOLOGISCHEN TYPUS: In einer Stadt gibt es zum erstenmal eine Straßenschlacht zwischen Türken, die zu politisch umstrittenen Ausweisungen führt. Zufällig legt der Magistrat zur gleichen Zeit eine umfängliche stadtentwicklungspolitisch untermauerte Bevölkerungsprognose vor. Zum Unglück der Bearbeiter wird politisch aus diesem Opus nur die Tatsache diskutiert, daß 1995 42 % der 11- bis unter 16-jährigen Ausländer sind.

(2) IMPLIZITE SACHAUSSAGEN: Die Vorlage bestimmter Bebauungspläne, die Priorität für ein bestimmtes neues Baugebiet kann sehr wohl VERWALTUNGSINTERN Ausfluß von Aussagen des Stadtentwicklungsplanes sein und fließt dann in

Beschlußlagen ein, ohne daß der ursprüngliche Gesamtplan damit mitbeschlossen ist.

Stadtentwicklungspläne werden politisch - wenn sie nicht schon auf Magistratsebene hängenbleiben - bestenfalls "zur Kenntnis" beschlossen. Der Politiker wäre aus seiner Rollenposition heraus auch schlecht beraten, Grundsatz- und Maßnahmenpogramme für die nächsten 10 bis 15 Jahre als Selbstbindung mit ungewissen Implikationen zu beschließen.

Der politische Ruf nach Stadtentwicklungsplänen Anfang der 70-er Jahre basierte auch auf einem Mythos, nämlich daß Planung konfliktfreier, besser entscheiden läßt und damit politischen Streß reduziert. Mit der Enttäuschung dieser Hoffnung sind nun auch die Stäbe und Entwicklungsämter in ein neues verwaltungsinternes Abseits geraten und wärmen sich teilweise wieder in der Studierstube der zweckfreien Stadtforschung, soweit nicht schon durch Wiederbesetzungssperren dezimiert.

3.3. WIRD DIE STADTENTWICKLUNGS- UND STADTPLANUNG ZUM NEBENSCHAUPLATZ DER KOMMUNALPOLITIK DER 80-ER JAHRE?

Soweit die thesenartig verkürzten "großen" Ansprüche der Stadtentwicklungsplanung gemeint waren, kann sie sich nach einem Jahrzehnt wenig Erfolg zuschreiben. Gleichwohl hat sie zumindest die Verwaltung zugänglicher für die Verarbeitung von neuen Problemen gemacht und ihr ein Reservat unspezialisierter analytischer wie auch strategischer Intelligenz geschaffen. Bedauerlich wäre es, wenn diese aus Beschäftigungsmangel einen breiten Rückzug in die Stadtforschung vom Typ der 60-er Jahre anträte.

Wichtig scheint, daß Stadtentwicklungsplanung ihren nun schon traditionellen Ansatz umfassender Gesamtplanung aufgibt, ohne den Kern ihrer Identität zu verlieren, nämlich eine von Tageszwängen unabhängige kommunale Look-out-Institution zu sein.

Aufgegeben werden müßte dann die Fixierung auf die Integration der traditionell räumlichen Planung in Gesamtkonzepte. Die heute noch disponierbaren Bauland-Reserven in Kommunen lohnen keine tiefschürfenden Gesamtplanungen zu ihrer Verwendung. Inzwischen kann auch eine neue Generation von Stadtplanern und Architekten in Stadtplanungsämtern mehr als nur schöne Zeichnungen machen und Grünschneisen verbauen. Die Stadtplanung wird ihr räumliches Arrondierungs- und Erneuerungshandeln in den kleinen Volumina der 80-er Jahre also autonom abwickeln können.

Die Einflußnahme auf Investitions-Rangfolgen über integrierte Fachplanungen scheint ebenfalls ein Wunschtraum zu bleiben, der politische Logik außer acht läßt.

Da auf mittlere Sicht eher zu erwarten steht, daß die Reparaturen am weitgehend fertig gebauten Stadtkörper zur kommunalen Routine werden, sollte der in der Eingangsthese 1 genannten Entwicklungstendenz in Inhalt und Methoden mehr Beachtung geschenkt werden. Wichtig wäre dann vom Methodischen her die Vorlage von ad hoc-Gutachten, die Verwendung auch aktionistischer Medien und der Verzicht auf die große "Bibel". Vom Inhalt her wäre eine mehr szenariohafte Bearbeitung zukünftiger Engpaß-Situationen, Entwicklungstendenzen hin zu phantasievoller Bearbeitung von Möglchkeitsräumen sinnvoll, für die es für die Wohnungspolitik und Stadtentwicklung ein methodisch gutes Beispiel gibt (vgl. Prognos 1980).

Da auch die zukünftigen zentralen Probleme großer Städte mit ihren Verteilungskämpfen, ethnischen und Subkultur-Problemen wieder stärker eine soziale Dimension aufweisen, bieten diese Inhaltsbereiche kommunaler Politik ein Betätigungsfeld unbestrittener Fachkompetenz für den Typus des "sozialen" Planers. Da sich mit der Bewältigung dieser Konfliktfelder auch ganz neue Maßstäbe der "Erfolgs"-Bewertung kommunaler Maßnahmen ergeben, kann "Evaluierung" ein Tätigkeitsfeld der Stadtentwicklungsplanung im neuen Sinne sein, die alte Menge-Output-Maßstäbe ablöst. Eine so verstandene Stadtentwicklungsplanung, die möglichst auch durch einen neuen Namen auf den Begriff gebracht werden müßte, hätte Chancen, die Kommunalpolitik der 80-er Jahre vor bloß aktionistischen Stimulus-Response-Mustern zu bewahren.

4. PROBLEMFELDER KOMMUNALEN ENTSCHEIDUNGSVERHALTENS

Sieht man in der Entscheidung eine zentrale Kategorie öffentlichen Handelns, hier: des politischen und administrativen Handelns auf Kommunalebene, so lassen sich unterschiedliche Strukturdimensionen für die Entscheidung festmachen. Zunächst geht es darum, in welcher Form die inhaltlichen Probleme vom politisch-administrativen System bearbeitet werden. Man schreibt Programme, macht Pläne, verschachtelt einzelne Handlungselemente etc. Hiervon soll zunächst gesprochen werden. Dann ist vor allem die Frage nach der der Entscheidungssituation zugrundeliegenden Information zu stellen sowie nach den Lösungsversuchen der Kommunalverwaltung auf die zunehmende und sich qualitativ verändernde Informationsproblematik. Damit hängen eng die weiteren Entwicklungen der Methodik der Verwaltungsentscheidung zusammen. Zu den verwaltungsinternen Strukturdimensionen sind speziell die Leistungen von Organisation und Verfahren herauszuarbeiten, d.h. in welchem Rahmen und auf welche Weise Entscheidungsprozesse ablaufen bzw. ablaufen sollen. Eine weitere Strukturdimension wird mit der Personalstruktur kurz angeschnitten.

Den veränderten Anforderungen an das öffentliche (hier vor allem das kommunale) Entscheidungshandeln und den darauf bezogenen Veränderungen der Organisations-und Verfahrensstrukturen müßten Veränderungen im Steuerungspotential der politischen Leitung entsprechen. Schließlich haben Veränderungen im Umweltbereich der Verwaltung - Stichwort: Bürgerbeteiligung - Auswirkungen auf das kommunale Entscheidungsverhalten.

4.1. FACHPLANUNGEN UND VERBINDUNG ZUR RÄUMLICHEN PLANUNG

Nur wenige öffentliche Aktivitäten vollziehen sich nicht im Raum. Die einzelnen kommunalen Fachpolitiken haben in direkter oder indirekter Weise Auswirkungen auf die Raumnutzung. Bei Infrastruktureinrichtungen (öffentliche Gebäude, Straßen, Freizeiteinrichtungen usw.) ist es vor allem der Standort und dessen Einbindung in das übrige System der Raumnutzung; Gewerbeansiedlung/-aussiedlung kann sich nur räumlich vollziehen. In indirekter Weise wirken z.B. Umweltschutzprogramme, indem durch Festlegung von Belastungsgrenzwerten Maßnahmen bewirkt oder aber bestimmte Nutzungen räumlich verlagert werden. Traditionelles Instrument der Kommunen zur Steuerung der räumlichen Entwicklung ist die Bauleitplanung, vor allem mit den beiden Formen des Flächennutzungsplans und des Bebauungsplans. Trotz des Anspruches der Bauleitplanung, die wesentliche Raumnutzung koordinieren zu wollen, werden doch vielfältig Entscheidungsprämissen von den Fachplanungen gesetzt. Dies nicht zuletzt deshalb, weil das Instrument der Flächennutzungsplanung relativ schwerfällig zu handhaben, grobmaschig und ohne Zeit- und Ressourcenbezug ist (vgl. Schimanke 1979). Die Verwaltungseinheiten der städtischen Flächenplanung haben es von daher schwer, sich verfahrensmäßig in den Gesamtentscheidungsprozeß der Kommune rechtzeitig und wirksam einzuschalten und zu behaupten.

4.2. FACHPLANUNG UND GESAMTPLANUNG

Die Fachplanungen stehen jedoch auch untereinander in einem inhaltlichen Bezug. Gewerbeansiedlung oder Errichtung von Freizeiteinrichtungen weisen Zusammenhänge mit der Verkehrsplanung auf. Die inhaltlichen Zusammenhänge zwischen den einzelnen

Fachprogrammen können komplementär oder aber konfliktär sein. Solche Konflikte
können auf verschiedene Weise ausgetragen und abgearbeitet werden. Ein Ansatz besteht
darin, die Programme selbst aufeinander abzustimmen, was sowohl auf der Ziel-wie vor
allem auf der Maßnahmenebene möglich ist. Ein weiterer Schritt besteht in der
Verbindung aller Aufgabenplanungen zu einer städtischen Gesamtplanung. Es erscheint
jedoch nur modelltheoretisch möglich, die verschiedenen Aufgabenplanungen zu koordinieren oder zu integrieren, ohne den Raum- und Ressourcenbezug mit zu berücksichtigen,
da mit diesen Feldern die meisten Konflikte angelegt sind.

4.3. FACHPLANUNG, GESAMTPLANUNG UND VERBINDUNG ZUR FINANZ-
PLANUNG

Die Verbindung zur Finanzplanung ist nicht nur deshalb von besonderer Bedeutung, weil
mit ihr über die Verteilung knapper Ressourcen entschieden wird, sondern weil damit
zugleich eine Prioritätensetzung in zeitlicher Dimension verbunden ist. Obwohl bei den
Ansätzen, die eine Verbindung von Aufgabenplanung und Finanzplanung herzustellen
versuchen, die Finanzressource im Vordergrund steht, bedeuten entsprechende Entscheidungen zugleich auch eine Bindung anderer Ressourcen. Die Aufstellung und Abwicklung
entsprechender Programme muß aber personelle und organisatorisch möglich sein oder
ermöglicht werden. Aber nicht nur in dieser Beziehung stellen sich Fragen nach den
personellen und organisatorischen Ressourcen. Stadtentwicklungsplanung mit Aufgaben-,
Raum-, Zeit- und Finanzbezug bedeutet zugleich eine Anpassung von Organisation
und Verfahren sowie ggf. Einsatz von bestimmtem Personal. Die einzelnen
Modelle (von stark verfahrensmäßigen wie dem KGSt-Modell bis hin zu Stabs- oder
Sonderorganisations-Modellen, vgl. KGSt 1980, Hesse 1976) stehen dabei nach knapp 10-
jähriger Erprobungs- und Bewährungsphase auf dem Prüfstand.

4.4. METHODIK DER ENTSCHEIDUNG

Ausgehend von unserer Hauptthese 2, daß die Methodik der Verwaltungsentscheidung
Auswirkungen auf die Ergebnisse des Verwaltungshandelns haben kann, ist zunächst nach
dem für alles Verwaltungshandeln grundlegenden Informationsproblem zu fragen. Wenn
Verwaltung stärker steuern und regulieren soll bei im Umfang und Kompliziertheit
zunehmenden Problemen der Verwaltungsumwelt, erlangt bereits von daher die Informa-
tionsfrage eine andere Bedeutung. Zugleich ändern sich jedoch auch die verwaltungsinternen Organisations- und Prozeßstrukturen mit eigenen Auswirkungen auf das Informationsproblem.

Man kann zunächst bei der räumlichen Planung anknüpfen, die als raumplanerischen Grundsatz den der Schaffung gleichwertiger Lebensverhältnisse postuliert, der dahin interpretiert wird, Disparitäten in der Ausstattung mit öffentlicher Infrastruktur abzubauen. Dafür nun ist der Ist-Zustand zu erheben, mithin sind die relevanten Größen zu bestimmen und Meßziffern zur Bewertung einzuführen. Dieser Vorgang ist nicht nur aufwendig und methodisch schwierig, sondern zugleich wegen der Wirkung (Soll/Ist-Vergleich) nicht interessen- und machtfrei, worauf insgesamt bei der Entwicklung von sozialen Indikatoren nicht deutlich genug hingewiesen werden kann. In einer noch schwierigeren Situation befindet sich die Verwaltung im Prognosebereich, und zwar sowohl bei den Status-quo-Prognosen als auch bei den Prognosen mit entsprechender politischer Einwirkung. Hinzuweisen ist hierbei vor allem auf die sogenannten Basisdaten (vor allen Bevölkerungsentwicklung und Arbeitsplatzentwicklung), die einerseits eine bestimmte Entwicklung prognostizieren sollen, andererseits aber auch für fachübergreifende Planungsansätze bis hin zur integrierten Entwicklungsplanung ein Steuerungsinstrument darstellen können.

Die Entwicklung von Sozialindikatoren oder von Personal- oder Stellenbewertungssystemen und -instrumenten sind eher eine Ausnahme und selbst bei den Entscheidungstechniken blieb es lange Zeit bei der unkritischen Übernahme von Modellen des ökonomischen Kalküls.

Aus dem Bereich der Planungskontrolle sollen hier unter methodischen Gesichtspunkten nur einige Evaluierungsprobleme herausgegriffen werden. Es stellen sich bei der Bewertung der Ergebnisse von Planungen die oben skizzierten methodischen Probleme der Auswahl der zur Bewertung geeigneten Faktoren und deren Messung. Die Faktoren bzw. Indikatoren sind nicht nur schwer inhaltlich zu gewinnen und zu definieren, sondern eine Zurechnung von sozialen Phänomenen auf das Programm ist methodisch dann fast nicht lösbar, wenn es sich über output-Größen hinaus um Fragen der Wirkung i.e.S. handelt. Die Ergebnisse entsprechender Evaluierungen können nicht wertfrei sein und unterliegen deshalb - wie die Programme selbst - den politisch-administrativen Entscheidungsprozessen (vgl. Schimanke 1977).

4.5. ORGANISATION UND VERFAHREN

Die erhöhten Handlungsaktivitäten der einzelnen Teileinheiten einer Verwaltungsorganisation, die in je eigene Handlungsprogramme münden können, erfordern einen (erhöhten) Koordinationsbedarf, um ein hinreichend konsistentes Handeln der Verwaltung insgesamt zu gewährleisten. Darüberhinaus könnte mittels entsprechender Abstimmung die Leistungsfähigkeit des Systems insgesamt erhöht werden, was jedoch nur für den Fall der positiven Koordination und für Ansätze der Integration von Planungssystemen angenommen werden kann.

Entsprechende Koordinations- und Integrationsleistungen sind zwar zunächst Probleme der inhaltlichen Programmausgestaltung. Um diese jedoch überhaupt wahrzunehmen und ggf. zu lösen, bedarf es entsprechender Organisations- und Verfahrensstrukturen. Für den Bereich der kommunalen (Entwicklungs-) Planung sind verschiedene Modelltypen entwickelt und erprobt worden (vgl. Hesse 1976). Jeder scheint positive und negative Folgen für die Leistung der Verwaltung insgesamt zu haben, so daß sich eine abschließende Bewertung wohl (noch) verbietet. Insofern besteht eine vergleichbare Situation wie bei der unterschiedlichen verfahrensmäßigen Einbindung und organisatorischen Zuordnung der Raumplanung auf Landesebene.

Es spricht viel für die These, daß die Organisationsstruktur nicht überschätzt werden darf, daß vielmehr durch Verfahrensinnovationen zumindest dasselbe erreicht werden kann; und zwar vor allem dann, wenn bei der entsprechenden Strukturinnovation bedacht worden ist, die Macht- und Konfliktdimension miteinzubeziehen. D.h. der Zugang bzw. die Unterstützung eines (starken) Verwaltungschefs oder Dezernenten ist wichtiger als die Errichtung einer besonderen Planungseinheit innerhalb der Verwaltungsorganisation.

4.6. PERSONAL

Im Rahmen dieses einleitenden Thesenpapiers kann die Dimension der Personalstruktur nur - sozusagen als Merkposten - genannt werden. Trotz relativ restriktiver Vorgaben durch das Dienstrecht, durch Stellenobergrenzen und Stellenkegel und begrenzter Entscheidungsspielräume bei der Personalrekrutierung und - (einsatz-) planung bleibt ein Bereich vorhanden, innerhalb dessen durch die Komponente Personal - additiv wie alternativ zu Innovationen bei der Programm-, Organisations- und Verfahrensstruktur - die Leistungsfähigkeit der Verwaltung erhöht werden kann (überspitzt: Die richtige Person mit der Aufgabe x zu betreuen, ist wirksamer als jegliche sonstige behördliche Regelung).

Im Zusammenhang mit dem hier besonders angesprochenen Thema der kommunalen (Entwicklungs-) Planung ist auf eine besondere Spezies von Verwaltungspersonal hinzuweisen: den sozialwissenschaftlich ausgebildeten Planer (vgl. Guther/Teschner/Rautenstrauch 1974). Dieses Berufsbild hielt in den 70-er Jahren Einzug in die Verwaltung über

Stäbe, Entwicklungsabteilungen und neue Ämter, ein Berufsbild, das zwar in der akademischen Ausbildung noch vorhanden ist und gepflegt wird, in der Verwaltungspraxis mit dem Bedeutungsverlust bzw. der Umorientierung der Stadtplanung jedoch einem Wandel bis hin zur Auflösung dieses so konzipierten Berufsbildes unterliegt.

4.7. DAS STEUERUNGSPOTENTIAL DER POLITISCHEN LEITUNG DER KOMMUNALVERWALTUNG

Die angesprochenen Ansätze der Veränderung der Organisations- und Prozeßstruktur haben eine, möglicherweise die wesentliche Begründung darin, daß das Steuerungspotential der Leitung der Kommunalverwaltung erhöht werden soll. Das Grundmuster einer hierarchischen Organisation läßt sich trotz erheblicher Innovationen der Verwaltungsführung so lange nicht beseitigen, wie es neben der fachlichen auch eine politische Verantwortlichkeit gibt und Fachprogramme der politischen Legitimation durch die Umwelt der Verwaltung bedürfen. Andererseits sind politische Leitungen als Teil des Geamtsystems Verwaltung denselben veränderten Handlungserwartungen und -anforderungen ausgesetzt. Sie haben deshalb ein Eigeninteresse an der Erhöhung der verwaltungsinternen Problemverarbeitungs-und Steuerungskapazität. Die Veränderungen in der Organisations- und Verfahrensstruktur, insbesondere im Zusammenhang mit der Einführung einer kommunalen Entwicklungsplanung oder verschiedener Spielarten in diese Richtung, sind deshalb auf Initiative oder zumindest mit Unterstützung der jeweiligen Verwaltungsspitze durchgeführt worden.

Es hat den Anschein, daß die politischen Leitungen der Kommunalverwaltung das durch Strukturinnovationen im Programm-, Organisations- und Verfahrensbereich erhöhte Steuerungspotential - insbesondere das darin enthaltene Potential für langfristige Strategien - aufgrund bestehender kurzfristiger Handlungszwänge nicht ausnützen (können).

4.8. EINWIRKUNG VON VERWALTUNGSEXTERNEN AUF DIE VERWALTUNGSENTSCHEIDUNG

Daß das Handeln der öffentlichen Verwaltungen zunehmend nicht einfach akzeptiert wird, sondern verstärkten Legitimationsforderungen unterzogen wird, hat einerseits eine inhaltliche Dimension, die sich in den entsprechenden Verwaltungsprogrammen niederschlägt (z.B. stärkere Berücksichtigung der Lärmkomponente bei der Straßenplanung), andererseits aber auch eine organisatorische und verfahrensmäßige Dimension. Öffentliches Entscheidungshandeln muß sich zunehmend stärker legitimieren, d.h. die Begrün dungen für das Handeln offenlegen, sich Unterstützung sichern und dabei inhaltliche Gesichtspunkte für das eigene Handeln aufnehmen. Diesen Anforderungen muß sich auch das allgemein gewählte Gremium, der Rat der Stadt mit seinen Untergliederungen, stellen, was zugleich Auswirkungen auf dessen Verhalten gegenüber der Kommunalverwaltung i.e.S. hat. Gerade die Stadtentwicklungsplanung, oder auch Stadtteilprogramme, erfordern eine - durchaus spannungsreiche - ständige Beteiligung von Stadtrat, Stadtbezirksversammlung, einzelnen Stadträten etc.

Neben dieser repräsentativen Komponente stehen die verschiedenen Formen der direkten Bürgerbeteiligung. Z.T. haben sie eigene Organisationsfomen (Bürgerinitiativen) ausgebildet, z.T. ist das Beteiligungsverfahren entsprechend unserer rechtlich geprägten Verwaltungskultur verfahrensrechtlich ausgestaltet (§ 2a BBauG; Gemeindeordnungen etc.). (Vgl. Hoffmann-Riem 1979). Alle diese Beteiligungsformen von Verwaltungsexternen haben Rückwirkungen auf die Binnenstrukturen der Verwaltung selbst. Zunächst sind die Organisations- und Verfahrensstrukturen auf diesen Veränderungsprozeß einzurichten (die verstärkte Bürgerbeteiligung durch die BBauG-Novelle von 1976 verlängert nicht nur den Aufstellungsprozeß eines Bebauungsplans, sondern stellt verwaltungsintern neue Anforderungen an das Personal und erfordert Änderungen im Verfahren). Zum anderen kann durch frühzeitige Beteiligung der Inhalt des aufzustellenden Verwaltungsprogramms selbst verändert werden. Es bleibt eine offene Frage, ob es dabei nicht nur im Hinblick auf seine Akzeptanz qualitativ verbessert wird. In normativer Sicht wird die stärkere Bürgerbeteiligung als Handlungsressource der Kommunalverwaltung begriffen, ein Postulat, das sich in der Planungspraxis kaum erhärten läßt. Vielmehr bleibt nach wie vor die Resonanz einer breiten Bürgerschaft auf zwangsläufig noch unverbindliche Stadtentwicklungs- oder Fachpläne zurückhaltend. Die Ausnahmen bilden etwa stark symbolisch besetzte Gebiete wie die Schulentwicklungsplanung. Selbst bei anfänglichem Interesse für Basiswerte der Stadtentwicklung kann nicht gehofft werden, daß Realisierungsmaßnahmen dann unbesehen hingenommen werden. Der Beteiligtenkreis fluktuiert meist derart, daß es keinen kontinuierlichen Lernprozeß zwischen Bürger und Verwaltung geben konnte.

Partizipation als Ausdruck einer neuen politischen Kultur ist zwar der gleichen Bewußtseinslage wie der Drang zur Stadtentwicklungsplanung entsprungen, sie haben sich aber wechselseitig offensichtlich nicht befruchtet.

LITERATUR

GUTHER, M.; TESCHNER, M.; RAUTENSTRAUCH, LORENZ 1974, Entwicklungen im Berufsbild von Planern in kommunalen Stadtplanungsämtern, Schriftenreihe "Städtebauliche Forschung" des Bundesministers für Raumordnung, Bauwesen und Städtebau, Band 03.026, Bonn.

HAVERKAMPF, HANS-ERHARD; KLEIN, RICHARD R. 1973, Methodischer Aufbau einer integrierten Stadtentwicklungsplanung, Manuskript, Berlin.

HESSE, JENS JOACHIM 1976, Organisation kommunaler Entwicklungsplanung, Stuttgart.

HOFFMANN-RIEM, WOLFGANG (Hrsg.) 1979, Bürgernahe Verwaltung? Analysen über das Verhältnis von Bürger und Verwaltung, Neuwied.

Kommunale Entwicklungsplanung einer in der Bundesrepublik Deutschland, "Ergebnisse einer Erhebung", hrsg. v. d. Kommunalen Gemeinschaftsstelle für Verwaltungsvereinfachung, Köln 1980 (zitiert: KGSt 1980).

SCHIMANKE, DIETER 1977, Evaluierung, Bemerkungen zu einem neuen Schwerpunkt der Verwaltungswissenschaft, in: Verwaltungsarchiv S. 361 ff.

SCHIMANKE, DIETER 1979, Funktionen der Flächennutzungsplanung, in: Deutsches Verwaltungsblatt S. 616 ff.

Wohnungspolitik und Stadtentwicklung, Teil 1: Klischees, Probleme, Instrumente, Wirkungen, Rahmbendingungen, Schriftenreihe "Städtebauliche Forschung" des Bundesministers für Raumordnung, Bauwesen und Städtebau, Band 03.084, Bonn 1980 (zitiert: PROGNOS 1980).

DIETER VON LÖLHÖFFEL

ANSATZ EINER KOOPERATIVEN STADTENTWICKLUNGSPLANUNG

1. WARUM STADTENTWICKLUNGSPLANUNG ?

Entwicklungsplanung wird in einer großen Zahl von Städten und Gemeinden seit nunmehr rund zehn Jahren betrieben. Die vielfältigen, überwiegend positiven Erfahrungen in den großen Städten haben in den späteren Jahren auch in nachfolgenden Gemeindegrößenklassen zur Einführung der Entwicklungsplanung geführt. Dieser Prozeß hält bis heute an und erfaßt gerade in den letzten Jahren immer mehr mittlere und kleine Städte und Gemeinden (vgl. KGSt 1980), in denen Entwicklungsplanung eingesetzt wird, um die Führungsfunktion zu stärken und die Gemeindeentwicklung zielorientiert zu steuern. Kommunale Entwicklungsplanung kann heute auf ein Bündel praktischer Handlungserfahrungen zurückzugreifen.

Diese Entwicklung steht nun scheinbar im Widerspruch zu der Feststellung, daß ähnliche Ansätze auf staatlicher Ebene grundsätzlich als gescheitert angesehen werden müssen. So wurde erst jüngst in der Süddeutschen Zeitung resümierend unter der Überschrift "Planung ist passé" über die Erfahrungen auf Bonner Regierungsebene berichtet, daß nach der anfänglich großen Begeisterung die meisten Politiker es wieder vorziehen, von einem Tag auf den anderen zu improvisieren. Die anhaltende Ausbreitung der kommunalen Entwicklungsplanung widerlegt auch solche Meinungen, die diesen Planungsansatz auf Phasen ökonomischen Wachstums beschränken und gleichsam als konjunkturell disponible Modeerscheinung begreifen wollen. Man verkennt dann, daß die frühen Planungsansätze gerade aus einer Situation knapper Ressourcen zur Problemlösung entwickelt wurden und daß auch heutzutage Städte und Gemeinden auf die mittlerweile vollentwickelten und erprobten Ansätze der Entwicklungsplanung auch deshalb zurückgreifen, weil die Entwicklungspotentiale immer geringer werden.

Dies verwundert nicht, wenn man die besondere Aufgabenstellung der Gemeinde - auch im Vergleich zu Bund und Land - berücksichtigt. Art. 28 Abs. 2 GG sichert den Gemeinden das Recht zu, alle Angelegenheiten der örtlichen Gemeinschaft (im Rahmen der Gesetze) in eigener Verantwortung zu regeln. Zwar verstehen sich die Gemeinden heute nicht als Gegenpol eines zentralistischen, der bürgerschaftlichen Mitwirkung weitgehend entzogenen Staates, da dessen Organe selbst demokratischer Kontrolle unterworfen sind. Trotzdem sind Problemlagen und Aufgabenerfüllung auf kommunaler Ebene in besonderer Weise gekennzeichnet; dazu einige Stichworte (vgl. Städtetag NRW 1978):

- größere Problemnähe
- größere Bürgernähe
- intensivere demokratische Kontrolle und Rückkoppelung
- Individualität im Gegensatz zu Zentralisierung und Vereinheitlichung
- größere Leistungsfähigkeit durch Bündelung von Planungs-, Entscheidungs- und Finanzkompetenz
- kein Ressortprinzip
- unmittelbare Wirksamkeit durchgeführter Maßnahmen für den Bürger.
- mehr Mitwirkungsmöglichkeiten und höheres Engagement der Bürger.

Diese Eigenschaften charakterisieren nicht nur die gemeindliche Position, sondern müssen zugleich verstanden werden als ständig und verstärkt anzustrebende Zielsetzung für kommunales Handeln.

Der Grundsatz der umfassenden Verantwortlichkeit des Rates für alle Angelegenheiten der örtlichen Gemeinschaft schafft zwar institutionell optimale Voraussetzungen für eine kooperative Entwicklungsplanung. In der Praxis ergeben sich jedoch wirkungsvolle Schranken aus der traditionell verfestigten innerorganisatorischen Aufgabengliederung und Geschäftsverteilung, weil diese sektoral eine vorteilhafte Spezialisierung und Rationalisierung ermöglichen. Häufig werden hierdurch die inhaltlichen Querverbindungen nicht genügend berücksichtigt und die Ausrichtung auf abgestimmte Zielvorstellungen der Gesamtentwicklung sowie notwendige Prioritätsverlagerungen zwischen den Bereichen erschwert. Angesichts der wachsenden Komplexität aller Aufgaben, der zunehmenden Kenntnisse über die "Nebenwirkungen" von Maßnahmen und der immer engeren kommunalen Handlungsspielräume ist die Einsicht gewachsen und umgesetzt, daß eine zielgerichtete Koordination aller entwicklungsplanerisch relevanten Aufgaben dringender denn je notwendig ist. Außerdem wird gerade auf gemeindlicher Ebene der Anspruch erhoben, im gesamten Aufgabenspektrum Probleme im bürgerschaftlichen Zusammenleben zu erkennen sowie bürgernah und effizient zu lösen (vgl. Deutscher Städtetag 1981). Auch dies erfordert verstärkte Anstrengungen zur horizontalen Koordination von Planungen und Maßnahmen, indem die Aktivitäten der einzelnen Verwaltungsbereiche auf gemeinsame, von der Gemeinde insgesamt getragene Ziele ausgerichtet und untereinander abgestimmt werden. Denn gerade Widersprüchlichkeiten im Verwaltungshandeln,

Diskrepanzen zwischen erklärter Absicht und eingetretenen Wirkungen schwächen das Vertrauen der Bürger in die Fähigkeit der örtlichen Gemeinschaft, ihre eigenen Angelegenheiten zu regeln. Diese "eigenen Angelegenheiten" verändern sich im Zeitablauf. So wurden am Ende der 60er Jahre die Lebensbedingungen in den großen Städten zum ersten Male nach dem 2. Weltkrieg wieder zu einem zentralen Thema der öffentlichen Diskussion in der Bundesrepublik. Probleme, die im Zuge des Wiederaufbaus nicht gesehen wurden oder nicht vordringlich erschienen, rückten nicht zuletzt durch das Aufbegehren der studentischen Jugend ins Blickfeld der Verantwortlichen. Solche Punkte waren: die wachsende Umweltbelastung, die Verdrängung der Wohnbevölkerung aus den Innenstädten, die einsetzende "Stadtflucht", der wachsende Autoverkehr, die Entstehung größerer ausländischer Minderheiten, die zunehmende Gefährdung des überkommenen Stadtbildes und schließlich die wachsende seelische Belastung des Lebens in den Städten. Dadurch wurde in stärkerem Maß eine Planung der Aufgaben und vor allem eine Koordination der Planungen für die eng zusammenhängenden Bereiche notwendig. Einer noch traditionell aufgebauten Verwaltung fiel das immer schwerer.

Vor diesen Hintergrund wurde die Entwicklungsplanung in Nürnberg als ein kooperativer Ansatz herausgebildet, der systematisch darauf zielt, die Entwicklung der Stadt nach politisch gesetzten Zielen und unter Berücksichtigung der sozialen, wirtschaftlichen, räumlichen und finanziell/zeitlichen Faktoren im Rahmen der kommunalen Einflußmöglichkeiten bewußt zu steuern. Sie umfaßt damit grundsätzlich das gesamte Aufgabenfeld des gemeindlichen Wirkungskreises.

2. GLIEDERUNG DES PLANUNGS- UND ENTSCHEIDUNGSPROZESSES IN STUFEN

Stadtentwicklungsplanung ist ein permanenter und auf sehr verschiedenen Konkretisierungsebenen ablaufender Planungs- und Entscheidungsprozeß, an dem - Randbedingungen beseitegeschoben - die berufsmäßige Verwaltung (die Bürokratie), der ehrenamtliche Stadtrat und die Öffentlichkeit bzw. Teilöffentlichkeiten beteiligt sind.

Für die angestrebte konsistente Stadtentwicklungsplanung wird auf der Theorieebene eine hierarchische Gliederung des Planungs- und Entscheidungsprozesses in mehrere Stufen angeboten.

Diese Hierarchie reicht

- von den übergeordneten Zielvorstellungen für die Stadtentwicklung sowie einem Modell der räumlichen Ordnung
- über die Ziele für die einzelnen Fachpläne der verschiedenen Bedürfnisbereiche (wie Wohnen, Bildung, Gesundheit, Arbeiten) mit langfristigen Maßnahmenprogrammen
- und ihre räumliche Ausprägung in teilräumlichen Planungen (z.B. Altstadtkonzept, Planung für neuen Stadtteil)
- sowie über die Mittelfristige Investitionsplanung
- bis hin zur Projektplanung.

Die einzelnen Planungs- und Entscheidungsstufen nehmen in ihrem Konkretisierungsgrad von oben nach unten zu. Entsprechend den seinerzeitigen konzeptionellen Überlegungen soll dieser hierachische Planungsaufbau gewährleisten,

- daß Stadtentwicklungsplanung konsistent, transparent, flexibel und verbindlich angelegt ist, d.h. insbesondere, daß die Planungen auf gemeinsame Ziele ausgerichtet und damit bestmöglich aufeinander abgestimmt werden.
- die wachsende Erkenntnis, daß Kooperation kommunaler Planungen allein über die Flächendisposition mit Hilfe der Baugesetze nicht ausreicht und der Einsatz a l l e r öffentlichen Mittel zielgerichtet zu planen ist,
- daß die Stellen im Planungsprozeß deutlich werden, an denen Festsetzungen und Prioritätsentscheidungen notwendig sind, die von der berufsmäßigen Verwaltung (alternativ und unter Offenlegung der Konsequenzen) vorzuschlagen und vom Rat zu entscheiden sind,
- daß grundsätzlich die Chance besteht, die Öffentlichkeit oder Teile davon in frühen Planungsstadien an der Diskussion der Ziele zu beteiligen,
- daß die Planung zumindest mittelfristig mit den finanziellen, räumlichen und sonstigen Ressourcen gekoppelt wird.

Der Planungs- und Entscheidungsprozeß der Nürnberger Stadtentwicklungsplanung trägt diesen Erfordernissen grundsätzlich Rechnung.

In den Richtlinien für die lang- und mittelfristige Stadtentwicklungsplanung der Stadt Nürnberg (StER) ist (mittels Anordnung des Oberbürgermeisters für die gesamte berufsmäßige Verwaltung) verbindlich festgelegt, daß die Entwicklungsplanung sich über mehrere Planungsstufen erstreckt.

Das Verhältnis der Planungsstufen zueinander soll nicht nur als ein hierarchisches Nacheinander verstanden werden, so daß Änderungen der Planung auf einer Stufe zu einer Überprüfung der Ziele auf der übergeordneten Stufe und gegebenenfalls zu einer Fortschreibung der Ziele führen können. Entsprechendes gilt für nachgeordnete Planungsstufen.

3. "DEDUKTIVER ANSPRUCH" UND "INDUKTIVE WIRKLICHKEIT"

Der Ansatz des geschilderten Planungs- und Entscheidungsprozesses ist streng hierarchisch angelegt und suggeriert deduktive Planungsabläufe: Aus der übergeordneten Planungsstufe werden jeweils die Aussagen der nachgeordneten Planungsstufe abgeleitet - vom übergeordneten Zielsystem über die Rahmenpläne und den mittelfristigen Investitionsplan ließe sich ein "roter Faden" ziehen bis zur Einzelmaßnahme.

Wie aber sieht die Planungswirklichkeit in Nürnberg - und ähnlich in vielen anderen Städten - aus?

(1) Ein den ursprünglichen Anforderungen entsprechendes, übergeordnetes Zielsystem für die Stadtentwicklungsplanung gibt es jedenfalls formal nicht; ebensowenig ein räumliches Entwicklungskonzept, das über den Flächennutzungsplan hinausgeht.

(2) Auf der Ebene der Rahmenpläne, also der Fachpläne und der Bereichspläne, gibt es zwar kein vollständiges Mosaik von Plänen für alle Lebensbereiche, aber doch eine ganze Reihe ausgearbeiteter bzw. in Vorbereitung befindlicher Fach- und Bereichspläne.

(3) Auf der Ebene der mittelfristig angelegten Planungen und Entscheidungen gibt es - mittlerweile gesetzlich vorgeschrieben - den Mittelfristigen Investitionsplan, der sich jedenfalls so, wie er in Nürnberg gehandhabt wird, als außerordentlich wirkungsvolles Instrument der Stadtentwicklungsplanung erweist. Darauf soll später in einem gesonderten Kapitel noch eingegangen werden.

Die sachlich-logischen, sprich wissenschaftlichen Rationalitätskriterien haben sich in der kommunalen Praxis als zu eindimensional für eine prozeßhaft angelegte und auf Umsetzung orientierte Stadtentwicklungsplanung erwiesen. Sie erfordert vielmehr eine Synthese mit administrativen und politischen Rationalitätskriterien.

Stadtentwicklungsplanung hat im Unterschied zu vielen anderen Verwaltungsaufgaben wesentliche kommunalpolitische Relevanz. Wichtig für die verwaltungsinterne Stabilität der Entwicklungsplanung ist deren Akzeptanz im politischen Raum. Vorlagen der Entwicklungsplanung beziehen ihre Qualität vor allem aus der möglichst gründlichen Analyse der Ursachen und Wirkungszusammenhänge von Situationen, Entwicklungen und steuernden Eingriffen; sie sind nicht auf vordergründigen Aktionismus ausgerichtet. Dies wird vom Rat überwiegend positiv aufgenommen und hat vielfach zu einer fundierten Betrachtung und differenzierten politischen Auseinandersetzung beigetragen. Die positive politische Resonanz wie die Wirksamkeit von Entwicklungsplanung konnte in den vergangenen Jahren noch dadurch gesteigert werden, daß neben Situations- und Bedarfsanalyse sowie Zielerarbeitung der Ausarbeitung von mittel- und langfristigen Maßnahmenprogrammen zunehmendes Gewicht beigemessen wurde.

4. UMSETZUNG ENTWICKLUNGSPLANERISCHER ZIELE IN DER KOMMUNALPOLITISCHEN PRAXIS

Stadtentwicklungsplanung - verstanden als die Summe aller aufeinander abgestimmter und für die Entwicklung der Stadt relevanter Planungsaktivitäten - bleibt solange "schwebend unwirksam", wie die in der Zielfindungsphase formulierten Planungsabsichten nicht auch in der kommunalpolitischen Praxis umgesetzt werden. Es soll hier lediglich versucht werden, einige Besonderheiten der in Nürnberg geübten Durchsetzungsstrategien aufzuzeigen, um den kooperativen Ansatz zu verdeutlichen.

4.1. ORGANISATORISCHE VORAUSSETZUNGEN

Die institutionellen Regelungen der Stadtentwicklungsplanung gehen von der Erkenntnis aus, daß Stadtentwicklungsplanung eine ständige Aufgabe der Gesamtverwaltung ist, daß die Aufgabe in erster Linie prozeßorientiert bewältigt werden muß und daß deshalb die Organisation in Gruppen am besten geeignet ist, fachübergreifende Planungs- und Entscheidungsaufgaben zu bewältigen.

Nun bleibt kommunale Gesamtentwicklungsplanung solange unverbindlich, als sie nicht durch Aufträge und Weisungen in den allgemeinen Verwaltungsvollzug eingebracht wird. Keinesfalls kommt den Planungsgruppen ein solches Weisungsrecht zu; vielmehr erhalten die Ergebnisse der Gesamtentwicklungsplanung erst durch Ratsbeschluß bzw. Entscheidung der Verwaltungsspitze bindende Wirkung.

Die organisatorische Konzeption der Nürnberg-Planung schafft die Voraussetzung für eine kooperative, referatsübergreifende Stadtentwicklungsplanung, ohne dadurch die Verantwortlichkeit des Oberbürgermeisters und der Referenten (Dezernenten) gegenüber dem Stadtrat einzuschränken und ihre Stellung an der Spitze der Weisungshierarchie zu tangieren.

Auf Verwaltungsseite ist die Arbeitsgruppe Nürnberg-Plan (AGN) das für die Behandlung aller wesentlichen Stadtentwicklungsprobleme zuständige Gremium. Ihr gehören an: Der für die Nürnberg-Planung federführende berufsmäßige Stadtrat für Wirtschaft, Wohnen und Stadtentwicklung als Vorsitzender, je zwei Vertreter der Fachreferate, der Leiter des Stabs für Stadtentwicklung sowie die Sprecher der Projektgruppen. Zu einzelnen Beratungspunkten können Fachplaner als Sachverständige zugezogen werden. Zur Vorbereitung ihrer Beratungen setzt die AGN Projektgruppen ein, in die Mitglieder der AGN und weitere Fachplaner berufen werden. Im Hinblick auf die zu behandelnden Fragen hat die AGN zumindest mittelbar die Kompetenz-Kompetenz. Die Durchführung der Fachplanung bleibt grundsätzlich bei den Referaten; durch die inhaltlichen Regelungen der Stadtentwicklungsrichtlinien ist jedoch für eine enge Kooperation in den Projektgruppen gesorgt. Die abschließende Behandlung in der AGN dient der gegenseitigen Abstimmung und Absicherung der Planungen.

Die wichtigsten Projektgruppen als ständige Einrichtungen behandeln stadtentwicklungsrelevante Planungen in folgender Schwerpunktbildung:

- Räumliche Planungen
- Sozialplanung (einschl. Bildung, Kultur, Freizeit, Gesundheit)
- Verkehr, Versorgung, Wirtschaftsförderung
- Wohnen und Stadterneuerung
- Umweltschutz
- Öffentlichkeitsarbeit.

Die Projektgruppen sind "gemischt" besetzt, d.h. Amtsleiter wie Sachbearbeiter sind als ständige Mitglieder von der AGN berufen. Ihr Kreis wird von Fall zu Fall um Sachverständige ergänzt.

Die Projektgruppen haben - obwohl nur vorberatend tätig - faktisch große Bedeutung für die Umsetzung entwicklungsplanerischer Ziele. Denn hier wird durch Kritik und argumentative Bereicherung der notwendige Prozeß der Bewußtseinsbildung auf Verwaltungsseite angeregt, so daß die Bedingungen für eine integrierte Stadtentwicklungsplanung auch subjektiv anerkannt werden. In die Diskussionen der Projektgruppen, die regelmäßig tagen, werden alle die Stadtentwicklung berührenden Probleme eingebracht - seien es nun grundsätzliche Zielaussagen oder konkrete Einzelmaßnahmen. Auf diese Weise gelingt es, übergeordnete Globalziele und Ziele von der Ebene der Fach- und Bereichspläne in die konkreten Programm- und Maßnahmenplanungen der Fachdienststellen umzusetzen. Gleichzeitig sind die räumlich und zeitlich aktualisierten Bedarfsrechnungen vorzulegen und zu überprüfen.

Zweifellos hat die Diskussion in den Gruppen über die Zweckmäßigkeit und Dringlichkeit der Projekte dazu geführt, daß bei allen Beteiligten das Verständnis für eine abgestimmte Bedarfsplanung und die Forderung nach einer Offenlegung der Zielsetzungen und Wertungen gewachsen ist. Für die effektive Arbeit der Projektgruppen ist es günstig,

- wenn die Zahl der ständigen Mitglieder so gering wie möglich (unter 10) gehalten wird,

- wenn in der Projektgruppe neben Sachbearbeitern auch Dienststellen- oder Abteilungsleiter vertreten sind,

- wenn in regelmäßigem Turnus getagt wird, damit die jeweils anstehenden und die Stadtentwicklung berührenden Fragen behandelt werden können.

Über das Ergebnis der Projektgruppenberatung ist der AGN vollständig zu berichten, d.h. es werden keine Mehrheitsentscheidungen getroffen. Die abschließende Behandlung in der AGN schlägt sich in einer Stellungnahme nieder, die formlos gefaßt wird und auf evtl. Minderheitsmeinungen hinweisen muß. Diese Stellungnahme wird dann in der sogenannten Referentenbesprechung (Oberbürgermeister und berufsmäßige Stadträte) behandelt - das Kooperationsprinzip wird also bis in die Verwaltungsspitze durchgehalten.

In konsequenter Anwendung des kooperativen Ansatzes der Stadtentwicklungsplanung in Nürnberg hat man kein Entwicklungsreferat, kein Amt für Entwicklungsplanung geschaffen, sondern eine Stabsstelle, die der AGN direkt als Geschäftsstelle zugeordnet ist.

Aufgaben des Stabs sind:

- Geschäftsführungsaufgaben

- Koordinationsaufgaben

- Erarbeitung von Grundlagen der Stadtentwicklung
  (inhaltlich und methodisch)

- Mitwirkung/Federführung bei sektoralen und teilräumlichen Planungen

- Initiativen zur Problemlösung auch durch Vorschläge zur Verwaltungsgliederung und Aufgabenverteilung
  (z.B. Neuorganisation, Umweltschutz, Stadterneuerung).

Kompetenzkonflikte zwischen Stab und traditionellen Ämtern ergeben sich vor allem aus unterschiedlichen Auffassungen über den Umfang von Planungsleistungen des Stabs.

4.2. KOOPERATIVE UMSETZUNG IN DER BAULEITPLANUNG

Entwicklungsplanerische Ziele müßten in der kommunalpolitischen Praxis wirkungslos verpuffen, wenn nicht gesichert wird, daß sie in die Bauleitplanung und in die Investitionsplanung uneingeschränkt hineinwirken. Für die Flächennutzungsplanung mag diese Forderung allgemein akzeptiert sein. Wie selten aber ist die kommunalpolitische Praxis mit der Flächennutzungsplanung befaßt. Die Bebauungsplanung hingegen, die wegen ihrer Realitätsnähe und ihrer Verbindlichkeit nach außen die städtische Entwicklung wesentlich beeinflußt, wird vielfach nur unter städtebaulichen Gesichtspunkten oder gar als Geschäft des Verwaltungsvollzuges (formale Richtigkeit) betrieben.

Um das Instrumentarium der Bauleitplanung voll zur Umsetzung der entwicklungsplanerischen Ziele einsetzen zu können, ist in Nürnberg auch die Bebauungsplanung in die Stadtentwicklungsplanung einbezogen. Real bedeutet dies, daß alle Bebauungspläne in der entsprechenden Projektgruppe angesprochen und auf ihre entwicklungsplanerische Relevanz geprüft werden. Wichtig im Hinblick auf die geforderte Umsetzung von Zielen der

Stadtentwicklung ist,

- daß ein Bebauungsplan - sofern entwicklungsrelevant - als Stadtentwicklungsproblem kooperativ in Projektgruppe und AGN behandelt und das Ergebnis dem Stadtrat vorgetragen wird

- und daß auf besonders bedeutsame Bebauungspläne ein sogenannter Beurteilungskatalog angewendet wird, der eine systematische Zusammenfassung aller Kriterien - nicht nur der herkömmlich städtebaulichen - zur Beurteilung enthält, und die Bewertung gemeinsam in der Projektgruppe vorgenommen wird.

4.3. UMSETZUNG IN DEN MITTELFRISTIGEN INVESTITIONSPLAN (MIP)

Neben der Bauleitplanung kommt der mittelfristigen Investitionsplanung als Instrument zur Durchsetzung eines zielgerichteten und abgestimmten Verwaltungshandelns zentrale Bedeutung zu. Soll der MIP diesem Anspruch gerecht werden, müssen an seinen Inhalt vor allem folgende Anforderungen gestellt werden:

Die im mittelfristigen Investitionsplan enthaltenen Vorhaben müssen

- den Zielen der Stadtentwicklung entsprechen: dies setzt voraus, daß die Ziele zumindest in Ansätzen definiert sind;

- ein abgestimmtes Programm darstellen; die Aufnahme eines Vorhabens in den mittelfristigen Investitionsplan wird also nicht isoliert beschlossen, sondern im Gesamtzusammenhang behandelt;

- die Voraussetzungen für eine programmgemäße Verwirklichung erfüllen; hierzu müssen ihnen zutreffende Kostenschätzungen zugrundeliegen und die zeitliche Einordnung entsprechend dem Planungsstand erfolgen;

- tatsächlich verwirklicht werden; dies ist nur gewährleistet, wenn die Aufnahme eines Vorhabens in den mittelfristigen Investitionsplan automatisch den Auftrag zur Vorbereitung seiner Durchführung und die Aufnahme in den Vermögenshaushalt des Planungsjahres bildet.

Damit diese Forderungen erfüllt werden können, wird der MIP nicht von der Kämmerei aufgestellt, sondern kooperativ als Stadtentwicklungsproblem in den Projektgruppen intensiv vorbehandelt und in der Arbeitsgruppe Nürnberg-Plan erarbeitet.

Die Vorarbeiten werden in den bedarfstragenden Projektgruppen "Sozialplanung", "Verkehr, Versorgung, Wirtschaftsförderung" und "Wohnen und Stadterneuerung" bewältigt. Dem Stab der AGN ist die koordinierende und verwaltungsgemäße Betreuung der mittelfristigen Investitionsplanung übertragen; er bereitet auch die Projektgruppenberatungen vor, leistet methodische Hilfen, vermittelt den Informationsfluß zwischen den Projektgruppen und verarbeitet die Beratungsergebnisse textlich und tabellarisch.

Die Vorteile des kooperativen Abstimmungsprozesses auf einer mittelfristigen Planungsebene liegen auf der Hand:

- Die in das Investitionsprogramm aufzunehmenden Vorhaben müssen ein abgestimmtes Maßnahmenprogramm darstellen.

- Zielkonflikte und "Verteilungskämpfe" müssen fachübergreifend diskutiert und ausgetragen werden; dabei kristallisieren sich diejenigen Projekte heraus, die im Hinblick auf die Bedürfnisse der Bevölkerung sachlich, räumlich und zeitlich die höchste Priorität im Planungszeitraum besitzen; die Aussagen in den einzelnen Fach- und Teilentwicklungsplänen über die Versorgungssituation und über die mit einzelnen Maßnahmen zu erreichenden Effekte bilden hier eine außerordentlich wichtige Argumentationsbasis.

- Prioritätsverschiebungen zwischen den Aufgabenbereichen, die in einem hierarchisch gefestigten Verwaltungssystem recht schwierig zu erreichen sind, können über abgestimmte Zielaussagen vorbereitet und schließlich durch Diskussionen in kooperativen Arbeitsformen umgesetzt werden.

Der methodische Ansatz eines solchen Prozesses der Prioritätenfindung baut die durch das Sektorprinzip des Verwaltungsvollzugs geprägte isolierte Betrachtungsweise der einzelnen Bedarfsträger ab und fördert das Verständnis für eine abgestimmte Bedarfsplanung und für die Offenlegung von Zielsetzungen und Wertungen als Voraussetzung für eine von der Gruppe erarbeitete und getragene Prioritätenverteilung.

Es scheint wichtig, in diesem Zusammenhang darauf hinzuweisen, daß Erfolg und Mißerfolg eines solchen kooperativen Planungsansatzes nicht allein ausgefeilte institutionelle Regelungen der Zusammenarbeit der beteiligten Dienststellen erfordern, sondern wesentlich abhängig ist auch vom persönlichen Engagement der gerade an der Arbeit in Gruppen beteiligten Mitarbeiter.

5. AUSBLICK

Stadtentwicklungsplanung mündet in die Maßnahmenebene; sie ist aber auch eingebunden in sich verändernde Rahmenbedingungen, auf die die einzelne Gemeinde keinen oder nur geringen Einfluß hat. Der große Zusammenhang, in dem kommunale Entwicklungsplanung stattfindet, ist heute charakterisiert durch Bevölkerungsrückgang und räumliche Umverteilung, gravierende Beschäftigungsprobleme, stark gewachsenes Umweltbewußtsein und "gebrochene" Wachstumseuphorie. Diese, häufig unter dem Schlagwort der Trendwende zusammengefaßte Entwicklung muß zwangsläufig Eingang finden in entwicklungsplanerische und kommunalpolitische Positionen und Strategien.

Die vordringlichen Probleme, denen sich die Stadtentwicklungsplanung in Nürnberg Anfang der 80er Jahre gegenübersieht, sind vor allem

(1) die wachsende Knappheit besonders an familiengerechtem und preiswertem Wohnraum

(2) das wachsende Umweltbewußtsein und die Notwendigkeit, natürliche Ressourcen auch im Stadtgebiet zu sichern

(3) die Notwendigkeit der Integration der ausländischen Mitbürger besonders der zweiten Generation

(4) zunehmende soziale Entmischungstendenzen in den Stadtteilen und steigender Bedarf in Teilbereichen der sozialen Infrstruktur (z. B. Pflegeplätze für ältere Mitbürger) bei sinkender Einwohnerzahl

(5) eine Bestandspflege gerade der kleineren und mittleren Gewerbebetriebe in Stadterneuerungsgebieten

(6) die Notwendigkeit eines rationelleren Energieeinsatzes in vielen Lebensbereichen

(7) ein sich verkleinernder Investitionsspielraum durch Finanzknappheit.

In den vergangenen zehn Jahren hat die Nürnberger Stadtentwicklungsplanung bewiesen, daß sie keine "Schönwettereinrichtung" für Zeiten ist, in denen Zuwächse zu verteilen sind. Gerade aufgrund ihres kooperativen Ansatzes wird sie weiter in der Lage sein, auch in Zeiten mit reduziertem Investitionsspielraum ihre Steuerungsaufgabe zu erfüllen. Es sind gerade die strukturellen Veränderungsprozesse innerhalb der Verdichtungsräume bei vorhandenen Beständen, die nach planerischen Lösungen verlangen. Die Dynamik dieser Prozesse bilden heute und in absehbarer Zukunft die aktuelle Begründung für entwicklungsplanerische Aktivitäten.

LITERATUR

Aufgabe der Gemeinde - Entwicklungsplanung, Deutscher Städtetag, Beitrage zur Stadtentwicklung, Heft 9, Köln 1981 (zitiert: DEUTSCHER STÄDTETAG 1981).

Kommunale Entwicklungsplanung in der Bundesrepublik Deutschland. Ergebnisse einer Erhebung der Kommunalen Gemeinschaftsstelle für Verwaltungsvereinfachung, Köln 1980 (zitiert: KGSt 1980).

LEPPER, MANFRED 1976, Das Ende eines Experiments - zur Auflösung der Projektgruppe Regierungs- und Verwaltungsreform, in: Die Verwaltung, S. 478 ff.

Gegen die Einschränkung der kommunalen Planungshoheit, Bericht einer Arbeitsgruppe der Konferenz von Dienststellen der Stadtentwicklungsplanung des Städtetages Nordrhein-Westfalen, September 1978 (zitiert: STÄDTETAG NRW 1978)

GERD WESSEL

STADTENTWICKLUNGSPLANUNG IN EINER MITTLEREN GROSSTADT

1. ZUSAMMENFASSUNG

1.1. Die Ansätze der Entwicklungsplanung haben sich seit Beginn der 70er Jahre stetig geändert.
Jeweiliger Anlaß hierzu waren weniger fundamentale theoretische Erkenntnisse, als vielmehr lokale Sachzwänge.
Dabei ist die Fragestellung: "Ab wann geht Planung in Politik über?" ein bislang ungelöstes Problem.
Insofern ist hier weniger die Zielproblematik politischer Handlungsweisen als vielmehr die Frage: "Wie weit kann und soll Planung an die politische Grenze herangeschoben werden?" relevant.

1.2. (Entwicklungs-) Planung muß, entgegen früheren Jahren, heute auf Verteilungsvorschläge aus Zuwächsen verzichten und sich auf Empfehlungen zur Dotierung des vorhandenen Aufgabenbestandes konzentrieren, was in erheblichem Maße dessen Durchforstung auf Reduzierung und Verzichte beinhaltet.
Integrierte Entwicklungsplanung ist unverzichtbare Voraussetzung, um die knappen Ressourcen auch weiterhin effektiv und optimal einsetzen zu können.
Dem zentralen Stellenwert der Entwicklungsplanung kommt, bedingt durch diese gewandelte Aufgabenstellung, somit zumindest die gleiche Bedeutung wie bislang zu.

1.3. Bislang ungelöste Probleme der Entwicklungsplanung sind:

- Einbezug des Verwaltungshaushalts in ein entwicklungsplanerisches Prioritätssystem;

- Erarbeitung eines Grundrasters für systematisch betriebene Erfolgskontrolle;

- permanente Überprüfung des Aufgabenbestandes ("Aufgabenkritik").

Die durch die gegenwärtige Finanzlage geschaffene Situation bietet die bislang nicht vorhanden gewesene Chance, Planung, Entscheidung, Vollzug und Kontrolle zu einem in sich geschlossenen Gesamtsystem zu entwickeln.
Hier liegen die gegenwärtigen, und möglichst kurzfristig zu lösenden, Aufgaben der Entwicklungsplanung.

2. ALLGEMEINE VORBEMERKUNGEN

Definitionen darüber, was denn Entwicklungsplanung eigentlich sei, Anleitungen über Aufbau und Arbeitsweise sowie Auflistungen über ihre Inhalte, sind reichlich vorhanden. Natürlich sind neuere Publikationen dieser Art stets mit höheren Weihen als ihre Vorgänger versehen - entwickeln sich doch die Dinge fort und setzen uns auf diese Weise stets in höheren Erkenntnisstand.
Leider gehen jedoch die meisten klugen Rezepte, früher wie heute, im allgemeinen am wesentlichsten Tatbestand vorbei, weil die hochgradig politisch wirksame Funktion entwicklungsplanerischer Aktivitäten nur unzureichend untersucht wird. Das ist, gemessen an der allgemeinen Entwicklungslehre, zwar normal, aber, wie bekannt, für Entwicklungsplaner mit einem außerordentlich hohen Gefährdungsgrad verbunden, zumal dann, wenn operative Hektik geistige Windstille ersetzen soll und niemand bereit ist, Fehltritte und Leerlauf zu versichern.

Um das aufgezeigte Grundproblem möglichst bildhaft zu verdeutlichen, sei der Vergleich mit einem Hochseilartisten gestattet.

Die besondere Leistung der Entwicklungsplanungs-Artisten besteht primär darin, auf dem hohen Seil, ohne Balancestange und ohne Netz, gefällig zu tanzen, und gleichzeitig darauf zu achten, daß weder die Zulieferer noch die Abnehmer auf die Idee kommen, den Beifall zu verweigern oder gar das zugehörige Seilende zu kappen.

Somit stellt sich die Entwicklungsplanung dermaßen dar, daß sie, wie eben jener Artist, initiativ und kreativ ist, Kräfte und Spannungen koordiniert und die Beteiligten in dieses Geschehen integriert.

Die vorgenannten Gestaltungsmerkmale können gleichsam als Balancestange bezeichnet werden. Diese wird dem Artisten jedoch entgleiten, wenn er Gefälligkeitskunst in ideologischem Sinne betreibt - beispielsweise seine Sprünge überwiegend nach links oder rechts ausrichtet.

Im Gegensatz zum Seilkünstler, der Beifall findet, allenfalls aber langweilt, lebt die Entwicklungsplanung ausschließlich vom Beifall, was ständig neuen Ideenreichtum voraussetzt.

Die alleinige Präsentation von Ideen reicht hingegen nicht aus. Es müssen auch schlüssige Beweise und Belege für die besonderen perspektivischen Ansichten erbracht werden.

Mit anderen Worten: die Glaubhaftigkeit der Entwicklungsplanung setzt fundierte, nachvollziehbare und möglichst weitgehend "objektive" Handlungs- und Prioritätsempfehlungen voraus. Diese sollten durchaus politisch, nicht aber ideologisch, verstanden werden können.

Erst dann ist die Basis für die Knüpfung eines Netzes, dessen die Entwicklungsplanung stets dringend bedarf, gegeben.

3. ZUR STADTENTWICKLUNGSPLANUNG IN OSNABRÜCK

3.1. ERLÄUTERUNGEN ZU WESENTLICHEN GESTALTUNGSMERKMALEN

> **These 1:** Entwicklungsplanung ist stets nur so gut, als diejenigen, die sie tragen (sollen), gutwillig sind.
>
> "Erfolge" sind damit weniger von Methoden und vom Kalender, als vielmehr von der Art der Methoden-Umsetzung und von der inhaltlichen Gestaltung der Handlungsvorschläge abhängig.

Diese These mutet auf den ersten Blick als wenig wissenschaftlich an.
Der Verfasser steht damit auch im Gegensatz zu etlichen Verfechtern reiner Lehren der Ökonomie, der Organisation und weiterer Zutaten zur Entwicklungsplanung.
Andererseits werden Psychologen und Politologen wohl bestätigen können, daß in nicht normierten Lebensbereichen das Merketing oftmals wichtiger als das Produkt ist.

Im Bezug auf die Entwicklungsplanung der Stadt Osnabrück kann, jedenfalls aus unserer Perspektive, im Prinzip festgestellt werden, daß sowohl Produkt als auch Marketing bislang doch ganz erfolgreich waren.
Diesen glücklichen Umstand schreibt der Verfasser den "Spielregeln", die jeweils seit ihrer Einführung Anwendung finden, zu:

(1) Seit 1971 interdisziplinäre und dezernatsberücksichtigende Arbeitsgruppe unter Vorsitz des Verwaltungschefs; Geschäftsführung beim Referenten für Stadtent-

wicklung, später beim Leiter des Amtes für Stadtentwicklungsplanung und Statistik;

(2) Höchstmögliche Äußerungskompetenz sowohl der Arbeitsgruppe als auch des Fachamtsleiters (soweit Stadtentwicklungsplanung betreffend) ist die Empfehlung;

(3) Sofortige Erarbeitung eines allgemeinen Zielkataloges unter Vermeidung hemmender Feindifferenzierung;
Zielkatalog ist seit 1973 verwaltungsintern planungsverbindlich (Beschluß der Dezernentenkonferenz und des Verwaltungsausschusses);

(4) Seit 1973 sind zwei Mitglieder (jeweils mit Vertreter) des Verwaltungsausschusses in die "Arbeitsgruppe Stadtentwicklung" kooptiert;

(5) Ausrichtung des Flächennutzungsplanes an den allgemeinen Zielen der Stadtentwicklung; Berücksichtigung der Ziele sowie vorliegender Handlungspläne bei der Bebauungsplanung;

(6) Verwaltungsintern planungsverbindliche Bevölkerungsprognose - jeweils seit 1973 (Beschluß der Dezernentenkonferenz);

(7) Maßnahmenkatalog zur Beteiligung der Öffentlichkeit an Planungen - seit 1975 (Beschluß der Dezernentenkonferenz und des Verwaltungsausschusses);

(8) Verbindung von Finanzplanung und Stadtentwicklungsplanung über Prioritätsempfehlungen und Investitionsprogrammprüfung - seit 1978 (Beschluß Dezernentenkonferenz und Verwaltungsausschuß); verwaltungsintern planungsverbindlicher Prioritätenkatalog zur Stadtentwicklungsplanung für die jeweiligen Planjahre - seit 1979 (Beschluß der Dezernentenkonferenz, jeweilige Kenntnisnahme durch den Verwaltungsausschuß).

These 2: Das Osnabrücker Planungsverfahren war bislang zweckmäßig und "erfolgreich", weil das Vorgehen in kleinen Schritten weder die Planer noch die Entscheider überforderte und weil sachorientierte, statt ideologische, Vorschläge unterbreitet wurden.

Mit dem Start der Entwicklungsplanung in Osnabrück hatten wir drei besonders wertvolle Ausgangsbasen:

(1) Rat und Verwaltungsspitze standen positiv und fördernd hinter der Entwicklungsplanung;

(2) Die Stadt war überschaubar;

(3) Wie man die Dinge nicht anpacken sollte, war, Dank der Vorleistung einiger größerer Städte, bekannt.

Rat und Verwaltungsspitze sind auch heute noch, trotz zwischenzeitlicher, und teilweise recht gravierender, innerstruktureller Veränderungen sowohl von der Notwendigkeit als auch Zweckmäßigkeit der Osnabrücker Entwicklungsplanung überzeugt.
Im Zuge der Gebietsreform erfuhr das Stadtgebiet eine Flächenverdoppelung auf rund 112 qkm, die Einwohnerzahl nahm dabei jedoch lediglich um rund 16 % auf insgesamt 164.000 zu, so daß auch die Überschaubarkeit gewahrt blieb.

Hinsichtlich der Vermeidung von Fehlern, haben wir stets die Devise: "Niemand ist uns unnütz, notfalls ist er als schlechtes Beispiel verwendbar" befolgt.

Im Rahmen der vorgenannten Aussagen ist im Grunde nur eines erstaunlich: nämlich die durchgängige Befürwortung entwicklungsplanerischer Vorschläge durch die Entscheidungsträger.
Die Gründe hierfür dokumentieren sich nach Ansicht des Verfassers zum einen in der Verfahrensweise selbst, zum anderen in der Art der getroffenen Entscheidungen.

Dabei sollte man sich freilich davor hüten, die Tatsache getroffener Entscheidungen falsch einzuschätzen.
Es gibt etliche Fälle, in denen Entscheidungen für die Stadtentwicklungsplanung geradezu schädlich sein könnten.

ad 1:
Es ist im Grunde selbstverständlich, daß eine Arbeitsgruppe, die sich mit Fragen der Stadtentwicklungsplanung befassen soll, soweit als irgend möglich interdisziplinär zusammengesetzt ist, um das Spektrum des vorhandenen Sachverstandes optimal auszuschöpfen.
Ebenso eindeutig ist es notwendig, in einer solchen Gruppe sämtliche Dezernate einer Verwaltung zu integrieren. Wie anders sollte das zustande kommen, was gemeinhin als sogenannte "Verwaltungsmeinung" bezeichnet wird?
Dort wo die Geschäftsführung, oder Federführung, liegt, werden ohne Zweifel auch Weichen gestellt. Für die Entwicklung einer Stadt kann dies im Prinzip nur bedeuten, daß die "Weichensteller" dort angebunden werden, wo auch das stadtentwicklungspolitische

Schwergewicht gesetzt wird, sei dies nun beim Verwaltungschef oder einem Dezernatsbereich. Da hinter dieser Organisationslösung im allgemeinen eine politische Entscheidung stehen dürfte, ist auch die notwendige politische Absicherung des Gesamtvorhabens "Entwicklungsplanung" damit vom Grundsätzlichen her als gewährleistet anzusehen.

ad 2:

Die Kompetenz der Entwicklunsplanung sollte zwar umfassend sein (initiativ-, Koordinations-und Integrationsfunktion), dabei jedoch eindeutig im Bereich der Empfehlungen verbleiben. Getroffene Entscheidungen stehen fast niemals im Einklang mit den Zielen aller Betroffenen und erzeugen, je nach Bedeutung, nur allzuoft verärgerte Reaktionen.
Bei Empfehlungen ist diese Gefahr deutlich reduziert, da hier im allgemeinen mehrere Möglichkeiten der Einflußnahme gegeben sind. Selbst bei abschließenden Entscheidungen im Sinne der Empfehlungen fallen Unmutsäußerungen- und evtl. auch -handlungen milde aus.

ad 3:

Die vorrangige Verständigung auf allgemeine Entwicklungsziele erspart zu späterem Zeitpunkt Zeit- und Reibungsverluste zu Grundsatzfragen.
Spezifische Handlungsvorschläge müssen selbstverständlich mit weiter ausdifferenzierten Zielen, die jeweils auszudiskutieren sind, versehen sein.
Dieses Verfahren bietet die Möglichkeit, daß sich die Verwaltungsspitze und die politischen Gremien sowohl mit den allgemeinen, als auch jeweils speziellen Zielen identifizieren, wie in Osnabrück bislang jeweils durch entsprechende Beschlüsse geschehen.

ad 4:

Die in Osnabrück getroffene Regelung, Mitglieder des Verwaltungsausschusses in die "Arbeitsgruppe Stadtentwicklung" zu integrieren, ist zwar im Rahmen der üblichen Anwendung der Gemeindeordnung atypisch, bietet jedoch seit ihrer Einführung im Jahre 1973 den unschätzbaren Vorteil, politische "Juckepunkte" rechtzeitig, d.h.: noch im Planerarbeitungsstadium, zu erkennen und weitgehend zu glätten. Es ist wohl im wesentlichen auf diese Regelung zurückzuführen, daß bislang sämtliche Detailprogramme im Rahmen der Entwicklungsplanung, nach Billigung durch die Verwaltungsspitze, auch die Fachausschüsse, den Verwaltungsausschuß und den Rat einstimmig passiert haben. Mit Ausnahme des Prioritätenkataloges, den der Verwaltungsausschuß jeweils zur Kenntnis nimmt, sind in diesem Grmium auch wichtige Gestaltungsovrschläge zum Verfahren jeweils einstimmig beschlossen worden.
Zu den angeführten einstimmigen Beschlüssen hinsichtlich der Detailprogramme ist zu

bemerken, daß der Rat der Stadt sich hier zwar jeweils einstimmig zu den inhaltlichen Aussagen dieser Planwerke erklärt hat, die Durchführung einzelner Maßnahmen jedoch von jeweiliger plan-interner Prioritätensetzung sowie den finanziellen Möglichkeiten abhängig sieht. So wurde bislang auch verfahren.

Der Verfasser hat im Hinblick auf diese Entscheidungsart etwas weiter vorne ausgeführt, daß es in etlichen Fällen Stadtentwicklungsplanung sein könnte, wenn bindende Beschlüsse gefaßt werden.

Hier wird nun deutlich warum:
Entwicklungsplanung ist selten kurzfristiger, häufig durchdachte Planwerke weisen deshalb auch eine entsprechende Strukturierung auf. In logischer Konsequenz dessen müssen auch die definitiven Entscheidungen an dieser Zeitstruktur ausgerichtet sein und bleiben. Jegliches andere Verfahren wäre, um nichts besser als herkömmliche entwicklungspolitik, da heutige Situationen schlicht in die Zukunft verlängert würden - etwa nach dem Motto: "Hauptsache es geht vorwärts, die Richtung ist aber egal".

Man wird hier aber noch einen anderen, äußerst wichtigen, Aspekt sehen müssen:
Die demokratischen Spielregeln sind bereits bis an ihre Grenzen ausgeschöpft, wenn ein Rat einstimmig beschließt, daß er sich mit dem Inhalt eines Handlungsprogrammes identifiziert. Diese und folgende Räte wären überflüssig, wenn hier Programme zur totalen Durchführung beschlossen würden. Das BBauG trägt diesem Gedanken in § 1 Absatz 5 Rechnung: Selbst dann, wenn vom Rat beschlossene Entwicklungsplanung vorliegt (was immer das sein mag), ist diese bei der Bauleitplanung nur "zu berücksichtigen". Dabei sollte es auch tunlichst bleiben. Anderenfalls wäre die gemeindliche Selbstverwaltung, deren eines der wichtigsten Steuerungsinstrumente die Entwicklungsplanung heute ist, keinen Pfifferling mehr wert.

ad 5:
Hierzu ist, in Ergänzung zu den vorgenannten Ausführungen, lediglich festzustellen, daß Bauleitplanung ohne Berücksichtigung der Entwicklungsplanung ebenso schlecht sein müßte wie jene.

In Osnabrück wurde der Flächennutzungsplan an den sächlichen, insbesondere aber den räumlichen, Zielen der Stadtentwicklungsplanung ausgerichtet. Osnabrück ist, soweit der Verfasser orientiert ist, auch eine der wenigen Städte in der Bundesrepublik, die einen Flächennutzungsplan mit begründeten Stadtteil-Entwicklungsprioritäten haben.

Zum Bebauungsplanverfahren ist zu berichten, daß Änderungs- und Neuaufstellungs-Entwürfe bereits im Anfangsstadium, noch vor den gesetzlichen Beratungsstufen, sowohl von Fachämtern, als auch in besonderem Maße von der Entwicklungsplanung, geprüft werden.

ad 6:

Wenn Entwicklungsplanung wirksam sein soll, gehört hierzu unter anderem, daß für bestimmte Bereiche gleiche Planunsgrundlagen verbindlich sind. Dies gilt in erster Linie für die Entwicklung der Bevölkerung und der Finanzen, als auch hinsichtlich deren jeweiliger Struktur. Dabei ist es zugestandenermaßen sehr viel einfacher, die Variablen der Bevölkerungsentwicklung, als die der Finanzen einzuschätzen.

Andererseits ist die Bevölkerungsentwicklung und deren Struktur aber auch eindeutig wichtiger als die Finanzen. Die meisten Stadtkämmerer werden da wohl anderer Ansicht sein. Das ist zwar legitim, aber deshalb noch nicht richtiger. Wenn sich die Entwicklung einer Stadt überwiegend, oder gar ausschließlich, nach dem jeweiligen Kassenstand richtet, kann man aktive Entwicklungsplanung und -politik getrost vergessen. Dann greift dort die Zahlmeistermentalität, womit sich kommunale Räte im Prinzip der wichtigsten Funktion: nämlich der optimistischen Zukunftsgestaltung, begeben.

Der Rat der Stadt Osnabrück hat sich in den vergangenen zehn Jahren jedoch immer einen optimistischen Rahmen gesteckt. Der Verfasser möchte in diesem Zusammenhang behaupten, daß diese Handlungsweise maßgeblich durch die vorgegebene Bevölkerungsprognose, die jährlich fortgeschrieben wird, in Verbindung mit den Prioritätsempfehlungen, bestimmt wurde.

Zwar ist die Osnabrücker Bevölkerungsprognose "lediglich" verwaltungsintern verbindlich, doch haben der Rat und seine Gremien stets, und im besonderen unter Berücksichtigung der erwartbaren Bevölkerungsstruktur, in sehr hohem Maße eben diesen Vorgabedaten durch entsprechende Entscheidungen Rechnung getragen.

Der sogenannte "Generationenvertrag", der im allgemeinen zyklische als auch antizyklische Festlegungen ausschließt und allein auf stetiger Gestaltungsentscheidung beruht, insoweit in hohem Maße einer am Bürger ausgerichteten Entwicklungsplanung entspricht, dürfte damit vom Rat der Stadt Osnabrück in besonderem Maße als eingehalten gelten.

ad 7:

Die Beteiligung der Bürger an Planungen ist ein schier unerschöpfliches Thema.

Um hier endlosen, und zumeist nutzlosen, Debatten zu entgehen, wurde bereits vor etlichen Jahren ein Beteiligungsschema, in dem mehrere Möglichkeiten vorgesehen sind, von der Entwicklungsplanung vorgelegt. Dieses Schema wurde von der Dezernentenkonferenz und vom Verwaltungsausschuß, als dem für die Stadtentwicklungsplanung zuständigen Gremium, beschlossen. Je nach Planart wird im Einzelfall vom Fachausschuß und vom Verwaltungsausschuß festgelegt, welcher der im Verfahrensrahmen festgelegten Wege beschritten werden soll.

In Osnabrück gilt die hübsche Maxime: "Der Mensch steht im Mittelpunkt, und somit allen im Weg" nur hinsichtlich des ersten Teiles dieses Satzes.

ad 8:
Was wäre Entwicklungsplanung ohne den finanziellen Bezug? Nichts!

Finanzplanung ist nicht alles, aber ohne Finanzplanung ist alles nichts.

Dieser Auffassung entsprechend haben wir in Osnabrück seit einigen Jahren die Regelung getroffen, daß die Investitionsanmeldungen auch in besonderem Maße unter stadtentwicklungsplanerischen Gesichtspunkten zu prüfen sind. Zu diesem Zweck mußten zunächst die allgemeinen Ziele herhalten, was immer dann höchst kompliziert wurde, wenn noch keine Ergänzungsziele in Fachplanungen vorlagen. Um der Wahrheit die Ehre zu geben: Wir sind eigentlich nur deshalb auf einen Prioritätenkatalog gekommen, weil der zunächst beschrittene Weg oftmals unergiebig war. Der Prioritätenkatalog wird jährlich fortgeschrieben, von der Dezernentenkonferenz als verwaltungsintern verbindlich beschlossen und vom Verwaltungsausschuß erörtert. Wenngleich der Verwaltungsausschuß den Prioritätenkatalog bislang jeweils nicht beschloß (Kenntnisnahme mit der Empfehlung an die Fachausschüsse und den Rat, die im Katalog dargelegten Vorschläge weitestmöglich zu berücksichtigen) ist doch eindeutig aus den vom Rat getroffenen Entscheidungen zum Investitionsprogramm ersichtlich, daß den Empfehlungen des Prioritätenkataloges in wachsendem Maße, z. Z. etwa in 80 % aller Fälle, Rechnung getragen wurde. Mehr ist, nach Ansicht des Verfassers, nun wirklich von einem Rat nicht erwartbar, wenn die Regeln der Demokratie beibehalten werden sollen.

Das z. Z. praktizierte Koordinationsverfahren zwischen Finanzplanung und Entwicklungsplanung hat den folgenden zeitlichen Ablauf: Im November wird der Prioritätenkatalog von der "Arbeitsgruppe Stadtentwicklung" jeweils fortgeschrieben, bis Februar von der Dezernentenkonferenz beschlossen und bis April dem Verwaltungsausschuß vorgelegt. Sodann beginnt die Aufstellung des Mittelfristigen Investitionsprogrammes durch die Finanzverwaltung. Etwa im Juni erfolgt die Überprüfung des Investitionsprogrammes und der sogenannten "Wunschliste" durch die Stadtentwicklungsplanung. Die Stadtentwicklungsplanung nimmt auch beratend in der Dezernentenkonferenz teil, wenn das Investitionsprogramm dort zur Erörterung ansteht. Der Haushalt und das Investitionsprogramm werden sodann in den zuständigen politischen Gremien erörtert und zur Jahreswende vom Rat beschlossen. Danach stellt die Stadtentwicklungsplanung jährlich die Fortschreibung des Mittelfristigen Stadtentwicklungsprogrammes auf. Dessen Veröffentlichung erfolgt im allgemeinen im August eines jeden Jahres.

3.2. PROBLEME IN OSNABRÜCK UND ANDERSWO

Zur Untermauerung der Thesen 1 und 2 waren die vorstehenden Ausführungen wohl notwendig. Indes: Auch in Osnabrück ist die Stadtentwicklungsplanung nicht auf einer "Insel der Seligen" angesiedelt.

Neben rein sachgebietsbezogenen Problemen gilt es, jetzt und künftig vor allem das kommunale Handlungsgeschehen dadurch zu verbessern, daß dessen Effizienz stärker als bislang kritische Würdigung findet.

> These 3: Kommunale Erfolgskontrolle ist zwar keine conditio sine qua non, jedoch logische Fortsetzung des stadtentwicklungsplanerischen Handlungssystems und gleichzeitig dessen vorläufiger Zielpunkt.

In Anlehnung an These 1 ist es relativ unbedeutend, wie eine Entwicklungsplanung aufgebaut ist, sofern gewisse Verfahrensrahmen und Inhalte eingehalten werden (vgl. Nieders. Städteverband 1979) und wenn sie überhaupt gewollt und auf breiter Basis getragen wird.

Unter Berücksichtigung der These 2 ist es von großer Bedeutung, die Beteiligten, insbesondere aber die Entscheidungsträger, nicht mit "großen Würfen" zu überfordern, sondern schrittweise an entwicklungsplanerische Mechanismen so heranzuführen, daß diese gleichsam als selbstverständliche verwaltungstechnische und politische Notwendigkeiten verstanden und gewollt werden.

Bei Einhaltung dieser Maximen müßte Entwicklungsplanung im Grunde einen Mindeststandard erreichen, der sie zu einem anerkannten, und auch nützlichen Verwaltungs- und Gestaltungsinstrument werden läßt. Wenn dies der Fall ist, stellt sich freilich die Frage, ebenso wie in allen übrigen Verwaltungsbereichen, wie denn eigentlich die Wirkung eben dieses Instrumentes zu bewerten ist, womit sich die Folgefrage nach entsprechender "Erfolgsmessung" ergibt.

Zur Verdeutlichung dieses Gesamtproblems greift der Verfasser erneut auf die konkrete Situation in der Stadt Osnabrück zurück. Hier liegen bereits etliche Fachplanungen, die im Rahmen der Entwicklungsplanung erstellt wurden, teilweise bereits in zweiter

Fortschreibung, vor. Ein Abgleich der Handlungsvorschläge mit den entsprechenden Realisierungsmaßnahmen zeigt, daß die Planwerke kontinuierlicher Verwirklichung zugeführt wurden und werden. Die "Ausfallquote" beträgt im Durchschnitt nicht mehr als rund 15 bis 20 %.

Dies ist, auf den ersten Blick, gewiß als erfreuliches Ergebnis anzusehen. Andererseits darf die Erfüllung, bzw. Nichterfüllung, von Fachentwicklungsplänen keineswegs als absoluter Erfolg, bzw. Mißerfolg, angesehen werden.
Zu fragen ist ja stets, ob denn mit der vollzogenen Maßnahme tatsächlich, also objektiv, eine Situationsverbesserung, die nicht zulasten anderer Bereiche der kommunalen Daseinsvorsorge erfolgte, eingetreten ist.

Hier eröffnet sich nun ein außerordentlich kompliziertes Denksport-Feld. Der Verfasser hat sich seit gut 4 Jahren mit dieser Problemstellung herumgeschlagen und ist bislang zu folgenden Ergebnissen gelangt:

(1) Das theoretische Rüstzeug zur Erfolgskontrolle ist im Prinzip zwar vorhanden, aber zu aufwendig, selbst bei Einsatz moderner Datenverarbeitungstechnik;

(2) Unsystematische Erfolgskontrolle wird in nahezu allen Verwaltungsbereichen bereits seit vielen Jahren praktiziert und auch in Veröffentlichungen und Berichten an die politischen Gremien belegt;

(3) Hierüber hinausgehende Kontrollansätze sind, aus mancherlei Gründen, sowohl in der Verwaltung als auch in der Politik "suspekt";

(4) Systematisierte Erfolgskontrolle ist dennoch erforderlich; nur auf diese Weise können Zufallsprüfungen durch ein regelrechtes Sieb-System ersetzt werden;

(5) Um Vorhandenes zu nutzen, gleichzeitig aber auch bestehende Probleme zu umgehen, bietet sich nach Ansicht des Verfassers hier ausschließlich eine Indikator-Methode an.

In Osnabrück wurde daher im vergangenen Jahr damit begonnen, Indikatoren, die zumindest Signalwirkung haben, zusammenzutragen. Da zu diesem Zweck Zeitreihen aufgebaut werden müssen, kann der Verfasser leider noch keine typischen Beispiele vorlegen.

Infolge des starken Differenzierungsausmaßes der Haushaltssystematik entzieht sich der Verwaltungshaushalt bislang weitgehend der stadtentwicklungsplanerischen Beeinflussung. Hier werden deshalb Indikatoren vorerst auch wohl kaum gebildet werden können - in Anbetracht des Finanzvolumens dieses Haushalts ein erschreckendes Manko, wenn einmal der allgemein hohe Organisations- und Technologie-Standard der öffentlichen Verwaltung bedacht wird.

Die Signalwirkung von Indikatoren reicht, für sich allein genommen, für zielgerichtete und systematisierte Erfolgskontrolle nicht aus. Hier müssen sich Ursachen- und Wirsamkeitsüberprüfungen, erforderlichenfalls ergänzt durch Ablaufkontrollen, anschließen. Auch die permanente Überprüfung des Aufgabenbestandes (im allgemeinen als "Aufgabenkritik" bezeichnet), wird dann zu erheblich erleichterten Bedingungen möglich sein.

4. SCHLUSSBETRACHTUNG

Zu den Themen "Kommunale Problemverarbeitung" und "Stadtplanung unter heutigen Bedingungen" gehört, aus der Sicht der Entwicklungsplanung, zwangsläufig auch ein knapper Hinweis auf den Umfang sächlicher Probleme.

Politik und übrige Verwaltung setzen voraus, und zwar völlig zu Recht, daß die Entwicklungsplanung methodische und organisatorische Fragen in Eigenregie löst.

Prüfstein für die effiziente Entwicklungsplanung ist nicht die Höhe des darin enthaltenen geistigen Bodensatzes, sondern der Anteil der abgesetzten "Produktion" sowie deren qualitativer und quantitativer Gehalt (vgl. These 1).
Diese Tatsache gebietet nun freilich, daß die planerischen Ressourcen aus arbeitsökonomischen Gründen primär auf die Lösung direkt anstehender Probleme gerichtet werden.
Aus dieser Notwendigkeit heraus ergibt sich dann im allgemeinen die etwas unbefriedigende Situation, daß man "wohl könnte, aber nicht kann".

Diese Feststellung ist zwar nicht von umwerfender Brillanz, vermag aber vielleicht doch zu erhellen, daß die kommunale Problemverarbeitung keineswegs aus abgehefteten Ausschußberichten besteht, sondern vielmehr aus einer breiten, wenngleich zumeist auch "nur" pragmatischen, Vielfalt möglicher Lösungsansätze.

LITERATUR

HELLSTERN, GERD-MICHAEL und WOLLMANN, HELLMUT 1980,
Evaluierung in der öffentlichen Verwaltung - Zwecke und Anwendungsfelder, in: Verwaltung und Fortbildung S. 61 ff.

JENTSCH, ROSWITHA 1979,
Konzepte zur Erfassung der Lebensqualität in der Bundesrepublik Deutschland, Schr.R. der Gesellschaft für wirtschafts- und verkehrswissenschaftliche Forschung e. V. Bonn, H. 50, Bonn.

Kommunale Gemeinschaftsstelle für Verwaltungsvereinfachung (Hrsg.) 1980, Kommunale Entwicklungsplanung in der Bundesrepublik Deutschland - Ergebnisse einer Erhebung (Bearb.: Gottschalk, Schildmacher, Schmiing), Köln.

Niedersächsischer Städteverband (Hrsg.) 1979, Inhalte der Gemeinde-Entwicklungsplanung, Schr.R. Heft 6, (Bearb.: Haack, Kellner, Kleinke, Moritz, Schildmacher, Weßel), 1. Aufl., Hannover.

SOBICH, WOLFGANG 1980,
Finanzwirtschaftliches Planungsverhalten der Kommunen - dargestellt an fünf deutschen Großstädten, verwaltungswiss. Dipl.-Arbeit an der Univ. Konstanz, sozialwiss. Fakultät, vorgelegt im Dez. 1980.

Stadt Mannheim, Amt für Stadtentwicklung und Statistik (Hrsg.) 1981, Erfolgskontrolle Jungbusch - Wirkungen der städtischen Investitionsmaßnahmen zur Regenerierung des Stadtteils Jungbusch als Wohngebiet, Mannheim.

VOLZ, JÜRGEN 1980,
Erfolgskontrolle Kommunaler Planung, Köln/Berlin/Bonn/München.

WESSEL, GERD 1971,

Gemeindeentwicklungsplan - Begriff und Aufgabe, in: Der Städtebund S. 246 ff.

WESSEL, GERD 1972,

Zielvorstellungen eines Gemeindeentwicklungsplanes, in: Der Städtebau S. 119 ff.

WESSEL, GERD 1975,

Langfristige Ziele als Grundlage und Rahmen der Gemeinde-Entwicklungsplanung, in: Städte- und Gemeindebund S. 39 ff.

WESSEL, GERD 1977,

Koordination von Gemeinde-Entwicklungs- und Gemeinde-Finanzplanung, in: Städte- und Gemeindebund S. 45 ff.

WESSEL, GERD 1978,

Gemeinde-Entwicklungsplanung: Begründung und Darstellung materieller Mindestinhalte, in: Städte- und Gemeindebund S. 72 ff.

ARNULF VON HEYL
STEPHAN ROSENMUND

STADTPLANUNG UND STADTERNEUERUNG "MITTLERER REICHWEITE UND -INTENSITÄT" AM BEISPIEL DER STADT STUTTGART

1. VORBEMERKUNGEN

Stadtentwicklung und -planung mittlerer Reichweite und Intensität war in Stuttgart nie explizit als Problemlösungsstrategie konzeptualisiert worden. Sie sind somit weniger Ausdruck methodischer Überlegungen als vielmehr eine Art von Pragmatismus in Politik und Verwaltung, der umfassenden Planungen äußerst skeptisch gegenübersteht. Insbesondere wurden "unnötige" Festlegungen und Regelungen (in zeitlicher und sachlicher Hinsicht) als störend hinsichtlich flexibler und konkret situationsbezogener Politik empfunden.

Im Prinzip hat sich daran bis heute nicht viel geändert, nur daß sich seit einiger Zeit umgekehrt, wohl auf Grund von Mißerfolgen umfassend angelegter Problemlösungsansätze und damit verbundener Planungsernüchterungen und vor dem Hintergrund veränderter Rahmenbedingungen, Ansätze mit vermindertem Regelungsumfang zunehmender Beliebtheit bei den Kommunen erfreuen. Aber nicht nur die Kommunen reagieren gegenüber umfassenden Problemlösungsansätzen mit Zurückhaltung.

Auch die Wissenschaft scheint seit einiger Zeit eher aktionistische Strategien zur Theorie- und Modellbildung zu bevorzugen, so daß man sich fragen kann: Werden Städte wie Stuttgart, die in der Vergangenheit in Entwicklungsplanerkreisen nicht unbedingt zu glänzen vermochten, durch diesen Trend nachträglich rehabilitiert, d.h. zeigen sie tatsächlich das modernere, den heutigen Bedingungen angemessenere Problemlösungsverhalten als die mit umfassenderen Konzepten operierenden Kommunen?

Selbstverständlich soll des fehlenden theoretischen Rahmens wegen hier nicht der Versuch gemacht werden, die bewußt provokante Frage zu beantworten. Stattdessen werden, gewissermaßen als Materialbeitrag für die Diskussion, zunächst einmal solche Strategien der Stuttgarter Stadtentwicklung aus dem Politikbereich "Wohnen" vorgestellt, die sich dadurch auszeichnen, daß sie im wesentlichen

- rechtlich nicht formalisiert
- räumlich und zeitlich überschaubar sind
- über einen situationsbezogenen Konkretheitsgrad und
- über ein relativ hohes Maß an Flexibilität verfügen.

Diese Darstellung von Strategien, die in einem ersten Zugriff als solche "mittlerer Reichweite und -Intensität" bezeichnet werden, soll sowohl zur begrifflichen Klärung in der Diskussion beitragen, als auch eine Prüfung der Frage erleichtern, welche Merkmale (neue mögen hinzutreten) für Strategien "mittlerer Reichweite und - Intensität" tatsächlich konstituierend sind. Eine Evaluation durch die Verwaltung selbst ist, wie immer problematisch. Regelungs- und Vollzugsdefizite gibt es durchaus, z.B. im Spannungsfeld Wohnen/Arbeiten.

2. ZEITSTUFENPLANUNG

Bei der Verknüpfung der Bauleitplanung mit der Finanzplanung in der Zeitstufenplanung handelt es sich um ein Beispiel pragmatischer städtebaulicher Entwicklungsplanung in Stuttgart.

Die Zeitstufenplanung wird jährlich mit der mehrjährigen Finanzplanung zusammen fortgeschrieben. Sie bündelt als Querschnitt die im Haushalt in verschiedenen Titeln auftauchenden Kosten und strukturiert zugleich die Bebauungsplanung nach Maßgabe der nach BBauG vorgeschriebenen Verfahrensschritte.

Eine Hauptnutzung der Zeitstufenplanung besteht darin, daß sie als Arbeitsprogramm der Verwaltung den permanenten Kampf um Prioritäten und Posterioritäten in diskontinuierliche Fortschreibungsentscheidungen verlagert, die sich als Sammelentscheidungen noch einigermaßen an städtebaulichen Kriterien messen lassen. Zugleich wird die i.d.R. sonst relativ obskure beziehungsweise arkane Prioritätensetzung wenigstens latent beteiligungsfähig und stellt zudem eine wichtige Marktinformation dar.

Im folgenden wird der in einer Gemeinderatsdrucksache festgehaltene Verfahrensmodus für die Planung und Erschließung von Neubaugebieten in verkürzter Form wiedergegeben (vgl. auch den Listenauszug im Anhang):

2.1. ZEITSTUFUNG

Der geplante Ausbau der Neubauflächen wird in drei Zeitstufen gegliedert. Die Einordnung in die einzelnen Stufen richtet sich im wesentlichen nach folgenden Überlegungen:

- Auslastung vorhandener Infrastruktur
- Höhe der Erschließungskosten
- Übereinstimmung mit den Entwicklungszielen für die Stadtteile und Stadtbezirke.

2.1.1. ZEITSTUFE 0, RECHTSVERBINDLICH BZW. AUSBAU

Dieser Zeitstufe werden alle Neubaugebiete zugerechnet, für die rechtsverbindliche Bebauungspläne vorliegen. Die Kosten für den Ausbau sind in der Finanzplanung bereits enthalten.

2.1.2. ZEITSTUFE 1, VORBEREITUNGSSTUFE

Diese Zeitstufe umfaßt den Zeitraum der mehrjährigen Finanzplanung und einen sich anschließenden ca. 5-jährigen Zeitraum. Die Gebiete werden planerisch vorbereitet. Sie werden nach dem Stand der Aufnahme der erforderlichen städtischen Ausgaben in die mehrjährige Finanzplanung in zwei Untergruppen eingeteilt:

- Gruppe 1 a, planerische Vorbereitung - Ausbau in der Finanzplanung enthalten

- Gruppe 1 b, planerische Vorbereitung - Ausbau in der Finanzplanung nicht enthalten, deren planerische Vorbereitung aber dringlich ist.

2.1.3. ZEITSTUFE 2, ENTWICKLUNGSSTUFE

Dieser Zeitstufe werden alle Gebiete zugerechnet, deren Realisierung zur Zeit nach den angewandten Kriterien nicht vordringlich erscheint und deren planerische Vorbereitung daher zurückgestellt wird. Dies betrifft auch alle sonstigen vorbereitenden Tätigkeiten in der Verwaltung.

2.2. FORTSCHREIBUNG

Die vorliegende Liste betrifft den angestrebten Ausbau der Neubauflächen des Entwurfes zum Flächennutzungsplan 1990. Außer auf diesen Flächen gibt es noch Baumöglichkeiten in Baulücken und sonstigen kleinen erschlossenen Flächen, die in der Liste nicht berücksichtigt sind, deren Finanzierung über die pauschalen Ansätze für die ausführenden Ämter gesichert ist. Bauflächen, die erst nach 1990 erschlossen werden sollen, sind in der Liste nicht enthalten.

Der Inhalt der Liste ist maßgebende Grundlage für die Koordination der Planung in der Stadtverwaltung. Die Liste berücksichtigt den gegenwärtigen Stand der Planung und die Ergebnisse der Beratungen für den Haushaltsplan. Die angegebenen Kapazitäten der Flächen und die geschätzten Kosten werden im Zuge der Planung weiter präzisiert.

2.3. KOSTENSCHÄTZUNG FÜR DIE GEBIETE DER ZEITSTUFEN 0 UND 1

Alle Kostenangaben beziehen sich auf den neuesten Planungsstand und beruhen auf Angaben der jeweiligen Fachämter. Sie beinhalten die Kosten für eine städtebauliche Grundausstattung, soweit sie für die Funktion des Gebietes erforderlich ist. Je nach Planungsstand handelt es sich um eine mehr oder weniger grobe Kostenschätzung. Die Kosten werden nach Brutto- und Nettokosten unterschieden. Die Bruttokosten enthalten die Gesamtkosten der Maßnahme. Die Nettokosten enthalten die Gesamtkosten der Maßnahme abzüglich der Zuwendung von Bund und Land und der Anliegerleistungen. Für die Zeitstufe 1 b neu aufgenommenen Gebiete konnten überwiegend nur Bruttokosten ermittelt werden.

Eine entsprechende Liste gibt es auch für Arbeitsstättengebiete.

3. GEBIETSTYPENPLANUNG

Ein Schwerpunkt entwicklungsplanerischer Aktivitäten liegt in Stuttgart auf der Erarbeitung von Entwicklungsprogrammen für Stadtbezirke. Diese fassen alle Maßnahmen zusammen, die im Aufgabenbereich der Stadtverwaltung zur Verwirklichung der Entwicklungsziele in einem Zeitraum von ca. 10 Jahren ergriffen werden sollen.

Damit sind sie auch Grundlagen für die Koordination der rechtlichen Instrumente mit den öffentlichen und privaten Investitionen zur Verbesserung des Wohnumfeldes und zur Sicherung der Arbeitsstätten.

Für die räumliche Bündelung werden in diesen Programmen u.a. generelle Festlegungen der "Art und des Maßes" der baulichen Nutzung getroffen, d.h. die bebauten Flächen des jeweiligen Stadtbezirks werden entsprechend der vorhandenen und beabsichtigten Nutzung in Gebietstypen unterschiedlicher Aufgabenstellung eingeteilt.

Unterschieden werden:

Typ I : Erhaltung der Wohnnutzung und der Grünflächen
Typ II : Sicherung und Aufwertung der Wohnnutzung
Typ III : Sicherung und Verbesserung der gemischten Nutzung
Typ IV : Sicherung der Flächen für Arbeitsstätten
Sonstige Nutzungen:
Erhaltung der sonstigen Nutzung und der Freiflächen
(z.B. überörtliche Gemeinbedarfs- und Grünflächen).

Die Einteilung beruht auf

- vorhandenem Planungsrecht
- Art und Maß der vorhandenen Bebauung
- Bebauungsdichte und Wohnqualität
- Beschäftigtenanteil
- angestrebter Nutzung (vgl. in untenstehender Gebietstypenübersicht die Zeilenmerkmale "Bestand/Nutzung, Probleme, Entwicklungsziele").

Gebiets-typen	I. Erhaltung der Wohnnutzung und der Grünflächen	II. Sicherung und Aufwertung der Wohnnutzung	III. Sicherung und Verbesserung der gemischten Nutzung	IV. Sicherung der Flächen für Arbeitsstätten
Bestand, Nutzung	• Hoher Anteil an Wohnnutzung • Hoher Anteil an priv. Grünflächen • Überwiegend geringe Umweltbelastungen • Vorwiegend offene Bauweise, geringe Dichte • (Überwiegend Gebiete der Baustaffeln 5-9)	• Hoher Anteil an Wohnnutzung • Geringer Anteil an Grünflächen • Teilweise hohe Baudichte • Überwiegend geschlossene Bauweise, Hinterhausbebauung • Erhaltenswerte Ensembles • (Überwiegend Gebiete der Baustaffeln 2-5)	• Sehr hohes Maß der Überbauung und Verdichtung • Hoher Beschäftigtenanteil, z.T. störende Betriebe • Geschlossene Bauweise, z.T. überalterte Bausubstanz • Sehr geringer Anteil an Grünflächen • (Überwiegend Gebiete der Baustaffeln 1-4)	• Hoher Anteil an Arbeitsstättennutzung • Konzentration des verarbeitenden Gewerbes, der Dienstleistungen und Verwaltungen • (Überwiegend Gebiete der Baustaffeln 1-3 und Industriegebiete nach OBS)
Probleme	• Stellenweise Umweltbelastungen durch Verkehr • Verdrängung von Wohnraum durch Büronutzung • Tendenz zur Verdichtung und zur Erhöhung der Zahl der WE • Stellplätze auf Kosten von Grünflächen • Zunehmender Druck hinsichtlich Überbauung von Bauverbotsflächen	• Stellenweise Umweltbelastungen durch Verkehr • Hohe Abnahme der deutschen Wohnbevölkerung 70-80 • Verdrängung von Wohnraum durch Büronutzung • störende Betriebe • Stellplatzmangel • Erschwerte Neuordnung durch kleinparzellierten Grundbesitz	• Umweltbelastungen durch hohe Baudichte, Betriebsemissionen und Verkehr • Hohe Abnahme der deutschen Wohnbevölkerung 70-80 • Verschlechterung der Wohnbedingungen, Abnahme des Anteiles der Wohnnutzung • Standortprobleme bei Betriebsverlagerungen • Stellplatzmangel	In Gebieten mit verarbeitendem Gewerbe: • z.T. schwere Umweltbelastungen durch Immissionen und Verkehr • gewerbliche Nutzung direkt an Wohnnutzung angrenzend. In Gebieten mit Dienstleistungen und Verwaltungen: • z.T. geringe Attraktivität • Stellplatzmangel
Entwicklungsziele	• Erhaltung der Wohnnutzung und der Grünflächen • Soweit Umnutzung erfolgt ist, keine Erweiterung • Freiflächen der Kesselränder hinsichtlich Frischluftzufuhr und Stadtbild sichern • Wohnstraßen vom Durchfahrtsverkehr entlasten	• Sicherung und Aufwertung der Wohnnutzung • Verbesserung des Wohnumfeldes • Entlastung von Durchgangsverkehr • Erhaltung nicht störender Versorgungsbetriebe • Wiederbelebung innerstädtischer Bereiche	• Sicherung der Arbeitsplätze • Sicherung und Verbesserung des Wohnanteils • Milderung der Umweltbelastungen • Förderung von Kleingewerbe und Dienstleistungen • Wiederbelebung innerstädtischer Bereiche	• Sicherung der Flächen für Arbeitsstätten • Konzentration der Arbeitsstätten • Milderung der Umweltbelastungen • Schrittweise Neuordnung der alten Gewerbegebiete
Maßnahmen	• Überleitung, soweit als möglich in WR, z.T. WA ohne Ausnahmen • Maß der baulichen Nutzung (Maßstäblichkeit etc.) im vorgegebenen gesetzlichen Rahmen erhalten • Durchlässigkeit der Baustruktur durch Festsetzung der Summe der seitlichen Grenzabstände sichern • Enger Befreiungsspielraum bei Baugenehmigungsverfahren • Auflagen hinsichtlich Begrünung, Gestaltung, Zahl und Anordnung von Stellplätzen.	• Überleitung in WA, z.T. WR u. WB, ausnahmsw. MI • Maß der baulichen Nutzung (vor allem Maß der Überbauung) möglichst reduzieren • Mindestwohnanteil von 70 % (Bruttogeschoßfläche) planungsrechtlich festlegen • Maßnahmen für Blockentkernung (Vorkaufsrechtssatzung, Betriebsverlagerung) • Modernisierung • Verkehrsberuhigung • Stellplätze, Sammelgaragen für die Wohnbevölkerung • Verbrennungsverbote	• Überleitung in MI, z.T. MK; zur Sicherung der Wohnnutzung auch WA, WB • Vorhandenes Maß der baulichen Nutzung möglichst angleichen an zulässige Nutzungsmaße • Mindestwohnanteil von 40 % (Bruttogeschoßfläche) planungsrechtlich festlegen • Maßnahmen für Blockentkernung (u.a. Vorkaufsrechtssatzung) • Verkehrsberuhigung • Verbrennungsverbote	• Überleitung in GE, GI, (verarbeitendes Gewerbe), MK (Dienstleistungen und Verwaltungen) • Erforderliche räumliche Erweiterung über Gebietstyp IV hinaus nur auf Flächen des Gebietstyps III • Maß der baulichen Nutzung an den derzeit zulässigen Nutzungswerten orientieren • Gliederung der zulässigen Nutzung zum Schutze der an Gewerbegebiete angrenzenden Wohngebiete

Abkürzungen:
WR = Reines Wohngebiet
WA = Allgemeines Wohngebiet
WB = besonderes Wohngebiet
MI = Mischgebiet
MK = Kerngebiet
GE = Gewerbegebiet
GI = Industriegebiet
OBS = Ortsbausatzung 1935

GEBIETSTYPENÜBERSICHT

Die Gebietstypen sollen sein:

(1) Vorgaben für die vorbereitende Bauleitplanung

Die Gebietstypen werden im Rahmen der Fortschreibung des Flächennutzungsplanes in Festsetzungen der allgemeinen Art der baulichen Nutzung übersetzt. Dabei entspricht in der Regel die

- Wohnfläche den Gebietstypen I und II
- Gemischte Baufläche dem Gebietstyp III
- Gewerbliche Baufläche und gemischte Baufläche, Markt und Verwaltung dem Gebietstyp IV.

(2) Vorgaben für die verbindliche Bauleitplanung

Für die abgegrenzten Gebiete I bis IV ist zur Sicherung der Entwicklungsziele die Umstellung auf neues Planungsrecht beabsichtigt. Für die Ausarbeitung neuer, auf neues Recht umgestellter und der künftigen Entwicklung angepaßter Bebauungspläne ist insgesamt ein nichtbestimmbarer Zeitraum erforderlich. Vorrangig werden Bebauungsplanverfahren dort eingeleitet, wo ohne diese Maßnahme städtebauliche Fehlentwicklungen erwartet werden. Dabei sind die Vorgaben für die Festsetzungen von Art und Maß der baulichen Nutzung aus der Definition des jeweiligen Gebietstyps abzuleiten. Durch die Festlegung eines Mindestwohnanteiles für die Gebietstypen II und III wird den zahlreichen neuen Gliederungsmöglichkeiten der Baunutzungsverordnung Rechnung getragen.

(3) Vorgaben für die Aufstellung einer Vorkaufsrechtssatzung gemäß § 25 BBauG

Eine Vorkaufsrechtssatzung nach § 25 BBauG kann sich auf eine Entwicklungsplanung der Gemeinde stützen. Durch die städtebaulichen Entwicklungsziele der Gebietstypenplanung ist diese Voraussetzung geschaffen worden.

(4) Vorgaben für den städtebauliche relevanten Einsatz des städtischen Grundeigentums

(5) Vorgaben für die räumliche Koordination von Maßnahmen zur Stadterneuerung (Einsatz von Fördermitteln)

Die Maßnahmen sollen dabei vorrangig in den Gebieten des Typs II und III gebündelt werden (vgl. in obenstehender Gebietstypenübersicht das Zeilenmerkmal "Maßnahmen" sowie den Abschnitt "Planung in Stadterneuerungs-Vorranggebieten").

Gebietstypen sind also ein Auftrag an die Verwaltung und verstehen sich als flexibles Planungsinstrument.
Der Gemeinderat wird rechtlich nicht gebunden, da er die Gebietstypeneinteilung schließlich jederzeit wieder ändern kann. Eine Abweichung muß aber jeweils städtebaulich begründet sein.
Der Bürger wird durch die Gebietstypeneinteilung weder unmittelbar verpflichtet noch berechtigt. Es dient jedoch der Transparenz der Planung, daß er sich darüber informieren kann, in welcher Richtung ein Entscheidungsspielraum - z.B. bei Befreiungen - konkretisiert wird.

Was die Vorgabe von Mindestwohnanteilen betrifft, so gilt entsprechend einer Gemeinderatsdrucksache folgendes:

"Bei der Vorgabe von Mindeswohnanteilen versteht es sich von selbst, wie auch in den Entwicklungsprogrammen jeweils betont wird, daß sich bei der Abwägung der Belange jeweils im Einzelfall Abweichungen ergeben können. Derartige Vorgaben bedeuten also keine strikte Bindung; sie sind jedoch eine planerische Hilfe, sind ein Anlaß zur Begründung sachgerechter Abweichungen und stellen für den Dialog mit der Bürgerschaft wichtige Informationen dar, die auch dem Markt Entscheidungshilfen geben können."

4. PLANUNG IN STADTERNEUERUNGS-VORRANGGEBIETEN

1979 wurden mit Beschluß des Gemeinderates und auf der Grundlage gebietstypenrelevanter Merkmale zehn Stadterneuerungs-Vorranggebiete (SVG) abgegrenzt, die neben den Modernisierungsschwerpunkten (in der Regel Teile der SVG) und den förmlich festgelegten Sanierungsgebieten nach StBauFG sowie den Erneuerungsgebieten nach dem baden-württembergischen 14-Städte-Programm durch besondere Erneuerungsbedürftigkeit gekennzeichnet sind.

Entsprechende Planungen wurden ab 1980 im Hinblick auf das Wohnumfeldprogramm des Landes intensiviert. Danach fördert das Land die Vorbereitung und Durchführung wohnumfeldverbessernder Maßnahmen mit der Zielsetzung, die Wohnverhältnisse der gegenwärtigen und künftigen Bevölkerung in innerstädtischen Wohngebieten zu verbessern und das Wohnen wieder attraktiver zu machen. Die kommunalen Investitionen sollen möglichst in der Weise ausgewählt und durchgeführt werden, daß sie die private Investitionsbereitschaft fördern.

Die Strategie zur Förderung des Wohnens in innerstädtischen Problemgebieten umfaßt:

(1) Maßnahmenprogramm

Das Stadtplanungsamt hat (bisher) für 4 SV-Gebiete in einem "Maßnahmenprogramm" Vorschläge zu möglichen Erneuerungsmaßnahmen zusammengestellt, aus denen im Hinblick auf den zur Verfügung stehenden Finanzrahmen, die städtebauliche Vordringlichkeit und baldige Realisierungsmöglichkeiten einzelne Maßnahmen ausgewäht wurden. Die Federführung für die Durchführung liegt beim Amt für Bodenordnung.

(2) Wirtschaftliche Maßnahmen

Zur Unterstützung der staatlich geförderten Maßnahmen der öffentlichen Hand fördert die Stadt ihrerseits Maßnahmen auf privaten Grundstücken, die geeignet sind, die Umgebung der Wohnungen oder die Qualität der Wohnlage zu verbessern oder den Wohnwert im Gebiet zu erhöhen.

(3) Planerische Maßnahmen

Neben der planerischen Vorbereitung der Einzelmaßnahmen werden beim Stadtplanungsamt für die SV-Gebiete Verkehrsstrukturpläne erarbeitet.

(4) Hoheitliche Maßnahmen

Für den Geltungsbereich der SV-Gebiete sind Bebauungsplan-Aufstellungsbeschlüsse erfolgt und darauf gestützt Vorkaufssatzungen nach § 25 BBauG erlassen worden.

Die Zielsetzung ist in § 1 der Satzungen wie folgt beschrieben:

"Zur Sicherung einer geordneten städtebaulichen Entwicklung ist die Ausübung des Vorkaufsrechts insbesondere beabsichtigt, um

- Streubesitz und kleinparzellierte Grundstücke zu vereinigen und damit mittel- bis langfristig eine Neuordnung zu ermöglichen (Neuordnung)
- innenliegende Grundstücke freizumachen und der Allgemeinheit zur Verfügung zu stellen (Blockentkernung)

- sofort bebaubare, jedoch anderweitig genutzte Grundstücke an geeignete Träger und Privatleute zur Bebauung zu überführen (Baulückenschließung)."

Die Rechtsposition der Stadt ist bei einer Vorkaufssatzung nach § 25 BBauG wesentlich stärker als im Rahmen des allgemeinen Vorkaufsrechts des § 24 BBauG.

(5) Städtebaulich relevanter Einsatz städtischen Grundeigentums

Voraussetzung für die aktive Steuerung von Umstrukturierungsprozessen in Bestandsgebieten (z.B. Auslagerung von störenden Gewerbebetrieben) ist die Verfügbarkeit von Grundeigentum innerhalb und außerhalb des neuzuordnenden Gebiets. Die Liegenschaftspolitik der Stadt muß sich daher insbesondere auch auf den Erwerb und Einsatz strategisch wichtiger Grundstücke für die Stadterneuerung richten. Bisher ist hier noch ein Vollzugsdefizit festzustellen.

Die Handlungsweise der Stadt Stuttgart in den innerstädtischen Problemgebieten ist zunächst einmal gekennzeichnet von dem Bemühen, die Voraussetzungen für die Bewilligung staatlicher Fördermittel zu schaffen. Dies entspricht dem üblichen kommunalen Verhalten in Bezug auf zweckgebundene staatliche Zuschüsse. Desgleichen berücksichtigt der Verzicht auf die Verbindlichkeit einer mittelfristigen Maßnahmenliste eigentlich nur die Gefahr, daß die Mittel zum Zeitpunkt wegen Realisierungsproblemen einzelner geplanter Maßnahmen nicht abfließen können.

Ein wichtiger Ansatz für die Stuttgarter Strategie in Erneuerungsgebieten ist die Ausübung des Vorkaufsrechts nach § 25 BBauG. Wie bereits erwähnt, hat die Stadt (großflächige) Vorkaufssatzungen für alle Vorranggebiete erlassen und hofft damit, strategisch für die Erneuerung wichtige Grundstücke erwerben zu können.

Eine Strategie, die wesentlich auf dem Einsatz von diesem, im Vergleich zu Enteignungsverfahren relativ sanften Mittel basiert, kann aber hinsichtlich der "Reichweite" und "Intensität" von planerischen Festlegungen nicht folgenlos bleiben. Die Stadt, die gewissermaßen erst auf die Verfügbarkeit durch Ausübung des Vorkaufsrechts warten muß, kann sich durch eine zu datailierte Neuordnungskonzeption den Aktionsspielraum nicht nehmen lassen. Sie muß vielmehr in der Lage bleiben, flexibel reagieren zu können, um ggf. Teilkonzeptionen neu entwickeln zu können.

Die Bebauungsplanung bleibt zwar in die klassische Hierarchie der Planungsstufen eingebettet (Entwicklung aus dem Flächennutzungsplan) - sie hat jedoch bei einer komplementären Entwicklung aus der Verfügbarkeit eine pragmatische Nähe zur Objektplanung. Der Wirkungsgrad der Investitionen wächst, mit dem verringerten Vollzugszeitraum wird der Zusammenhang zwischen Flächensicherung und Projekt für den Betroffenen eher erfahrbar.

Entwicklungsplanung verbindet auf diese Weise nicht nur verschiedene Sektoren (z.B. Finanz- und Bauleitplanung), sondern überspringt und integriert die Stufen der Planungshierarchie. Sie verbindet in einer Art Gegenstromprinzip induktive und deduktive Elemente.

5. FOLGERUNGEN HINSICHTLICH DER KONZEPTUALISIERUNG VON PROBLEMLÖSUNGSSTRATEGIEN "MITTLERER REICHWEITE UND INTENSITÄT"

Betrachtet man z.B. die Gebietstypenplanung und die SVG-Planung vor dem Hintergrund der eingangs erwähnten Merkmale von Strategien "mittlerer Reichweite und Intensität", so fällt zunächst einmal auf, daß ihre zeitlichen und räumlichen Dimensionen deutlich unterschiedlich sind. Während die Gebietstypenplanung flächendeckend (im Bestand) angelegt ist und in weit höherem Maße generalisierende Momente enthält, ist die SVG-Planung punktueller und aktionistischer angelegt. Desgleichen ist der Zeithorizont bei der SVG-Planung überschaubar, während die Gebietstypen, auch wenn sie angepaßt und fortgeschrieben werden, für eine langfristige städtebauliche Zielvorstellung stehen.

Ist man trotzdem der Ansicht, daß es sich in beiden Fällen um "verwandte" Strategien handelt, die als "mittlere" zu bezeichnen sinnvoll sind, so können hierfür sowohl die räumliche Ausdehnung des Regelungsbereichs als auch der zeitliche Horizont nur eine untergeordnete Rolle spielen.

Was die Gebietstypenplanung betrifft, so erfolgt die Umsetzung ihrer städtebaulichen und wohnungspolitischen Ziele - nach dem Grad formeller Regelungen gestaffelt - mit dem Instrument der Bauleitplanung, mit dem Instrument der städtebaulichen Beurteilung von Bau- und Umnutzungsanträgen sowie auf der Ebene der Grunderwerbspolitik und des Fördermitteleinsatzes.

Bei der Flächennutzungsplanung ist die Umsetzung im Prinzip bereits vollzogen. Wegen des groben Rasters der allgemeinen Art der baulichen Nutzung (Bauflächen) und wegen der planungsrechtlichen Vorgaben, die sich aus dem Bestand ergeben, ist mit diesem

Instrument aber kaum eine Entwicklungssteuerung möglich.

Die Umsetzungsebene der Bebauungsplanung ist häufig deshalb problematisch, weil sie aus Gründen der Vorschriftenflut und der ins einzelne gehenden Abwägung der Belange, insbesondere im Bestand, derart aufwendig geworden ist, daß auf diese Weise selten flächendeckende Festsetzungen möglich sind.

Demgegenüber lassen sich bei der städtebaulichen Beurteilung von Bau- und Umnutzungsanträgen durchaus Erfolge hinsichtlich der verfolgten Zielsetzung erzielen, obwohl es auf dieser Ebene nur wenig rechtliche Handhaben gibt, dieser auch formel Geltung zu verschaffen, und obwohl es hier immer wieder zu Konflikten mit dem Politikbereich "Wirtschaft/Arbeitsplätze" kommt; aus strukturellen Gründen bestehen in der Wirtschaftsförderung Vorbehalte dagegen, die Gebietstypenplanung als Steuerungsvorgabe umzusetzen.

Die Erfolge auf dieser Ebene sind wohl in erster Linie auf die Tatsache zurückzuführen, daß überhaupt eine Zielsetzung besteht, die konkret genug ist, um als "Geschäftsgrundlage" für den Investor und die Verwaltung zu dienen, und daß es, darauf fußend, dem Planer immer wieder gelingt, die privaten Investoren durch Andeuten und Ausschöpfen von Ermessensspielräumen zu zielkonformen Verhalten zu motiviern.

Ähnliche Erfahrungen wurden im Zusammenhang mit der Wohnanteilsplanung auch in Zürich gemacht. Zwar ist dieser Bestandteil der städtischen Bauordnung geworden. Dennoch scheint auch dort die Tatsache, daß die Zielsetzung bekannt ist und für den Investor vernünftig und ökonomisch sinnvoll realisierbar erscheint - das entsprechende Hochbauamt hat z.B. Gestaltungs- und Nutzungsmöglichkeiten für Bauten mit Nutzungsmischung und an Immissionsachsen herausgegeben - zielkonformes Verhalten des Investors auch ohne weitreichende gesetzliche Regelungen zu begünstigen.

Was den Einsatz von Fördermitteln und von städtischen Grundeigentum betrifft, so liegt der bereits dargestellten SVG-Strategie die auch anderswo gemachte Beobachtung zugrunde, daß die Realisierung einer allgemeinen Zielvorstellung (Aufwertung der Wohnfunktion) mittels eines umfassenden städtebaulichen Konzepts finanziell und verfahrensmäßig zu aufwendig bzw. kaum durchführbar geworden ist.

Zwar ist es für ein abschließendes Urteil über die mit der SVG-Strategie erzielbaren Wirkungen sicherlich noch zu früh.
Ganz allgemein sollte aber bei einer kritischen Evaluation von Strategien der dargestell-

ten, pragmatischen Art besonders auch auf solche Merkmale des Objektbereichs geachtet werden, die nunmehr außerhalb des unmittelbaren (reduzierten) Regelungsbereichs liegen.
Offensichtliche Vorteile gegenüber "intensiveren" Strategien sind zunächst vor allem auf der Ebene der Ressourcen zu erkennen, wo weniger personelle und materielle Mittel gebunden werden. Dadurch wird Handlungsspielraum zurückgewonnen bzw. es vergrößert sich das Problemlösungspotential. Gleichzeitig vergrößert sich aber auch die latente Gefahr inhaltlicher Defizite im Objektbereich der Strategie.

Planung aus der Verfügbarkeit enthält ja auch ein Moment des Occasionellen und damit des Nicht-Abgestimmten. Durch den Verzicht auf formelle Regelungen wächst tendenziell die Gefahr von Unausgewogenheiten.

Daher sollte mit Blick auf den fast schon zu gut transportierbaren Begriff von der Planung "mittlerer Reichweite und Intensität" bei der Suche nach adäquaten Antworten auf verlorengegangenes Handlungspotential dafür Sorge getragen werden, daß die Diskussion und vor allem die Praxis nicht unkritisch zu einer "Tendenzwende" verkommt.

UTZ INGO KÜPPER

LEISTUNGSPOTENTIALE IN DER STADTENTWICKLUNGSPLANUNG

Mein Diskussionsbeitrag soll einen pointierten Einstieg in die Diskussion nach den Referaten erleichtern. Ich beziehe mich dabei ausschließlich auf die provokanten Thesen von Haverkampf/Schimanke. Ich halte These 1 für verfehlt und These 2 für so unscharf, daß weder ihr Zusammenhang mit dem Kontext von These 1 noch ihre Zielsetzung deutlich werden. Im einzelnen möchte ich 5 Punkte ansprechen:

(1) Die Zusammenfassung von Stadtentwicklungsplanung und Stadtplanung in These 1 und die Kommentierung ihrer bisherigen Leistungen zeigt, daß die Verfasser beide Planungsarten als räumliche oder Standortplanung auffassen und den Anspruch der Stadtentwicklungsplanung nicht realisieren, die ein Leitkonzept zur Gemeindeentwicklung aufbauen und das politisch-administrative Handeln in Richtung auf dieses Ziel hin räumlich, zeitlich und finanziell koordinieren möchte. Dort, wo die Stadtentwicklungsplanung die erforderlichen politischen und personellen Möglichkeiten hierzu erhielt, hat sie ihren Anspruch auch - mehr oder weniger gut - einlösen können.

(2) Die Verfasser haben es versäumt, explizit ihr Planungsverständnis darzulegen. Es wurden lediglich Vergangeheitswertungen vorgelegt. Faßt man jedoch auch jetzt und in Zukunft Planung als politischen Prozeß auf, werden Großverwaltungen (wie Großbetriebe) immer der ressortübergreifenden Steuerung, der Prioritätensetzung und der Koordination der Einzelaktivitäten bedürfen. Die Frage ist lediglich, wie rational dieser Zielfindungs- und Steuerungsprozeß abläuft, und wer die Begünstigten sein sollen. Die Verfasser haben nicht plausibel gemacht, warum die Stadtentwicklungsplanung diese Funktion in den kommenden Jahren weniger ausüben könnte oder sollte. Von anderen wird sie ja geradezu als "Innovationskern" in der Kommunalverwaltung angesehen!

(3) Sicherlich ist die Zeit der optimistischen Höhenflüge und der überzogenen Gesamtplanungsansätze vorbei: Aber wo sitzen die Stadtentwicklungsplaner denn noch auf diesen Rössern? Sie haben sich vielerorts mit ganz konkreten Konzeptionen eingegraben: sie

arbeiten an der Verknüpfung von Raum- und Finanzplanung, an fachübergreifenden Stadtteilplanungen (Pläne mit Maßnahmenprogrammen wie z. B. in Hamburg, Wuppertal, Nürnberg, Köln), an fachlichen Zielplanungen und an Sonderprogrammen, etwa zur Wohnumfeldverbesserung, zur Energieversorgung, zur Verkehrsberuhigung, zum Wohnungsbau usw.. Und in den meisten Städten ist in den letzten Jahren auch - von der Wissenschaft weitgehend unbemerkt - ein neues Planungsinstrument entstanden, dem durchaus eine neue Leitbildfunktion zugeschrieben werden kann: die "Räumlich-funktionalen Entwicklungskonzepte", z. T. auch Zentrenkonzepte oder ähnlich genannt.

(4) Auch die negative Einschätzung der Rolle der Bürgerbeteiligung kann ich nicht teilen. Die Sicht ist hierzu viel zu kurzatmig, denn der gesellschaftliche Wandel, auf den Bürgerbeteiligung abzielt, ist nur langfristig zu erreichen, zumal in einem Land mit so geringem Informationsniveau der Bevölkerung bezüglich der die erfahrbare Umwelt gestaltenden Kräfte und in einem Land mit einer so autoritären politisch-administrativen Geschichte. Deshalb wird Bürgerbeteiligung auf lange Sicht nicht zu verbesserter formaler Effizienz von Planungen und zu verbesserter öffentlicher Harmonie zwischen Politik und Bürgern, sondern immer wieder zu spannungsgeladenen Lernprozessen bei allen Beteiligten führen müssen. Für Köln kann ich jedenfalls feststellen, daß Haverkampf/Schimanke mit ihrem Schlußsatz irren: Stadtentwicklungsplanung und Partizipation haben sich hier wechselseitig vielfach befruchtet.

(5) Das Thesenpapier gibt meines Erachtens keine Antwort auf die zentrale Frage: wenn nicht die Stadtentwicklungsplanung oder die Verwaltungschefs als Einzelperson, wer soll und wer kann denn in Zukunft quer durch alles "Muddling Through" vernünftige, realistische und fachübergreifend abgestimmte Ziele für die Gemeindeentwicklung aufstellen, koordinieren und durch Prioritätenfestlegung auch durchsetzen? Oder sollen/werden die Verwaltungschefs vollends abdanken und sich die Rathausparteien aus der gestaltenden Rolle der Gemeindepolitik ganz verabschieden?
Ich ziehe es dann lieber vor, mangels anderer Perspektiven (der Verfasser) an den bisherigen festzuhalten, soweit sie den Bedingungen der tatsächlichen Stadtentwicklung - der Politik und der administrativen Handlungsfelder - anpaßbar sind.

ERICH SPLITT

KRISE UND CHANCE DER KOMMUNALEN ENTWICKLUNGSPLANUNG

1. KRISE DER KOMMUNALEN ENTWICKLUNGSPLANUNG

Es hat seit Mitte der 60iger Jahre in den Städten und Gemeinden der Bundesrepublik einige kritische Phasen der kommunalen Entwicklung gegeben, auf die mit Hilfe der Kommunalen Entwicklungsplanung durch Reformen und Planungen erfolgreich reagiert werden konnte. Hinter diesen Arbeiten stand der gesellschaftspolititsche Optimismus zur Bewältigung von Gegenwarts- und Zukunftsfragen. Rückschläge in Politik und Gesellschaft lassen heute jedoch einen allgemeinen Pessimismus erkennen; dies hat grundsätzlich Auswirkungen auf die Kommunale Entwicklungsplanung. Kommunale Entwicklungsplanung als Träger von Reformen, Ideen und Innovationen ist demzufolge heute starker Kritik ausgesetzt. Es droht die ernste Gefahr, daß die Verwaltungssystme der Städte in ihre traditionellen Ausgangslagen zurückfallen. Die Entscheidungs- und Machtträger des administrativen Systems greifen dabei bevorzugt wieder auf Leitungsverfahren zurück, die sich in der Vergangenheit mit ihren starken Hierarchisierungsprinzipien durchaus bewährt haben, heute aber den gesellschaftlichen Ansprüchen nicht mehr genügen dürften.

Vor diesem Hintergrund muß die Kommunale Entwicklungsplanung zusätzlich zur Lösung der aktuellen Sach- und Planungsfragen verstärkt auch Angriffe abwehren, die auf ihre Aufgabe abzielten. Ohne zu übertreiben, fallen in einigen Städten z.Z. die Probleme gebündelt an. Sie lassen sich als <u>inhaltliches Problem,</u> einem <u>Organisations-und Führungsproblem,</u> einem <u>Legitimationsproblem,</u> einem <u>Sparproblem</u> und <u>Identifikationsproblem</u> definieren.

1.1. DAS LEGITIMATIONSPROBLEM

Der Entwicklungsplaner ist heute beruflich, politisch und gesellschaftlich von einem Umfeld umgeben, das ihm gegenüber noch skeptischer reagiert. Der Bedarf an Planung scheint befriedigt. Der Rat komplex denkender Planer ist bei Entscheidungen weniger gefragt als in früheren Jahren. Das Tagesgeschehen ist geprägt von der schnellen Reaktion auf Störungen des Systems. Der Blick in die Zukunft ist wegen der vielen Unabwägbarkeiten relativ kurz geworden. Dies alles ist die Folge einer Situation, die sich aus Fehleinschätzungen, Unterlassungen in der Vergangenheit sowie externen Einflüssen entwickelt hat.

Für den Entwicklungsplaner ist seine Legitimationsfrage das Grundproblem. Alle Bemühungen haben bisher nicht dazu geführt, Entwicklungsplanung zu einer pflichtigen Aufgabe der Gemeinden zu machen. Die indirekte Ableitung aus der Daseinsvorsorge oder Organisationsgewalt oder aus ähnlichen Konstruktionen ist zu schwach, um Entwicklungsplanung als Daueraufgabe zur Grundlage der entscheidenden kommunalen Aktivitäten zu machen. Dies ist aber unbedingt notwendig, wenn man die komplizierten Zusammenhänge unseres Gesellschaftssystems richtig steuern will; und zwar gilt dies nicht nur für Zeiten einer expansiven Stadtpolitik, sondern ebenso für Konsolidierungsstrategien, die z.Z. - bezogen auf die Sicherung der städtischen Haushaltswirtschaft - dominieren.

1.2. DAS INHALTLICHE PROBLEM

Ein **inhaltliches Problem** hat sich ergeben, nachdem plötzlich bewußt wurde, daß Planziele und Planungsprogramme nicht mehr oder nur mit erheblicher zeitlicher Verzögerung erreichbar werden. Kritisch wird gefragt, ob nicht bereits Mitte der 70iger Jahre, als die Grenzen des Wachstums sich abzeichneten, die Entwicklungsplanung andere Zielsetzungen als neue Investitionen im Bereich kommunaler und staatlicher Infrastruktur für den Bürger hätte vorbringen müssen. Hat hier möglicherweise die Entwicklungsplanung, die für sich den Anspruch komplexer Planung nach Maßnahmen, Mittel und Zeitabstimmung in Anspruch nimmt, als Frühwarnsystem versagt? Haben Entwicklungsplaner möglicherweise zu wenig Zivilcourage entwickelt, ihre Erkenntnisse zu artikulieren? Wie konnte eine so starke Überhangsplanung bezogen auf die Abstimmung mit den Ressourcen überhaupt entstehen?

Auch heute tun Entwicklungsplaner sich schwer, die eingeengten Rahmenbedingungen und darauf abgestellt ihre bisherigen Planungsvorstellungen zu überdenken. Alle diese Planungen müssen eindeutig auf ein notwendig gewordenes "Rückfahren" in der Daseinsvorsorge umgestellt werden.

1.3. DAS ORGANISATIONS- UND FÜHRUNGSPROBLEM

Daß die Stadtsysteme trotz einer in den letzten Jahren durchaus verbesserten Arbeitshilfe durch die begleitende Wissenschaft und Organisationsberatung <u>Koordinierungs- und Führungsprobleme</u> haben, ist allgemein bekannt. Die sektoralen Fachbereiche, teilweise auch die teilräumlich existierenden Bezirksverwaltungen - beide in stetiger Wechselwirkung auch zum bürgerschaftlichen Element der Verwaltung einer Stadt - haben in der Tendenz verstärkte Eigendynamik entwickelt. Die Durchsetzung einer einheitlichen Verwaltungsmeinung ist zu einem sehr schwierigen Geschäft geworden, zumal die Tendenz in den letzten Jahren immer mehr Aufgabenbereiche durch Ausgliederung aus dem Verwaltungsverbund organisiert wurden. Solche "Trabanten" entziehen sich der gesamtstädtischen Kontrolle.

Koordinierungsergebnisse sind meistens Kompromisse, erzielt zwischen den unterschiedlichen sektoralen Interessen. Mit dieser Form von Verwaltung gibt man sich zufrieden. Eine Steuerung über Zielvorgaben erscheint den kommunalen Entscheidungsträgern kaum durchsetzbar und oft auch nicht einmal gewollt. Aber selbst wenn dies für die Verwaltung einer Stadt erklärter Wille des Rates würde, bedarf es noch gewaltiger Anstrengungen, ein solches brauchbares Zielinstrument für eine Großstadt zu entwickeln. Es ist nämlich trotz großer Anstrengungen bisher nicht gelungen, für eine Stadt mit ihren komplexen Problemen Ziele und Programme so operationalisiert zu formulieren, daß sie für den Verwaltungsvollzug im Sinne von allgemeinen Vorgaben einsetzbar wären. Solche allgemeinen Zielvorgaben könnten sicherlich dazu beitragen, die z. Z. sehr aufwendige Koordination von Einzelfällen im Verbund mit der Delegation von Verantwortung innerhalb des Großstadtsystems zu erleichtern.

Für den Bereich der Entwicklungsplanung gestaltet sich die Planungskoordination noch schwieriger als im Vollzugsbereich, weil einerseits wegen der fehlenden Konkretisierung der allgemeinen Planung auf den Planungsstufen, die der konkreten Maßnahmenplanung vorgelagert sind, die Verständigung der am Planungsprozeß Beteiligten wegen der Abstraktion dieser Planung fast unmöglich ist.

1.4 Das Identitätsproblem

Identitätsprobleme der Entwicklungsplaner sind insofern eingetreten, als die Schwächen dieser Einrichtung im System wegen der Legitimationsdefizite bewußt geworden sind. Entwicklungsplaner haben versucht, die Funktion dadurch zu stabilisieren, daß sie nahestehende Vollzugsaufgaben, sei es z. B. im Bereich Statistik oder Wirtschaftsförderung, oft in ihre Tätigkeit eingebunden haben. Oft wird die Tätigkeit von Entwicklungsplanern aber auch nur als eine Übergangsaufgabe mit dem Ziel verstanden, irgendwann in leitender Funktion der Verwaltung aufzusteigen. Im ersten Fall lassen die vorhandenen Alltagsaufgaben kaum noch Zeit für Kreativität, Innovation und Reformüberlegungen, im zweiten Fall ist die Arbeit zu sehr von der Karriereplanung überlagert.

Auch ist zu bedenken, daß die Entwicklungsplaner unter sich oft noch nicht den richtigen Weg interdisziplinärer Zusammenarbeit gefunden haben. Defizite in der Gruppenarbeit sind teilweise offenkundig. Insbesondere mit der Institutionalisierung der Entwicklungsplanung sind diese Organisationseinheiten oft den Strukturen der Vollzugsverwaltung angepaßt. Wenn Entwicklungsplaner aber nicht vorbildlich mit neuen Formen der Kooperation auf die Ämter zugehen können, fehlt ihnen eine entscheidene Basis, ihre Absichten gegenüber den Fachverwaltungen durchzusetzen. Die Dienststellen für Entwicklungsplanung könnten nach außen erfolgreicher wirken, wenn sie nach innen zur projektbezogenen Arbeit motiviert werden, Informationen von der Verwaltungsleitung besser fließen und notwendige Freiräume im Planungsprozeß nicht durch Leitungsfunktion zu sehr eingeengt werden. Dies alles beeinflußt letztlich die Planungsqualität. Bei Planungsdienststellen bedarf es unbedingt der Anwendung moderner Führungs- und Leitungsmethoden.

1.5 Das Sparproblem

Als Problem in den Städten stehen z. Z. Spar- und Konsolidierungsaufgaben oben an. Diese Aufgaben und ihre Ziele sind für die Verwaltung klar und handhabbar. Entsprechend finden sich die klassischen Querschnittsämter z. Z. auch berufen, das Problem mit forscher Gangart zu lösen. Nur in wenigen Ausnahmefällen ist festzustellen, daß die kommunale Entwicklungsplanung als gleichberechtigter Partner an der Problemlösung mitwirkt. Selbst da, wo dies der Fall ist, hat diese Mitarbeit noch ihre Grenzen. Es ergeben sich inhaltliche Defizite aus der bisherigen Entwicklungsplanung, notwendig werdende komplexe Beurteilungen abzuleiten und durchzusetzen. Hier zeigt sich, daß viele Planungen in Zusammenhängen und Umsetzbarkeit nicht zu Ende gedacht sind.

Mir erscheint die Reaktion der Entwicklungsplanung auf diese Herausforderung, Entscheidungshilfen für die aktuellen Probleme der städtischen Spar- und Konsolidierungspolitik zu liefern, zur existenziellen Frage zu werden. Es muß ihr gelingen, die Haushaltspolitik im Rahmen der Steuerungsmöglichkeiten so zu beeinflussen, daß der entwicklungsplanerische Aspekt sich durchsetzt. Kommunale Entwicklungen dürfen nicht abgedrosselt werden. Es müssen für die Zukunft auch die Planungsperspektiven offenbleiben. Ein Rückzug auf eine lediglich verwaltete Stadt würde einer verantwortlichen Daseinsvorsorge für die Bürger nicht gerecht.

1.6 Anforderungen an die Wissenschaft

<u>Probleme der begleitenden Wissenschaft</u> sind aus der Sicht eines Verwaltungspraktikers wie folgt zu umschreiben:

Die Wissenschaft ist der Praxis zu fern; sie ist in ihrer Argumentation zu akademisch und in ihren Methoden zu perfektioniert. Wenn Wissenschaft wirkliche Arbeitshilfen liefern will, muß sie entsprechend praxisnah, im Ausdruck verständlich und vermittelbar werden. Sie muß Methoden entwickeln, die die Leistungsfähigkeit des Personals nicht überfordern.

Die z. Z. sehr aktuelle Implementationsforschung, die Evaluierung oder auch die Erfolgskontrolle scheinen ebenfalls für die Praxis einen Weg ins Abseits zu gehen; es sei denn, es gelänge, recht bald für die Praxis den Einstieg in diese Arbeit über sehr vereinfachte Methoden zu finden.

2. Chancen der Kommunalen Entwicklungsplanung

Es mag mir aus der engen Perspektive meines Arbeitsplatzes nachgesagt werden, daß die Lage der Entwicklungsplanung zu negativ gesehen worden sei. Sicherlich gibt es Städte, in denen die Entwicklungsplanung noch nicht in die kritische Situation des "Infragestellens" geraten ist. Aber auch in Städten mit noch stabiler Entwicklungsplanung wird sicherlich erkannt, daß wegen der fehlenden Legitimation die oft personenbezogene Absicherung nicht ausreicht, um bei Veränderungen die Tätigkeit nicht auch unter dem Zwang zum Sparen in Fragen zu stellen.

Deshalb erscheint mir die Frage, ob in Anbetracht der bevorstehenden städtischen Probleme es nicht dringend notwendig ist, die Entwicklungsplanung von der Kann-

Aufgabe zu einer Muß-Aufgabe zu erheben, so wichtig!

Deshalb erscheint mir eine sehr praxisnahe Entwicklungsplanung erforderlich, die dem Entscheidungsträger die tägliche Arbeit durch brauchbare Entscheidungshilfen wesentlich erleichtert!

Deshalb erscheint es mir dringend, von der Systematik her die Entwicklungsplanung über operationalisierte Ziele, Durchführungsprogramme, Rückkopplungsinstrumente u. ä. zu vervollständigen, um damit die Planungs- und Entscheidungsprozesse in den Städten zu verbessern!

Bei der praktischen Umsetzung solcher Absichten bin ich der Ansicht, daß Entwicklungsplanung nicht arbeitsteilig nur durch wissenschaftliche Experten vorgedacht und vorgegeben werden kann. Planung und Vollzug sind organisatorisch nicht teilbar, wenn Planungs- und Durchführungsprozesse reibungslos funktionieren sollen. Die in den Fachbereichen betriebene dezentrale Planung bedarf aber einer gesamtstädtischen "Planungsklammer", sonst bleibt sie unwirksam. Diese "Planungsklammer" sind gesamtstädtische Ziel- und Planungskonzeptionen, die nur gemeinsam unter Mitwirkung aller Ressorts erstellt, überarbeitet und fortgeschrieben werden können. Einem entsprechenden Kooperationsverbund innerhalb der Verwaltung zur Erfüllung dieser Aufgaben sollte noch mehr Aufmerksamkeit und Unterstützung beigemessen werden. Bei den Dienststellen für Entwicklungsplanung muß diese Aufgabe in den Vordergrund rücken.

Unbestritten ist heute, daß einer Planung über statistische Daten Grenzen gesetzt sind, weil diese unvollständig oder nur überaltert zur Verfügung stehen. Deshalb muß der Erfolgskontrolle stärkere Bedeutung im Planungsprozeß zugeordnet werden. Die Verwaltungen verfügen hier über eine Vielzahl von Informationen, die sektoral anfallen, die aber aufgearbeitet und koordiniert dem Entscheidungsträger wertvolle Erkenntnis liefern könnten. Dies gilt auch für den Planungsprozeß. Im einzelnen wird hierbei an die Jahresrechnungen, die Prüfung der Haushaltsrechnungen, die Verwaltungsberichte, sonstige Prüfungsberichte und die Erfahrungen der Mitarbeiter im Verwaltungsvollzug gedacht. Wenn diese Informationen vorbehaltlos auf einen gemeinsamen Tisch kämen, aufgearbeitet und regelmäßig über Situationsberichte für Zwecke der Planung und der Verwaltungsführung in Form von Situationsberichten zur Verfügung ständen, käme man sicherlich in der Sache der Erfolgskontrolle ein gutes Stück weiter. Ein so gefundener Ansatz aus vorhandenem Material und abgestellt auf die qualitativen und quantitativen Personalkapazitäten verspricht mehr Erfolg als die seit Jahren laufende wissenschaftliche Diskussion. Versucht werden muß, die Erfolgskontrolle endlich zum stärkeren Element kommunaler Verwaltungsarbeit zu machen.

Es ist für mich seit Jahren nicht begreiflich, warum es nicht gelingen könnte, aus einem echten Reformwillen heraus zwischen Wissenschaft und Praxis in der öffentlichen Verwaltung zur Entwicklungsplanung Konzepte inhaltlich und methodisch zu vereinbaren und evtl. auch gesetzlich vorzugeben. Erinnert sei hier an die Entwicklung des kommunalen Haushaltsrechts nach dem 1. Weltkrieg, das auch durch Vorgaben zum Verfahren und Inhalt zu einer geordneten Haushaltsplanung und Durchführung gefunden hat.

Dies scheint durchaus machbar und ist auch im Hinblick auf die sogenannte Planungshoheit vertretbar, wenn sich die Verfahrensvorgaben auf Rahmen- bzw. Mindestanforderungen beschränken.

Bedenkt man dabei, daß Vergleiche kommunaler Entwicklungspläne immer wieder erkennen lassen, daß Problemfelder grundsätzlich fast zeit- und inhaltsgleich anfallen und sich die Strategien der Stadtpolitik der einzelnen Städte kaum unterscheiden, so drängt sich die Frage auf, ob der große Trend von Problemen der Stadtentwicklung nicht generalisiert überörtlich mit wissenschaftlicher Beihilfe aufgearbeitet werden könnte. Ein solcher Bericht zur entwicklungsplanerischen Situation der deutschen Städte könnte regelmäßig in den erkennbaren Tendenzen fortgeschrieben werden. Ortsspezifische Abweichungen ließen sich über Datenvergleiche leicht ablesen und Vorschläge für Problemlösungen könnten ebenfalls anwendbar für die praktische Kommunalpolitik auf diese Weise erstellt werden.

Eine Vereinheitlichung in der Form der kommunalen Entwicklungsplanung in den Städten ermöglichte es auch, in der Zusammenarbeit von Gemeinden und Staat die Koordination der Stadtpolitik über das staatliche Zuschußsystem besser zu steuern. Würde es den Städten z. B. auferlegt, in regelmäßigen Zeitabständen nach einem vorgegebenen Raster ihre Entwicklungsberichte zu stellen, so würde sich dadurch auch ein Zwang zur inneren Erfolgskontrolle einstellen.

Wir sollten eingestehen, daß eine demokratische Verwaltung, die entscheidende Kompetenzen in der Administration auf die bürgerschaftliche Selbstverwaltung verlagert hat, in ihren Handlungs- und Arbeitsmethoden durchschaubar und verständlich bleiben muß. Deshalb sind viele wissenschaftliche Methoden, aber auch die nicht verstandenen Konzeptionen von Planungsexperten aus der eigenen Verwaltung unbrauchbare Instrumente, die Probleme der Verwaltung zu lösen. Als Verwaltungspraktiker kann ich nur appellieren, den Weg der einfachen und durchführbaren Methoden einzuschlagen. Es war meine Absicht, hierfür mit meinen Ausführungen einige Anstöße zu geben.

HANS-GEORG LANGE

FUNKTION DER STADTENTWICKLUNGSPLANUNG IN DEN 80-ER JAHREN

Entwicklungsplanung ist in allen größeren Städten längst unabdingbare Voraussetzung für langfristig sinnvolle Entscheidungen geworden. Seit Anfang der 70-er Jahre sind in den Städten zunehmend Dienststellen der Stadtentwicklungsplanung eingerichtet worden, und auch kleinere Städte beabsichtigen, wie eine neuere Umfrage ergeben hat (KGSt 1980), in absehbarer Zeit Entwicklungsplanung einzuführen.

Art und Umfang der Entwicklungsplanung richten sich nach der Größe der Stadt und nach örtlichen Erfordernissen. Die Konferenz von Dienststellen der Stadtentwicklungsplanung des Deutschen Städtetages hat 1981 den breiten Aufgabenbereich der Entwicklungsplanung in einem Katalog (Städtetag 1981) dargestellt. Er umfaßt folgende <u>Hauptaufgaben der Entwicklungsplanung:</u>

(1) Erarbeitung und Fortschreibung der Grundlagen einer zielorientierten Gesamtentwicklung der Gemeinde, ihrer Teilbereiche und ihrer regionalen Bezüge: Aus Art. 28 II GG leitet sich die Verpflichtung der Gemeinden ab, die ihnen obliegenden Aufgaben und die Möglichkeiten ihrer Erfüllung in sachlicher, räumlicher, finanzieller und zeitlicher Hinsicht im Rahmen der beabsichtigten sozialen, kulturellen und wirtschaftlichen Entwicklung zusammenfassend darzustellen und entsprechend den Erfordernissen fortzuschreiben. Die Grundlagen der Gemeindeentwicklung sind unter Beachtung der sozialen, kulturellen, wirtschaftlichen und rechtlichen Gegebenheiten zu erarbeiten und der Verwaltungsführung bzw. der Gemeindevertretung vorzulegen.

(2) Entfaltung der Ziele der Gemeindeentwicklung in Entwicklungsplanungen:
Die Ziele der Gemeindeentwicklung müssen in einem den Erfordernissen und Möglichkeiten der Gemeinde entsprechenden, stufenweise aufzubauenden System von Entwicklungsplanungen (Gemeindeentwicklungsprogramm, Konzept der räumlichen Ordnung und Entwicklung, gemeindliches Regionalkonzept, sektorale Entwicklungsplanungen, Orts- bzw. Stadtteilentwicklungsplanungen) so konkretisiert werden, daß sie als Handlungsauftrag an die Gemeindeverwaltung von der Verwaltungsführung bzw. der Gemeindevertretung beschlossen und von der Gemeindeverwaltung innerhalb der organisatorischen Zuständigkeiten vollzogen werden können.

(3) Obgleich des Verwaltungshandelns mit den Zielen der Stadtentwicklung und Sicherstellung der hierfür erforderlichen Verwaltungskoordination:
Die Stadtentwicklungsplanung kann nur dann ihre volle Steuerungswirkung entfalten, wenn das gesamte entwicklungsrelevante Verwaltungshandeln nach den Zielen der Stadtentwicklung und koordiniert abläuft. Hier haben die Dienststellen der Stadtentwicklungsplanung eine wichtige beratende und auch mitwirkende Funktion.

(4) Vorgabe von Entwicklungsdaten;
Die Ziele der Stadtentwicklung sind mit den Ist-Daten (Bestand und Entwicklung) in Beziehung zu setzen und in Form von anzustrebenden Zielwerten zu konkretisieren.

(5) Erfolgskontrolle im Sinne von ständiger Beobachtung und Bewertung der Zielerreichung und von Wirkungsanalysen:
Grundsätzlich ist Erfolgskontrolle Aufgabe der Verwaltungsführung, insbesondere in Zeiten knapper werdender Ressourcen. Erfolgskontrolle im Rahmen der Stadtentwicklungsplanung beschränkt sich darauf, zu beobachten und zu bewerten, inwieweit die Ziele der Stadtentwicklung erreicht werden. Hinzu kommt die Analyse von Wirksamkeit und Wirkungen entwicklungsrelevanter Maßnahmen und die Rückkopplung der Ergebnisse in die Zielplanungen. Nicht in allen Städten fällt das gesamte Spektrum entwicklungsplanerischer Aufgaben an, die in großen Städten zur Selbstverständlichkeit geworden sind. Die schnelle Veränderung der gesellschaftlichen und wirtschaftlichen Rahmenbedingungen, die dazu geführt hat, daß die Aufgaben immer vielfältiger und komplexer geworden sind, macht jedoch vor kleineren und mittleren Städten nicht Halt und zwingt auch sie, wenigstens einige Minimalanforderungen (vgl. Nieders. Städteverband 1979) der Entwicklungsplanung zu beachten.

Mit der grundlegenden Veränderung der Rahmenbedingungen sind viele der von den Stadtentwicklungsdienststellen erarbeiteten Planungen überarbeitungsbedürftig geworden und müssen der neuen Situation, insbesondere der veränderten Finanzlage, angepaßt werden. Es müssen neue Zielsetzungen erarbeitet und Prioritäten neu begründet werden. Dies ist traditionelle Aufgabe der Stadtentwicklungsdienststellen und wird, neben den anderen genannten Aufgaben, ihre Arbeit auch in den 80-er Jahren bestimmen.

In Zeiten knapper Ressourcen kommt der Stadtentwicklungsplanung sogar noch mehr Bedeutung zu, als in Perioden des Wachstums. Das Präsidium des Deutschen Städtetages hat in seiner 230. Sitzung am 26.01.1982 an die Städte appelliert, sich gerade in der jetzigen Situation des Potentials ihrer Entwicklungsplanung zu bedienen. Die Entschließung des Präsidiums hat folgenden Wortlaut:

"(1) Gerade unter dem Diktat knapper Kassen ist Entwicklungsplanung notwendig. Prioritätensetzung und sinnvolles Sparen erfordert eine Vorstellung von der künftigen Stadt, die die Entwicklungsplanung erarbeiten kann. Sie muß sich dazu von der Bedarfs- und Expansionsplanung lösen.

(2) Die Entwicklungsplanung sollte als Steuerungshilfe gesehen werden, die neben Querschnittsfunktionen wie Personal, Organisation und Finanzen steht, aber dem politischen Entscheidungsprozeß näher ist.

(3) Die Erarbeitung geschlossener und umfangreicher gesamtstädtischer Entwicklungspläne oder -programme braucht nicht mehr im Vordergrund der Aufgabe zu stehen. Das in den Dienststellen der Entwicklungsplanung vorhandene Potential sollte vielmehr jetzt genutzt werden, das Verwaltungshandeln auf die knapper werdenden Ressourcen umzuorientieren, die Aufgabenkritik zu fördern und aus veränderten Rahmenbedingungen Schlußfolgerungen für konkrete Verwaltungsentscheidungen abzuleiten.

(4) Die Entwicklungsplanung sollte helfen, Investitionsplanung, standort- und raumbezogene Planung und die Planung betrieblicher Abläufe in der Verwaltung stärker miteinander zu verbinden und deren Zusammenhänge aufzuzeigen. Sie kann als Mittel zur besseren Koordination des Handelns der kommunalen Eigengesellschaften, Eigenbetriebe und der öffentlichen Einrichtungen mit dem Handeln der Gebietskörperschaft Stadt dienen.

(5) Die Entwicklungsplanung muß sich einer allgmeinverständlichen Sprache bedienen, damit sie auch Orientierungshilfen für Bürger, Wirtschaft und andere Träger öffentlicher Belange bieten kann.

(6) Eine so verstandene Entwicklungsplanung verdient auch unter den gegenwärtigen Rahmenbedingungen der Haushalte eine Konsolidierung, ggf. eine Stärkung. Unbeschadet der jeweils gewählten Organisationsform sollte sich insbesondere die Verwaltungsspitze der Entwicklungsplanung weiterhin bedienen."

LITERATUR

Aufgaben der Gemeinde-Entwicklungsplanung, in: "Probleme der Stadtentwicklung", Heft 9 der DST-Beiträge zur Stadtentwicklung, Köln 1981
(zitiert: Städtetag 1981)

Inhalte der Gemeindeentwicklungsplanung, Heft 6 der Schriftenreihe des Niedersächsischen Städteverbandes, Hannover 1979
(zitiert: Nieders. Städteverband 1979)

Kommunale Entwicklungsplanung in der Bundesrepublik Deutschland, Ergebnisse einer Erhebung, durchgeführt von der Kommunalen Gemeinschaftsstelle für Verwaltungsvereinfachung, Köln 1980
(zitiert: KGSt 1980)

GLIEDERUNGSPLAN DER STADTVERWALTUNG WUPPERTAL   Stand: 01.02.1981

1 ALLGEMEINE VERWALTUNGSAUFGABEN	2 FINANZEN	3 RECHT, SICHERHEIT und ORDNUNG	4 SCHULE und KULTUR	5 SOZIAL- und GESUNDHEITSWESEN	6 BAUWESEN	7 ÖFFENTLICHE EINRICHTUNGEN	8 WIRTSCHAFT und VERKEHR
10 Hauptamt 0 Verwaltungsabteilung 1 Zentr. Kommunikationsstelle 2 Organisationsabteilung 3 Wirtschaftsverwaltung 4 Zentrale Datenverarbeitung 5 Bezirksverwaltungsstellen 50 Elberfeld-West 51 Elberfeld-Ost 52 Uellendahl/Katernberg 53 Vohwinkel 54 Cronenberg 55 Barmen 56 Oberbarmen 57 Heckinghausen 58 Ronsdorf 59 Langerfeld **11 Personalamt** 0 Allgemeine Personal-/ Stellenplan 1 Ausgewählte und Arbeiter 2 Gehalts- und Lohnabt. 3 Zus.-Vers.-Kasse **12 Amt für Stadtentwicklung und Statistik** 1 Verwaltung und Planungs-informationssystem 2 Statistik 3 Stadtentwicklungsplanung **13 Presse- und Informationsamt** 1 Presse 2 Werbung, Touristik, Information, Patenschaften Partnerschaften **14 Rechnungsprüfungsamt** 1 Abt. Verwaltungsprüfung 2 Abt. Betriebswirtschaftliche Prüfung 3 Abt. Techn. Prüfung 4 Abt. Allg. Finanzwirtschaftl. Prüfung 5 Abt. ADV Prüfung	**20 Stadtkämmerei** 0 Allgem. u. betrieblwirt. Angel. 1 Haushaltsabteilung 2 Vermögens- u. Schuldenverw. 3 Hypothekenverwaltung **21 Stadtkasse** 1 Betriebsorgan 2 Abt. für Geldverkehr 3 Vollstreckungsabt. **22 Steueramt** 1 Zentralabt. 2 Abt. für Gewerbesteuer und indirekte Steuern 3 Grundsteueramt **23 Liegenschaften** 1 Abt. für Grundstücksverkehr 2 Bebauter Grundbesitz 3 Unbebauter Grundbesitz	**30 Rechtsamt** **32 Ordnungsamt** 1 Abt. Sicherheit und Ordnung 2 Gewerbeabt. 3 Abt. für Verkehrslenkung und -sicherung 4 Abt. für Verkehrsüber-wachung und Fahrerlaub-nisangelegenheiten 5 Ordnungsangelegenheiten 6 Chemisches Untersuchungs-institut für die Städte Wuppertal und Solingen 7 Veterinäramt **33 Einwohnermeldeamt** 1 Meldebehörde 2 Ausländerbehörde **34 Standesamt** 1 Standesamtsbezirk Wuppertal-Elberfeld 2 Standesamtsbezirk Wuppertal-Barmen 3 Technische Abteilung **36 Versicherungsamt** 1 Versicherungs- u. Kranken-kassenaufsicht, Betriebs-unfallangelegenheiten 2 Renten- u. Beirätsabt. **37 Feuerwehr** 0 Verwaltungsabt. 1 Einsatz und Organisation 2 Vorbeugender Brandschutz 3 Technische Abt. **38 Amt für Zivilschutz** 1 Katastrophenschutz 2 Zivilschutz	**40 Schulverwaltungsamt** 1 Allgemeine Abt. und äußere Schulangelegenh. 2 Verwaltung und Ein-richtung v. Schulgebäuden (innere Schulangelegenh.) 4 Medienzentrum 5 Schulpsychologischer Dienst und Bildungs-beratung **41 Kulturamt** 0 Verwaltungsabteilung 1 Sinfonieorch. Wuppertal 2 Volkshochschule 3 — 4 Bergische Musikschule 5 Stadtbibliothek 6 Von der Heydt-Museum 7 Fuhlrott-Museum 8 Histor. Zentrum 9 Stadtarchiv **42 Wuppertaler Bühnen** 0 Verwaltung 1 Oper, Schauspiel, Ballett 2 Technische Abteilung **43 Zoologischer Garten** 0 Verwaltung 1 Betrieb	**50 Sozialamt** 0 Verwaltungsabt. 1 Altenhilfe 2 Abt. für Sozialhilfen 3 Hilfe zur Erziehung und Erziehung 4 Allgem. Sozialdienst 5 Behindertenhilfe/ Fürsorgestelle für Kriegsopfer **51 Jugendamt** 0 Verwaltung 1 Allgemeine Kinder- und Jugendhilfe 2 Erziehungshilfe 3 Amtsvormundschaften und Amtspflegschaften 4 Jugendpflege und -schutz 5 Beratungsstellen für Eltern, Kinder und Jugendliche **52 Sportamt** 0 Verwaltungsabt. 1 Sportförderung 2 Sportstätten **53 Gesundheitsamt** 0 Verwaltungsabt. 1 Gesundheitspflege u. -hilfe 2 Gesundheitsfürsorge u. -hilfe 3 Tuberkulosefürs. u. -hilfe **55 Ausgleichsamt** 1 Bewertung und Schaden-feststellung 2 Zuerkennung und Erfüllung von Hauptentschädigungen, alle sonstigen Leistungen — Die Kliniken der Stadt Wuppertal	**60 Bauverwaltungsamt** 5 Denkmalschutz u. -pflege 0 Allgemeine Verwaltung 1 Erschließungs- u. Straßen-baukostenbeiträge 2 Haushaltsangelegenheiten u. Zentralrechnungsstelle 3 — 4 — 6 ADV Bau- u. Vermessungswes. **61 Stadtplanungsamt** 1 Sicherung d. Bauleitplanung 2 Städtebauliche Gesamt-planung 3 — 4 Verbindliche Bauleitplanung 6 Verkehrsplanung **62 Vermessungs- und Katasteramt** 1 Vermessungsabteilung 2 Katasterabteilung 3 Bodenordnungs- und Bewertungsabt. 4 Kartographische Abteilung **63 Bauordnungsamt** 0 Abt. für Verwaltungs- und Bauaufsichtsangelegenheiten 1 Bauaufsichtsabteilung **64 Amt für Bauförderung und Wohnungswesen** 1 Abt. f. allgem. Angelegenh., Wohnungsbauförderung 2 Wohngeldabt. 3 Technische Abt. 4 Miet- u. Lastenzuschüsse 5 Wohnungsabt. **65 Hochbauamt** 0 Verwaltungsabt. 1 Entwurfsabt. 2 Neubauabt. 3 Umbauabt. 4 Maschinen- und Heizungsabt. **66 Tiefbauamt** 0 Verwaltungsabt. 1 Entwurfsabt. 2 Straßenunterhaltungsabt. 3 Straßenbauabt. 4 Straßenbauabt. **67 Garten- und Forstamt** 0 Verwaltungsabt. 1 Planungsabt. 2 Gartenbauabt. 3 Forstabt. **68 Amt für Nachrichtentechnik** 1 Fernmeldetechnik 2 Steuerungstechnik 3 Bau- u. Werkstattbetrieb	**70 Straßenreinigungs- und Fuhramt** 0 Allgemeine Verwaltung, Betriebsabrechnung 1 Straßenreinigung und Müllabfuhr 2 Fuhrpark **72 Marktamt** **74 Bäderamt** 0 Verwaltung 1 Bäderbetrieb	**80 Wirtschafts- und Verkehrsförderung**

REINHOLD GÜTTER

ABSCHÄTZUNG DER WIRKUNGEN AKTIONISTISCHER STADTERNEUERUNG

1. THESE

Durch zeitverzögerte Problemkenntnis, selektive Auswahl von Einzelproblemen aus komplexen Problemzusammenhängen und die Zuweisung der Planung und Durchführung an Fachdienststellen departmentalisierter Großverwaltungen werden in der Regel konterproduktive Ergebnisse erzielt. Dies gilt auch trotz etablierter Institutionen der Stadtentwicklungsplanung für die kommunale Ebene, die angeblich der Problemrealität näher ist als übergeordnete Verwaltungsebenen.

Eintretende konterproduktive Ergebnisse werden auch in den Gemeinden nur unvollständig und/oder selektiv wahrgenommen und im Sinne von Strategieänderungen verarbeitet. Oft dient der Hinweis auf die bestehende Gesetzeslage zur Abwehr eigener Verantwortlichkeit. Der Abbau unbestimmter Rechtsbegriffe oder die zügige Ausarbeitung von Durchführungsvorschriften wird es den Innovationsträgern innerhalb der Gemeindeverwaltungen ermöglichen, die sich nach wie vor auf rein administrative Kernaufgaben zurückziehenden Fachverwaltungen zur Veränderung ihrer bisher geübten Praxis zu bewegen.

Hilfreich wäre insbesondere, wenn die Mittelzuweisungen für stadtentwicklungsrelevante Aufgaben gesetzlich von der Anfertigung von Wirkungsanalysen abhängig gemacht würden, wie dies im Vorfeld von Forschungsvorhaben zur Veränderung des Immissionsschutzrechts in Anlehnung an die Environmental Impact Statements in den USA diskutiert wird. Solche Bedingungen könnten die nach wie vor materiell schwache Stellung der Stadtentwicklungsplanung aufgrund der i.d.R. nur dort vorhandenen interdisziplinären Ressourcen zur Bearbeitung komplexer Wirkungsanalysen stärken.

Dies soll am Beispiel der Modernisierung des Wohnungsbestands aufgezeigt werden, wobei zunächst auf das Chaos in Gesetzgebung und Bewußtseinsbildung bei den Anwendern eingegangen werden muß.

2. INKONSISTENZEN IN DER WOHNUNGS- UND MODERNISIERUNGSPOLITIK

Das Problem klingt zunächst banal: zwangsläufig können Entwicklungen - zumal solche komplexer Art - erst nach einer gewissen Zeit in ihrem Wesen erkannt werden. Natürlich wird vor allem im Zuge der Suche nach Strategien zur Begegnung des Problems das Problem auf seinen wesentlichen Kern zu reduzieren sein, um dort, und nicht an der Peripherie, ansetzen zu können. Schließlich lernt man am besten und gründlichsten aus gemachten Fehlern. Iteratives Vorgehen - das Credo kommunalpolitischer Praxis - reduziert, insgesamt gesehen, die Fehlerwahrscheinlichkeit.

Ein Problem besteht im kommunalpolitischen Bereich in der Regel erst dort, wo es wie immer geartete Ziele gibt. Das Ziel der Stadterneuerung war es vor und mit der Verabschiedung des Städtebauförderungsgesetzes, die angeblich vom Verfall bedrohten und disfunktional gewordenen Innenstädte gesamtzubereinigen. Just zu dieser Zeit befand sich der Wohnungsneubau in einer zuvor nicht gesehenen Phase der Prosperität, die, wie bekannt, 1972/73 ihren Höhepunkt und, wie damals nicht erahnt, ihren Schlußpunkt fand.

Nach einigen ersten Versuchen der Gesamtbereinigung wurde klar: Stadterneuerung läßt sich so nicht betreiben. Dies hing nicht nur mit dem Problem "Kaufhaus verdrängt Wohnungen und Tante-Emma-Läden" zusammen. Zur gleichen Zeit wurde die öffentliche Förderung des Wohnungsneubaus umgestellt von Kapital- auf Aufwendungssubventionen. Denn, so wurde aus der laufenden Erhöhung der Realeinkommen geschlossen, die Notwendigkeit des Sozialwohnungsbaus ergebe sich mit der Zeit immer weniger. So könne der Staat sich selbst mit auslaufenden Subventionen im Wohnungsbau entlasten, ohne die betroffenen Mieter und Eigentümer mit ihren stetig wachsenden Einkommen über Gebühr zu belasten. Nicht nur die Mietsprünge im Verlauf der degressiv gestaffelten Subentionsperiode, sondern auch diejenigen zwischen wegsaniertem Alt- und hingestelltem Neubau, machten jedoch Sanierungsmaßnahmen bei Betroffenen immer unbeliebter und im Verfahren immer zäher.

Kurz nach Verabschiedung des Städtebauförderungsgesetzes wurden Bund-Länder-Programme zur Modernisierung des Wohnungsbestandes aufgelegt. Mit Hilfe von Modernisierungsrichtlinien sollte die Modernisierung einfacher und mittlerer Intensität gefördert werden - in der Regel auch durch Aufwendungsdarlehen. Das Thema des Tages damals waren die Halden von 350.000 Wohnungen, welche die Wohnungswirtschaft bis 1974 in den

Sand gesetzt hatte. Zum ersten Mal nahm dieser Wirtschaftszweig etwas wahr, was anderer Branchen täglich Brot ist: daß die Produktion von Wohnungen auch ein Risikogeschäft sein kann. Verschreckt reagierte der Markt auf die ersten Pleiten, die Bundesregierung widerstand den Rufen nach einer Nachsubventionierung für die nachfragewidrig gebauten Halden und meinte offiziell, erst eine gehörige Rezession könne Abhilfe schaffen.

Die Rezession kam promt: ab 1974 gingen die Fertigstellungszahlen auf etwa die Hälfte der des Spitzenjahres 1973 zurück. Das Thema des Tages war die Wohnungsmodernisierung. Nicht nur trug die Wohnungswirtschaft an den hohen Zinsen der zurückliegenden Boomjahre. Das Statistische Bundesamt vermeldete damals auch einen insgesamt ausgeglichenen Wohnungsmarkt, etwa 24 Millionen Haushalten standen in der Bundesrepublik angeblich etwa 24,7 Millionen Wohnungen zur Verfügung. Die Bundesregierung sah sich trotz der Proteste und Warnungen wegen der Mietsprünge im sozialen Wohnungsbau in ihrer Strategie bestätigt und verlautbarte, in Zukunft gelte das Hauptaugenmerk der qualitativen Seite des Wohnungsbaus. Neben erhöhter Förderung des Einzelfalls gehörte dazu, so Ulrich Pfeiffer damals ausdrücklich, auch die Schaffung von mehr Wohnungseigentum in den Innenstädten. Denn, so wurde von den Kernstädten der Ballungsgebiete mit Schrecken festgestellt, finanziell gutgestellte Einwohner und Familien zogen im Gefolge des Baubooms, der sich vornehmlich im Umland abspielte, über die Stadtgrenzen hinaus. Dadurch werde den großen und mittleren Städten hoher finanzieller Schaden zugefügt (seit 1969 galt die Gemeindefinanzreform, die das Behausen wohlhabender Einwohner für die Gemeinden erstmals interessant machte). Und, so wurde von interessierter Seite nachgeschoben, die Wohnungseigentumsquote sei mit 37 % erschreckend weit unter der anderer westeuropäischer Länder.

Die Modernisierungsrichtlinien wuchsen sich 1977 zum Modernisierungs- und Energieeinsparungsgesetz aus. Nach den Abfließen von im "Windhund-Verfahren" aus Konjunkturprogrammen vergebenen Mittel (ZIP) in wenig problematische Bestände großer, administrativ potenter Unternehmen richtete man Modernisierungsschwerpunkte ein, um einen Teil der Mittel auch planerisch sinnvoll anzulegen. Die Städte, oft der Sanierung mit dem StBauFG (vorschnell) überdrüssig, setzten das Mittel dankbar ein.

Zur Ankurbelung der Wohnungsmodernisierung wurde 1977 die Geltungsdauer des Abschreibungsparagraphen 82a der Einkommensdurchführungsverordnung verlängert (Absetzbarkeit von jährlich 10 % der Modernisierungskosten auf 10 Jahre). Der 1973 zeitweilig ausgesetzte § 7 b des Einkommensteuergesetzes, der die Eigentumsbildung an Wohnungen begünstigt (Absetzung von jährlich 5 % der Herstellungskosten bzw. der

Kaufsumme auf 8 Jahre), wurde rückwirkend zum 1. Januar 1977 auch auf den Erwerb von Altbauwohnungen ausgedehnt. So entstand - zielgerecht - erstmals ein Gebrauchswohnungsmarkt nennenswerten Umfangs. Gestützt wurde dies durch die weit über dem Lebenshaltungskostenindex liegenden Baukostensteigerungen, die das Baugewerbe auch trotz konstant niedriger Fertigstellungszahlen im privaten und trotz sinkender Zahlen im öffentlich geförderten Wohnungsbau aufgrund guter Aufträge im Rahmen der Konjunkturprogramme der öffentlichen Hand und der zinsbedingten Hause beim Bau von Eigenheimen (ca. 200.000 WE pro Jahr) nehmen konnte. Durch hohe Preissteigerungen beim Neubau und beim Grunderwerb, die auch durch unerhört günstige Kreditbedingungen nicht voll aufgefangen werden konnten, wandten sich zunehmend mehr Eigentumserwerber dem neuen Gebrauchtwohnungsmarkt zu. Dies wurde nur ab 1979 durch den anziehenden Kapitalmarkt verstärkt.

Diese Entwicklung wurde jedoch zunächst nicht zur Kenntnis genommen. Zurückgehende Bevölkerungszahlen und entsprechend düstere Prognosen, ein Einbruch bei der Ausländerzuwanderung nach dem Anwerbestoß 1973 und die Abwanderung finanzkräftiger Einwohner ins Umland lastete schwer im Bewußtsein der Kommunalpolitiker. Die Gefahr slumähnlicher Entleerungsgebiete nach amerikanischem Vorbild wurde an den Horizont gemalt. "Künftig werden wir jährlich 80.000 bis 100.000 Altwohnungen abreißen müssen, bei mindestens 50.000 geht das nur mit staatlicher Hilfe. Wenn die (gemeint: die Gastarbeiter) einmal ausziehen, stehen da vom Verfall bedrohte Ruinen. Und wenn wird dort die Reinvestition nicht ankurbeln, kriegen wir amerikanische Verhältnisse" (Schneider 1976, S. 255). Verstärkt wurde diese düstere Sicht durch die bekanntwerdenden Ergebnisse der Wohnungsstichprobe, nach der sich ein hoher Anteil von Innenstadtbewohnern über die unzuträglichen Verhältnisse im Wohnumfeld der Großstädte beschwerte (Schneider 1976, S. 255) und durch in Mode gekommene Wanderungsanalysen, die, wenn auch nicht einheitlich, die Haus-mit-Garten-Mentalität der Abwanderer konstatierten. Eine Großstadt wie München fing an, Einfamilienhäuser auf ihrem teuren Grund und Boden bauen zu lassen!

Nicht beachtet wurde folgendes: trotz zurückgehender Bevölkerungszahlen prognostizierte der Bundesbauminister 1977 eine zunehmende Ungleichverteilung der Wohnbevölkerung innerhalb des Bundesgebiets: Abwanderung aus ländlichen Gebieten und Zuwanderung einer zunehmenden Erwerbsbevölkerung in die Ballungsgebiete (Raumordnungsprognose 1990,1977). Wenig beachtet wurden auch vom Bundesbauministerium veröffentlichte Forschungsergebnisse, nach denen die Einkommensverluste der Städte aus den Abwanderungen gutverdienender Einwohner aufgrund der Sockelbeträge bei der Zuteilung des Einkommenssteueranteils an die Gemeinden nicht so hoch wie zunächst vermutet sein können (Stadt-Umland-Wanderungen 1979; Siedlungsstrategien 1980).

Modernisierung des Wohnungsbestandes, Verbesserung des Wohnumfelds und mehr Mittel für den sozialen Wohnungsbau, so heißen die Themen des Tages heute. Der Stillstand des privaten Mietwohnungsbaus wird zwar allgemein beklagt, durchgreifende Maßnahmen wagt jedoch kaum einer vorzuschlagen. Die einen lenken mit polemischen Angriffen auf das soziale Mietrecht vom eigentlichen Thema, der sozialen und Markt-Wirtschaft beim Mietwohnungsbau, ab; die anderen sehen vor lauter Abschreibungshaien den notwendigen Rentabilitätswald nicht mehr. Die kommunale Wohnungspolitik - soweit es eine solche gibt - läßt die Bundes- und Landesregelungen (zwangsläufig) über sich ergehen, vergibt brav wie bisher ihr zustehende Förderungsmittel und wehrt sich gegen alle Verbesserungsvorschläge, die ab und zu und ausnahmsweise von oben kommen (aber mehr bzw. neue Arbeit für sie bringen könnten - so bei den Vorschlägen zur Neufassung des § 39h BBAuG). Gleichzeitig verbessert sie langsam-stetig, aber unaufhaltsam hier und da das Wohnumfeld und arbeitet an Modernisierungsschwerpunkten. Daß die Einwohnerzahlen weniger sinken als erwartet und aufgrund wenig problemadäquater Bundespolitik in diesem Bereich die Ausländerzahlen wieder heftig ansteigen, wird zur Kenntnis genommen, verstärkt aber nur die Angst vor den altbekannten, und zwischenzeitlich zum Teil selbst besuchten Slums.

Gemeinderäte und Stadtplanerkonferenzen fahren nach Holland und wollen, zu Hause zurück, soviel wie möglich Wohnstraßen, wozu ihnen zwar die Landesstraßengesetze schon lange die Möglichkeit gaben, aber angeblich erst die Novellierung der Straßenverkehrsordnung 1980 den Weg öffnete. Trotz der gesamtwirtschaftlichen (und zuweilen bereits als globalstrukturell bedingt begriffenen) Lage soll sich auf kommunaler Ebene alles weiterhin zwar langsam, aber stetig verbessern. Für die in den jeweiligen Gebieten ansässige (und wählende) Bevölkerung, versteht sich.

Nicht beachtet wird dabei folgendes:

(1) Direkt geförderte und durch Wohnumfeldverbesserungen induzierte Modernisierungsmaßnahmen sind in der gegenwärtigen Hochzinsperiode zwangsläufig ebenso teuer und mietentreibend wie Neubaumaßnahmen ohne durchgreifende staatliche Hilfen.

(2) Der Nachfragedruck nicht nur auf die Ballungsgebiete, sondern dort auch auf die angeblich verslumenden innenstadtnahen Gebiete schaffte nicht nur aufgrund des Mietrechts ein ausgeprägtes 3-Klassen-Mietensystem (Sozialmieter, langjährige Mieter freifinanzierter Wohnungen, neue Nachfrager nach freifinanzierten Mietwohnungen), sondern,

jedenfalls in den guten Wohnlagen, eine lüsterne Atmosphäre der Umwandlungsspekulation im 1977 angekurbelten Gebrauchtwohnungsmarkt.

(3) Die Überführung von Wohnungen aus einem Teilmarkt in einen anderen wäre wenig schadensstiftend, wenn auf dem abgebenden Teilmarkt entspannte Marktverhältnisse herrschten. Nicht nur aber hat sich die Nachfrage nach Mietwohnungen außerhalb der Luxusklasse seit Mitte der siebziger Jahre durch Haushaltsverkleinerungen und den Geburtenberg der späten fünfziger und frühen sechziger Jahre erheblich erhöht. Der Ausgleich von Angebot und Nachfrage hat entgegen den Feststellungen, die 1975 getroffen wurden, überhaupt nie bestanden. Der Gesamtverband Gemeinnütziger Wohnungsunternehmen schätzte 1979 die Fehlerquote, die sich aus der Fortschreibung von Bundesstatistiken und dem Fehlen neuer Wohnungszählungen ergibt, mit 1,2 Millionen Wohnungen auf 5 %. Verantwortlich für die Fortschreibungsfehler sei die nur lückenhafte Erfassung der Wohnungsabgänge durch Zweckentfremdung, Wohnungszusammenlegungen und Abrisse.

(4) Die Realeinkommen der Nachfrager nach Mietwohnungen gehen auf breiter Front zurück, so daß die Fähigkeit zur Eigenhilfe bei Wohnungsmodernisierungen oder -umwandlungen (Bezahlen der erhöhten Miete, Umzug in eine andere Wohnung mit mietrechtlich begründetem Kostensprung, Kauf der Wohnung) bei immer mehr Haushalten immer mehr schwindet. Die Zahl der Obdachlosenhaushalte stieg nach vielen Jahren 1980 in Nürnberg erstmals wieder an.

Gleichzeitig sind Gebrauchtwohnungsmakler für eine noch zunehmende Schar anlagebegieriger Eigentumserwerber und verhinderter Eigenheimbauer auf der Suche nach immer mehr Mietshäusern, die in ihrer Bausubstanz und in ihrem Wohnumfeld möglichst gut sein sollen. Auch für heruntergekommene Mietshäuser in möglichst guten Wohnlagen finden sich aufgrund der Abschreibungsmöglichkeiten nach § 82a EStDV jedenfalls bis Mitte 1982 noch viele Interessenten. Andererseits sind viele alt gewordene und zur Verwaltung ihres ohnehin nicht allzu rentablen Altwohnungsbestandes kaum mehr fähige und bereite Einzeleigentümer und Erbengemeinschaften zunehmend bereit, zum Lebensende hin (noch) einmal den großen Schnitt zu machen bzw. das ihnen zugefallene Erbe über den Verkauf ohne großen Streit und gerecht zu verteilen.

Das Resultat: auch ohne Modernisierungsförderung und Wohnumfeldverbesserung wird z. Zt. aufgrund der gesamtwirtschaftlichen Lage und bestimmter steuerlicher Regelungen (stark progressive Einkommensteuersätze, hohe Abschreibungsmöglichkeiten im Wohnungsbestand) in ausreichendem Maße modernisiert. Aufgrund der Erfahrungen auf einem immerhin noch verhältnismäßig ruhigen Wohnungsmarkt in Nürnberg kann man sagen: die Makler nehmen und vermitteln hier, was immer sie in die Hände bekommen.

Die Gemeinden andererseits nützen die ihnen gegebenen und teilweise finanzierten Möglichkeiten der Verteilung von Modernisierungshilfen und der Wohnumfeldverbesserung, weil nach wie vor die physisch orientierte Verbesserungsmentalität der siebziger Jahre vorherrscht und weil schon im Interesse der Kontinuität des Verwaltungshandelns, aber auch, weil Kommunalpolitiker (wenn schon nicht mehr schöne Neubauviertel, so doch) verschönerte Altbauquartiere vorzeigen wollen, durch oft neueingestelltes Personal in oft neugegründeten Dienststellen einmal eingeleitete Programme weitergeführt werden sollen.

Welche Wirkungen umfangreiche Modernisierungen unter absehbaren Bedingungen auf dem Wohnungsmarkt - sinkende Realeinkommen, sprunghaft höhere Zahl an Problemhaushalten - haben könnten, darüber wird heute noch nicht nachgedacht. Daß ein durchmodernisierter Wohnungsbestand für viele Haushalte nicht mehr bezahlbar ist, gerät nicht ins Blickfeld gutverdienender höherer Beamter und Politiker. Das Ausmaß privater Modernisierungsaktivitäten ist oft nicht oder nur vage bekannt. Die öffentlichen Modernisierungsmittel werden mit dem größten Engagement, dessen kommunale Verwaltung fähig ist, in Substandardbestände hineingepumpt, wobei auch weggesehen wird, wenn damit lange unterlassene Instandsetzungen nachgeholt werden und die folgenden Mieterhöhungen sich an den Gesamtbaukosten orientieren, anstatt nur die Modernisierungskosten in Ansatz zu bringen. Zur Umwandlung von Mieten in Eigentumswohnungen fällt oftmals nichts anderes ein als das Argument, daß dadurch neue Investitionen in den Wohnungsbestand fließen und Altbaugebiete zudem sozial stabilisiert werden würden. Außer Betracht bleibt, daß

- durch unnötige Investitionen im Wohnungsbestand dringend im Wohnungsneubau benötigte Gelder verlorengehen;
- zunächst einmal durch Wohnungsumwandlungen Stadtviertel destabilisiert werden;
- solche Marktentwicklungen volkswirtschaftlich schädlich sein können, weil soziale Folgekosten der Öffentlichkeit zugewiesen werden und durch Spekulation erzielte Gewinne sich wieder spektulative Anlagemöglichkeiten zu suchen pflegen;
- durch Wohnungsumwandlungen hervorgerufene Mietervertreibungen oft irreparable Schäden politischer Art entstehen können, indem Sozialstaat und marktwirtschaftliche Prinzipien gründlich desavouiert werden;

- durch Wohnumfeldverbesserung allein schon Wohnungen von einem Teilmarkt in einen anderen überführt werden, ohne daß der Eigentümer auch nur eine Mark investieren muß. Ohne entsprechende Verpflichtungserklärungen der Anlieger können Wohnumfeldverbesserungen "für die ansässige Bevölkerung" sich gerade zuungunsten dieser Bevölkerung auswirken, indem sie unfreiwillig mehr für Miete ausgeben muß oder vertrieben wird.

Dieser letztgenannte Aspekt macht auf ein Problem besonderen Gewichts aufmerksam: Durch die Modernisierung von Substandardwohnungen fallen immer mehr Billigwohnungen ersatzlos weg; aufgrund des geltenden Mietrechts und der Marktlage wachsen kaum Wohnungen in diesem Teilmarkt mehr hinein - der "Trickle-Down"-Prozeß findet für die Nachfrager nach Mietwohnungen finanziell keinen Niederschlag. Gleichzeitig ist eine wachsende Zahl von Haushalten - Junge, Arbeitslose, Ausländer - auf eben diesen Teilmarkt angewiesen, solange der alte, fehlbelegte Sozialwohnungsbestand (ca. 1,2 Millionen Wohnungen) nicht mobilisiert, sondern sogar zielstrebig aus der Bindung genommen wird. Die Folge ist ein zunehmender Nachfragedruck bei abnehmendem Angebot. Dies, und nicht das imaginäre Gespenst der Slumbildung durch Entleerung von alten Wohngebieten ist die reale Gefahr: die Slumbildung durch umfangreiche Modernisierung im Altbaubestand.

Es ist schwer, zum gegenwärtigen Zeitpunkt Angaben über die quantitativen Effekte aktionistischer Wohnungsmodernisierung zu machen. Immerhin gibt es einige Untersuchungen zur Wirkung von Wohnungsumwandlung, die in ähnlicher Weise auf die Folgewirkungen ungehemmter Modernisierungsstrategien übertragen werden können. So stellte das Infas-Institut in einer Umfrage 1981 fest, daß 34 % aller von Wohnungsumwandlungen betroffenen Mieter aus ihren alten Wohnungen ausgezogen sind. Der Kündigungsschutz des Mietrechts ist in solchen Fällen offenbar kein wirksames Instrumentarium, das dem Drängen der Umwandler und Eigentumserwerber entgegengesetzt werden kann.

Eine Untersuchung von Auswirkungen der Umwandlung von Miet- in Eigentumswohnungen in einer Nürnberger Werkssiedlung, die weniger als 9 Monate nach Abschluß des Kaufvertrags angestellt wurde, kam zu dem Ergebnis, daß aus einzelnen Häusern bis zu 63 % der Mieter bereits ausgezogen waren. Dieser Prozeß war zum Untersuchungszeitpunkt noch nicht abgeschlossen. Betont werden muß dabei, daß die betroffenen Mieter eine sehr aktive Mieterinitiative gegen die Umwandlung gegründet hatten, die auch zahlreiche Prozesse gegen die Zwischenerwerber führte und gewann.

Die volkswirtschaftlichen Verluste aus der Umwandlung von Miet- in Eigentumswohnungen sind beträchtlich; die Gewinnspanne beträgt nach vorläufigen Erfahrungen für den Zwischenerwerber und Umwandler ohne Modernisierung etwa 70 % des Einstandpreises; bei durch ihn vorgenommenen, durchgreifenden Modernisierungen liegt sie erfahrungsgemäß deutlich darunter. Die Modernisierung wird deshalb zunehmend vom Enderwerber vorgenommen, der sie dann über § 82a EStDV abschreibt.

Kosten, die durch die Vertreibung der alten Mieter anfallen, sind zunächst deren Ausgaben für Wohnungssuche und Umzug. Dieses Geld steht für anderweitigen Konsum nicht zur Verfügung und geht damit der örtlichen Wirtschaft als (zusätzliche) Nachfrage verloren. Daneben fallen bei Problemhaushalten, insbesondere alten Menschen und obdachlos werdenden Haushalten, erhebliche öffentliche Ausgaben an. Die Bezuschussung eines Altenheimplatzes z. B. beträgt pro Jahr zwischen ca. 3.500,-- und ca. 4.800,-- DM (Aufwendungen für Sozialhilfe und Pflegebereiche nicht eingerechnet).

Für vom Mieter nicht gewünschte Modernisierungen gilt grundsätzlich anderes; diese Mittel gehen der örtlichen Wirtschaft nicht verloren, obwohl sie anderweitigen Konsumverzicht des Mieters erzwingen und insofern einen Wohlfahrtsverlust für ihn bedeuten. Allerdings können die Mittel dem Wohnungsneubau entgehen, der sie in der gegenwärtigen Situation erheblicher Angebotsdefizite dringender benötigt als der Wohnungsbestand. Schließlich können Modernisierungsmittel auch deshalb volkswirtschaftlich schädlich eingesetzt sein, weil ihre wesentliche Wirkung die Einengung des Angebots an einfach ausgestatteten Wohnungen für eine zunehmende, auf diesen Teilmarkt gerichtete Nachfrage sein kann. Neben den unübersehbaren Kosten der Slumbildung fallen damit konkret höhere Wohngeldzahlungen durch die erzwungene Nachfrage nach teuren Wohnungen an.

3. FOLGEWIRKUNGEN DER STÄDTE- UND WOHNUNGSBAUPOLITIK - EIN BEISPIEL

Für alle diese Folgewirkungen können beim heutigen Stand der Erkenntnisse quantitative Angaben nur in groben Umrissen gemacht werden. Mehr als Anhaltspunkte sind jedoch m. E. gegenwärtig nicht notwendig, da ihre Funktion in erster Linie das Anregen vertiefter Diskussionen über die gesamtwirtschaftliche und soziale Problematik umfangreicher Modernisierungen sein soll. Anhand eines, an konkreten Vorgängen innerhalb des Nürnberger Stadtgebiets orientierten Beispiels werden hier solche Angaben versucht:

Angaben versucht:

Beispiel:
Umbau einer Straße mit ca. 410 Anliegerwohneinheiten (WE) in eine Wohnstraße (Umbaukosten: 640.000,-- DM).

Folge-Vorgänge:
(a) bisher 3 Wohnhäuser à 10 EW aufgeteilt und in Eigentumswohnungen umgewandelt. Es soll angenommen werden, daß über 3 Jahre hinweg jährlich diese Wohnungszahl der Umwandlung anheimfällt und daß 40 % der Mieterhaushalte zum Auszug, 20 % zum Kauf gezwungen werden. Die übrigen Wohnungen werden zum Vergleichswert verkauft;

(b) bisher in 3 Wohnhäusern erhöhter Mieterumschlag (ca. 20 induzierte Umzüge). Unter derselben Annahme wie unter (a) ergeben sich auf 3 Jahre verteilt 60 induzierte Umzüge;

(c) über das Ausmaß umfeldbedingter Mieterhöhungen liegen keine Erkenntnisse vor. Es soll angenommen werden, daß bei jährlich 10 % des nicht-modernisierten Bestands über einen Zeitraum von 5 Jahren ein nach Nürnberger Mietenspiegel für die jeweilige Wohnungskategorie sich ergebender Niedrigpreis auf den jeweiligen Höchstpreis angehoben wird. Es werden nur die Kosten aus diesen Mieterhöhungen errechnet, und zwar diskontiert zu 5 % auf 10 Jahre;

(d) es wurden bisher ca. 110 WE (in allerdings sehr unterschiedlichem Maße) modernisiert. Nach diesem anfänglichen "Modernisierungsschub" wird diese Zahl in den folgenden Jahren sicher nicht so hoch ausfallen; es soll angenommen werden, daß sie sich auf zwei Drittel der Erstjahresfälle verringert. Dies wären dann innerhalb von 3 Jahren ca. 266 WE. Davon abzuziehen ist die Zahl umgewandelter WE, die in der Regel ebenfalls modernisiert werden und die "normale", ohne die Wohnumfeldverbesserung eintretende Modernisierungsquote (erfahrungsgemäß ca. 20 % des Bestands = 82 WE). Weiterhin soll angenommen werden, daß durch die Modernisierung die Miete auf den unteren Schwellenwert für vollausgestattete Neubauwohnungen nach dem Nürnberger Mietenspiegel ansteigt.

Wie unter (c) werden nur die Kosten aus diesen modernisierungsbedingten Mieterhöhungen errechnet, diskontiert zu 5 % auf 10 Jahre. Weiterhin wird angenommen, daß 50% der betroffenen Mieter die Modernisierung selbst wünschen, so daß für sie ein Wohlfahrtsverlust nicht eintritt.

Berechnung der Folgekosten der Wohnumfeldverbesserungsmaßnahme:

(a) Umwandlung von 3 mal 30 WE:

(aa)	erzwungene Umzüge bei 40 % der Mietparteien (à 3.000,-- DM)	DM	108.000,--
(ab)	erzwungener Kauf bei 20 % der Mietparteien (Mietbelastung: Kapitaldienst bei Kaufpreis von 120.000,-- DM/WE und 20.000,-- DM Eigenkapital; 11 % Zinsen für Fremdkapital, 4 % für Eigenkapital; Laufdauer des Kredits: 25 Jahre; Kostenberechnung nur für 10 Jahre)	DM	1.906.740,--
(ac)	Unterschied Ertragswert: Verkaufspreis für die 72 an Externe veräußerten WE	DM	5.405.184,--
(ad)	erhöhte Mietbelastung für die umziehenden Mietparteien (angenommen: 1,--/qm/Mon.) auf 10 Jahre, zu 5 % diskontiert	DM	280.208,--
(a)		DM	7.700.132,--

(b) 60 induzierte Umzüge:

(ba)	reine Umzugskosten (à 3.000,-- DM)	DM	180.000,--
(bb)	erhöhte Mietbelastung für die umziehenden Mietparteien (angenommen: 1,--/qm/Mon.) auf 10 Jahre, zu 5 % diskontiert	DM	467.192,--
(b)		DM	647.192,--

(c) Umfeldverbesserungsbedingte Mieterhöhungen bei jährlich 10 % der WE auf 5 Jahre, berechnet für 10 Jahre, zu 5 % diskontiert (unterer-oberer Schwellenwert pro Wohnungskategorie nach Nürnberger Mietenspiegel)   DM   853.859,--

(d) Modernisierungsbedingte Mieterhöhungen für Haushalte, die dies nicht wünschen (50 %) unter Abzug von umgewandelten WE und der "normalen" Modernisierungsrate (20 %) über 3 Jahre, auf 10 Jahre, zu 5 % diskontiert   DM   1.614.877,--

Folgekosten der Umfeldverbesserungsmaßnahme insgesamt innerhalb von 10 Jahren zu 5 % diskontiert: DM   10.816.060,--

Nicht berücksichtigt sind weitergehende indirekte Folgekosten für die öffentlichen Haushalte wie:

- die Subventionierung der Unterbringung alter, verdrängter Haushalte (erfahrungsgemäß die ersten Verdrängungsopfer);
- erhöhte bzw. vermehrte Auszahlung von Wohngeld;
- vermehrte Nachfrage nach öffentlich geförderten Mietwohnungen;
- vereinzelte Anträge auf Sozialhilfe und Unterbringung in Obdachlosenasylen.

4. SCHLUSSFOLGERUNGEN

Über die Folgewirkungen des dargestellten Beispiels einer Maßnahme zur Wohnumfeldverbesserung "für die ansässige Bevölkerung", bei der bestimmte, gegenwärtig geltende (aber nicht überall und nicht allzeit gültige) Rahmenbedingungen gesamtwirtschaftlicher und wohnungswirtschaftlicher Art nicht beachtet wurden, kann zusammenfassend und verallgemeinernd folgendes gesagt werden:

(1) Das Ziel der Stadterneuerung "für die ansässige Bevölkerung" ist nicht nur abhängig von der Intensität der Einzelförderung, sondern auch von Umfang und Intensität der Folgewirkungen. Dafür sind wiederum auch gesamtwirtschaftliche Gegebenheiten und wohnungswirtschaftliche Entwicklungen verantwortlich und somit vor Durchführung der Maßnahme in eine Prüfung ihrer Zieladäquanz mit einzubeziehen.

(2) Die Frage, ob die Verbesserung der Wohn- und Wohnumfeldbedingungen im hier geschätzten hohen Maße ein meritorisches Gut sein soll, muß auch unabhängig vom Verdrängungsargument diskutiert werden. Zunehmend zeigt sich nämlich bei der Wohnungsmodernisierung und Wohnumfeldverbesserung, daß die Beglückten gar nicht so intensiv bedacht werden wollen, wie es die Planer und Bauherren vorhaben, bzw. daß sie sich das Glück gar nicht leisten können.

(3) In der Konsequenz muß die Förderungsmentalität der Gemeinden möglicherweise und teilweise durch andere Strategien der Wohnungsbestandspolitik - Stichwort: Wohnungsaufsicht - ersetzt und auf gesamtwirtschaftlich sinnvolle Ziele - Stichwort: nicht bessere, sondern mehr Wohnungen - ausgerichtet werden.

(4) Die Evaluierung der Wirkung von Pilotprojekten sollte eine wichtige Zukunftsaufgabe der Stadtentwicklungsplanung sein. Das Problem ist nur, daß es bisher auf kommunaler Ebene (fast) keine als solche begriffenen Pilotprojekte gibt. Einmal eingeleitete Strategien ziehen weitere, gleichgerichtete Maßnahmen und Projekte nach sich, schon weil entsprechende Strategieträger - sprich: Dienststellen - eingerichtet werden, die dem eingeschlagenen Weg in dem Bewußtsein folgen, daß von der Menge der bearbeiteten Projekte ihre Mitarbeiterzahl und damit ihr verwaltungsinternes Gewicht abhängt. Wirkungsanalysen sind jedoch oft auf mehrjährige Beobachtung von Folgewirkungen angelegt. Soll ein erstes Projekt vor der Fortführung weiterer bewertet werden, dann muß

- entweder eine entsprechend lange Beobachtungspause eingelegt werden (was bei dringend der Lösung harrenden Problemen oft nicht annehmbar ist);

- oder es muß auch von den Besitzständen wie z. B. die alleinige Weisheit auf ihrem Gebiet verteidigenden Fachdienststellen akzeptiert werden, daß bei Wirkungsanalysen stark mit prognostischen Elementen gearbeitet wird. Im hier dargestellten Beispiel bezieht sich dies sowohl auf die Zuordnung bestimmter Entwicklungen zur untersuchten Maßnahme (wobei sich nachträglich herausstellen könnte, daß sichin ihnen nur oder auch ein allgemeiner Trend durchsetzt), als auch auf die Fortdauer der Intensität dieser Entwicklungen über einen begrenzten Zeitraum.

LITERATUR

Finanzielle Auswirkungen der Stadt-Umland-Wanderungen, hrsg. vom Bundesminister für Raumordnung, Bauwesen und Städtebau, Reihe "Städtebauliche Forschung", Band 03.073 Bonn 1979 (zitiert: Stadt-Umland-Wanderungen 1979).

Raumordnungsprognose 1990, hrsg. vom Bundesminister für Raumordnung, Bauwesen und Städtebau, Reihe "Raumordnung", Band 06.012, Bonn 1977.

SCHNEIDER, E. 1976,
Untersuchung zu Mischgebieten unter Berücksichtigung von Ergebnissen der 1 %-Wohnungsstichprobe 1972, in: Bundesbaublatt 6, 1976, S. 255.

Siedlungsstrategien und kommunale Einnahmen, hrsg. vom Bundesminister für Raumordnung, Bauwesen und Städtebau, Reihe "Städtebauliche Forschung", Band 03.085, Bonn 1980.

HELMUT SCHREIBER / HERMANN BORGHORST

Integrative Planung und Chancengleichheit im städtischen Raum -
"Wertausgleichsplanung" in Berlin

1. Vorbemerkung

Stadtpolitik in den 80-er Jahren wird im Gegensatz zu den 60-er Jahren und noch stärker als in den 70-er Jahren darauf gerichtet sein, das Bestehende zu erhalten und in Teilbereichen behutsam zu erneuern. Bei einer Schätzung des kommunalen Investitionsbedarfs bis 1990 kommen das Deutsche Institut für Urbanistik und der Deutsche Städtetag zu dem Ergebnis, daß zwar kein Rückgang des Investitionsbedarfs, wohl aber beträchtliche Verschiebungen innerhalb der Investitionsstruktur zu erwarten sind, wobei insbesondere der Bereich der Stadterneuerung deutlich expandieren wird. Die Jahre expansiver (Infrastruktur-)Investitionen sind vorbei. Angesichts der hohen öffentlichen Verschuldung der Gebietskörperschaften in der Bundesrepublik Deutschland ist zu befürchten, daß sich der kommunale Handlungsspielraum und vor allem auch die kommunale Investitionstätigkeit drastisch verringern werden (G. Schwarting 1981; D. Vesper 1981;R.R. Klein 1981).

Die knappen finanziellen Ressourcen der Kommunen und deren abflachende Zunahme oder sogar Abnahme erfordern veränderte und feinteiligere Prioritätensetzungen und einen sparsamen Mitteleinsatz, der nur durch konzertiertes Vorgehen der Akteure bei der Problembewältigung zu erreichen sein wird. Integrative Planungsansätze und integrierende Vorgehensweisen werden in Zukunft deshalb noch an Bedeutung gewinnen. Dabei wird vor allem die flankierende Finanzplanung eben aufgrund der prekären Haushaltslage stärkeres Gewicht haben als bisher.

In der vorliegenden Arbeit wird die Problematik eines integrierenden Vorgehens bei der Stadtentwicklungsplanung an Berliner Beispielen diskutiert. Ziel Berliner Planungsansätze ist es, über ihre integrative Funktion hinaus zu einer größeren Verteilungs- und Bedarfsgerechtigkeit zwischen den verschiedenen Regionen der Stadt beizutragen. Diese Berliner Ansätze werden mit den Ergebnissen einer Umfrage unter westdeutschen Städten zur gleichen Thematik konfrontiert (zur Umfrage vgl. Schreiber/Borghorst 1981).

2. Integrative Planung und Chancengleichheit im städtischen Raum

Teilregionen großstädtischer Ballungsgebiete weisen erhebliche sozioökonomische Unterschiede auf. Dies gilt sowohl für die Wohnverhältnisse und das Wohnumfeld wie auch für die damit in engem Zusammenhang stehende räumliche Verteilung verschiedener Bevölkerungsgruppen. In räumlich abgegrenzten Bereichen (meist handelt es sich hier um innerstädtische Altbauquartiere) kommt es zu einer Kumulation von Benachteiligungen. "Die verschiedenen Charaktere der Viertel, Bezirke oder Quartiere überlagern sich ... in typischer Weise derart, daß sich zumeist in bestimmten Gebieten die negativ bewerteten Ausprägungen finden und andere sich durch eine Kombination positiv bewerteter Merkmale auszeichnen. Dort, wo die Wohnungen unter dem Standard der Gesamtstadt liegen, sind die unteren Klassen bzw. Schichten überrepräsentiert und ist die infrastrukturelle Ausstattung meist mangelhaft und umgekehrt" (U. Herlyn 1974, 16)[2].

Während im Rahmen regionalpolitischer Zielsetzungen die Schaffung und Sicherung "wertgleicher Lebensverhältnisse" [3] eine hervorragende Stellung einnimmt, findet sich diese Forderung bezüglich des Abbaus innerstädtischer Strukturgefälle nicht in dieser ausgeprägten Form. Es ist insofern auch nicht verwunderlich, daß die theoretischen und empirischen Forschungen zum Abbau innerstädtischer Disparitäten in der Bundesrepublik Deutschland noch nicht den hohen Entwicklungsstand und Stellenwert erreicht haben, wie die im Bereich regionaler Unterschiede (K.-H. Hübler et al. 1980), wenn auch in jüngster Zeit hier einige Arbeiten veröffentlicht wurden (U. Herlyn 1980; H. Walter 1981).

Im Mittelpunkt derartiger, häufig sozialökologischer Untersuchungen (zur Sozialökologie vgl. J. Friedrichs 1977) stehen meist Bevölkerungsbewegungen. Im Rahmen der Sozialindikatorenforschung wird hingegen versucht, möglichst differenzierte

Profile von kleinräumlichen Teilregionen zu zeichnen (F. Gehrmann/F. Schreiber 1978, 195ff). Ein derartiges kleinräumliches Vorgehen gewinnt auch innerhalb der kommunalen Entwicklungsplanung in Form der Stadtteilentwicklungsplanung (U.J. Küpper 1979) zunehmend an Gewicht.

Seit Beginn der Planungsdiskussion in der Bundesrepublik Deutschland Ende der 60-er Jahre hat man sich auch auf der kommunalen Ebene verstärkt darum bemüht, Entscheidungen und Entscheidungsprozesse durch möglichst rationale Planungsverfahren zu steuern (J. J. Hesse 1972 und 1976). In einer Vielzahl von Veröffentlichungen wurde dabei immer wieder auf die Notwendigkeit einer Integration der verschiedenen Planungsbereiche und eines integrierenden Vorgehens der verschiedenen Planungsträger hingewiesen (KGSt 1972, 1975, 1977 und 1980, 71 ff; Kubin 1975, 26; Sulzer 1979). Die bisherige Praxis kommunaler Entwicklungsplanung hat deutlich gemacht, daß kleinräumlich-detaillierte Planungen in Gestalt von z. B. Stadtteilentwicklungsplanungen leichter umsetzbar sind als häufig wenig konkrete gesamtstädtische Planungen. In ihrer konkreten Ausgestaltung sind Stadtteilentwicklungsplanungen darüber hinaus ein gutes Instrument zur Schaffung wertgleicher Lebensverhältnisse (zur praktischen Anwendung der Stadtteilentwicklungsplanung vgl. Küpper 1979 (Köln), Busse 1976 (Hamburg), Wuppertal 1979, Kiel 1979).

Zentrale Bedeutung bei einer integrativen Vorgehensweise kommt der Verbindung von räumlicher, sektoraler und finanzieller Planung zu. Eine derartige Verknüpfung, die zu einem wesentlichen Teil auf der Koordination der beiden Querschnittsplanungen Bauleitplanung und Investitionsplanung beruht, führt in der Praxis zu erheblichen Problemen (Sulzer 1979); häufig enthalten Entwicklungspläne keine Investitionsaussagen mit Kosten und Zeitangaben. Eine über die üblichen Fortschreibungsmechanismen hinausgehende Verbindung von sektoraler (also z. B. personeller) und finanzieller sowie von sektoraler und räumlicher Planung scheint in der Praxis noch viel weniger vorhanden zu sein. Vor allem im Bereich der Stadterneuerung, die eben nicht allein ein baulich-räumliches Problem ist, tritt die "Notwendigkeit einer Konzentration auch aller anderen Bereiche von Politik und Verwaltung, wie vor allem der sozialen Dienste" (R. Kujath 1979, 34), deutlich hervor.

In Berlin sind die Probleme innerstädtischer Disparitäten sehr viel ausgeprägter als in anderen westdeutschen Ballungsgebieten, weil hier der Althausbestand sehr viel größer ist als in anderen Städten vergleichbarer Größenordnung und die innerstädtischen Problemgebiete eine weiträumigere Dimension haben. Der hohe Altbausubstanzanteil und ein großer Bestand an qualitativ schlechtem Wohnraum, eine mangelnde Versorgung mit Einrichtungen der sozialen Infrastruktur sowie eine hohe Wohndichte und damit einem gravierenden Mangel an Freiflächen in diesen Gebieten führen zu erheblichen Benachteiligungen und "Chancenungleichheiten" der dort lebenden Bevölkerung.

Zu Beginn der 70-er Jahre, nach der Beseitigung der Kriegszerstörungen in den 50-er und 60-er Jahren und damit verbundenen großräumigen Neubauvorhaben in den Außenbezirken, rückten die Innenstadtbezirke stärker in das Blickfeld der Berliner Kommunalpolitik. Von diesem Zeitpunkt an wurden auch Wertausgleichsaspekte in die Planungen der Senatsressorts einbezogen. Unter <u>Wertgleichheit</u> wurde dabei nicht nur die gleichmäßige Versorgung mit Wohnungen verstanden, sondern ebenso die gleichmäßige quantitative und qualitative Versorgung mit öffentlicher Infrastruktur und die Verbesserung der räumlichen und sozialen Wohnumwelt (vgl. dazu auch Abgeordnetenhaus-Drucksache 7/1109,9). Soziostrukturelle Benachteiligungen sollten durch öffentliche Angebote und Maßnahmen besonders kompensiert werden. Die wichtigsten dieser Planungsinstrumente werden im folgenden vorgestellt und bezüglich ihres Beitrags zu einem Wertausgleich und ihrer integrativen Reichweite beurteilt. Anschließend werden kurz die Auswirkungen der öffentlichen Finanzkrise auf die wertausgleichsorientierten Zielsetzungen skizziert.

3. Räumliche Ansätze: "Bereichsentwicklungsplanung" und "Wertausgleichs-Rahmenprogramm" 5)

3.1 Bereichsentwicklungsplanung: institutionalisierter Versuch einer integrativen Stadtteilentwicklungsplanung

Die räumlichen Planungskonzeptionen, die im wesentlichen seit 1975 beim Senator für Bau- und Wohnungswesen entwickelt wurden, zielen vor allem auf die Überarbeitung und Ergänzung des (traditionellen) Flächennutzungsplans sowie der Bebauungsplanung.

Die Bereichsentwicklungsplanung wird auf folgenden Grundsätzen erarbeitet:

- "Integration aller sektoralen und regionalen Ziele bzw. Teilplanungen mit flächenbeanspruchender oder räumlicher Wirkung in umfassende, rahmensetzende Planungen. Sie sollen insbesondere dazu beitragen, konkurrierende Flächenansprüche auszugleichen und räumliche Fehlinvestitionen, Teiloptimierungen und damit verbundene Problemverschiebungen in andere Bereiche ohne Kenntnis der Gesamtzusammenhänge zu vermeiden;

- Prioritätensetzung nach räumlichen, sachlichen und zeitlichen Gesichtspunkten;

- Konzentration öffentlicher Initiativen, Instrumente und Maßnahmen auf Schwerpunkte" (Senator für Bau- und Wohnungswesen 1977, 5).

Betont der erste Grundsatz eher das integrative Moment, so zielen die beiden anderen auf wertausgleichsorientierte Schwerpunktsetzungen.

Die Bereichsentwicklungsplanung gliedert sich in die vier 'Planschichten' Bestandsanalyse, Nutzungskonzept, Stadtbildkonzept und Maßnahmekonzept. Die <u>Bestandsanalyse</u> kann dabei auf die "Städtebauliche Tragfähigkeitsanalyse" zurückgreifen. Ziele dieses Instruments sind:

- die Beschreibung der möglichen Belastbarkeit des Raums durch Gebäude, Anlagen und Nutzer,

- die Analyse der Wohnwerte, der Lageattraktivität und der Veränderungserwartung sowie

- die Erarbeitung einer Zielprojektion für das untersuchte Gebiet; sie soll die zum Abriß freizugebenden Häuser auflisten, die Modernisierungs- und Instandsetzungsmaßnahmen benennen sowie vorläufige Maßnahmen für Grün- und Freiflächen, Standorte für Gemeindebedarfseinrichtungen usw. anführen (M. Braum/J. Sichter 1979, 195).

Die <u>Städtebauliche Tragfähigkeitsuntersuchung</u> hat vor allem den Vorteil des kleinräumlichen Vorgehens und stellt deshalb eine wichtige Grundlage bei der Erhebung und Analyse innerstädtischer Disparitäten dar.

Im <u>Nutzungskonzept</u> sollen die verschiedenen Fachplanungen zusammengefaßt werden. Von entscheidender Bedeutung für die Realisierung der Bereichsentwicklungsplanung ist dann das <u>Maßnahmekonzept</u>, ermöglicht es doch letztendlich durch die in seinem Rahmen angestrebte Darstellung der zeitlichen, instrumentellen und finanziellen Umsetzungsmöglichkeiten und deren Konsequenzen erst die Umsetzung der gesamten Konzeption.

Hier zeigen sich erste Mängel in der Konzeption. Im Gegensatz zu vergleichbaren Ansätzen in anderen Kommunen erhält die Bereichsentwicklungsplanung keinen besonderen Stellenwert innerhalb der Finanzplanung. Sie muß in herkömmlicher Weise von Verfahren der Finanzplanung, insbesondere vom Verfahren der Investitionsplanung (siehe Abschnitt 5.2), Gebrauch machen, die in den in Berlin besonders starken Fachressorts organisatorisch verankert sind.

Die Bereichsentwicklungsplanung besitzt keine rechtliche Verbindlichkeit, wenn auch das Abstimmungsergebnis für alle Fach- und Bezirksverwaltungen im Sinne einer Vorgabe für die Planungspraxis wirksam ist. Mit der Bereichsentwicklungsplanung liegt eine umfassende und wichtige Planungsgrundlage insbesondere über innerstädtische Problemgebiete vor. Bisher sind für 11 der insgesamt 35 Mittelbereiche Bereichsentwicklungsplanungen aufgestellt worden, schwerpunktmäßig in den Innenstadtbezirken (Eggeling 1980).

Die Berliner Bereichsentwicklungsplanung ist das Pendant zu der in anderen westdeutschen Städten praktizierten Stadtteilentwicklungsplanung. Die in den letzten Jahren gewachsene Bedeutung dieser Planungsart ist vor allem darauf zurückzuführen, daß eine Verknüpfung von räumlicher und finanzieller Planung um so leichter möglich ist, je feingliedriger die Planung und je niedriger und kleinräumlicher die Planungsebene ist (H. Schreiber/H. Borghorst 1981, 9).

In Stadtteilentwicklungsplänen finden sich teilweise Ansatzpunkte zu einer Verknüpfung von räumlicher und finanzieller Planung. So umfaßt z. B. der dritte Bearbeitungsschritt der Stadtteilentwicklungsplanung in Hamburg, das sog. Handlungskonzept, konkrete Maßnahmen im Bereich der finanziellen Planung: "In jedem Falle sollen die Handlungskonzepte nach ihrer sorgfältigen Erarbeitung in Kooperation aller an der Entwicklung beteiligten Stellen auch ihrerseits Beiträge zur mittelfristigen Finanzplanung (MiFriFri) und zur langfristigen Aufgabenplanung der Stadt sein. Umgekehrt müssen die finanziellen Aufwendungen für die ersten Durchführungsabschnitte zur Stadtteilentwicklung mit der MiFriFri abgestimmt sein. Darüber hinaus sind für sich kurzfristig erst abzeichnende Prioritäten, für "Unvorhergesehenes" oder für nötige "Feuerwehraktionen" zur Stadtteilentwicklungsplanung in der MiFriFri für den Zeitraum ab 1977 eine Rückstellung von jährlich 10 Mio. DM ausgebracht. Für die Verwendung der zuletzt genannten Mittel ist die Ermittlung von Prioritäten zur Entwicklung der Stadtteile - einschließlich des gesamten sozialen Bereiches - im Rahmen des Handlungskonzeptes von besonderer Wichtigkeit." (C.-H. Busse 1976).

In Kiel arbeitet die Stadtverwaltung mit dem Instrument des "Städtebaulichen Rahmenplans". Diese neue Planungskategorie "soll in überschaubaren räumlichen Grenzen Entscheidungshilfen bieten, Handlungskonzept sein und Grundlagen liefern für ein integriertes und synchronisiertes Investitionsprogramm" (Kiel 1979, Vorwort).

In Nürnberg wird im Rahmen der mittelfristigen Investitionsplanung eine Koordination von räumlicher und finanzieller Planung hergestellt. "Die Mittelfristige Investitionsplanung (MIP) in Nürnberg ist zum einen ein Aufgabenbereich im Rahmen der kommunalen Haushaltswirtschaft ..., zum anderen eine Planungsstufe im gesamten Prozeß der Stadtentwicklungsplanung Nürnbergs ... Der Mittelfristige Investitionsplan besteht aus den Leitsätzen und Verfahrensgrundsätzen sowie dem Investitionsprogramm (Investitionsmaßnahmenliste). (...) Mit der Mittelfristigen Investitionsplanung werden für 5 Jahre die Prioritäten für Investitionstätigkeit der Stadt gesetzt und die bedürfnisbezogenen Rahmen- und Maßnahmenplanungen auf die finanziellen Möglichkeiten abgestimmt" (Nürnberg 1981, Vorbemerkung).

3.2 Wertausgleichs-Rahmenprogramm (WAP) - zur Nutzung eines Konjunkturprogramms für stadtpolitische Zielsetzungen 6)

Anfang 1977 wurde das Zukunftsinvestitionsprogramm (ZIP) als Konjunkturprogramm des Bundes beschlossen; es sollte in den Jahren 1977 bis 1980 durchgeführt werden. Der Programmbereich "Verbesserung der Lebensbedingungen in den Städten und Gemeinden" bildete einen besonderen Schwerpunkt. Diese Zielsetzung paßte sehr genau in das Konzept des damaligen Regierenden Bürgermeisters, Dietrich Stobbe, der eine stärkere "Hinwendung zur Stadtpolitik" und damit auch zur Wertausgleichspolitik durchsetzen wollte (H. Borghorst et al. 1981; Abgeordnetenhaus, Drucks 7/1109). Es gelang dem Berliner Senat, Mittel aus dem Zukunftsinvestitionsprogramm in einem Wertausgleichs-Rahmenprogramm zu verankern, das ein neues Zeichen für die Wiederbelebung der innerstädtischen Wohnquartiere setzen sollte.

Die Besonderheit des "WAP" bestand darin, daß hier von dem sonst bei Konjunkturprogrammen häufig angewendeten "Gießkannenprinzip" abgewichen wurde 7) und man stattdessen unter Zuhilfenahme der Kriterien Wohnqualität, Sozialstruktur und Infrastrukturausstattung kleinere, besonders "benachteiligte Gebiete" auswählte, auf die man die Mittel konzentrierte. Die durch das Programm finanzierten Maßnahmen zielten vor allem auf die Verbesserung der Wohnverhältnisse (Modernisierung und Instandsetzung von Wohnungen sowie Förderung des Baus von Ersatzwohnungen) sowie auf die Verbesserung des Wohnumfeldes (Verlagerung störender Gewerbebetriebe, konsumtive und investive Maßnahmen im Bereich der öffentlichen und sozialen Infrastruktur). Das Gesamtvolumen des WAP belief sich auf 559 Mio. DM. Ein besonders hoher Anteil der Programmmittel floß in das Gebiet Kreuzberg SO 36.

Wenn auch kritisch angemerkt werden muß, daß, hervorgerufen durch den zeitlichen Druck eines Konjunkturprogramms, eine im Sinne einer integrativen Planung sinnvolle Abstimmung z. B. der Modernisierungsmaßnahmen mit den Infrastrukturprojekten nicht stattfinden konnte, so bleibt doch festzuhalten, daß es mit dem WAP erstmalig gelang, umfangreichere Finanzmittel auf der Basis räumlicher Prioritätensetzungen zu verteilen.

4. Sektorale Ansätze: Personalplanung im Sozial- und Schulbereich

Neben Maßnahmen zur Verbesserung der Wohnverhältnisse und des Wohnumfeldes kommt bei der Schaffung wertgleicher Lebensbedingungen einer bedarfsgerechten Personalbemessung zentrale Bedeutung zu. Eine bloße Ausrichtung an Schlüsselzahlen, bei denen z. B. die Bevölkerungszahl eines Bezirkes oder die Größe der von öffentlichen Maßnahmen betroffenen Altersgruppen zum Ausgangspunkt genommen wird, führt angesichts unterschiedlicher sozialstruktureller Belastungen häufig zu erheblichen Ungleichgewichten bei der personellen Ausstattung der Bezirke. In Berlin sind verschiedene Modelle entwickelt worden, die sozialstrukturelle Unterschiede berücksichtigen und damit zu einem Wertausgleich beitragen. Im folgenden werden die Planungsansätze im Sozial- und Schulbereich vorgestellt.

4.1 Belastungsgerechte Personalbemessung sozialer Dienste

Ausgangspunkt bei der Erarbeitung des Personalbemessungsmodells war die Tatsache, daß "im Vergleich mit westdeutschen Ballungsgebieten ... Berlin bei der Ausstattung mit Sozialarbeitern/Sozialpädagogen eine Spitzenstellung ein (nimmt). Der vorhandene Bestand an Stellen für Sozialarbeiter und Sozialpädagogen kann daher im Prinzip nicht mehr erweitert werden" (H.-D. Färber/P. Haupt, 8). In diesem Fall wurde der Prozeß der Personalbedarfsermittlung, der im Normalfall von der Aufgabenstellung ausgeht, anschließend den Personalbedarf definiert und erst am Ende die Kosten berücksichtigt (S. Engel 1976) umgekehrt: die Kosten, also die Personalressourcen, waren festgelegt und mußten nun nach Belastungsgesichtspunkten verteilt werden. Dies war um so dringender, als die bestehende Stellenversorgung der Bezirke mit Sozialarbeitern starke Ungleichgewichte aufwies.

Zur Überwindung dieser ungleichgewichtigen Ausstattung wurde unter Wertausgleichsgesichtspunkten ein Personalbemessungsverfahren entwickelt, das räumlich-sozialstrukturelle Disparitäten berücksichtigt. Das neue Verfahren verwendet dabei Sozialindikatoren, die die Belastung der entsprechenden Verwaltungseinheit in Form von "Belastungsindexzahlen" mißt. Als Indikatoren wurden neben sozialstrukturellen Merkmalen wie Zahl der Ausländer, Zahl der Arbeiter, Bevölkerungsdichte auch gebietsstrukturelle Kennzeichnungen wie Wohnungsausstattung verwendet.

Auf der Basis dieser Sozialindikatoren wurden dann mit Hilfe statistischer Verfahren (vor allem die Faktorenanalyse ist hier zu nennen) Belastungsindizes für die verschiedenen Bezirke der Stadt ermittelt. Ausgehend von diesen Belastungsindexwerten, bei denen, wie nicht anders zu erwarten, die sechs Innenstadtbezirke jeweils am schlechtesten abschnitten (H.-D. Färber/J. Haupt, 27), wurden dann "Sollbetreuungsdichten" ermittelt. Dabei wurde festgelegt: "Je höher die relative Belastung eines Bezirkes ist, desto geringer sollte die Betreuungsdichte (Einwohner pro Sozialarbeiter) sein" (H.-D. Färber/J. Haupt, 28). Letzter Schritt in dem Verfahren war dann ein Vergleich der Ist- und Sollstellenzahl und der Ist- und Sollstellendichte. Ergebnis war hier, daß die in den 70-er Jahren vorgenommene eher unsystematische Personalbedarfsermittlung und -verteilung in einigen Bezirken zu erheblichen personellen Über- bzw. Unterausstattungen geführt hatten, wobei die Personalausstattung der besonders benachteiligten Innenstadtbezirke bereits eher günstig verlaufen war.

Bemerkenswertes erstes Ergebnis des neuen Verfahrens ist, daß, nach eingehenden Beratungen mit den beteiligten Akteuren, in bezug auf die betroffenen Bezirke erheblich Stellenumschichtungen 8) durchgesetzt werden konnten. Es ist vorgesehen, dieses Verfahren in den kommenden Jahren auch in anderen Aufgabenbereichen einzuführen.

4.2 Berücksichtigung innerstädtischer Strukturgefälle bei der Personalplanung im Schulbereich

Anfang der 70-er Jahre wurde ein Verfahren entwickelt, das auf der Basis von Sozialindikatoren schulische Problembereiche identifiziert und diesen bei der Personalbemessung Prioritäten einräumt (Schulentwicklungsplan I, 15). Dieses Verfahren wurde in den 70-er Jahren weiterentwickelt. Heute werden zur Ermittlung von bezirklichen Benachteiligungen verschiedene schulische und soziale Faktoren herangezogen und ein regionaler Benachteiligungsindex gebildet. In diesen Index gehen "Überweisungsquoten" (z. B. die Überweisungsquote von der Grundschule in die Sonderschule) als auch soziale Indikatoren (wie z. B. die Berufliche Stellung des Erziehungsberechtigten) ein (Schulentwicklungsplan III, 1978, 140).

Auf der Basis dieses Verfahrens ist es gelungen, die schulische Versorgung in den innerstädtischen Problemgebieten zu verbessern. Zu erwähnen sind hier Frequenzsenkungen und zusätzliche Stunden in Schulen mit besonders hohem Ausländeranteil, Ausbau des schulpsychologischen Dienstes in bestimmten Bezirken, Verbesserung des Fachraumangebotes (Schulentwicklungsplan III, 1978, 140 f).

5. Finanzplanerische Ansätze: "Gesamtbindung" und Investitionsplanung als Mittel räumlicher Prioritätensetzungen

Die Koordination der räumlichen und finanziellen Planung erfolgt in vielen Kommunen durch die Finanzverwaltung (H. Schreiber/H. Borghorst 1981, 7 ff; KGSt 1980, 73). Die dabei zu Tage tretende Dominanz der Finanzverwaltungen in diesem Koordinierungsprozeß wirkt sich unseres Erachtens negativ auf eine integrierende Vorgehensweise aus, da die Finanz- und Investitionsplanung von der Finanzverwaltung häufig nur noch als bloßes Zahlenwerk betrachtet wird, aus dem fach- und gebietsspezifische Prioritätensetzungen kaum noch hervorgehen. In einigen (vor allem Groß-)Städten ist man deshalb dazu übergegangen, die Koordination von investiver Infrastrukturplanung und räumlicher Planung im Bereich der Stadtentwicklungsplanung zu verankern. So ist in Hamburg die Senatskanzlei für die Aufstellung der investiven Planung zuständig. In Berlin hingegen ist nach wie vor die Finanzverwaltung im Koordinierungsprozeß dominierend. Hier hat man das im folgenden behandelte Verfahren der Gesamtbindung und Investitionsplanung zur Berücksichtigung räumlicher Ungleichheiten entwickelt. Eine größere Wirksamkeit ist hier allerdings den Verfahren der Fachressorts zu bescheinigen.

5.1 Das System der Gesamtbindung

Den Berliner Bezirken ist im Sinne der kommunalen Selbstverwaltung keine Finanzhoheit eingeräumt worden. Ihre Kompetenzen reichen aber über die von Bezirken oder Stadtteilen in vergleichbaren westdeutschen Großstädten hinaus. So werden für die Berliner Bezirke jährlich Haushaltspläne aufgestellt, in deren Rahmen ihnen ein gewisser Handlungsspielraum zugebilligt worden ist. Ein wichtiges Instrument ist hierbei die Gesamtbindung.

Unter dem System der Gesamtbindung versteht man "die Vorgabe eines jährlichen Einnahme- und Ausgaberahmens für die einzelnen Bezirke durch den Senator für Finanzen ... Innerhalb dieser Rahmen stellen die Bezirke ihre Haushaltspläne eigenverantwortlich auf, insbesondere bilden sie die Ansätze für die unter die Gesamtbindung fallenden Einnahmen und Ausgaben nach eigenem sachgerechten Ermessen, wobei der vorgegebene Einnahmerahmen nicht unterschritten und der Ausgaberahmen nicht überschritten werden darf. Sind die Gesamtbeträge eingehalten, prüft der Senator für Finanzen die gesamtgebundenen Ansätze regelmäßig nur darauf, ob die Veranschlagung im Einzelfall vertretbar ist, insbesondere übergeordneten Zielvorstellungen entspricht." (Abgeordnetenhaus, Drucksache 7/1109,9)

Die Relevanz des Gesamtbindungssystems für die Wertausgleichsproblematik ergibt sich daraus, daß "Höhe und Verteilung der zur Verfügung stehenden Mittel die Möglichkeiten des Verwaltungshandelns in den Bezirken - und damit auch die Möglichkeit einer aktiven, wertausgleichsorientierten Politik - wesentlich mit bestimmten." (Abgeordnetenhaus, Drucksache 7/1109,9) Das 1975 erheblich modifizierte System der Gesamtbindung geht heute von den Grundgedanken aus, daß "die Mittel bedarfsgerecht unter Berücksichtigung struktureller Unterschiede auf die Bezirke verteilt werden (sollen)" und daß "die Verantwortung für die haushaltswirtschaftlichen Risiken so abgegrenzt werden (soll), daß die Bezirke nur dort Risiken zu tragen haben, wo für sie eigenverantwortliches Handeln möglich ist."(Abgeordnetenhaus, Drucksache 7/1109, 9)

5.2 Wertausgleichsorientierte Investitionsplanung

Ausgangspunkt ist die bestehende quantitative und qualitative Ausstattung der Wohngebiete und Bezirke mit sozialer Infrastruktur. Bei Neuinvestition ist deshalb zunächst von entscheidender Bedeutung, ob und in welchem Maße zeitliche und räumliche Prioritäten für schlechter ausgestattete Gebiete politisch durchgesetzt werden können. Soziale Infrastruktureinrichtungen mit der Bereitstellung öffentlicher Sach- und Dienstleistungen gewinnen vor allem vor dem Hintergrund einer sich wandelnden Sozialpolitik, 9) die sich zunehmend weniger monetärer Umverteilungsinstrumente als eben einer "Dienstleistungsstrategie" (B. Badura/P. Gross 1977) bedient, an Gewicht. Die Investitionsplanung, die die Versorgung der städtischen Regionen mit sozialer Infrastruktur steuert, ist ein zentrales Instrument bei der Schaffung wertgleicher Lebensverhältnisse in einem Stadtraum.

Investitionsplanung in Berlin geschieht mit dem Instrumentarium von "Dringlichkeitslisten": die bezirklichen Anmeldungen von Infrastrukturprojekten ("bezirkliche Dringlichkeitsliste") werden von den jeweils zuständigen Senatsfachressorts zu einer "überbezirklichen Dringlichkeitsliste" zusammengefaßt, auf deren Grundlage der Senator für Finanzen dann die Investitionsplanung aufstellt. Die Hauptschwierigkeit liegt sowohl in der sektoralräumlichen als auch in der intersektoralen Prioritätenfindung bei der Verteilung der Investitionsmittel. Nach welchen Kriterien können Einrichtungen bedarfsgerecht auf die Bezirke und Wohngebiete verteilt werden (Versorgungsgrad, Sozialstruktur)? Welche Einrichtungsarten sollen in welchem Umfang und in welchem Zeitraum in die laufenden Investitionsplanungen eingehen? Da sich der Senator für Finanzen im wesentlichen an die Dringlichkeitslisten der Senatsfachressorts hält, ist der wesentliche Ansatzpunkt einer wertausgleichorientierten Investitionsplanung bei den Prioritätensetzungen dieser Fachressorts zu finden.

Der Prioritätenkatalog des Senatsfachressorts für Familie, Jugend und Sport ist das ausdifferenzierteste Verfahren zur Aufstellung der überbezirklichen Dringlichkeitsliste. Dieses Ressort hatte sich zum Ziel gesetzt, "im Rahmen der Investitionsplanung ein Verfahren zu entwickeln, das unter sozialstrukturellen Aspekten der Bestimmung überbezirklicher Prioritäten bei Investitionsmaßnahmen der Bezirke ... dient." (Senator für Familie, Jugend und Sport 1976, 8). Grundlagen des Verfahrens sind Indikatoren zur Messung sozialstruktureller Unterschiede der Bezirke. Wichtig bei dem Verfahren ist, daß auch politische Faktoren erhebliches Gewicht bekommen und nicht ein nur formalisiertes Verfahren entwickelt wurde.
Aufgrund derartiger formalisierter, aber auch eher inkrementalistischer, an Erfahrung orientierter Verfahren hat sich die Versorgung der Innenstadtbezirke mit sozialer Infrastruktur in den letzten Jahren deutlich verbessert (vgl. hierzu auch die beiden Ausstattungsvergleiche (Senatskanzlei 1977 und 1980) sowie Schreiber 1981).

Der Versuch, ein übergreifendes, für alle Senatsressorts verbindliches Verfahren beim Senator für Finanzen zu entwickeln, ist hingegen nicht gelungen.

6. Auswirkungen der bevorstehenden Haushaltskürzungen

Abschließend soll kurz auf die Frage eingegangen werden, ob und inwieweit bei den in Berlin anstehenden drastischen Haushaltskürzungen Wertausgleichsaspekte berücksichtigt werden. Werden die innerstädtischen Problemgebiete bzw. die benachteiligten Innenstadtbezirke stärker als andere Stadtregionen von Haushaltskürzungen betroffen sein?

Die finanzpolitischen Grundlagen in Berlin sind von denen westdeutscher Kommunen und denen der anderen Bundesländer grundsätzlich verschieden. Berlin ist im Gegensatz zu den anderen Bundesländern zur Deckung seines Haushalts auf Zuweisungen des Bundes angewiesen. Die Höhe dieser Bundeszuweisungen werden jährlich neu ausgehandelt. Aus diesem Grunde spürt Berlin die Finanzkrise des Bundes unmittelbarer als die anderen Gebietskörperschaften, zumal der Anteil der Bundeshilfe am Berliner Haushalt in den letzten Jahren ständig gestiegen ist und inzwischen 50 % deutlich überschreitet.

Die Situation des Berliner Haushalts war schon in den letzten Jahren schwierig gewesen, aber erst im Frühjahr 1981 entschloß man sich zu einem größeren Sparprogramm. Im März 1981 beschloß der Senat, im Bereich der Investitionen 150 Mio. DM und im Personalbereich 240 Mio. DM einzusparen. Im Personalbereich schlug man dabei eine flächendeckende Strategie vor, d. h., in allen Verwaltungen sollten 2,5 % der Mittel eingespart werden (K. Porzner 1981; Tagesspiegel vom 12.02.81). Die Einsparungen bei den investiven Ausgaben betreffen, wie aus einer Auflistung der Finanzverwaltung hervorgeht (Tagesspiegel vom 06.06.81), vor allem die soziale Infrastruktur. Da sich die Streichungen auf alle Bezirke beziehen, muß davon ausgegangen werden, daß Wertausgleichsüberlegungen keine Rolle gespielt haben. Teilweise stehen die Kürzungen dem Abbau innerstädtischer Disparitäten direkt entgegen, da gerade bei Einrichtungsarten der sozialen Infrastruktur, bei denen die Innenstadtbezirke besonders deutlich Disparitäten aufweisen, in größerem Umfang Einsparungen vorgenommen werden. 10)

Nachdem trotz dieser Sparmaßnahmen die oben beschriebene Einnahmelücke von 3 Mrd. DM festgestellt wurde, entschloß sich der Berliner Senat zu einem drastischen Sparprogramm, das bis 1985 Ausgabenminderungen von drei Milliarden DM vorsieht. Bereits für den Landeshaushalt 1982 ist bei einem geplanten Gesamtvolumen des Landeshaushaltes von 19 Milliarden DM eine Finanzierungslücke von 800 Mio. DM zu schließen.

Dieses Ziel soll durch die Einsparung von 3.500 Stellen im öffentlichen Dienst (allein 1982 2.000), durch massive Kürzungen und Einschränkungen sozialer Dienstleistungen (z. B. Kindertagesstätten und im Gesundheitsbereich), durch starke Anhebungen öffentlicher Tarife (öffentliche Verkehrsmittel, technische Infrastruktur) sowie dem völligen Verzicht auf den Neubau von Schulen, Bädern und anderen Einrichtungen der sozialen Infrastruktur (bis 1983) erreicht werden (Tagesspiegel vom 20.08.81). Zusammenfassend kann festgehalten werden, daß auch in Berlin im Rahmen einer restriktiven Ausgabenpolitik durch globale Kürzungen versucht wird, die Finanzkrise zu bewältigen. Eine Wertausgleichsorientierte Differenzierung der Haushaltskürzungen findet nicht statt. Eine mittelfristige Konsolidierung geschieht dabei vor allem auf Kosten der Investitionstätigkeit (D. Vesper 1981) sowie durch flächendeckende Stellenkürzungen (Tagesspiegel vom 20.08.81).

Fußnoten

1) Der Aufsatz entstand im Rahmen des Berlin-dienlichen Forschungsprojektes "Wertausgleich, Stadterneuerung und Investitionsplanung in Berlin. Zur Verbindung von sozialer, räumlicher und investiver Planung", das seit Oktober 1980 am Zentralinstitut für sozialwissenschaftliche Forschung der Freien Universität Berlin durchgeführt wird.

2) Zur Kumulation von horizontalen (also gebietsstrukturellen) und vertikalen (also z. B. durch Einkommensunterschiede verursachte Disparitäten) siehe Offe 1975. - Die aktuelle Bedeutung eines Wertausgleichs im städtischen Raum wird auch durch den 36. Weltkongreß des interationalen Verbandes für Wohnungswesen, Städtebau und Raumordnung im Juni 1982 in Oslo deutlich, der nur diese Thematik zum Gegenstand hat.

3) Für den Bereich der Raumordnungs- und Landespolitik ist diese Forderung u. a. in den Art. 72, Abs. 2, Nr. 3 GG (Einheitlichkeit der Lebensverhältnisse) sowie Art. 20 GG (Sozialstaatspostulat) verankert und hat von hierher als Leitziel Eingang in die Raumordnungspolitik des Bundes und der Länder gefunden. Vgl. hierzu Ossenbühl 1978, zusammenfassend Hübler et al. 1980.

4) Dieses ist das Ergebnis einer Umfrage, die die Autoren 1981 bei westdeutschen Kommunen durchgeführt haben.

5) Bei den im folgenden vorgestellten Instrumenten dominiert trotz integrativer Ausrichtung naturgemäß der Bereich, in dem das Instrument erarbeitet wurde.

6) An dieser Stelle soll nur kurz auf das "WAP" eingegangen werden, da an anderer Stelle schon ausführlicher darüber berichtet worden ist. Vgl. hierzu Borghorst/Schreiber 1981, Borghorst/Burdack/Schreiber 1981.

7) Dies führte vor allem aufgrund der Kostenneutralität des Projektes (es wurden nur zusätzliche Mittel verteilt) zu keinen Konflikten zwischen den beteiligten Akteuren.

8) So wurden nach Auskunft der Senatsinnenverwaltung dem Bezirk Wilmersdorf ca. 10 Stellen gestrichen, die dem Bezirk Neukölln zugeschlagen wurden.

9) Kaufmann (1979:41) spricht vom Wandel "von der redistributiven zur investiven Sozialpolitik".

10) So weisen die Innenstadtbezirke z. B. bei den ungedeckten Sportanlagen deutliche Unterausstattungen auf. Die hier geplanten Sportplätze werden zunächst gestrichen (Vgl. Tagesspiegel vom 06.06.81).

Literatur

Abgeordnetenhaus von Berlin 1978, Bericht über Rahmenprogramm für benachteiligte Bezirke zur Verbesserung der Wertgleichheit der Lebensverhältnisse in Berlin (Wertausgleichs-Rahmenprogramm), Drucksache 7/1109 vom 13.01.78.

Badura, Bernhard/Gross, Peter 1976, Sozialpolitische Perspektiven. Eine Einführung in Grundlagen und Probleme soziale Dienstleistungen, München

Borghorst, Hermann et al 1981, Durchführungsprozess- und Wirkungsanalysen zum Berliner Wertausgleichs-Rahmenprogramm (WAP), Berliner Stadterneuerung: Erfolge und Mißerfolge der ZIP-Modernisierung, Ms., Berlin

Borghorst, Hermann;Schreiber, Helmut 1981, Kleinräumliche Strategien zum Abbau innerstädtischer Disparitäten, Wertausgleichspolitik und ZIP-Konjunkturprogramm in Berlin, in: Stadtbauwelt 69, S. 481 ff.

Borghorst, Hermann; Burdack, J., Schreiber, Helmut 1981, ZIP-Modernisierung auf dem Prüfstand. Ergebnisse einer Mieterbefragung in Kreuzberg SO 36, in: Berliner Bauvorhaben, H. 21, S. 77 ff

Braum, M., Sichter, J. 1979, Zum Konzept der Bereichsentwicklungsplanung in Berlin, Im Vergleich zu teilräumlichen Entwicklungsplanungen westdeutscher Großstädte, Diplomarbeit an der TU Berlin, Oktober 1979

Busse, Carl.-Heinrich 1976, Stadtteilentwicklungsplanung in Hamburg, in: Stadtbauwelt 50 vom 25.06.76

Curdes, Gerhard (ed.) 1980, Stadtteilentwicklungsplanung, Stuttgart

Eggeling 1980, Stadtteilentwicklungsplanung in Berlin-West, in: Curdes, G. (ed.) 1980, Stadtteilentwicklungsplanung, Stuttgart

Engel, Siegfried 1976, Zur Ermittlung des notwendigen Personalbedarfs in der öffentlichen Verwaltung, in: Der Städtetag, Nr. 12/1976,

Färber, H.-D., Haupt, P., Belastungsgerechte Personalbemessung Sozialer Dienste, Modell einer neuen Personalbemessung im öffentlichen Dienst, MS., Berlin o.J..

Freie Planungsgruppe 1979, Aktivierung der Bevölkerung für die Erneuerung ihres Stadtteils - untersucht am Projekt "Strategien für Kreuzberg", Verfahrensdokumentation, Zusammenfassung und Ergänzung, Berlin.

Freie Planungsgruppe 1977, Bereichsentwicklungsplanung (BeP) Berlin-West, MS, Berlin

Friedrichs, Jürgen 1977, Stadtanalyse. Soziale und räumliche Organisation der Gesellschaft, Reinbek bei Hamburg.

Gehrmann, F., Schreiber, F. 1977, Traditionelle und anwendungsorientierte Indikatoren zur Ermittlung ausgewählter Infrastrukturdisparitäten, dargestellt am Beispiel der 60 Großstädte der Bundesrepublik Deutschland, in: Hoffmann-Nowotny, S. 195 ff

Göritz, A., Die Steigerungsrate der Bundeshilfe, Probleme des Berliner Haushalts, in: Tagesspiegel vom 06.06.81

Herlyn, Ulfert (ed.) 1980, Großstadtstrukturen und ungleiche Lebensbedingungen in der Bundesrepublik, Verteilung und Nutzung sozialer Infrastruktur, Frankfurt/New York

Herlyn, Ulfert (ed.) 1974 Stadt- und Sozialstruktur, München

Hesse, Jens, Joachim 1972, Stadtentwicklungsplanung, Stuttgart

Hesse, Jens Joachim 1976, Organisation kommunaler Entwicklungsplanung, Anspruch, Inhalt und Reichweite von Reorganisationsvorstellungen für das kommunale politisch-administrative System (Schriften des Deutschen Instituts für Urbanistik, Bd. 57, Stuttgart)

Hoffmann-Nowotny, Hans-Joachim (ed.) 1977, Messung sozialer Disparitäten, Frankfurt a.M.

Hübler, Karl-Hermann et al. 1980, Zur Problematik der Herstellung gleichwertiger Lebensverhältnisse, Hannover

Kaufmann, Franz-Xaver (ed.) 1979, Bürgernahe Sozialpolitik, Planung, Organisation und Vermittlung sozialer Leistungen auf lokaler Ebene, Frankfurt a.M./New York

Kiel 1979, Entwurf Rahmenplanung Südliche Innenstadt, Kiel

Klein, Richard 1981, Institutionelle Hemmnisse der Gemeindeverschuldung sowie Vorschläge zu ihrer Überwindung, in WSI-Mitteilungen H. 1, S. 27-34

Kommunale Gemeinschaftsstelle für Verwaltungsvereinfachung (KGSt) 1980, Kommunale Entwicklungsplanung in der Bundesrepublik Deutschland, Ergebnisse einer Erhebung, Köln

KGSt. 1977, Verknüpfung der Versorgungsplanung mit der kommunalen Entwicklungsplanung, Bericht 5/1977, Köln.

KGSt. 1975, Organisation der kommunalen Entwicklungsplanung: Auswertung einer Umfrage, Bericht 11/1975, Köln

KGSt. 1972, Bericht zum Gutachten "Organisation der kommunalen Entwicklungsplanung", Bericht 21/1972, Köln

Kubin, E. 1975, Kommunale Entwicklungsplanung - Grundsätze und Institutionalisierung, in: Kommunale Entwicklungsplanung, Linz

Küpper, Utz 1979, Stand der Stadtentwicklungsplanung in Köln,in: Berichte zur Raumforschung und Raumplanung, S. 16 ff

Kujath, R. 1979, Plädoyer für eine sozial orientierte Wohnungs- und Städtebaupolitik, in: Berliner Bauhandbuch, hrsg. vom Senator für Bau- und Wohnungswesen Berlin, Berlin

Nürnberg 1981, Mittelfristiger Investitionsplan 1981-1985, Entwurf, Vorbemerkung, Nürnberg

Offe, Claus 1975, Zur Frage der Identität der kommunalen Ebene, in: Lokale Politikforschung, Band 2, hrsg. von Rolf Richard Grauhan, Frankfurt a. M/New York, S. 303 ff.

Ossenbühl, Fritz 1978, Die verfassungsrechtliche Bedeutung des Postulats nach gleichwertigen Lebensverhältnissen für Raumordnung und Landesentwicklungspolitik, in: Die Hessischen Landkreise, S. 9 ff.

Porzner, Konrad 1981, Kürzung aller Ausgabenbereiche, in: Sozialdemokratischer Pressedienst, 36. Jg., Nr. 48 vom 11.06.81.

Schreiber, Helmut 1981, Probleme des Wertausgleichs in Berlin (West), in: Berliner Statistik, S. 57 ff

Schreiber, Helmut/Borghorst, Hermann 1981, Gibt es eine Integration von räumlicher und finanzieller Planung in der Stadterneuerung? Ergebnis einer Umfrage, verv. Ms., Berlin.

Schulentwicklungsplan III, 1978, hrsg. vom Senator für Schulwesen, Abgeordnetenhaus von Berlin, Drucksache 7/1494.

Schulentwicklungsplan I, o. J., (1970), hrsg. vom Senator für Schulwesen, Berlin.

Schwarting, Gunnar 1981, Die Verschuldung der Städte und Gemeinden in der Bundesrepublik Deutschland, in: Aus Politik und Zeitgeschehen, Beilage zur Zeitschrift "Das Parlament" Heft 5, S. 23-30.

Senator für Bau- und Wohnungswesen 1977, Hinweise zur Erarbeitung von Räumlichen Entwicklungsplänen für Mittelbereiche, Berlin.

Senator für Familie, Jugend und Sport 1976, Abschlußbericht über bezirkliche Dringlichkeitsliste, Berlin.

Sulzer, Jörg 1979, Stadtentwicklung: Koordination von Raum- und Entwicklungsplanung, Frankfurt a. M.

Senatskanzlei/Planungsleitstelle 1980, Ausstattungsvergleich der Bezirke mit sozialer Infrastruktur, Berlin.

Senatskanzlei/Planungsleitstele 1977, Ausstattungsvergleich der Bezirke mit sozialerInfrastruktur, Berlin.

Vesper, D. 1981, Mittelfristige Konsolidierung der Gebietskörperschaften 1980-1984, Konsolidierung auf Kosten der Investitionstätigkeit, Wochenbericht DIW, Berlin, Nr. 18 vom JO.4.1981, S. 207-213

Walter, Heinz (ed.) 1981, Region und Sozialisation. Beiträge zur sozialökologischen Präzisierung menschlicher Entwicklungsvoraussetzungen, Stuttgart-Bad Canstatt.

Wuppertal 1979, Entwicklungsplan Barmen, 1. Bericht, Wuppertal.

STEPHAN RUSS-MOHL

Problemkonjunkturen - ein strategisches Potential für die Kommunalpolitik?

Problemkonjunkturen ("Issue Cycles") - das sind bekanntlich jene Wellenbewegungen der Politik, in deren Verlauf bestimmte Probleme bzw. Themen für kurze Zeit in die Zentren öffentlicher Aufmerksamkeit und politischer Auseinandersetzung gespült und alsbald von dort wieder weggeschwemmt werden. Zu analytischen Zwecken lassen sich sechs Stadien solcher Issue Cycles unterscheiden: Die Phase latenter Problementwicklung; das Initialstadium, in dem das Problem erstmals auf breiter Front erkannt wird; das Stadium des Aufschwungs, in dem das Problem als politisches Thema zum "Selbstläufer" wird - verbunden mit spürbaren Machtverschiebungen in der politischen Arena zugunsten einer Problemlösung; die Umschwungphase, in der die Reformaktivitäten ihren Höhepunkt erreichen und schließlich überschreiten; die Abschwungphase, in der das Problem seine Dringlichkeit allmählich einbüßt und die problemverursachenden Status quo-Interessen verlorenes Terrain zurückgewinnen; und das Terminalstadium, in dem die Problemkonjunktur schließlich versandet.

1. Problemkonjunkturen, Politikberatung und Kommunalpolitik

1.1. Issue Cycles als Phantom in der Politikforschung

Issue Cycles fristen in der politik- und verwaltungswissenschaftlichen Diskussion seit geraumer Zeit ein Phantom-Dasein: sie sind allgegenwärtig und doch nicht zu fassen; sie spuken auf Kongressen herum und geistern durch die Fachveröffentlichungen. Meist tauchen sie freilich nur in Nebensätzen oder Fußnoten auf - so, als wollte man sich nicht in der Hauptsache auf das Thema einlassen. (C. Jones 1970, 4; N. Luhmann 1971, 18ff; R. Berk et al. 1973, 573 ff; P. Grottian/A. Murswieck 1976, 403; F. Wagener 1979, 234).

Diese Berührungsängste sind zwar einerseits verständlich. Problemkonjunkturen sind als Forschungstopos zumindest empirisch schwer in den Griff zu bekommen.[1] Außerdem zwingen sie dazu, von liebgewordenen Denktraditionen Abschied zu nehmen. Problemkonjunkturen bedeuten Ambivalenzen: Reformpolitik erweist sich als möglich und dennoch unrealisierbar; politisch-administrative Systeme zeigen sich entgegenkommend und repressiv; Reformprogramme werden in Geld ertränkt und bleiben dennoch unterfinanziert; es gibt manifeste Legitimationsprobleme und trotzdem keine Legitimationskrise; die Bevölkerung erweist sich als mobilisierbar und als apathisch - allesamt Schattierungen, die eine statisch angelegte Untersuchung kaum zu erfassen vermag. So manche politikwissenschaftliche Kontroverse dürfte sich im Nachhinein als nahezu überflüssig erweisen, weil beide Seiten recht haben - vorausgesetzt, man nähert sich dem Untersuchungsgegenstand aus einer dynamischen Perspektive (Ruß-Mohl 1981, 176).

Verständnis aufzubringen für Berührungsängste gegenüber Problemkonjunkturen heißt freilich nicht, solche Ängste auch künftig rechtfertigen zu wollen. Vielmehr gilt es, Problemkonjunkturen als Prozesse zur Kenntnis zu nehmen, die dem politisch-administrativen System (PAS) eine "erfolgreiche" Problemverarbeitung ermöglichen, ohne daß es zu einer materiellen Problemlösung kommen müßte. Sofern Politikberatung ihren Anspruch ernst nimmt, praxisbezogen zu Problemlösungen beitragen zu wollen, sollte gerade sie die Sogwirkungen und Machtverschiebungen, die sich im Gefolge von Problemkonjunkturen ergeben, nicht länger ausblenden.

Wer "policies" nicht nur formulieren, sondern auch implementieren will, darf die "politics" nicht als irrelevante intervenierende Variable abtun. Zum einen gilt es, das Störpotential von Problemkonjunkturen zu erkennen: Deren Eigendynamik vermag am grünen Tisch konzipierte politische Programme zu unterlaufen. Zum anderen ist zu klären, ob und inwieweit sich womöglich Problemkonjunkturen gezielt nutzen lassen, um Problemlösungen voranzutreiben. Erst wenn das strategische Potential von Problemkonjunkturen ausgelotet ist, könnte in der Politikberatung (jenseits der Wirtschaftspolitik im engeren Sinne) ein "Keynesianisches Zeitalter" beginnen.

1.2. Problemkonjunkturen im Kommunalbereich

Im folgenden soll versucht werden, auf den Kommunalbereich bezogen solche Handlungsspielräume ausfindig zu machen. Denn Problemkonjunkturen sind kein Spezifikum der "hohen Politik", sie lassen sich auch in der lokalen Politik beobachten. Gerade hier sind Machtverhältnisse oft weniger zementiert, als es den Anschein hat: Sie variieren zeitlich und themenbezogen - eine Tatsache, die angesichts häufig vorfindbar langfristiger Stabilität politischer Mehrheitsverhältnisse leicht übersehen wird.

Problemkonjunkturen nehmen oft im Kommunalbereich ihren Ausgang. Insbesondere soziale Problemlagen werden meist hier "virulent". Damit werden - zumindest im Initialstadium von Problemkonjunkturen - die Kommunen nicht nur zu den primären Adressaten politischer Forderungen. Die kommunalen Reaktionen auf den entstehenden Problemdruck programmieren vielmehr auch den weiteren Problemverarbeitungsprozeß vor.

Verschärft sich der Problemdruck weiter, so müssen im "take off"-Stadium der Problemkonjunktur die Kommunen damit rechnen, daß ihnen die Kompetenz zur Problemverarbeitung sukzessive entzogen wird, bzw. rufen die unter "Stress" geratenen Gemeinden selbst nach dem Gesetzgeber und delegieren damit partiell Verantwortung nach oben auf die nächsthöheren Instanzen des PAS. Dort erfolgt dann meist die weitere Politikkonzeptualisierung.

Die Kommunen müssen sich dann zwangsläufig als Vollzugsinstanzen erneut mit dem Problem befassen, wenn es zum Umsetzungsprozeß kommt. Dann haben sie jene Suppe auszulöffeln, die ihnen Bund und Länder eingebrockt und in die während langwieriger Bargaining-Prozesse zahllose Lobby-Köche Wasser gegossen haben.

Strategieüberlegungen, die auf die Erschließung zusätzlichen Handlungspotentials für den Kommunalbereich im Kontext von Problemkonjunkturen zielen, werden also zu berücksichtigen haben, daß Kommunen mitunter nur in bestimmten Zyklusstadien Einfluß auf den Verlauf einer Problemkonjunktur nehmen können.

1.3. Vorbehalte wider aufkeimenden Steuerungsoptimismus

Um aufkeimenden Steuerungsoptimismus noch weiter zu dämpfen, und um nicht den Blauäugigkeiten politischer Strategiediskussionen der 60-er und 70-er Jahre auf der nächsthöheren Analyse-Ebene erneut zu erliegen, seien die weiteren Überlegungen zum Strategiepotential von Problemkonjunkturen unter drei Vorbehalte gestellt:

(1) Auch von strategisch günstigen, d. h. mit Macht ausgestatteten Stellen aus können Akteure in Politik und Verwaltung meist "nur" Anstöße geben, Zeichen setzen, auf den politisch-ökonomischen Prozeß punktuell einwirken. Erweitertes Wissen um seine Dynamik kann zwar die politisch-administrative Steuerungskapazität marginal steigern; indes ist solches Wissen allenfalls eine notwendige, aber keine hinreichende Bedingung für die Durchsetzung von Innovationen. Einschränkend kommt für den Kommunalbereich hinzu, daß solch strategisch günstige Positionen außerhalb rar sind.

(2) Wenn alle oder auch nur einige der beteiligten Handelnden in der Umwelt des PAS mit zyklischen Politikverläufen zu kalkulieren beginnen, können und werden die daraus resultierenden Verhaltensänderungen den Politikverlauf und das Politikergebnis ändern.

(3) Grundsätzlich können Durchsetzungsprobleme der Politik nicht abstrakt diskutiert werden (F. Scharpf 1974, 4).

Unter diesen Prämissen sind die folgenden Überlegungen womöglich eher dazu angetan, alte politisch-strategische Konzepte zu relativieren statt neue zu formulieren.

2. Zum strategischen Potential von Problemkonjunkturen

2.1 Begrifflichkeiten

Zumindest was die Begrifflichkeiten anlangt, können indes die Diskussionen aus den Zeiten der Studentenrebellion noch immer weiterhelfen. Daran anknüpfend hat etwa Scharpf zwischen Strategien der Krisenvermeidung und der Krisennutzung unterschieden (F. Scharpf 1973, 71). Gehen wir davon aus, daß meist als krisenhaft empfundene oder definierte Ereignisse Auslöser von Problemkonjunkturen sind, dann drängt es sich geradezu auf, an diese Differenzierung anzuknüpfen. Synonym, aber der keynesianischen Fiskalpolitik entlehnt, lassen sich auch prozyklische und antizyklische Strategien als geeignete Termini zur Kennzeichnung der beiden grundlegenden, einander entgegengerichteten Steuerungsoptionen verwenden [2]. In beiden Richtungen sind Formen direkter und indirekter Einflußnahme auf die Problemkonjunktur denkbar.

2.2. Prozyklische Strategien

2.2.1. Ziele

Strategien der Krisennutzung bzw. der Konjunkturankurbelung sind darauf angelegt

- Krisensituationen zu verschärfen bzw. politische Themenkarrieren zu verstärken, um über die Zuspitzung von Problemdruck das Durchsetzungspotential für Innovationen zu verstärken (Akzentuierungsstrategie) sowie

- die Dynamik einer Krise bzw. eines Problemverarbeitungsprozesses zu nutzen, um unter "günstigen" sozio-kulturellen Rahmenbedingungen ähnlich gelagerte bzw. komplementäre Themen auf der politischen Tagesordnung zu plazieren und die Konsensbasis zugunsten umfassender Problemlösungen weiter zu verbreitern (Expansionsstrategie).

2.2.2. Mittel

Ihren Strukturen und Funktionsweisen zufolge sind Konkurrenzdemokratien auf prozyklische Intervention angelegt - wäre das nicht so, es gäbe vermutlich keine Problemkonjunkturen. Als "Instrumente" einer prozyklischen Steuerung kommen daher all jene Mechanismen in Frage, die ohnehin das Ingangsetzen von Problemkonjunkturen besorgen - es käme nur darauf an, sie bewußter, gezielter und intensiver einzusetzen.

Daß sich auf diesem Weg freilich keine allzu großen Steuerungsreserven mehr erschließen lassen, wird deutlich, wenn wir die denkbaren Instrumente Revue passieren lassen. Akzentuierung und Expansion könnten erfolgen über

- eine strikte Politik der Problemvernachlässigung solange, bis das Thema in der Öffentlichkeit als krisenhaft empfunden wird bzw. sich Gelegenheit zu aktiver Kriseninszenierung bietet;
- die mittelbare und unmittelbare Unterstützung von Mobilisierungsprozessen (mittelbare Unterstützung: Themenpflege in den Medien, Umwerbung der neuen Klientel, Plazierung komplementärer Themen; unmittelbare Unterstützung: Organisationshilfen, finanzielle Zuwendungen).

Ferner käme es darauf an, die reaktive Flexibilität von Politik und Verwaltung gegenüber neuen Anforderungen durch entsprechende ressourcenmäßige und institutionelle Vorkehrungen zu steigern (Vorhaltung von Schubladenplanungen, personeller und finanzieller "Manövriermasse) und für eine rasche Umsetzung von Entscheidungen zu sorgen (S. Huntington 1976, 346).

2.2.3. Einschätzung

(1) Mag auch Problemdruck noch so oft unbemerkt anwachsen, ihn gezielt kumulieren zu lassen ist inhuman und, unter den Bedingungen einer Konkurrenzdemokratie jedenfalls, illusorisch. Bei einem erkannten Problem hinzuwarten, bis es krisenhafte Dimensionen annimmt, um dann umso effektiver die Krise managen zu können, zerstört Glaubwürdigkeit (Sonthofen-Effekt) - in der Kommunalpolitik mehr noch als anderswo.

(2) Interessanter ist die Frage, inwieweit aktive Kriseninszenierung und Unterstützung von Mobilisierungsprozessen seitens politisch-administrativ Handelnder strategisch sinnvoll sein kann.
Einerseits wächst, wo sich Reformbewegungen zu organisieren beginnen, der Handlungsspielraum für Innovationen; die "Umgewichtigung der Einflußchancen", auf die Veränderungsstrategien angewiesen sind (C. Offe 1972, 137; F. Scharpf 1973, 70), läßt sich zumindest temporär über Krisen bewerkstelligen. Andererseits sind Reformblockaden, wie wir sie andernorts als charakteristisch für die Abschwungphase von Problemkonjunkturen beschrieben haben (S. Ruß-Mohl 1981, 133ff), bereits durch Prozesse in der Aufschwungphase "vorprogrammiert". Eine Politik der Konjunkturakzentuierung und Krisennutzung bleibt deshalb eine zweischneidige Strategie; es offenbart sich der "Doppelcharakter der Krise", die erhöhtes Risiko und gesteigerte Chance zugleich bedeuten kann (F. Scharpf 1977, 10).

Eine Abwägung kann nicht losgelöst von den Umständen des konkreten Einzelfalles erfolgen; die Erfahrungen sprechen jedoch dafür, daß die Risiken oftmals unterbewertet werden: 3)

(a) Eine Politik der Konjunkturakzentuierung, mit der sich Krisendruck in gewünschten Innovationsdruck umsetzen ließe, ist zunächst einmal abhängig von der "Resonanzbereitschaft der Adressaten" (D. Fürst 1977, 19), die schichtspezifisch ungleich verteilt ist. Im unteren Drittel der sozialen Schichtungspyramide kumuliert nicht nur meist Problembetroffenheit, sondern ermangelt es auch der Politisierbarkeit: Schon die Voraussetzungen für eine politische Themenkarriere sind in diesem Milieu nur unter erschwerten Bedingungen organisierbar; vor allem aber ist die Aufrechterhaltung von Forderungsdruck überaus problematisch, die nötig wäre, um Reformanstöße über die Um- und Abschwungphase der Problemkonjunktur hinüberzuretten. Nur wo dieser Rückhalt gesichert bzw. sicherbar erscheint, kann Krisennutzung geeignetes Mittel zur Durchsetzung von Innovationen sein.

(b) Bedienen sich politisch-administrative Akteure bei der direkten Förderung nicht-etablierter Gruppen und Interessen nicht sehr subtiler Mittel, so geraten sie zudem leicht in das Odium einer gegen ungeschriebene "Neutralitätsverpflichtungen" des Staates und natürlich auch der Kommunen verstoßenden Parteilichkeit; dadurch entstehen mehr Legitimationsprobleme, als gelöst werden.

Aktive Klientelbildung und Mobilisierung kostet fast immer ihren Preis: Wird der Mobilisierungsdruck dauerhaft ausreichen, um zugleich miterzeugte Kooperationsverweigerung im gegnerischen Lager, also bei den Problemverursachern und Status quo-Interessen und Revanchegelüste rivalisierender Bürokratien zu überspielen?

(c) Je mehr eine Mobilisierungsstrategie auf Breitenwirkung zielt, desto wahrscheinlicher wird das ursprüngliche Problem umdefiniert, bricht die Reformbewegung auseinander, blockiert sich der Reformprozeß schließlich selbst. Gerade allzu "erfolgreiche" Expansionsprozesse führen im Gefolge zu Überlastungserscheinungen im PAS, auf die das System gerne mit Problemverschiebung (Stichwort: Politikverflechtung) reagiert.

(3) Obschon das Geheimnis erfolgreicher Politikkonzeptualisierung mit der Wahl des richtigen Zeitpunktes für die Implementation zusammenhängen mag, sehen wir für Politiken der Implementationsbeschleunigung und -intensivierung im Sinne aktiver Nutzung der veränderungsbegünstigenden Konstellationen nur begrenzten Spielraum:

(a) Angenommen, ein funktionsfähiges Frühwarn- und Planungssystem ließe sich installieren - dann hätte dies sicherlich nicht nur den Effekt, bei wachsendem Problemdruck eine beschleunigte Politikumsetzung zu ermöglichen, um so möglichst schnell vollendete (Reform-)Tatsachen zu schaffen. Vielmehr griffe ein solches Prognose-System bereits früher: Die Problemantizipation würde idealiter frühzeitig Steuerungsmaßnahmen stimulieren, die Kumulation von Problemdruck ließe sich verhindern - die Problemkonjunktur fände nicht mehr statt. Erst wenn das System in seiner Krisenvermeidungs- und Konjunkturverstetigungsfunktion versagt hätte, könnten Schubladenpläne für die Politikumsetzung in der Krise, also für die konjunkturakzentuierende Beschleunigung der Implementation zum Zuge kommen. In diesem Fall wiederum erscheint es fraglich,

- ob überhaupt solche Pläne vorliegen, wenn schon bei der Krisenantizipation Fehler unterlaufen sind; und - falls ja -

- ob das System unter den Bedingungen vorangegangenen Versagens noch genügend Vertrauen mobilisieren kann, um für seine Schubladenpläne Zustimmung zu finden.

Prognose- und Eventualplanungssysteme dürften mithin allenfalls durch ungeplante Effekte prozyklisch wirken.

(b) Die Manövriermasse des PAS zu erhöhen, seine Flexibilität und Anpassungsfähigkeit zu steigern, sind in einer Zeit beschleunigten technologischen und sozialen Wandels ganz unabhängig von unserem Betrachtungszusammenhang vorrangige Ziele der Politikberatung geworden. In unserem Kontext wäre es weder sinnvoll noch möglich, auch nur die wichtigsten diesbezüglichen Bestrebungen aufzulisten - die Stichworte reichen bekanntlich von neuen Budgetierungstechniken, Management-by- und Profit-Center-Konzepten für die Verwaltung bis hin zur Dienstrechtsreform. Für die Kommunalverwaltungen wäre der vielleicht wichtigste Hebel zur Steigerung der reaktiven Kapazität die Abkoppelung aus den zweckgebundenen Mischfinanzierungen.

Immerhin scheint erhebliche Skepsis am Platz, was die Effektivität all dieser Effizienz- und Flexibilitätssteigerungsstrategien anlangt. Selbst die Mischfinanzierungen haben ja bekanntlich ihr Gutes. Zwar ist ein zeitraubender Marathonlauf durch die bürokratischen Instanzen zu absolvieren, bis jeweils die entsprechenden Töpfe eingerichtet und verfügbar sind. Andererseits erlauben solche Töpfe eben doch auch in ganz anderem Umfang eine sinnvolle Konzentration von Mitteln auf Brennpunkte des sozio-ökonomischen Geschehens, als dies bei Verteilung derselben Mittel nach dem Gießkannenprinzip allgemeiner Schlüsselzuweisungen möglich wäre.

Verallgemeinert und cum grano salis dürfte sich in puncto Rationalisierungsversuche festhalten lassen, daß schon die administrationsinternen Widerstände gegen Neuerungen stets hinreichend groß waren, um nachhaltige problemkonjunkturverstärkende Impulse zu verhindern. Gelänge es jedoch, strukturelle Rigiditäten aufzuweichen, Rationalisierungserfolge zu erzielen und damit finanzielle Mittel bzw. qualifiziertes Personal disponibel zu machen, so wären in der Tat zyklusverstärkende Effekte zu gewärtigen: Freiwerdende Manövriermasse wandert erfahrungsgemäß dorthin, wo sie am "dringendsten" benötigt wird.

(c) Vollends kontraproduktiv wäre in der Aufschwungphase einer Problemkonjunktur eine Strategie, die im Interesse beschleunigter Implementation auf eine Minimierung der Entscheidungsbeteiligung abzielt (J. Pressman/A. Wildavsky 1973, 143). Wäre sie nicht schon durch die in den Willensbildungsprozeß parlamentarischer Demokratie eingebauten Verfahrenshemmnisse zum Scheitern verurteilt, so könnte eine auf repressivem Wege verordnete "Reform von oben" in Eskalationsprozesse münden, die zwar womöglich "prozyklisch" wirkten, aber auch unkontrollierbar gefährlich für den Bestand des Gemeinwesens werden könnten.

2.3 Antizyklische Strategien

2.3.1. Ziele

Strategien der Krisenvermeidung bzw. antizyklische Vorgehensweisen sind den bisher behandelten Politiken entgegengerichtet. Eingedenk der Folgeprobleme von Problemkonjunkturen suchen sie Politikverläufe zu verstetigen und Krisen zu entschärfen bzw. erst gar nicht entstehen zu lassen. Die Anstrengungen sind darauf gerichtet, ein berechenbar-dauerhaftes, für Veränderungen offenes politisches Klima zu schaffen.

Solche Politiken müßten folglich darauf abzielen

- Probleme möglichst früh zu erkennen, deren Zuspitzung zu verhindern und somit auch einer Ballung von Problemdruck bzw. einer Kumulation von Themen über die Kapazitätsgrenzen des PAS hinaus rechtzeitig vorzubeugen;
- den "Test", ob ein Thema auch unter widrigen Rahmenbedingungen in der Arena der Politik bestehen kann, von der Implementations- in die Konzeptualisierungsphase von "policies" vorzuverlagern;
- auf Mobilisierungsprozesse im take-off-Stadium eines Themas vom PAS her eher behutsam-dämpfend Einfluß zu nehmen;
- das Entstehen von "roll back"-Konstellationen, die zur Zurücknahme bereits eingeleiteter Innovationen zwingen, zu verhindern;
- die aktive Steuerungskapazität von Politik und Verwaltung zu erhöhen, um sie zur antizyklischen Politiksteuerung wirkungsvoller einsetzen zu können.

2.3.2. Mittel

Antizyklische Politiksteuerung könnte mit Hilfe folgender Instrumente betrieben werden:

- Ausbau von Prognose- und Eventualplanungssystemen, um frühzeitig Probleme erkennen und so der Kumulation von Problemdruck entgegenwirken zu können;
- langfristige, der Problemkumulation vorbeugende Politikkonzeptualisierung;
- "antizyklische" Plazierung von Themen in der politischen Arena;
- aktive, aber maßvoll dosierte Gegensteuerung im take-off-Stadium von

Themenkarrieren (z. B. durch Aufklärungsarbeit über die Dynamik der Politikentwicklung; Verzicht auf direkte oder indirekte Unterstützung von Mobilisierungsprozessen; Vermittlungspolitik, die sich nach allen Seiten öffnet, anstelle sich allein an der jeweils dominanten Interesenkonstellation zu orientieren; Verzicht auf symbolische Gratifikationen, die überspannte Erwartungen wecken);

- ressourcenmäßige und institutionelle Absicherung der Implementation auf einem "durchhaltbaren" Niveau (Verzicht auf "Superman Planning" (A. Downs 1967, 216 ff); enge Verzahnung von Planung und Implementation (D. Bunker 1972, 72 f; J. Pressman/A. Wildavsky 1973, 146); auf Kontinuität bedachte Organisations-und Personalpolitik; statt hoher Anfangszuwächse mittelfristig garantierter Budgetrahmen für die Problemverarbeitung; Maßnahmen zur Flexibilitätssteigerung des politisch-administrativen Apparats).

2.3.3. Einschätzung

(1) Nach allen Erfahrungen mit wirtschaftlichen und politischen Prognosen dürfte mit dem Vorschlag eines umfassenden Frühwarnsystems zur Problemantizipation kaum noch Staat zu machen sein. "The nightmares that might occur are potentially limitless" (S. Weiner/A. Wildavsky 1968, 3 ff) - und dementsprechend scheinen der Möglichkeit, Umfang, Quelle und zeitliches Auftreten von Mobilisierungsprozessen bzw. Problemkonjunkturen zu prognostizieren, Schranken gesetzt.

Angesichts prinzipieller Grenzen der Zukunftsantizipation Eventualplanungen für alle denkbaren Krisensituationen vorzuhalten, wäre weder politisch vertretbar noch ökonomisch effizient noch vom PAS her kapazitiv zu bewältigen. Gerade im Kommunalbereich sind Planungskapazitäten ein knappes Gut, und sie konzentrieren sich unvermeidlich auf die Probleme, die sich bereits im Fokus politischer Aufmerksamkeit befinden.

(2) Dies schließt nicht aus, daß es Politikbereiche gibt, in denen sich eine Problemballung mit hoher Wahrscheinlichkeit langfristig vorhersagen läßt (z. B. Umstrukturierung innerstädtischer Wohngebiete zu Ausländerghettos); und es heißt auch nicht, daß es überhaupt keine Möglichkeiten gibt, in solchen Politikfeldern bereits frühzeitig Schritte zur Problemschärfung einzuleiten bzw. langfristige Politikkonzeptualisierung zu betreiben, bevor sich der Problemdruck akut zuspitzt. Verschiedentlich finden sich Hinweise auf solche Handlungsmöglichkeiten in "kommunikativen Nischen" unterhalb der Krisenschwelle (P. Glotz/W. Langenbucher 1978, 186).

Diese Spielräume fernab vom Scheinwerferlicht der Öffentlichkeit gilt es einzelfall-bezogen auszuloten; die Nutzung solcher Handlungsmöglichkeiten als "undemokratisch" zu verwerfen, wäre naiv - solange jedenfalls, wie die Herstellung oder Erzeugung von Legitimität qua Öffentlichkeit eher ein "Schattenboxen denn ein effizienter Schritt auf dem Wege zu Reformen" (F. Sack, zit.n. P. Glotz/W. Langenbucher 1978, 185) ist, wie sich unter den Konstellationen hochentwickelter Industriegesellschaften Basisdemokratie als Fiktion erweisen muß, und wie strategisch überaus wichtige gesellschaftliche Machtpositionen ohne demokratische Legitimation besetzt sind. Unter den gegebenen Rahmenbedingungen braucht der Handelnde in Politik und Verwaltung nicht permanent mit einem schlechten Gewissen herumzulaufen, wenn er im Stillen konkrete Handlungsspielräume ausschöpft, anstelle mit allzuviel Theaterdonner roll back-Bewegungen auf den Plan zu rufen.

Langfristige, problemantizipierende Politikkonzeptualisierung scheint auf solche Nischen geradezu angewiesen. Sie sind indes nicht ubiquitär vorhanden und lassen sich selbst dort, wo es sie gibt, nicht immer risikolos nutzen: An sich sinnvolle Initiativen laufen gelegentlich Gefahr, bei den Begünstigten selbst auf Ablehnung wegen Nichtbeteiligung an der Politikkonzeptualisierung zu stoßen. Innovationen scheitern auch an kommunikativen Versäumnissen (P. Glotz/W. Langenbucher 1978, 164 f).

(3) Prinzipiell bieten sich zwei Möglichkeiten antizyklischer Themenplazierung:
- Einmal kann versucht werden, Reformthemen unter eher widrigen ökonomischen und soziokulturellen Rahmenbedingungen in die Arena zu lancieren - zunächst ein zweifellos mühseliges Unterfangen. Wo es gelingt, trifft das neue Thema dann aber auf Umweltkonstellationen, die automatisch verstetigend wirken: der Aufschwung erreicht nicht seine volle Schubkraft, weil prozyklische Verstärkereffekte ausbleiben. Damit entsteht aber auch nicht jenes Überhitzungsklima, das zum Umkippen der Konjunktur und zu heftigen Rückschlägen der Reformpolitik führen müßte. Es spricht einiges dafür, daß derartige Reformansätze, wenn sie einmal zum Tragen kommen, weniger gefährdet sind als jene, die zwar mit "Rückenwind" gestartet werden, auf die entscheidenden Hürden aber erst dann treffen, wenn sich der Wind gedreht hat.
- Zum anderen kann das PAS, wie bereits angedeutet, auf eine Themenkarriere "dämpfend" Einfluß gewinnen, indem es Arenen für konkurrierende Themen aufzubauen sucht, also Aufmerksamkeit vom jeweils "heißen" Issue ablenkt.

Für keine der beiden Strategien läßt sich das Erfolgspotential losgelöst vom konkreten Einzelfall abschätzen. Es ist aber wichtig zu wissen, daß es solche Spielräume gibt bzw. geben kann.

(4) Ablenkungsmanöver haben allerdings - wie alle anderen genannten Strategien aktiver Gegensteuerung, die erst im "take-off"-Stadium einer Themenkarriere einsetzen - auch ihre problematische Seite: Sie kommen oft zu spät und lassen sich nicht ohne weiteres richtig dosieren. Was gut gemeint sein kann, läuft allemal Gefahr, von den auf Veränderung drängenden Adressaten als bloße Hinhaltetaktik (miß)verstanden zu werden - und wirkt womöglich kontraintentional, also prozyklisch.

Erst wenn antizyklische Politikkonzeptualisierung genauso zum Gemeingut öffentlicher bzw. veröffentlicher Meinung geworden ist wie die - inzwischen allerdings bereits wieder in Verruf geratene - antizyklische Wirtschaftspolitik, könnte sich hier eine veränderte Ausgangssituation ergeben: Dann bestünde Hoffnung, daß vom PAS gesetzte Dämpfungssignale "richtig" verstanden werden. Solange ein solches Meinungsklima nicht besteht, setzt das Prinzip der Konkurrenzdemokratie der Entfaltung problemkonjunktur-dämpfender Selbstheilungskräfte freilich Grenzen 4). Vorerst dürfte also folgendes gelten: Wenn eine Problemkonjunktur erst einmal Eigendynamik entfaltet, lassen sich so gute "politische Geschäfte" damit tätigen, daß Politik und Verwaltung kaum in der Lage sein dürften, sich selbst als Konjunkturbremser in die Pflicht zu nehmen. Das ist nicht anders als in der Wirtschaft auch: In einer Ökonomie, die Konkurrenzbedingungen unterworfen ist, müssen antizyklische Bremsmaßnahmen, die Überproduktion und krisenhafte Zuspitzung verhindern können, der Wirtschaft vom Staat, also von außen, verordnet werden.

Auf unseren Problemkomplex übertragen hieße dies: Politische Konkurrenzmechanismen bedürfen ebenfalls zusätzlicher konjunkturdämpfender Anstöße von außen, wenn Problemkonjunkturen nicht aus dem Ruder laufen sollen. Solche externen Impulse kommen auch - allerdings nicht ganz unähnlich der staatlichen Steuerung von Wirtschaftskonjunkturen - oft zu spät und dann mit eher prozyklischem, also den Konjunkturabschwung verstärkendem Effekt.

(5) Auch eine Vermittlungspolitik, die zyklusverstetigend wirkt, indem sie sich nach allen Seiten offen hält, dürften die Konstellationen im take-off-Stadium einer Problemkonjunktur nur graduell erlauben. Mit dem Versuch, Machtverschiebungen partiell auszugleichen und die jeweils verdrängten Interessen im politisch-administrativen Entscheidungsprozeß mitzuberücksichtigen, wird das politische Geschäft allemal schwieriger.
Während in der "normalen" Problemkonjunktur Gegen-, Ausweich- und Überwählungsstrategien der Status-quo-Interessen erst in der Umsetzungsphase den Innovationsversuch ruinieren bzw. seine Umverteilungsintentionen abmildern, bedeutet eine Vermittlungspolitik auch, daß bei der Politikkonzeptualisierung von Anfang an die Interessen der Reformgegner mitberücksichtigt werden müssen. Das "Reform-Paket" wäre dann so zu schnüren, daß alle Seiten etwas davon haben (J. Wilson 1971, 204; H. Luft 1976, 441 ff) - die Kosten würden mithin sozialisiert, weil alle Gruppen, die die Reform potentiell torpedieren könnten, sich ihr Widerstandpotential von der öffentlichen Hand "abkaufen" lassen würden. Was dabei noch herauskommen kann, verdient nicht mehr das Prädikat "Reform" - wenn sich nicht ohnehin das ganze Experiment als nichtfinanzierbar erweist, noch ehe der Veränderungsversuch richtig begonnen hat. Ein solches ex ante-Scheitern wäre immerhin billiger, vermutlich aber auch weniger legitimationswirksam (P. Grottian 1978, 78), als ein Reform-Mißerfolg, der sich erst ex post einstellt.

(6) In etwa dieselben Einwände, die gegen eine nach außen gerichtete Vermittlungspolitik sprechen, lassen sich gegen Politiken geltend machen, die innerhalb des PAS auf eine ressourcenmäßige und institutionelle Absicherung der Implementation auf einem "durchhaltbaren" Niveau zielen. Alle dafür vorgeschlagenen Mittel gefährden die latente Funktion der problemverarbeitenden Instanz, die Reformbewegung zu integrieren.

(7) Auch in bezug auf Strategien zur Steigerung der Flexibilität des PAS gilt im wesentlichen das bereits Gesagte: Natürlich wäre es denkbar, daß freiwerdende Mittel antizyklisch eingesetzt werden - wahrscheinlicher erscheint uns indes ihre prozyklische Verwendung.

2.4. Zusammenfassung

Gerade weil Reformkonjunkturen latent die Funktion erfüllen, den Bestand des PAS sichern zu helfen, sind sie nur bedingt beeinflußbar und steuerbar. Schon die wenigen, eher skizzenhaft dargebotenen Strategieüberlegungen lassen deutlich werden, daß Steuerungsversuche - ob prozyklisch oder antizyklisch angelegt - immer eine schwierige Gratwanderung bedeuten.

Politikberatung wird folglich gut beraten sein, wenn sie zwar das Störpotential von Problemkonjunkturen berücksichtigt, andererseits aber deren Steuerungspotential niedrig (wenn auch nicht: gleich null) veranschlagt und obendrein die Gefahr einer Übersteuerung (mit entsprechenden kontraintentionalen Steuerungs-Resultaten) sieht. Schon die Häufigkeit, mit der im Bereich der Wirtschaftslenkung etwa die antizyklische Fiskalpolitik kontraintentionale Effekte gezeigt, also de facto prozyklisch gewirkt hat, ist als Warnsignal dazu angetan, jeden auf Feinsteuerung von Problemkonjunkturen oder auf den Zugewinn strategischen Potentials bauenden Optimismus zu relativieren.

Losgelöst vom Einzelfall läßt sich dabei nicht entscheiden, ob behutsamen prozyklischen oder antizyklischen Steuerungsversuchen der Vorzug gegeben werden sollte. Generell würden wir überall dort, wo eine Chance oder auch nur ein Ansatzpunkt für eine womöglich bescheidene, jedoch "maßgeschneiderte" lokale Problemlösung besteht, zu einer antizyklischen Vorgehensweise raten - weil erfahrungsgemäß die Gleisanlagen des förderalistischen Rangierbahnhofs, auf die ein Thema durch Akzentuierungs- und Expansionsstrategien leicht gerät, eher zur Problemverschiebung als zur Problemlösung taugen. Umgekehrt ist es vermutlich sinnvoll, lokal unlösbare Probleme durch prozyklisches Verhalten möglichst schnell auf die Schienen dieses Verschiebebahnhofs zu lenken, weil sie sich durch häufiges Hin- und Herrangieren zwar nicht lösen, jedoch eher verarbeiten lassen als durch auf die kommunale Ebene begrenzte Kraftakte.

3. Problemkonjunkturen und Gemeindegrößen

Auch ohne expliziten Hinweis dürfte sich herauskristallisiert haben, daß die bisherigen Überlegungen, soweit sie auf den Kommunalbereich bezogen waren, überwiegend auf großstädtische Verhältnisse zielten. Es stellt sich mithin die Frage, ob die präsentierten Thesen auch auf kleinere Gemeinden übertragbar sind.

Themenkarrieren gibt es natürlich dort ebenso. Die Mechanismen, die einem Thema zur Prominenz verhelfen, sind freilich einfacher, durchschaubarer, die Schalthebel der Politik leichter zu bedienen. Um das Fehlen von Freizeitangeboten für Jugendliche in einer 8000-Einwohner-Gemeinde als politisches Problem sichtbar zu machen, bedarf es mitunter nur des Engagements und Organisationstalents eines - keineswegs charismatisch begabten - Einzelnen. In Städten wie München oder Stuttgart hätte derselbe Einzelne kaum je eine Chance, im Stadtrat Gehör zu finden.

Andererseits dürfte es im überschaubaren Rahmen kleiner Gemeinden weitaus schwieriger sein, Probleme zu verarbeiten, ohne sie zu lösen. Zumindest steht der Politik hierfür nicht ein ähnlich facettenreiches Instrumentarium an symbolischen Gratifikationen, Hinhaltemanövern, Vertröstungen und Ausweichstrategien zur Verfügung wie in größer dimensionierten Kommunen (bzw. sonstigen Einheiten des PAS). Problemkonjunkturen dürften daher vornehmlich Produkt einer technisch-industriellen Zivilisation sein, zu deren Merkmalen die Dominanz großer Organisationseinheiten auch im politisch-administrativen Bereich zählt. Denn erst ab einer gewissen Größenordnung eines auf Konkurrenzmechanismen basierenden Systems werden ebendiese Konkurrenzmechanismen dysfunktional; Konkurrenz beginnt dann eine Eigendynamik zu entfalten, die auf die eigentlichen Bedürfnisse der Kunden bzw. Wähler, um die konkurriert wird, kaum noch Rücksicht nimmt. Wir kennen diesen Prozeß aus vermachteten, von wenigen Großbetrieben beherrschten Märkten. Die Annahme, daß sich diese Erkenntnisse, wenn auch modifiziert, auf den Bereich politisch-administrativer Großorganisationen übertragen lassen, erscheint mehr als begründet.

Fußnoten

1) Vgl. als Versuch, ein theoretisches Fundament für empirische Untersuchungen von Problemkonjunkturen zu schaffen: Ruß-Mohl 1981.

2) Die beiden Begriffspaare ergänzen sich durchaus sinnvoll: Einerseits sind Krisen häufig das auslösende Moment von Problemkonjunkturen - an diesen Zusammenhang knüpfen die Begriffe Krisennutzung bzw. Krisenvermeidung an. Andererseits sind Krisen nicht das einzig denkbare Auslöserereignis von Problemkonjunkturen; das Begriffspaar "antizyklische" bzw. "prozyklische Strategien" trägt diesen Fällen Rechnung.

3) Das Kernproblem bei Mobilisierungsprozessen: "The reformer has to attempt to control and to guide this process, to insure that each time and on each issue his supporters will be stronger than his opponents." (Huntington 1976, 354)

4) "It is hard enough for a reformist government to set realistic goals. It is almost impossible for it to limit itself to realistic promises... A democracy ... is inured to exaggerated promises and claims ..." (E. Ginzberg/R.M. Solow, 1974, S. 214) Alle Aufforderungen zu individuellen Verhaltensänderungen, wie sie sich in policy-orientierter Literatur immer wieder finden (z. B. die ebenfalls von Ginzberg/Solow vorgetragene Forderung, Politiker sollten nur realistische Versprechungen machen, oder der Wunsch Luhmanns, sie sollten mehr "Organisationsbewußtsein" entfalten, oder die von Wildavsky referierte Anregung an Administratoren, statt der Budgetmaximierung Strategien des "even-keel" zu verfolgen sind daher im Kern idealistisch - solange ein gegenteiliges Anreizsystem in Kraft bleibt (N. Luhmann 1979; A. Wildavsky 1974, 20).

Literatur

BERK, Richard A. et al. 1973, Characteristics of Public Issues as Determinants of Public Behavior, in: J. Walton/D.E. Carns, Cities in Change, Boston, S. 573 ff.

BUNKER, D.R. 1972, Policy Sciences Perspectives on Implementation Process, in: Policy Sciences, Band 3, S. 71 ff.

DOWNS, Anthony 1967, Inside Bureaucracy, Boston.

FÜRST, Dietrich 1977, Kann die Institutionalisierung von gesellschaftlichen Verhandlungssystemen die gesellschaftliche Steuerungseffizienz verbessern, unveröff. Manuskript, Konstanz.

GLOTZ, Peter / LANGENBUCHER, Wolfgang L. 1978, Reform als Kommunikationsprozeß, in: Martin Greiffenhagen (Hrsg.), Zur Theorie der Reform, Heidelberg/-Karlsruhe, S. 163 ff.

GINZBERG, Eli / SOLOW, Robert M. 1974, Some Lessons of the 1960 s, in: Public Interest Nr. 34, S. 211 ff.

GROTTIAN, Peter / MURSWIECK, Axel 1976, Zur Wirksamkeit politisch-administrativer Steuerungsressourcen, in: Zwischenbilanz der Soziologie, Verhandlungen des 17. Deutschen Soziologentages, Stuttgart, S. 392 ff.

GROTTIAN, Peter 1978, Thematisierungs- und Dethematisierungsstrategien des Staates anhand der Steuerreform, in: Krise des Steuerstaates? hrsg. von Rolf Richard Grauhan und Rudolf Hickel, Leviathan, Sonderheft 1/1978, Opladen, S. 76 ff.

HUNTINGTON, Samuel P. 1976, Political Order in Changing Societies, 11. Aufl., New Haven.

JONES, Charles O. 1970, An Introduction to the Study of Public Policy, Belmont/ Cal..

LUFT, Harald S. 1976, Benefit Cost Analysis and Public Policy Implementation: From Normative to Positive Analysis, in: Public Policy, Band 24, S. 437 ff.

LUHMANN, Niklas 1971, Öfentliche Meinung, in: ders., Politische Planung, Opladen, S. 9 ff.

LUHMANN, Niklas 1979, Koreferat "Bürokratie und soziale Demokratie", Verwaltung und Gesetzgebung im Dienste des sozialen Rechtsstaates, Forum Zukunft der SPD, Köln, Oktober 1979.

OFFE, Claus 1972, Demokratische Legitimation der Planung, in: ders., Strukturprobleme des kapitalistischen Staates, Frankfurt, S. 123 ff.

PRESSMAN, Jeffrey L. / WILDAVSKY, Aaron B. 1973, Implementation, How great expectations in Washington are dashed in Oakland, Berkeley.

RUSS-MOHL, Stephan 1981, Reformkonjunkturen und politisches Krisenmanagement, Opladen.

SCHARPF, Fritz W. 1973, Planung als politischer Prozeß, in: ders., Planung als politischer Przeß, Frankfurt, S. 33 ff.

SCHARPF, Fritz W., 1974, Die politische Durchsetzbarkeit innerer Reformen, Göttingen.

SCHARPF, Fritz W. 1977, Politischer Immobilismus und ökonomische Krise, Kronberg/Ts.

WAGENER, Frido 1979, Der öffentliche Dienst im Staat der Gegenwart, Veröffentlichungen der Vereinigung der Deutschen Staatsrechtslehrer, Heft 37, Berlin.

WEINER, Sanford / WILDAVSKY, Aaron 1968, The Prophylactic Presidency, in: Public Interest, Nr. 52, S. 3 ff

WILDAVSKY, Aaron 1974, The Politics of the Budgetary Process, 2. Aufl., Boston.

WILSON, James Q. 1971, Innovation in Organization: Notes toward a Theory, in: J. D. Thompson / V.H. Vroom (hrsg.), Organizational Design and Research, Neuaufl., Pittsburgh, S. 193 ff.

ZALTMAN, Gerald / DUNCAN, Robert 1977, Strategies for Planned Change, New York.

GERHARD BANNER

Zur politisch-administrativen Steuerung in der Kommune

1. Symptome

Die Expertendiskussion über die Kommunalverwaltung wird, selbst von Kommunalpolitikern, auf weite Strecken aus juristischer und administrativer Sicht geführt. Hinter den Kulissen dieser "offiziellen" Diskussion gibt es eine politische Diskussion. In ihr spielen nicht nur Gefühle und persönliche Sichtweisen eine bemerkenswerte Rolle, sie ist auch gehemmt. Beispielsweise wird sie zwischen den Hierarchieebenen der kommunalen Verwaltungsapparate weitgehend unterdrückt. Wo sie stattfindet, thematisiert sie, was Kommunalfachleute gern als Spannung zwischen (kommunalem) Verfassungsrecht und Verfassungswirklichkeit bezeichnen. Diese Formel geht am Kern der Sache vorbei, soweit sie suggeriert, die Wirklichkeit bestehe aus Rechtsverstößen. Solche kommen zwar vor, aber sie sind selten und für die kommunale Situation in keiner Weise typisch. Was dieser das Gepräge gibt, ist vielmehr das Gewicht der Politik. Auf der kommunalen Ebene hat die Politik in Beziehung auf die Verwaltungstätigkeit seit den fünfziger Jahren einen steten Bedeutungsgewinn verbucht. War die lokale Verwaltung früher im Kern eine Administration, stellt sie sich heute unübersehbar als politisch-administratives Gebilde dar, sie ist "politische Verwaltung" (R.-R. GRAUHAN 1970). Dieser Sachverhalt ist von den kommunalen Akteuren noch nicht voll verarbeitet. Hier soll den Funktionsbedingungen, Gefährdungen und Chancen des kommunalen politisch-administrativen Systems und seiner Steuerbarkeit nachgegangen weren. Dominant werden die nachfolgend beschriebenen, auf den ersten Blick eindeutig negativ erscheinenden Phänomene vor allem in Großstädten, tendenziell am krassesten in solchen mit doppelköpfiger Spitze. Die ihnen zugrunde liegenden Mechanismen sind jedoch, wie sich zeigen wird, in jeder Kommune vom System her angelegt. Zunächst einige Beispiele:

Beispiel 1: Wegen der schlechten Finanzlage strebt die Verwaltung weitgehende Einsparungen bei den Personalausgaben und eine Reduzierung des Stellenplans an. Einflußreiche Mitglieder der Mehrheitsfraktion setzen sich mit Rücksicht auf das starke Gewicht städtischer Bediensteter in der örtlichen Parteiorganisation (u.a. bei der Kandidatenaufstellung für die bevorstehende Kommunalwahl) für eine Milderung der Verwaltungsvorlage ein.

Beispiel 2: Aufgrund von Anstößen aus dem Rat entwickelt eine Verwaltung zunehmend Pläne, z. B. einen Radwegeplan, die sie selbst für unrealisierbar hält. Die Pläne werden von den Politikern öffentlichkeitswirksam "verkauft". Zur Umsetzung der Pläne tut die Verwaltung so gut wie nichts. Erinnerungen aus dem politischen Bereich ignoriert sie.

Beispiel 3: Der für die Müllabfuhr verantwortliche Dezernent weiß, daß die Zahl der Müllader beträchtlich gesenkt werden könnte. Er lehnt es jedoch ab, an Rationalisierungsmaßnahmen mitzuwirken, und zwar deshalb, weil er bei dem zu erwartenden harten Widerstand der Betroffenen und des Personalrats fürchtet, daß Verwaltungsführung und Rat die Sache nicht durchstehen werden.

Beispiel 4: Ein Amtsleiter erklärt dem für seinen Bereich zuständigen Fachausschuß, er brauche zusätzliche Planstellen, um eine publikumsorientierte Dienstleistung aufrechterhalten zu können. Der Ausschuß signalisiert ihm Unterstützung. Daraufhin beantragt er die Stellen schriftlich beim Hauptamt, gibt aber gleichzeitig dem Leiter des Hauptamts zu verstehen, er folge mit diesem Antrag nur der Tendenz des Ausschusses; das gewachsene Arbeitsvolumen könne er ohne Stellenvermehrung durch Rationalisierung auffangen.

Beispiel 5: Die Verwaltung will die Ausrückstärke der Feuerwehr-Löschzüge von 15 auf 12 Mann herabsetzen. Obwohl die Ausrückstärke manchmal - vor allem in der Haupt-Urlaubszeit - nur 5 Mann beträgt und dies noch nie zu Schwierigkeiten geführt hat, lehnt die Feuerwehrführung, unterstützt durch den Personalrat, die Gewerkschaft und die Feuerwehrdezernenten des Regierungspräsidenten und des Innenministers, jede Änderung ab. Sie argumentiert, bei einer Verringerung der Ausrückstärke könne sie für Leib und Leben der Einwohner nicht mehr die Verantwortung tragen. Der Rat will eine Entscheidung erst treffen, "wenn sich Feuerwehr und Verwaltung auf eine Lösung geeinigt haben".

Beispiel 6: Ein parteipolitisch engagierter Sachgebietsleiter versieht ein Fachausschußmitglied derselben Partei mit einseitiger Information, um auf diese Weise eine bestimmte, von seinem Amtsleiter abgelehnte Lösung durchzusetzen.

Beispiel 7: Ein Fachausschuß fordert eine städtische Einrichtung in einem Bezirk, der nach den Bedarfskriterien der Entwicklungsplanung an letzter Stelle liegt. Obwohl Verwaltungschef und Dezernent eindeutig Stellung bezogen haben, begibt sich der Amtsleiter erkennbar auf die Seite der Ausschußmehrheit.

Beispiel 8: Einem Verwaltungschef bereitet es Verdruß, daß städtische Beamte, die in Fraktionsarbeitskreisen als Berater auftreten, die Politiker gelegentlich "aufs falsche Pferd setzen", was zu einer Störung des Verhältnisses Rat - Verwaltung führt. Er verlangt von der Mehrheitsfraktion, sie solle, bevor sie Berater aus der Verwaltung in ihre Arbeitskreise einlade, zuvor seine Zustimmung einholen; nur dann könne er für die Eignung der Berater geradestehen. Während der Fraktionsvorstand den Verwaltungschef unterstützt, lehnt die Gesamtfraktion ab, so daß sich an dem kritisierten Zustand nichts ändert.

Beispiel 9: Zu Beginn der Haushaltsplanberatungen schreibt der Vorsitzende der Mehrheitsfraktion dem Verwaltungschef, seine Fraktion wünsche keine Ausweitung des Stellenplans und werde keine Anträge in dieser Richtung stellen. In den folgenden Wochen erhält der Verwaltungschef eine Reihe von Briefen von Mitgliedern der Mehrheitsfraktion, in denen er aufgefordert wird, einem angeblich dringenden Personalmehrbedarf in mehreren Verwaltungsbereichen abzuhelfen.

Beispiel 10: Eine Stadt kann sich für die nächsten Jahre keine neuen Investitionen leisten. In dem Etatentwurf des Stadtkämmerers sind solche deshalb nicht veranschlagt. Um die Zustimmung der Dezernenten zu dem Entwurf zu erreichen, konzediert der Verwaltungschef, daß diese gleichwohl weiterhin Förderungsanträge beim Land stellen dürfen.

Beispiel 11: Bürger wenden sich fordernd an Ratsmitglieder, um ein "Mitziehen" der Verwaltung bei Verstößen gegen Bauordnungs- und Planungsrecht oder mehr Nachsicht der Verwaltung bei der Verfolgung bestimmter Ordnungswidrigkeiten zu erreichen. Die angesprochenen Ratsmitglieder üben in dieser Richtung Druck auf die Verwaltung aus.

Beispiel 12: In einem Wohnbereich mit vielen Kleinkindern sieht die Entwicklungsplanung einen Spielplatz vor. Einige ältere, einflußreiche Bürger fürchten um ihre Ruhe und wenden sich an Mitglieder des zuständigen Ausschusses. Der Ausschuß lehnt den Spielplatz mit der Begründung ab, in dem Wohnbereich wohnten wohlhabende Leute in Zweifamilienhäusern, die keinen Spielplatz "brauchten".

Diese wirklichen, nur etwas stilisierten Beispiele entstammen Großstädten aus allen Teilen der Bundesrepublik. Sie decken, ohne repräsentativ zu sein, eine Bandbreite von Schwachstellen und Gefährdungen ab, die sich dem "Insider" als symptomatisch und "typisch" darstellen. Jeder erfahrene Beamte oder Politiker könnte die Liste aus dem Handgelenk beträchtlich verlängern. Gemeinsam ist den Beispielen, daß sie vielschichtiges Unbehagen verursachen und die Frage nach der Funktionsfähigkeit des örtlichen Entscheidungssystems aufwerfen.

2. Analyse

2.1. Syndrome

In einem ersten Analyseschritt werden jetzt aus den Beispielen einige auffällige, immer wiederkehrende Wirkungskomplexe (Syndrome) isoliert. In diesem Stadium werden nur Feststellungen getroffen, Wertungen weitgehend auf später verschoben.

2.1.1. Verflechtung von Politik und Verwaltung: Früher bereitete die Verwaltung Ratsbeschlüsse im Prinzip allein vor. Hatte der Rat seinen Beschluß gefaßt, führte die Verwaltung ihn selbständig, d. h. ohne weitere Ratsbeteiligung durch. Dieses Trennungsmodell galt für den nachgeordneten Verwaltungsapparat und das Gros der Ratsmitglieder uneingeschränkt. Regelmäßige Kontakte zwischen Rat und Verwaltung beschränkten sich auf das politische und administrative Spitzenpersonal. In der heutigen Praxis funktioniert das Trennungsmodell nach wie vor bei Routineangelegenheiten ohne politischen Einschlag. Diese bilden zwar immer noch die Masse der Verwaltungsgeschäfte. Doch ist der Anteil der als "politisch" empfundenen Angelegenheiten in den letzten 20 Jahren enorm gestiegen. Es handelt sich dabei, wie Beispiel 11 deutlich macht, häufig um Gegenstände, die auf den ersten Blick wie reine Verwaltungsgeschäfte aussehen. Bei allen als politisch empfundenen Angelegenheiten besteht ein objektiver Kontaktbedarf zwischen Politik und Verwaltung: In Beispiel 1 fühlt die Verwaltung bei der Mehrheitsfraktion vor, ob ihre Absichten Zustimmung finden; die Mehrheitsfraktion versucht, die Verwaltungsvorlage inhaltlich zu beeinflussen, bevor diese in das offizielle Entscheidungsverfahren geht. Der Kontakt ist gelungen; das Ergebnis soll hier nicht zur Debatte stehen. Anders in den beiden folgenden Beispielen. In Beispiel 2 vermeidet es die Verwaltung, offen zu sagen, daß eine bestimmte politische Vorstellung nicht realisierbar ist und außer einer einmaligen Profilierung der Fachpolitiker in der Öffentlichkeit nichts herauskommen wird oder verzichtet von vornherein darauf (Beispiel 3),das sachlich Gebotene auch nur zu versuchen. Eine Glanzleistung an Flexibilität vollbringt der Amtsleiter in Beispiel 4: Erst schürt er die Angst der Politiker, eine publikumswirksame Dienstleistung könne leiden. Dann zeigt er sich als umsichtiger Vorgesetzter, indem er rechtzeitig auf zusätzlichen Stellenbedarf hinweist. Damit profiliert er sich zugleich gegenüber seinem Personal. Schließlich empfiehlt er sich noch dem Hauptamt als verantwortungsbewußte, wirtschaftlich denkende Führungskraft. Lehnt das Hauptamt die Stellen ab, wissen Ausschuß und Fachamt jedenfalls, bei wem die Schuld liegt. Der Amtsleiter gewinnt auf jeden Fall und darf sogar damit rechnen, daß seine Taktik vom Hauptamt mit Rücksicht auf die zukünftige Zusamenarbeit nicht offengelegt wird. Man würde es sich zu leicht machen, wollte man solche Verhaltensweisen schlicht mit Charakterschwäche erklären. Sie müssen Gründe haben, die im System liegen; dieser Frage wird unter 2.3. nachgegangen. Die Beispiele 6 - 8 schließlich zeigen, daß derartige Verzahnungen und "Aniehnungen" zwischen Rat und Verwaltung nicht nur stattfinden, wenn die Verwaltungshierarchie daran selbst mitwirkt oder die Dinge sich unterhalb ihrer Aufmerksamkeitsschwelle abspielen, sondern durchaus auch gegen ihren Willen. Für viele Großstädte ist typisch, daß die Kräfte des politischen und administrativen gesamten gegenseitigen Kontaktbedarf zu decken. Daher finden auf beiden Seiten de facto-Delegationen statt, die allerdings von der Führungsgruppe als problematisch empfunden werden. Sie reichen auf der Verwaltungsseite bis in den gehobenen Dienst hinein.

Was hinter den Beispielen an Fühlungnahmen, Verhandlungen und Absprachen steht (Munitionierung mit - häufig gefärbter - Information; Merkzettel; Bitte, in einem Ausschuß, Arbeitskreis oder einer örtlichen Parteiorganisation beiläufig etwas zu fragen, um eine Sache anzustoßen; Vereinbarung, potentielle Bundesgenossen anzusprechen, bestimmte Themen in Sitzungen zu umgehen usw.) kann hier nur angedeutet werden. Ein einflußreicher Amtsleiter brachte den Sachverhalt mißbilligend auf die Formel: "In unserer Stadt sind Rat und Verwaltung identisch."

2.1.2. Hineinwirken der Außenwelt: Ursprünglich liefen Kontakte der Kommunalverwaltung zur Außenwelt, soweit nicht Routinefälle vorlagen, über die Führungsspitze. Das starke Anwachsen der als politisch empfundenen und behandelten Außenkontakte in den letzten Jahrzehnten führte auf der Rats- wie auf der Verwaltungsseite zur Delegation ganzer Gruppen von nicht routinehaften Außenkontakten. Zugleich haben die Möglichkeiten außerhalb der Verwaltung stehender Personen und Gruppierungen, auf interne Entscheidungen Einfluß zu nehmen, zugenommen. Beispiel 5 zeigt, wie ein Fachbereich neben Personalrat und Gewerkschaft seinen traditionellen Verbündeten, "vertikale Fachbrüder" (WAGENER 1978 u. 8.), bei der Staatsverwaltung mobilisiert, um unerwünschte Eingriffe der eigenen Führung abzuwehren. Bürger, deren Anträge von der Verwaltung abgelehnt wurden, wenden sich in weit größerem Umfang als früher an die örtlichen Politiker, die den empfundenen Druck - teilweise gegen die eigene Überzeugung - an die Verwaltung weitergeben (Beispiel 11) oder ihm nachgeben (Beispiel 12). Die Übergänge zwischen Kommunalverwaltung und Außenwelt sind teilweise fließend geworden.

2.1.3. Schwächung der Hierarchie: Beginnen wir mit Beispiel 10. Hier einigen sich die Dezernenten zwar vordergründig auf die Formel "keine neuen Investitionen", spekulieren aber darauf, daß es, falls das Land Zuschüsse zusagt, mit Hilfe der Fachpolitiker doch hier und da gelingen könnte, eine Neuinvestition in den Etat hineinzuboxen. Die Zurückweisung staatlicher Zuschüsse ist bekanntlich schwer zu begründen. Mehr als diese zweideutige Entscheidung war für den Verwaltungschef nicht durchsetzbar. Da wächst das Verständnis für den Dezernenten in Beispiel 3, der sich gegen eine Rationalisierungsmaßnahme ausspricht, weil er befürchtet, die Führung werde ihn, wenn es hart auf hart geht, im Regen stehen lassen, so daß das Aufgreifen des Problems letztlich nur unnötige Konflikte mit seinen Fachpolitikern und seinem Personal heraufbeschwören würde. Der Feuerwehrführung in Beispiel 5 geht es um Macht, Ruhe im Personalkörper und die Erhaltung von Beförderungsstellen. Das "Wedeln mit dem Leichentuch" führt ihr mächtige Verbündete zu - die Gewerkschaft, den Rat, die "vertikalen Fachbrüder", möglicherweise auch die Medien. Gegen diese Allianz könnte die Verwaltungsführung nur ankommen, wenn sie das Problem ihrerseits auf hoher Ebene politisierte. Beispiel 9 zeigt, daß auch im politischen Bereich die Hierarchie - hier Fraktionsdisziplin oder Solidarität genannt - nicht fugenlos ist. Dennoch: jeder weiß, daß die Politik maßgeblichen Einfluß auf die Verwaltung hat. Wen wundert es also, daß Beamte sich gelegentlich lieber politischem als hierarchischem Druck beugen - in der Hoffnung, ihre Vorgesetzten würden den Fehltritt schneller vergessen als die Politiker (Beispiel 7)? Auch der Sachgebietsleiter in Beispiel 6 rechnet offenbar nicht damit, von seinen Vorgesetzten ernsthaft zur Rechenschaft gezogen zu werden. Dem verständlichen Wunsch des Verwaltungschefs (Beispiel 8), daß nur Beamte mit Format und Überblick die Fraktionen beraten sollten, steht das Interesse der Fraktionsbasis entgegen, aus dem Verwaltungsapparat "ungefilterte" Informationen (das heißt nicht selten Desinformation aus dem Mund von Wichtigtuern) zu bekommen, um bei Bedarf die Verwaltungslinie konterkarieren zu können. Daß es dem Fraktionsvorstand nicht gelang, seine Meinung in der Gesamtfraktion durchzusetzen, zeigt ein weiteres Mal, wie schwer es die Hierarchie auch im politischen Bereich hat. Das hierarchische Prinzip ist zwar in der Verwaltung nach wie vor so stark verinnerlicht, daß frontales, nach außen sichtbares Vorgehen gegen die Vorgesetztenmeinung kaum vorkommt. Auch in der Politik ist die offene Rebellion gegen die Führung nicht gerade an der Tagesordnung. Indirekte Strategien werden meist als erfolgversprechender angesehen. Jedenfalls wirkt der Hierarchieeffekt nicht mehr so problemlos wie in früheren Zeiten.

2.1.4. Durchschlagskraft von Fach- und Sonderinteresse: Die Beispiele 11 und 12 illustrieren, wie einzelne Bürger örtliche Politiker mobilisieren, um ihre Sonderinteressen gegenüber der Verwaltung durchzusetzen. Die Mehrzahl der Bürgerinitiativen gehört ebenfalls in diesen Zusammenhang. Die Fachverwaltung verzichtet häufig darauf, falschen politischen Prioritätsentscheidungen entgegenzutreten (Beispiel 7). Sie geht, wie Beispiel 2 zeigt, auf die Profilierungsinteressen von Fachpolitikern gelegentlich auch dann ein, wenn die Sache aussichtslos ist. Druck von seiten parteipolitisch einflußreicher städtischer Bediensteter kann von der örtlichen Politik so stark empfunden werden, daß sie ihm nachgibt (Beispiel 1). Die folgenden Fälle offener Koalitionen im Sinne "horizontaler Fachbruderschaften" lassen den Eindruck entstehen, daß Fachverwaltungen und Fachpolitiker stets bereit sind, einander beizustehen, wenn es gilt, die Interessen ihres Fachsektors zu wahren: In Beispiel 4 sowie in dem besonders krassen Beispiel 5 treten die Politiker bereitwillig für Fachbereiche mit "Stellenplansorgen" ein. Die Delegation von Politikkontakten auf nachrangige Verwaltungsangehörige (Beispiel 8) führt ebenfalls leicht in die Froschperspektive der fachlichen Sichtweise. Die Beispiele 9 und 10 zeigen die latente Bereitschaft von Politikern (Beispiel 9) und leitenden Beamten (Beispiel 10), aus einer vereinbarten Gesamtverantwortung auszubrechen und gemeinsam mit dem jeweiligen Fachpartner sektorale Alleingänge zu unternehmen. Das kommunale System hält offenbar viele Belohnungen für Ressortegoismus bereit, während die auf gemeinwohlorientierte Entscheidungen gerichteten Mechanismen schwach ausgebildet sind.

2.2. Gefahren

Die hier pointiert herausgearbeiteten Syndrome "Verflechtung von Politik und Verwaltung", "Hineinwirken der Außenwelt", "Schwächung der Hierarchie" und "Durchschlagskraft von Fach- und Sonderinteressen" sind, wie gesagt, nicht überall in gleich scharfer Ausprägung feststellbar. Man muß allerdings, wie noch näher gezeigt wird, davon ausgehen, daß sie im Organisationstypus "politische Verwaltung" strukturell angelegt sind. Es springt ins Auge, daß ihnen ein Gefährdungspotential für die Funktionsfähigkeit der Kommunalverwaltung innewohnt. Dem soll jetzt im zweiten Analyseschritt nachgegangen werden.

2.2.1. Strategien und Funktionsmängel: Um einen weiteren Einblick in die Wirkungsweise des lokalen Verwaltungstyps zu gewinnen, wird versucht, das bei der Lektüre der Beispiele 1 - 12 aufkommende allgemeine Unbehagen zu präzisieren. Zu diesem Zweck soll das Verhalten der Akteure unter strategischen Gesichtspunkten betrachtet und eingeordnet werden. Die einzelnen Strategien können, wenn sie sich in einer örtlichen Verwaltung verbreiten, charakteristische Funktionsmängel zur Folge haben. Dazu die folgende Kurzübersicht:

Art der Strategie	Beispiel	riskierter Funktionsmangel
A. Mehr defensive Strategien		
Sicherheitsgewinn oder Vermeidung bzw. Reduzierung von Konflikten durch		
o Rückzug vor starken Gruppen (Öffentlichkeit, Gewerkschaft, eigenes Personal)	1, 3, 12	S, U, D
o Negierung einer Gesamtverantwortung	4, 11	D, D
o Negierung von Solidarität	9, 10	F, F
o Vermeidung von Prioritätensetzung	2	U
o Anlehnung an Partner in Politik/Verwaltung	7	F
B. Mehr offensive Strategien		
Autonomie- oder Karrierevorteile durch		
o aktive Bündnisse mit Fachpolitik/Fachverwaltung	6, 8	D, F
o Personalvermehrung und Rationalisierungsabwehr	5	U

Legende: D = Demoralisierung
F = Schwächung der Führung
S = Selbststeuerung der Verwaltung
U = Unwirtschaftlichkeit, Ressourcenverschwendung

Es fällt auf, daß die defensiven, auf Sicherheit und Konfliktvermeidung gerichteten Strategien in den Beispielen - und wohl auch in der täglichen Praxis - dominieren. Allerdings sind die offensiven Strategien besonders folgenreich, besonders in bezug auf die Faktoren Demoralisierung, Schwächung der Führung und Unwirtschaftlichkeit. Außerdem zeigt sich, daß die im kommunalen Verwaltungstypus latent angelegten Funktionsgefährdungen eine äußere und eine innere Seite haben. Äußere Funktionsmängel drücken sich vor allem in Leistungsdefiziten aus, die auf unzureichende Ressourcennutzung zurückgehen. Die innere Funktionsfähigkeit des kommunalen Handlungssystems wird dagegen beeinträchtigt durch die aus resignativen Verhalten von politischen und administrativen Führern (Verzicht, das sachlich Gebotene auch nur zu versuchen), resultierende allgemeine Schwächung von Führung, Solidarität und Gesamtverantwortung mit nachfolgender Demoralisierung der Mitarbeiter. An Beispiel 7 läßt sich das besonders gut verdeutlichen. Solche Verhaltensweisen wirken verheerend!

2.2.2. Teufelskreise: Treten Dysfunktionen der beschriebenen Art auf, läßt sich oft empirisch beobachten, daß sie von einem bestimmten Punkt an zu einer sich selbst verstärkenden negativen Entwicklung neigen (Teufelskreis). Wegen dieser Gefahr verdienen sie die volle Aufmerksamkeit der politischen und administrativen Führung. Das Verlaufsmuster von Teufelskreisen sieht häufig wie folgt aus: Ein "Innovator" legt ein von der bisherigen Norm negativ abweichendes Verhalten an den Tag, das sich, wie er hofft, für ihn auszahlt. Andere aufmerksame Akteure werden zu ersten Nachahmern. So lange die neue Verhaltensweise sich in engen Grenzen hält, wird sie mehr oder weniger gleichmütig "übersehen". Von einem bestimmten Punkt an wird sie für einen größeren Kreis von Akteuren attraktiv, und diese stellen ihr Verhalten um. Nun läßt sich nichts mehr herunterspielen oder verdrängen. Das neue Verhalten ist zu einer ärgerlichen Herausforderung für die Masse der Akteure geworden. Je mehr von ihnen schwach werden, desto größer wird der Groll der verbleibenden. Schließlich kann das neue Verhalten zur Norm werden, die jeden, der sich noch in der früheren Weise verhält, als unbeweglich oder gar dumm dastehen läßt.

Bei diesem "typischen" Verlauf wird/werden von einem bestimmten Punkt an

- die Unempfindlichkeit gegenüber Ressourcenverschwendung größer

- der Ressortegoismus schrankenloser

- die Verteilungskämpfe härter

- die Neigung, Personal vorwiegend nach dem Parteibuch auszuwählen, stärker

- Selbststeuerungstendenzen dominanter

- geschwächte Solidarität noch schwächer

- eine angeschlagene Führung noch mehr demoliert

- resignierte Mitarbeiter noch gleichgültiger usf.

In solchen Situationen auf Selbstheilungskräfte zu hoffen, ist illusionär. Wie häufige Beobachtungen zeigen, neigen Organisationen, die sich in einer Spirale nach unten befinden, dazu, im eigenen Saft weiterzuschmoren. Nur ein bewußtes Gegensteuern der Führung kann den Teufelskreis unterbrechen und die Entwicklung wieder ins Positive wenden.

2.3. Funktionsbedingungen des Kommunalen Handlungssystems [1]

Die beschriebenen Erscheinungen spielen sich vor dem gemeinsamen Hintergrund des <u>Spannungsverhältnisses zwischen Politik und Verwaltungsapparat</u> ab. Dieses Spannungsverhältnis wird im folgenden näher beleuchtet. Es ist der wichtigste Schlüssel zum Verständnis der Wirkungsweise des örtlichen politisch-administrativen Systems.

2.3.1. Verhältnis von politischer Vertretung und Verwaltung:

Das auffälligste Strukturmerkmal der kommunalen Verwaltung ist das Nebeneinander eines politischen Organs und eines Verwaltungsapparats. In welchem Verhältnis stehen beide zueinander? Die gängige Antwort lautet etwa: Der Rat beschließt die politische Linie, die Verwaltung führt aus. Verwaltungsbeamte pflegen nachzuschieben, daß die Verwaltung dem Rat zuarbeitet, indem sie seine Beschlüsse vorbereitet. Die Mehrzahl der Beurteiler geht von einer deutlichen Funktionstrennung aus: hier Politik, dort (unpolitische) Verwaltung. Daß dieses Vorstellungsbild auch von der Masse der Kommunalbediensteten geteilt wird, überrascht nicht: es liegt der Verwaltungsausbildung zugrunde.

Diesem in der kollektiven Wahrnehmung verankerten <u>Trennungsmodell</u> widerspricht der empirische Befund der Beispiele. So macht etwa in den <u>Beispielen 2, 4 und 6</u> die Verwaltung nach herrschendem Verständis Politik, während die <u>Beispiele 1, 8, 9 und 11</u> den Rat in der Rolle des Verwalters zeigen. Bei dem Typus von Geschäften, der die verwaltungs- und politikinterne, aber auch die öffentliche Diskussion beherrscht und dem kommunalen System das Gepräge gibt, stimmt das Trennungsmodell jedenfalls nicht.

Was sagt das Gesetz? In allen Gemeindeordnungen ist geregelt, daß der Rat das oberste politische und Verwaltungsorgan ist, ferner, daß der Rat Beschlüsse faßt, die von der Verwaltung vorbereitet und ausgeführt werden. Die Gemeindeordnungen gehen also davon aus, daß der Rat auch verwaltet und die Verwaltung auch Politik macht - soweit nämlich bereits bei der Vorbereitung eines Ratsbeschlusses zwangsläufig politische Weichen gestellt werden. Eher als ein Spannungsverhältnis zwischen Verfassungsrecht und Verfassungswirklichkeit scheint ein solches zwischen der Kommunalverfassung und ihrem gängigen Verständnis vorzuliegen.

Die der kommunalen Verwaltung gestellte Aufgabe "Besorgung der Angelegenheit der örtlichen Gemeinschaft" läßt sich offenbar nur erfüllen, wenn Rat und Verwaltung intensiv zusammenwirken: Der Rat kann kein wesentliches politisches Ziel ohne die Verwaltung, die Verwaltung kein wesentliches administratives Ziel ohne den Rat erreichen. Bei dem Umfang und der Komplexität der kommunalen Aufgaben kann, vor allem in Großstädten, dieses Zusammenwirken sich offensichtlich nicht auf gelegentliche Kontakte und Absprachen der politischen und administrativen Führungsgruppe beschränken. Es scheint vielmehr einen vom System ausgehenden Zwang zu einem dauernden Zusammenwirken einer größeren Zahl von Personen auf verschiedenen Politik- und Verwaltungsebenen zu geben. Dieser Zwang drückt sich in der überall festzustellenden, in Großstädten besonders dichten Verflochtenheit von Rat und Verwaltung aus. Man kommt dem Verständnis der Kommunalverwaltung am nächsten, wenn man in ihr ein spannungsreiches, von Neben- und Gegeneinander von politischer und administrativer Rationalität geprägtes, aber zu einheitlicher Willensbildung befähigtes Gebilde sieht, das sich durch die ihm gestellte Aufgabe - Daseinsvorsorge auf örtlicher Ebene - definiert und als System von seiner Umwelt unterscheidbar ist. Es soll als Kommunales Handlungssystem bezeichnet werden. Sein Gepräge erhält das Kommunale Handlungssystem durch das problematische, aber zur Funktionserfüllung unerläßliche Zusammen- und Ineinanderwirken eines politischen Organs mit einem Verwaltungsapparat.

2.3.2. Systemzwang zur Verflechtung von Politik und Verwaltung: Dieses Zusammenwirken hat zunächst eine strukturelle Seite. Das strukturelle "Verflechtungsgerüst" ist zum Teil in den Gemeindeordnungen festgelegt, zum Teil hat es sich spontan in der Praxis entwickelt. Beispiele: In manchen Gemeindeordnungen sind Ratsvorsitzender und Verwaltungschef ein und dieselbe Person. Meist sind dann die Dezernenten Vorsitzende der Ratsausschüsse. In den "zweiköpfigen" Gemeindeordnungen gibt es zwischen den Spitzenbeamten und den Vorsitzenden von Rat und Ausschüssen laufende, enge Arbeitskontakte. Fehlt es daran im Einzelfall, führt dies in kürzester Frist zu Schwierigkeiten. Verwaltungschef und Dezernenten werden heute fast ausnahmslos (auch) nach ihrer politischen Zugehörigkeit bestellt.

Sie sind in den Sitzungen von Rat und Ausschüssen präsent, außerdem zum Teil in interfraktionellen Besprechungen (Fraktionsvorsitzendenbesprechung, Ältestenrat). Meist sind die Spitzenbeamten beratende Mitglieder "ihrer" Fraktionen (der Verwaltungschef häufig auch beratendes Mitglied "seines" Fraktionsvorstands) und nehmen an den Sitzungen der Facharbeitskreise teil, die die Fraktionen gebildet haben. Um ihren politischen Einfluß zu fundieren, haben sie manchmal Parteifunktionen inne oder sie wirken an der Erarbeitung örtlicher Parteiprogramme mit. Auch unterhalb der Ebene der Wahlbeamten gibt es Verflechtungen. In Großstädten nehmen parteiangehörige Bedienstete als fachkundige Berater oder in ihrer Eigenschaft als Personalräte an Sitzungen von Fraktionsarbeitskreisen teil, oder sie haben Parteiämter inne. So hat sich die Verwaltung auf vielen Ebenen auf die örtliche Organisation der kommunalen Politik eingestellt. Dasselbe gilt umgekehrt für den Rat: Das Ausschußsystem folgt dem fachlich spezialisierten Verwaltungsaufbau, ebenso in größeren Städten das System der Fraktionsarbeitskreise. Auf diese Weise baut der Rat in seinen Reihen spiegelbildlich Fachverstand und Gegenmacht gegenüber der Verwaltung auf. Auch die in Großstädten gelegentlich anzutreffenden Fraktionsassistenten, die häufig aus der Verwaltung kommen, wirken an der Informationsbeschaffung für die Fraktionen und an der "Aufschließung" der Verwaltung für den Rat mit. Rat und Verwaltung haben sich also in hohem Maße <u>aufeinander zustrukturiert</u>. Dieses Phänomen ist so durchgängig anzutreffen, daß ihm ein Zwang zugrunde liegen muß.

In den vielfältigen Kontakten im Rahmen dieses Verflechtungsgerüsts beeinflußt die Verwaltung in weitem Umfang - gestützt auf ihren Sachverstand und ihren Informationsvorsprung - den Inhalt der Ratsbeschlüsse. Umgekehrt beeinflussen der Rat, sein Vorsitzender und die Fraktionen die Verwaltungsarbeit in allen Stadien - bei der Vorbereitungstätigkeit, bei der Durchführung von Ratsbeschlüssen und sogar in hohem Maße bei den laufenden Geschäften. Ist, wie das immer mehr zur Regel wird, das Spannungsverhältnis Rat - Verwaltung zusätzlich von der parteipolitischen Auseinandersetzung überlagert, führt dies zu einer weiteren Differenzierung des bürokratisch-politischen Geflechts. Dazu folgendes <u>Beispiel:</u>

Der Neubau eines Kindergartens ist fertiggestellt. Für das Jugendamt und die Mehrheit im Jugendwohlfahrtsausschuß war es angesichts der schlechten Finanzlage der Stadt und des Rückgangs der Kinderzahl schwierig gewesen, diesen Neubau gegen das Votum der Minderheit noch durchzubekommen. Nun müssen, damit der Kindergarten in Betrieb genommen werden kann, drei Erzieherinnen eingestellt werden. Stellen stehen dem Jugendamt nicht zur Verfügung, denn der Rat hat im Rahmen einer Sparkampagne auf Anregung der Verwaltung den Stellenplan des Vorjahres unverändert übernommen und einen Einstellungsstopp beschlossen; Ausnahmen von dem Einstellungsstopp hat er an die Zustimmung des Personalausschusses geknüpft. Die naheliegende Lösung wäre, drei Stellen entsprechender Vergütungsgruppe, die in anderen Verwaltungsbereichen z. Z. unbesetzt sind, vorübergehend in Anspruch zu nehmen und beim Personalausschuß eine Ausnahme zu erwirken. Das Verhältnis der beiden Ratsfraktionen ist jedoch seit einiger Zeit gespannt. Eine Befassung des Ausschusses würde der Minderheitsfraktion, die von dem Kindergarten nie etwas gehalten hat, eine unerwünschte Profilierungsgelegenheit geben und möglicherweise eine Flut weiterer Ausnahmeanträge auslösen. Der Leiter des Jugendamts, der Personaldezernent und der Vorsitzende des Personalausschusses gehören der Mehrheitspartei an. Der Leiter des Personalamts steht der Minderheitspartei nahe, ist aber "loyal". Nach Fühlungnahme mit seinen Fraktionskollegen im Arbeitskreis Personal bittet der Vorsitzende des Personalausschusses den Dezernenten, von einer Vorlage abzusehen und die Einstellung der Erzieherinnen "auf seine Kappe zu nehmen". Der Dezernent unterrichtet den ebenfalls der Mehrheitspartei angehörenden Verwaltungschef und bittet den Leiter des Personalamts zu klären, ob der Personalrat der Einstellung zustimmen werde. Dieser ist inzwischen auch vom Vorsitzenden des Personalausschusses angesprochen worden. Die der Minderheitspartei angehörenden Mitglieder des Personalrats versprechen, den Einstellungsvorgang "durchlaufen zu lassen", jedoch erst, nachdem der Leiter des Personalamts ihnen eine schon länger gewünschte Konzession in einem anderen Personalfall gemacht hat. Darauf weist der Dezernent den Leiter des Personalamts an, die Einstellung vorzunehmen. Dieser hält den Vorgang in einem Aktenvermerk fest.

So viel Verflechtungsaufwand kann ein Randproblem, das sich überwiegend auch noch in der "Ausführungsphase" abspielt, verursachen!

Derartige "krumme" Situationen - auch ohne parteipolitischen Einschlag - sind in der Praxis gar nicht so selten. Selbst einfach aussehende Probleme können oft nur im Zusammenwirken mehrerer Beteiligter aus Politik und Verwaltung einer Lösung zugeführt werden, wobei politisch akzeptable Lösungen oft widersprüchlich sind. In solchen Fällen verschwimmen die Grenzen zwischen Politik und Verwaltung, zwischen Ratszuständigkeiten und Geschäften der laufenden Verwaltung und zwischen Vorbereitungs-, Beschluß- und Durchführungsphase, denn ihr penibles Auseinanderhalten würde "praktikable" Lösungen häufig unmöglich machen. Die Politik kann nur erfolgreich sein, wenn die Verwaltung ihre informationellen und organisatorischen Ressourcen in ihren Dienst stellt, wenn sie "mitzieht". Daher versucht die Politik, auf diese Ressourcen zuzugreifen. Dies geschieht über ein aktives Interesse und eine intensive Beteiligung der Fraktionen an der Tätigkeit - nicht nur an der Vorbereitungstätigkeit - der Verwaltung. Will umgekehrt die Verwaltung ihre Positionen wahren, ihre Ziele erreichen und verhindern, daß die Politik sich "verselbständigt", muß sie sich frühzeitig in den politischen Diskussionsprozeß einschalten. Der Systemzwang zur Verflechtung ist unübersehbar.[2)]

Verwaltungspraktiker bezeichnen diesen Zustand gern als Politisierung der Verwaltung, Politiker sehen darin umgekehrt eine Art Bürokratisierung der Politik, d. h. eine Vereinnahmung der Politik durch die Administration. Soweit damit etwas Illegitimes oder gar Unzulässiges charakterisiert werden soll, verkennt dieser

Sprachgebrauch die hinter der Verflechtung von Politik und Verwaltung stehenden, nicht zu beseitigenden Zwänge. Eine Entflechtung ist unmöglich. Es kann nur darum gehen, das Mit- und Gegeneinander von Politik und Verwaltung so auszubalancieren, daß das Kommunale Handlungssystem seine Aufgabe erfüllen kann und nicht funktionsuntüchtig wird. Es leuchtet ein, daß ein so heterogenes, konflikthaftes, Außeneinwirkungen so weit geöffnetes System erheblich schwieriger zu steuern ist als jedes privat-wirtschaftliche Unternehmen. Das öffentliche Ansehen und die Bezahlung des politischen und administrativen Spitzenpersonals der Kommunalverwaltung stehen meist in keinem Verhältnis zu der Schwierigkeit ihrer Steuerungsaufgabe.

2.3.3. **Strategien der Vermittler zwischen Politik und Verwaltung:** Neben der strukturellen hat das durch die Verflechtung von Politik und Verwaltung geprägte Kommunale Handlungssystem auch eine strategische, auf die Personen der "Mitspieler" oder "Gegenspieler" bezogene Seite. Es ist, wenigstens für einen Teil der politischen und administrativen Akteure, reizvoll und lohnend, in dem skizzierten Verflechtungsgerüst zu agieren. Aus dem Blickwinkel der Akteure stellt sich das Terrain als "Verflechtungslandschaft" voller Chancen, Risiken und Dynamik dar.

Dazu eine Vorbemerkung: Bei uns herrscht - im Gegensatz zu den angelsächsischen Ländern - die Neigung vor, das Funktionieren sozialer Systeme mit Hilfe normativer Konzepte - z. B. Grundgesetz, Gemeindeordnung, Beamtenstatus, kommunale Ziele und Aufgaben, Dienstanweisungen, Kontrollen - zu erklären. Normative Erklärungsansätze tragen jedoch zum Verständnis dessen, was in einem Handlungssystem täglich konkret passiert, wenig bei. Das liegt daran, daß normative Gegebenheiten das Verhalten der politischen und administrativen Akteure zwar beeinflussen, aber nicht strikt determinieren. Sie wirken als rahmenartige Restriktionen, die das Handlungsfeld der Akteure und ihre Aktionsmöglichkeiten begrenzen, diesen aber immer einen Bewegungsraum belassen, in dem sie zwischen Handlungsalternativen wählen können. Will man das Kommunale Handlungssystem in seinen realen Abläufen verstehen, ist es sinnvoller, von dem auszugehen, was die Akteure tun. Deren "Spielfeld" ist einerseits durch Einengungen (Gemeindeordnung, Systemzwang zur Zusammenarbeit zwischen Politik und Verwaltung), andererseits durch Spielräume gekennzeichnet. Die Akteure sind bestrebt, ihre Spielräume mindestens zu erhalten, möglichst aber zu vergrößern. Denn diese Spielräume geben ihnen Macht gegenüber den Mitspielern. Macht hat ein Spieler gegenüber einem Mitspieler dann, wenn er eine für den Mitspieler relevante Unsicherheitszone - z. B. Geld, Personal, ein Genehmigungsrecht oder persönliche Kontakte -

kontrolliert. Innerhalb seines durch Restriktionen und Spielräume gekennzeichneten Spielfeldes sucht jeder Akteur, Gewinnstrategien zu verfolgen, d. h. Strategien, die ihm dazu verhelfen, seine Ziele zu erreichen. Diese Ziele können sehr verschiedenartig sein: Einfluß - um der Sache oder der Karriere willen -, Arbeitszufriedenheit, Erfolgserlebnisse, schützende Arrangements mit Vorgesetzten usw.

Was mit dieser abstrakten Skizze gemeint ist, soll nun an der für das Kommunale Handlungssystem zentral wichtigen Gruppe der <u>Vermittler</u> oder <u>Grenzgänger zwischen Politik und Verwaltung</u> verdeutlicht werden.

Da sich Politiker und Verwaltungsleute im Kern divergierenden Rationalitäten verpflichtet fühlen (s. Fußn. 2), entstehen an der <u>Schnittstelle von Politik und Verwaltung</u> schwierige Probleme und Unsicherheitszonen, die wegen des systembedingten Zwangs zum Zusammenwirken von Politik und Verwaltung der Kontrolle und Beherrschung bedürfen. Die Kontrolle wichtiger Unsicherheitszonen gewährt, wie gesagt, Macht. Das Kommunale Handlungssystem stellt also diejenigen, die als Grenzgänger die Vermittlungs- und Umsetzungsarbeit zwischen Politik und Verwaltung leisten, eine Rente in Form von Macht in Aussicht. Macht ist nicht nur systemnotwendig und unabschaffbar, sie ist auch attraktiv, u. a. läßt sie sich in Karriere umsetzen. Für denjenigen, der eine politische oder administrative Karriere ansteuert, besteht eine mögliche Gewinnstrategie darin, ein erfolgreicher Grenzgänger zwischen Politik und Verwaltung zu werden.

Grenzgänger spielen auf zwei komplementären Spielfeldern. Der Erfolg, den sie auf einem Feld erzielen, verbessert tendenziell ihre Erfolgsaussichten auf dem anderen Feld. Das Ansehen, das ein Dezernent oder Verwaltungsvorgesetzter sich bei der Fachpolitik erworben hat, erhöht seine Autorität und Durchsetzungskraft in dem von ihm geleiteten Organisationsbereich. Die Wahrscheinlichkeit, daß wichtige Dinge an ihm vorbeilaufen, sinkt. Je mehr er auf diese Weise seinen Verwaltungsbereich in den Griff bekommt, desto wertvoller wird er für seine politischen Partner. Man kann mit ihm verläßliche Absprachen treffen. Gleiches gilt für die Grenzgänger auf der politischen Seite. Arbeiten Grenzgänger aus Politik und Verwaltung im gleichen Interessenfeld Hand in Hand, haben sie die Möglichkeit, sich gegenseitig zu stützen und dadurch zusätzliche Macht zu gewinnen. In einem solchen Fall nimmt der Politiker seinen Verwaltungspartner gegenüber dessen Vorgesetzten, die sein Verhalten mit Argwohn betrachten, in Schutz. Der Beamte kann umgekehrt dem Politiker möglicherweise mit Informationen beistehen, wenn dieser in seiner Fraktion oder örtlichen Parteiorganisation in Schwierigkeiten kommt. Diese Strategien laufen darauf hinaus, daß beide von dem System, dem sie zugehören, unabhängiger werden. Der Beamte verbessert seine Verhandlungsposition und seine Autonomie gegenüber seinen Vorgesetzten, der Politiker erhöht seinen Marktwert und seine Aktionsmöglichkeiten in seiner Fraktion und Partei. Typisch für Grenzgänger ist, daß sie von der ihnen vorgeordneten Instanz allein nicht mehr steuerbar sind. Sie unterliegen einer kreuzweisen Kontrolle durch die vorgeordneten Instanzen ihres Heimatsystems und des Systems, mit dem sie kooperieren. Zwischen beiden können sie spielen: Wird ihnen eine Abhängigkeit zu stark, können sie sich bis zu einem gewissen Grad verstärkt auf das andere System abstützen. Auf diese Weise können Akteure in bestimmten Situationen mächtiger als - ihre Vorgesetzten werden. In diesen Fällen tritt die prinzipielle Verhandlungsnatur der Beziehungen zwischen Vorgesetzten und Untergebenen besonders prägnant hervor. Vorgesetzte steuern ihre Mitarbeiter nicht so sehr durch sachlich-neutrale Weisungen, sondern eher mittels einer Palette durchaus emotional eingefärbter Einwirkungen wie Autorität, Sachüberlegenheit, Überzeugungskraft, Erpressung, Arrangements. Ähnliche Mittel setzen die Mitarbeiter gegenüber ihren Vorgesetzten ein, wobei sie diesen in der Regel an Macht unterlegen sind, ohne ihnen allerdings jemals gänzlich machtlos ausgeliefert zu sein. Die Führungsbeziehung ist als Machtbeziehung immer gegenseitig, aber asymmetrisch.[3]

Der zentrale Einsatz, um den die Grenzgänger spielen, ist immer die Kontrolle einer Schnittstelle. Das Kommunale Handlungssystem kennt nicht nur die hier besonders ausgeleuchtete Schnittstelle zwischen Politik und Verwaltung. Weitere wichtige, kontrollbedürftige Schnittstellen bestehen zwischen den immer interdependenter werdenden Fachbereichen sowie zwischen dem Kommunalen Handlungssystem und der Außenwelt. Daher gibt es nicht nur in den Verwaltungen Spezialisten für den politischen Bereich und in der Politik Intimkenner der bürokratischen Machtverhältnisse, sondern auch in Politik und Verwaltung Vermittler zu relevanten Sektoren der Außenwelt, z. B. zu wichtigen Bevölkerungsgruppen, Vereinen, Verbänden, Wirtschaft, Gewerkschaften, staatlichen Behörden. Ein Beispiel für Grenzgänger zwischen dem Kommunalen Handlungssystem und staatlichen Behörden sind die Beamten und Politiker, die aufgrund persönlicher Beziehungen, früherer Berufstätigkeit oder als Abgeordnete es zu ihrer Spezialität gemacht haben, Landes- oder Bundeszuschüsse für ihre Stadt hereinzuholen.

Besondere Macht können die Kumulierer erwerben. Das sind die Akteure, die in mehreren Organisationen, zwischen denen Problemzonen bestehen, einflußreich sind. Ein Beispiel ist der Fraktionsvorsitzende im Rat, der zugleich dem örtlichen Vorstand seiner Partei und dem Landtag angehört und Vorstandsmitglied in verschiedenen Sportvereinen ist. Oder der Amtsleiter, der gleichzeitig Vorsitzender einer örtlichen Parteigliederung, einer Arbeitsgemeinschaft seiner Partei und eines Wohlfahrtsverbandes sowie ehrenamtlicher Funktionär einer Gewerkschaft ist.

Grenzgänger leben in einer Welt der Verhandlungen, des Gebens und Nehmens, der Kompromisse. Der Grenzgänger muß auf zwei Schultern Wasser tragen. Er kann seinem Heimatsystem nur dienen, indem er dessen Interessen zum Teil dem Partnersystem opfert. Seine Situation ist strukturell die eines Verrärters, der seinen "Verrat" subjektiv in den Dienst der Sache - nämlich der Vermittlung zwischen aufeinander angewiesenen Systemen - aber auch primär persönlicher Ziele stellen kann. Ohne qualifizierte Grenzgänger wäre das Kommunale Handlungssystem funktionsunfähig.

2.3.4 Ambivalenz der Erscheinungen: Betrachtet man die beschriebenen Syndrome, Zwänge und Strategien zusammenfassend und unter dem Gesichtspunkt der Funktionsfähigkeit und Steuerbarkeit des Kommunalen Handlungssystems, so ergibt sich ein Eindruck der Ambivalenz. Die Verflechtung von Politik und Verwaltung ist einerseits funktionsnotwendig, andererseits kann sie zur gegenseitigen Schwächung und Blockierung führen. Das Hineinwirken der Außenwelt in das Kommunale Handlungssystem ist eine Voraussetzung seiner sozialen Leistungsfähigkeit; es birgt jedoch die Gefahr, daß Entscheidungen im Sinne des Gemeinwohls von Sonderinteressen verhindert werden. Eine gewisse Relativierung der Hierarchie setzt "Grenzgängerenergie" frei, deren das System zumindest in Großstädten auch unterhalb der Fraktionsvorstands- und Wahlbeamtenebene bedarf, allerdings mit dem Risiko, daß die nachgeordneten Verflechtungszonen Eigenleben gewinnen und den "oben" festgelegten Kurs gefährden können. Fachliche Orientierung in Politik und Verwaltung ist unverzichtbar, kann aber in der Form des sektoralen Egoismus die ohnehin schwach entwickelten Gesamtsteuerungsmechanismen vollends funktionsunfähig machen. Auch wenn die Strategien der Akteure in Politik und Verwaltung vorwiegend defensiv sind, besteht die Gefahr, daß sie in sich selbst verstärkende negative Prozesse (Teufelskreise) münden mit der Folge der Ressourcenverschwendung, Schwächung der Führung, Demoralisierung der Mitarbeiter und zunehmenden Funktionsuntüchtigkeit des Kommunalen Handlungssystems. Keine der beobachteten Erscheinungen scheint als solche positiv oder negativ zu sein. Ob sie die Funktionstüchtigkeit des Kommunalen Handlungssystems im Einzelfall stützen oder beeinträchtigen, hängt offenbar von ihrem Zusammenhang mit anderen Faktoren ab. Vieles spricht dafür, daß für die "Systemverträglichkeit" potentiell funktionsgefährdender Erscheinungen die Intensität und Dosis ihres

Auftretens von Bedeutung ist und daß die Strategien der Akteure in dem Augenblick dysfunktional werden, da ihnen das notwendige Minimum an Gemeinwohlorientierung und Loyalität gegenüber der Führung abhanden kommt.

3. Lösungen

3.1. Steuerungsdilemma

In einem leistungsfähigen sozialen Handlungssystem muß die Steuerung, d. h. die grundsätzliche Richtigungsbestimmung und deren Kontrolle sowie die wichtigsten Einzelentscheidungen, durch die oberste Führung erfolgen. Bei der die Kommunalverwaltung kennzeichnenden Verflechtung von Politik und bürokratischem Apparat kommt die so definierte Steuerungsaufgabe zwangsläufig einer Spitzengruppe von Politikern und Beamten zu. Es handelt sich um politisch-administrative Steuerung.

Nun reichen, wie wir gesehen haben, besonders in Großstädten die Kräfte der Spitzengruppe nicht aus, um die zahlreichen Zwangskontakte zwischen Politik und Verwaltung auf den nachgeordneten Ebenen selbst wahrzunehmen. Daher müssen steuerungswichtige Kontakte und Entscheidungen delegiert werden. Verflechtungen neigen aber dazu, sich zu verselbständigen, dafür sorgen schon die auf Autonomiegewinn gerichteten Strategien der Grenzgänger. So ist die Gesamtsteuerung ständig in Gefahr, ausgehebelt zu werden. In der Tat haben wir gesehen, daß zahlreiche Gefährdungen der Funktionstüchtigkeit der Kommunalverwaltung ihre Quelle unterhalb der obersten Führungsebene haben.

In dieser Konstellation erkennt man zunächst das allgemeine Delegationsdilemma wieder: Der zur Delegation gezwungene Vorgesetzte muß wollen, daß der Mitarbeiter im delegierten Bereich selbst entscheidet. Er will aber auch, daß er die außergewöhnlichen Fälle ihm, dem Vorgesetzten, auf den Tisch legt; dessen kann er nicht immer sicher sein. Kann das Dilemma sich in einer reinen Bürokratie schon recht schwierig darstellen, potenziert es sich in einem politisch-administrativen Handlungssystem, dessen Steuerungsmechanismen durchgängig der Spannung zwischen politischer und administrativer Rationalität ausgesetzt und daher extrem störanfällig sind.

Der einzige Ausweg aus dem Steuerungsdilemma scheint folgender zu sein: Das Kommunale Handlungssystem muß so gestaltet werden, daß es für die Beteiligten in

Politik und Verwaltung eher vorteilhaft ist hinzunehmen, daß die wichtigen Steuerungsentscheidungen oben getroffen werden. Die Schaffung und Aufrechterhaltung eines in diesem Sinn steuerbaren Systems kann nur mit Hilfe ständiger organisatorischer "Investitionen" erreicht werden, die die Führung konzipieren und durchsetzen muß.

3.2. Investitionen in die politisch-administrative Steuerung

Nachfolgend werden die beiden zentralen politisch-administrativen Investionen zur Verbesserung der Steuerbarkeit des Kommunalen Handlungssystems angesprochen: die Bemühungen um den Zusammenhalt der Führungsgruppe und die Auswahl der Grenzgänger. Auf Investitionsstrategien überwiegend administrativer Natur, etwa die fallweise Zusammenführung organisatorischer, personeller, finanzieller und planerischer Instrumente zur Durchsetzung schwieriger Problemlösungen - Beispiel: Sparkampagnen - kann hier nicht eingegangen werden.

3.2.1. Integration der Führungsgruppe: Gibt es eine durch gleichgerichtete Interessen, Vertrauen und Loyalität verbundene Führungsgruppe, die die wichtigsten Ziele setzt und die Karrieren bestimmt, ist diese im Kommunalen Handlungssystem der zentrale Machtfaktor. Wenn an der Führung vorbei keine aussichtsreiche Politik gemacht werden kann, unterbleiben Alleingänge auf nachgeordneten Ebenen, und die Führung verfügt jederzeit über die volle Information und größtmögliche Handlungs- und Gestaltungsmöglichkeiten.

Wer gehört im Kommunalen Handlungssystem zur Führung? Zunächst kann festgestellt werden, daß es kaum Fälle faktischer Alleinregierung einer Person gibt. Das gilt auch für die "einköpfigen" Gemeindeordnungen, die es dem Spitzenmann auf den ersten Blick zu erleichtern scheinen, eine solche Rolle zu spielen.[4] Empirisch ist fast überall zu beobachten, daß das Kommunale Handlungssystem von einer überschaubaren Gruppe von Politikern und leitenden Beamten gesteuert wird. Zur Auswahl stehen auf der politischen Seite neben dem Ratsvorsitzenden die Fraktionsvorsitzenden, die Mitglieder der Fraktionsvorstände, die Ausschußvorsitzenden und weitere "starke" Politiker, auf der Verwaltungsseite der Verwaltungschef, die Dezernenten, wichtige Amtsleiter, gelegentlich auch nachgeordnete Beamte, vor allem "Kumulierer". Diese Vorentscheider (G. BANNER 1972, 162 ff) sind die typischen Grenzgänger zwischen Politik und Verwaltung. Ihre Situation ist auf beiden Seiten der Barriere strukturell ähnlich: Die Machtstellung der Spitzenbeamten ruht auf zwei Säulen, der Autorität in ihrem Verwaltungsbereich und der

Qualität ihrer politischen Kontakte. Der führende Politiker ist mächtig, weil er Autorität als Politiker mit der Möglichkeit des Zugriffs auf die Verwaltung verbindet. Beide "leben" von der Verflechtung zwischen Politik und Verwaltung und beide tendieren infolge der gleichzeitigen Abstützung auf zwei "Spielfelder" zur relativen Unabhängigkeit gegenüber ihren Chefs - den Fraktionsvorsitzenden und dem Chef der Verwaltung.[5] In Kommunen ohne feste politische Mehrheit gehören auf der Politikerseite meist Angehörige aller im Rat vertretenen Parteien zur Führungsgruppe. Hat eine Partei eine feste absolute Mehrheit, besteht die Tendenz, Spitzenpolitiker der Minderheit aus der Führungsgruppe auszuschließen. Da die Zugehörigkeit weniger auf Status als auf tatsächlichem Einfluß beruht, ist die Führungsgruppe an ihren Rändern variabel.

Modellmäßig betrachtet hätte die Spitzengruppe die maximale Steuerungsmacht, wenn folgendes magische Dreieck realisiert wäre: 1. Die politische und die Verwaltungs-Spitzengruppe sind, ggf. auch über die Parteigrenzen hinweg, in gegenseitiger Loyalität relativ in sich geschlossen. 2. Zwischen ihnen bestehen dichtere Kontakte als zwischen ihren jeweiligen Basisformationen (Fraktionen und Verwaltungsapparat)[6] 3. Beide unterhalten enge Kontakte zu ihrer Basis und haben deren Vertrauen. Diese drei Bedingungen würden optimal gewährleisten, daß politische Entscheidungen oben und nicht unten getroffen und viele der Dysfunktionen, auf die wir in den Beispielen gestoßen sind, zurückgedrängt werden. Natürlich kann der beschriebene Idealzustand immer nur annäherungsweise erreicht werden, und auch dies nur, wenn die beteiligten Akteure bewußte Anstrengungen in dieser Richtung unternehmen. Außerdem wird er immer prekär sein, denn die Versuchungen, ihn zu beenden, sind zahlreich und stark: Politiker der Führungsgruppe können - vor allem vor Wahlen - in parteipolitischer Konfrontation eine Gewinnstrategie sehen. Einzelne Politiker der Basis können aus Profilierungs-und Karrieregründen versuchen, eine bestehende Zusammenarbeit auszuhebeln. Schließlich kann das Auseinanderdividieren der Verwaltung den Politikern das Ausnutzen politischer Divergenzen der Verwaltung lukrativer erscheinen als Kooperation.

Dennoch gibt es für diejenigen Spitzenakteure, die unter der Anfälligkeit des Kommunalen Handlungssystems für Funktionsstörungen und seine schwachen Gesamtsteuerungsmechanismen zu leiden haben, immer wieder gute Gründe, das magische Dreieck anzustreben und einen ihm nahekommenden Zustand, wenn er erreicht ist, zu verteidigen: Je einiger die Führung, desto geringer die Chance anderer Kräfte in Politik und Verwaltung, politische Entscheidungen auf unterer Ebene vorwegzunehmen. Neben diesem mehr defensiven spricht ein offensives

Argument für das magische Dreieck: Politische Ziele sind bei einem Grundkonsens an der Spitze viel leichter durchzusetzen als bei ständiger Konfrontation mit ihrer Gefahr gegenseitiger Blockierung. Das gilt zumindest in Kommunen ohne stabile absolute Mehrheit einer Ratsfraktion. Aus diesem Grunde verwendet eine große Zahl von Verwaltungschefs und Spitzenpolitikern aller Gemeindeordnungen viel Energie und Zeit auf die Erhaltung des Grundkonsenses und der Loyalität innerhalb der Führungsgruppe.

3.2.2. Auswahl der Grenzgänger: Für Leistung und Steuerbarkeit eines sozialen Systems ist entscheidend, daß die strategischen Positionen - dazu gehören besonders die Grenzgängerfunktionen - mit qualifizierten, loyalen, dem Gesamtinteresse verpflichteten Personen besetzt werden. Jede "zweite Wahl" beeinträchtigt die Leistung der Gesamtorganisation - nicht so sehr, weil sie an einem Punkt der Organisation die Gefahr des Versagens erhöht, sondern weil sie die Qualitätsnormen, die die Organisationsmitglieder im Kopf haben, verschlechtert und einer Stimmung des "Leistung lohnt nicht" Vorschub leistet. Den Teufelskreis, der dann leicht in Gang kommt, illustriert am besten der Erfahrungssatz "first-class men hire first-class men, second-class men hire third-class men". Die Eignung an der Spitze, d. h. bei den Wahlbeamten, ist daher besonders wichtig. In vielen Kommunen scheut die Führungsgruppe weder Zeit noch Mühe, um die Informationen zu beschaffen, die zu einer hinreichend verläßlichen Aussage über die Eignung von Bewerbern erforderlich sind. Zwar lassen sich Fehlbesetzungen auch durch das ausgefeilteste Auswahlverfahren nicht ausschließen, aber ihre Wahrscheinlichkeit sinkt und, was ebenso wichtig ist, den Akteuren in Politik und Verwaltung wird immer wieder vor Augen geführt, welche Bedeutung die Qualität des leitenden Personals für die Führungsgruppe hat. Dadurch werden Maßstäbe gesetzt, die die Chance haben, sich auf allen Ebenen durchzusetzen.

Auch die Beschaffung geeigneter Grenzgänger im nachgeordneten Verwaltungsapparat ist zunächst eine Frage der sorgfältigen Auswahl. In der Kommunalverwaltung gibt es allein auf der Amts- und Abteilungsleiterebene sehr viele "politiknahe" Dienstposten. Sie können nur dann adäquat besetzt werden, wenn die Entscheider neben der fachlichen und führungsmäßigen Eignung auch danach fragen, welcher Bewerber die politischen Bezüge der Position am besten überblickt und voraussichtlich in der Lage sein wird, unter voller Wahrung wichtiger Verwaltungspositionen erfolgreich mit der Politik zu kooperieren. Bei politiknahen Stellen ist die politische Kompetenz des Inhabers Bestandteil seiner fachlichen Eignung. Wenn die Entscheider dies verdrängen oder verschleiern, wie das oft geschieht, beeinträchtigen sie die Leistungsfähigkeit der Verwaltung (G. BANNER 1980, 111 ff.).

Der Topf mit potentiellen, qualifizierten Grenzgängern ist in den meisten Kommunalverwaltungen zu klein. Das liegt u. a. an der unpolitischen Ausbildung des Verwaltungsnachwuchses. Es gibt aber eine Art Grenzgängerausbildung am Arbeitsplatz: Persönliche Referenten, Mitarbeiter in Ratsbüros, Protokollführer in Ausschüssen und andere haben Gelegenheit, die Spannungen an der Schnittstelle zwischen Verwaltung und Politik kennenzulernen und zu handhaben. Die Führung ist gut beraten, der Besetzung dieser Stellen mit charakterlich geeigneten, entwicklungsfähigen Bediensteten besondere Aufmerksamkeit zu schenken. Überläßt sie die Rekrutierung der Grenzgänger dem Zufall und dem freien Spiel der Kräfte, kann ein Teufelskreis in Gang kommen, der wenig Geeignete schließlich in führende Grenzgängerpositionen bringt. [7] Die oben herausgearbeiteten Funktionsgefährdungen sind dann programmiert.

3.3. Die politisch-administrative Steuerung in der Kommune ist "systematische Improvisation"

Das Bild, das von der politisch-administrativen Steuerung in der Kommune gezeichnet wurde, ist widerspruchsvoll. Zwar ist unstreitig, daß die Kommunalverwaltung der Bundesrepublik ihre Aufgabe, auf einem - auch international gesehen - hohen Standard erfüllt. Wie kein anderer Zweig der öffentlichen Verwaltung ist sie von dem Bewußtsein durchdrungen, für ihre Bürger dazusein. Dafür sorgt ihre organisatorische Konstruktion, die den örtlichen Verwaltungsapparat mit einem von der Bürgerschaft gewählten politischen Willensbildungsorgan verbindet. Dennoch ist ihre Funktionsfähigkeit nicht problemlos. Wie alle in ihrer Existenz gesicherten Organisationen neigt auch die öffentliche Verwaltung dazu, sich in ihren Funktionsgefährdungen "einzurichten". Diese laufen Gefahr, sich in Form von Teufelskreisen zu verschärfen, wenn die Führung nicht bewußt gegensteuert. Die Zusammenarbeit von Menschen in Organisationen ist nichts Natürliches, quasi automatisch Funktionierendes. Sie muß von der Führung immer wieder gestiftet, ermutigt und belohnt werden. Eine wichtige Aufgabe der Führung besteht darin, der ständigen Neigung des kommunalen Handlungssystems, aus seinen Verflechtungen heraus seine Effizienz zu verringern, entgegenzuwirken. Die zur Erfüllung dieser Aufgabe erforderlichen <u>Investitionen</u> liegen nicht in einem Instrumentenkasten abgezählt bereit. Es gibt keine Patentstrategie. Über Wahl und Einsatz der Mittel muß laufend nach Notwendigkeit entschieden werden. Die Führung muß Sensibilität dafür entwickeln, von welchen Punkten her die Leistungsfähigkeit der örtlichen Verwaltung bedroht ist. Sie muß Chancen nutzen, die am Wege liegen, Schritten in die falsche Richtung konsequent entgegentreten, Anreize und Spielregeln verändern, neue Systeme der

Selbstregulierung und steuerbare Ungleichgewichte schaffen. Sie sollte keine spektakulären, ohnehin zum Scheitern verurteilten Veränderungen anordnen, sondern täglich diejenigen ermutigen, die das Vernünftige tun.

Ein Handicap für die <u>Strategie der systematischen Improvisation</u> sind die dramatischen Lücken in unserem Wissen um das, was in sozialen Handlungssystemen wirklich abläuft und unsere normativen Vorurteile. Um das System, in dem wir leben, verändern zu können, müssen wir es erst einmal so zur Kenntnis nehmen, wie es ist.

Fußnoten:

1) Dieser Abschnitt ist geprägt von der von Michel Crozier und Erhard Friedberg entwickelten "Strategischen Organisationsanalyse" (Macht und Organisation - die Zwänge kollektiven Handelns, Königstein/Ts. 1979). Dieses aus empirischer Forschung in Verwaltungen entwickelte analytische Instrumentarium hat die Möglichkeiten, den von Machtbeziehungen und Strategien geprägten Funktionsweisen sozialer Systeme auf die Spur zu kommen, grundlegend erweitert. Es verspricht darüber hinaus Hilfe bei der Planung und Durchführung organisatorischer Änderungsprozesse.

2) Verflechtung ist keineswegs Vermischung bis zur Ununterscheidbarkeit. Die unterschiedliche Identität von Rat und Verwaltung bleibt voll erhalten. Sie beruht auf einer unaufhebbar divergierenden Rationalität, die sich vereinfacht auf die Formel "Zwang der Wahltermine" auf der einen und "Zwang der Vorschriften" auf der anderen Seite bringen läßt. Das kommunale System "funktioniert", indem es den Konflikt zwischen beiden Rationalitäten in jedem einzelnen Fall in sich austrägt.

3) Dies unterstreicht die oben angesprochene Warnung, normativen a-priori-Konzepten allzu großen Erklärungswert für die in sozialen Systemen anzutreffenden Verhaltensweisen beizumessen: hier dem Max Weber'schen Postulat des Rechts des Übergeordneten, die Arbeit der Untergeordneten zu lenken und ohne deren Mitwirkung zu entscheiden und die Befolgung der hierarchischen Weisungen durch die Untergeordneten allein deswegen, weil sie von den von der Organisation hierzu ermächtigten Vorgesetzten ausgehen. Das hierarchische Prinzip wirkt als Einengung des Handlungsspielraumes der Mitarbeiter - diese vermeiden es in der Regel, sich gegen Vorgesetztenweisungen frontal aufzulehnen. Es ist aber weit davon entfernt, das Handeln der mit einer Weisung versehenen Mitarbeiter inhaltlich voll zu determinieren, und es erklärt auch nicht die Prozesse, die zwischen Mitarbeitern und Vorgesetzten real ablaufen.

4) Fallen Ratsvorsitz und Verwaltungsleitung in einer Person zusammen, ist die erste Position im Kommunalen Handlungssystem eindeutig besetzt und es kann um sie keinen Streit mehr geben. Diese (Ober)Bürgermeister haben, besonders wenn ihre Unabhängigkeit durch Urwahl noch verstärkt ist, eine große Chance, eine "integrierte" Führung zustande zu bringen.

Aber auch hier handelt es sich nahezu immer um eine Führungsgruppe. In den "zweiköpfigen" Kommunalverfassungen ist die erste Position nicht eindeutig besetzt und daher latent umstritten. Interessenten sind prinzipiell der Ratsvorsitzende, der Verwaltungschef und der Vorsitzende der einflußreichsten Fraktion. Hier ist die Herausbildung einer kohärenten Führungsgruppe viel schwieriger, und wo eine solche existiert, ist sie instabiler.

5) Daher nähert sich auch die (in den meisten Gemeindeordnungen vorgesehene) monokratische Verwaltungsführung faktisch dem Modell einer kollegialen Verwaltungsleitung nach dem Muster der Magistratsverfassung an (Hans Derlien, C. Gürtler, W. Holler, H.J. Schreiner 1976).

6) Kontakte mit der Verwaltung sind herkömmlicherweise die Domäne der Ausschußvorsitzenden und der Mitglieder der Fraktionsvorstände. Auch diese vermeiden es möglichst, mit Verwaltungsangehörigen unterhalb der Amtsleiterebene zu verkehren. Diese "Zugangs-Etikette" wird immer wieder von Basiskoalitionen durchbrochen. Die politisch-administrative Spitzengruppe, die durch solche sporadischen Aktionen ihren Führungsanspruch in Zweifel gezogen sieht, tut alles, um derartige "Verstöße" zurückzudrängen und die Schnittstelle Politik - Verwaltung wieder "hochzuziehen".

7) Nicht alle Gemeindeordnungen gewährleisten, daß niemand ohne oder gegen den Verwaltungschef eingestellt oder befördert werden kann. Das wichtige Geschäft der Auswahl geeigneter Grenzgänger wird dann für den Verwaltungschef viel schwieriger, wenn nicht unmöglich. Ohne maßgeblichen Einfluß auf die Karrieren kann der Verwaltungschef die Verantwortung für das ordnungsgemäße Funktionieren der Verwaltung gegenüber dem Rat nicht tragen. Einstellungen und Beförderungen dürften nur auf seinen Vorschlag oder im Einvernehmen mit ihm möglich sein.

Literatur

BANNER, GERHARD 1972, Politische Willensbildung und Führung in Großstädten mit Oberstadtdirektoren-Verfassung, in: Großstadt-Politik, Texte zur Analyse und Kritik lokaler Demokratie, hrsg. von ROLF-RICHARD GRAUHAN, Gütersloh 1972, S. 162 ff.

BANNER, GERHARD 1980, Personal- und Organisationspolitik - Was geschieht ohne Dienstrechtsreform? in: Zukunftsaspekte der Verwaltung, hrsg. von FRIDO WAGENER, Berlin 1980, S. 111 ff.

CROZIER, MICHEL / FRIEDBERG, ERHARD 1979, Macht und Organisation - Die Zwänge kollektiven Handelns, Königstein/Ts.

DERLIEN, HANS-ULRICH / GÜRTLER, C. / HOLLER, W. / SCHREINER, H. J. 1976, Kommunalverfassung und kommunales Entscheidungssystem - eine vergleichende Untersuchung in vier Gemeinden, Meisenheim a. G.

GRAUHAN, ROLF-RICHARD 1970, Politische Verwaltung - Auswahl und Stellung der Oberbürgermeister als Verwaltungschefs deutscher Großstädte, Freiburg.

WAGENER, FRIDO 1978, Mehr horizontale Koordinierung bei Bund und Ländern, in: Informationen zur Raumentwicklung, S. 11 ff.

HERBERT KÖNIG

Von der politischen Erfolgskontrolle zum politischen Programmentwurf

1. Einführung

Dieser Beitrag[1] befaßt sich nicht mit dem Wein, sondern mit den Schläuchen kommunaler Politik, also nicht mit deren Inhalten, sondern mit ihrer Methodik.

Zum zweiten erweitert er das Rahmenthema "Problemverarbeitung" zu dessen Vorfeld hin, nämlich zur Problemerfassung.

Geschrieben ist der Beitrag eher aus staatlicher denn aus kommunaler Sicht, weil der Referent meint, daß auf dem hier in Rede stehenden Gebiet die staatliche Methodik um einiges weiter entwickelt sei als die der Kommunen.

Die Absicht des Beitrages ist, die Aufmerksamkeit von den gewiß segensreichen Bemühungen um die Erkenntnis von Evaluations- und Implementationsphänomenen ein wenig hinzulenken auf den Programmentwurf im vorhinein. Denn es scheint, daß dessen Qualität den Kummer zu mindern vermag, der aus der Implementation sonst versickernder und aus der Evaluation sonst wenig wirksamer Programme erwächst.

Praktische Relevanz schließlich soll der Beitrag konkret gewinnen in einer sich in den staatlichen Verhältnissen spiegelnden Betrachtung zum Zusammenwirken zwischen kommunaler Entwicklungsplanung, politischer Programmierung und Ressourcenallokation; angesprochen sind damit die Entwicklungseinheit, das Hauptamt, die Kämmerei und die Fachressorts.

2. Ausgangspunkt: Politische Erfolgskontrolle

Es ist der Verdienst insbesondere der kürzlich vorgelegten Dissertation von Jürgen

Volz (1980) über die Erfolgskontrolle kommunaler Planung, sich nicht nur an einer Theorie der Erfolgskontrolle versucht, sondern auch einen empirischen Befund der Erfolgskontrolle im kommunalen Bereich erstellt und schließlich ein Modell der Erfolgskontrolle für die kommunale Planungspraxis vorgelegt zu haben. Das Ergebnis der empirischen Erhebungen bei einigen deutschen "Schlüsselstädten" war, wie zu erwarten, mager; um so erfreulicher sind die daraus und aus der Entwicklung im staatlichen Bereich hergeleiteten Perspektiven hinsichtlich der Überprüfung der Programmwirkungen im Blick auf den Problemlösungseffekt des Maßnahmeneinsatzes.

Wollte man in gleicher Weise beim Staat verfahren, würde man weder beim Bund noch bei den Ländern auf nennenswert fundiertere Ergebnisse stoßen; eine vor kurzem am Beispiel der Werfthilfen der Bundesrepublik Deutschland durchgeführte Untersuchung von Thomas Meyer (1980) hat dies erneut bestätigt.

Nicht zu übersehen in diesem Zusammenhang ist der ebenfalls im Jahre 1980 von Hellmut Wollmann herausgegebene Sammelband zur Implementationsforschung, in dem die Verhandlungen dieses Arbeitskreises Lokale Politikforschung aus dem Jahre 1977 aufgearbeitet und mit einer Darstellung der Entwicklung und des Standes der internationalen Diskussion auf dem Gebiet der Implementationsforschung verknüpft sind. Was aus dem sehr dichten, voller innovativer Impulse steckenden Sammelwerk in diesem Zusammenhang bedeutsam erscheint, ist die Aufdeckung der Handlungs- und Steuerungsdefizite des politisch-administrativen Systems, die im besonderen in den Unzulänglichkeiten des Programmentwurfs auf staatlicher wie auf kommunaler Ebene unter Einschluß der immer umstrittener werdenden sogenannten Gemeinschaftsaufgaben stecken. Diese Defizite wiederum lassen sich jedoch weder durch Forschungen zur Implementation noch durch solche zur Evaluation ex post - das wäre die politische Erfolgskontrolle - beheben, so verdienstvoll auch der Beitrag dieser jungfräulichen Disziplinen zu ihrer Aufdeckung und Analyse sein mag. In der Tat scheint es heute darauf anzukommen, politisches Handeln eben nicht mehr allein durch die Seitentür seiner Ausführung oder durch die Hintertür seiner nachträglichen Bewertung zu betrachten, sondern die "Suppe" öffentlicher Aktion im vorhinein so anzusetzen und zu rühren, daß sie weder während des Kochens anbrennt noch hinterher gerinnt.

Dessen ungeachtet verdienen zwei in dem Buch anklingende Aspekte besondere Beherzigung. Der eine ist die Mahnung des vom Herausgeber in seiner Einleitung zitierten NIKLAS LUHMANN (1966 S. 92), man müsse im Vorfeld des Entwurfs öffentlichen Handelns zunächst einmal die Probleme aufarbeiten und sie operationalisieren, bevor man sich überlege, was man denn zu ihrer Lösung zu tun vermöchte - so ließe sich Problemverarbeitung auch als Problemaufarbeitung verstehen. Wird hier eine der zentralen Forderungen heutiger Regierungsmethodik im Einklang mit der Systemtheorie fruchtbar, nämlich die nach Ausdifferenzierung von Politik, so legt Wollmann ferner Grund zu einer Weiterführung des gängigen Soll-Ist-Vergleichs zwischen Programmziel und Zielerreichung hin zu einer Problemsicht anstelle artifizieller Zielkonstrukte, die heute kaum mehr Beachtung finden - das Schicksal der Zielstrukturen im Anhang zum Agrarbericht bietet dafür ein beredtes Zeugnis. Was dies für unsere Terminologie bedeutet, soll das nachstehende Schaubild aufzeigen: Effektivität im Soll-Ist-Vergleich bedarf ebenso wie die Wirtschaftlichkeitsprüfung im Verhältnis von Input und Output der Ergänzung durch eine Wirksamkeitsbetrachtung im Verhältnis von Programmresultat und Problemlösungseffekt (H. KÖNIG 1978 a, S. 219 ff.). Eine solche Weiterentwicklung in der Begriffswelt ist essentiell für jegliches Verständnis von politischer Erfolgskontrolle, aber auch für eine politisch wirksame Anlage von Programmentwürfen ex ante.

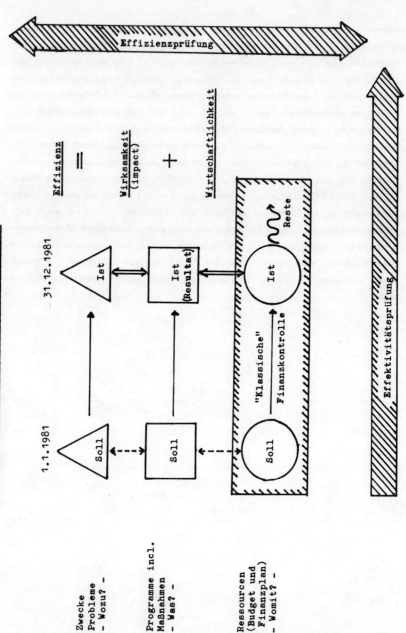

3. Programmforschung und Programmentwurf

"Programmforschung tut not!" könnte man eigentlich über dieses Kapitel schreiben. Denn die sogenannte politische Programmierung ist in der Bundesrepublik total unterentwickelt; man findet sie in zunehmender Quantität und Qualität ansteigend von der kommunalen zur staatlichen Ebene und dort wiederum von den Ländern hin zum Bund. Aber es ist bislang kaum in das Bewußtsein der dortigen Akteure gedrungen, was überhaupt politische Programme sind und wie sie sich von sonstigen Aktivitäten abgrenzen. Hier muß man schon damit anfangen, den für öffentliches Handeln Verantwortlichen klar zu machen, daß man eigentlich die gesamte staatliche bzw. kommunale Aktion in Programmform konzipieren sollte, so daß Programme "flächendeckend" angesetzt, durchgeführt und kontrolliert würden. Aber die Praxis steht dem entgegen; es gibt beispielsweise in den Bundesländern durchweg nur einzelne Programme, die gemeinhin mit bestimmten Investitionen verknüpft sind, und kaum jemand denkt daran, daß beispielsweise Organisations-und Personalabteilungen und andere Träger von Binnenfunktionen der Verwaltung ihr Handeln auch im Programmzuschnitt entwerfen sollten, eben damit man sowohl dessen Resultat als auch dessen Wirksamkeit in den Griff bekommt. Auf kommunaler Ebene entdeckt man demgegenüber noch weniger Ansätze, während sich die Dinge beim Bund insofern verdichten, als dort jährlich etwa der Agrarbericht vorgelegt wird und in größeren Abständen der Sozialbericht, der Forschungsbericht u. a. (Bundestagsdrucksachen).

In der Theorie findet sich als einer der ersten Pioniere der Programmentwicklung Fritz Morstein-Marx mit seiner Aussage, Programm sei "die Ankündigung einer Energieinvestition, die Inaussichtnahme einer Leistung (F. MORSTEIN-MARX 1965, S. 442 ff.). Wieder aufgegriffen hat 10 Jahre später dieses Thema HANS-ULRICH DERLIEN (1975, S. 42 ff.) mit einer Betrachtung zum Berichtswesen der Bundesregierung, und Derlien wiederum ist es, dem wir heute den ersten kräftigen Anstoß zur Programmforschung in der öffentlichen Verwaltung verdanken, und zwar zunächst mit einem gleichlautenden Werkstattbericht einer neu gegründeten Gesellschaft für Programmforschung, der einen instruktiven Überblick über Stand und Entwicklung der Programmforschung in der öffentlichen Verwaltung nebst einer Umfrage dazu mit dem Ziel der Sammlung von Erfahrungen von Wissenschaft und Verwaltung in diesem Metier enthält (H.-U. DERLIEN 1981).

Bemerkenswert an den Arbeiten dieser neuen Forschungsinstitution ist zunächst einmal der von ihr benutzte breite Begriff des Programms im Sinne "einer Menge von gemeinsam auf eines oder mehrere deklarierte Ziele ausgerichteten Aktionen des Regierungs- und Verwaltungssystems" (H.-U. DERLIEN 1981, S. 9); Aktionen sind hiernach also zielgerichtete Maßnahmen seien sie normativer, seien sie budgetärer Natur, mit allem drum und dran, also auch unter Einschluß organisatorischer wie personeller Vorkehrungen. Der mit der Maßnahme gelegentlich gleichgesetzte, mitunter auch ihr nachgeordnete Begriff des Projektes hingegen wird eingeschränkt auf Infrastruktur-Vorhaben und Realhandlungen. Programmforschung ist danach die Gewinnng und Verarbeitung von Informationen unter Beachtung wissenschaftlicher Standards in bezug auf Fragen, die sich im Zusammenhang mit einem Programm stellen; sie begreift die Forschung auf den Gebieten der Implementation wie der Evaluation ein, wohl wissend, daß es sich hier um andere Programmphasen als jene des Programmentwurfes handelt.

Begrüßenswert an dem Konzept erscheint ferner, daß es den Begriff "Planung" nicht mehr benutzt; er hat - zumindest in der Praxis, aber auch weiterhin in der Wissenschaft - oft mehr Unheil gestiftet als Gutes bewirkt. Schon deshalb erscheint es ratsam, den Begriff der Planung, wenn man ihn überhaupt noch benutzt, auf Phänomene der langfristig-strategischen Perspektivenbildung zu beschränken.

Was schließlich die Zielorientierung von Programmen angeht, so gebraucht die anlaufende Programmforschung das Programmziel als Relevanzkriterium für die Bestimmung möglicher (intendierter) Folgen eines Programms, sieht in dem Ziel also dessen Zweck als Grundlage für die Frage nach der Programmwirksamkeit: Zweckerfüllungsgrad als Kriterium für die Programmqualität. Das verbindet sich mit einer - wenn auch auf den ersten Blick nur vagen - Problemorientierung (H.-U. DERLIEN 1981, S. 29 und 19)[2]: Problemlösungsgrad eines Programms als Kriterium für seine Qualität? Man sollte den Mut haben, beides miteinander zu verknüpfen; öffentliche Zwecke sind die Kehrseite öffentlicher Probleme: Jugendarbeitslosigkeit als Problem deckt sich mit dem Anliegen, sie zu beheben, als dem öffentlichen Zweck (H. KÖNIG 1979 a, S. 56). Dem scheinen auch die Programmforscher zuzuneigen, wenn sie die geringe Validität des Rückgriffs auf dokumentierte, explizierte Zielformulierungen unterstreichen (H.-U. DERLIEN 1981, S. 31). Untersucht man einmal solche Formulierungen, wird man zugleich gewahr, daß sie eher Programmüberschriften denn Zweck- oder Problemaussagen sind.

Was in dem ersten Werkstattbericht der Gesellschaft für Programmforschung der von ihr abgedeckten Thematik zugerechnet wird, ist allerdings sehr weit gesteckt; es reicht von der Analyse und Prognose der Unternehmensgrößenstruktur (Prognos-

Gutachten, Basel 1975) über die Entwicklung der Straßenverkehrsunfälle in der Bundesrepublik bis hin zum Einfluß des Steuersystems und des kommunalen Finanzsystems auf die Landesentwicklung (Ifo-Gutachten, München 1979). Als Auftraggeber agieren beispielsweise nicht nur Bundesministerien, sondern auch der Sachverständigenrat für Umweltfragen und Forschungsträger wie die Deutsche Forschungsgemeinschaft und die Stiftung Volkswagenwerk. Besonders unterstrichen zu werden verdient der Hinweis der Gesellschaft (H.-U. DERLIEN 1981, S. 28) auf die entscheidende Rolle, die in diesem Kontext eigentlich den Parlamenten zukommt, wenn diese den Informationsvorsprung der Exekutive auch nur einigermaßen aufholen und ihrer Kontrollfunktion wirklich gerecht werden wollen. Das erfordert aber eine ganz andere als die derzeitige wissenschaftliche Ausstattung der Parlamente und den Rückgriff auf breit angelegte externe Forschungskapazitäten unter Einsatz wirklich nennenswerter Ressourcen; dem steht dann allerdings die derzeitige Forschungspolitik der Bundesregierung entgegen - mit Sparsamkeit am falschen Fleck und zu Lasten der Motivation der eigenen politischen Multiplikatoren.

Um bei der nationalen Forschung zu bleiben: Beachtung wird auch das Vorhaben des Zentrums für interdisziplinäre Forschung finden zum Thema "Steuerung und Erfolgskontrolle im öffentlichen Sektor", zu dem im Herbst 1980 zwei vorbereitende Symposien unter Vorsitz von Franz Xaver Kaufmann als Moderator stattfanden (Jahresbericht der Universität Bielefeld 1980, S. 85 ff. u. 107 ff.). Hier geht man auf die Suche nach Rückkoppelungsmechanismen im öffentlichen Sektor als Ersatz für Marktmechanismen der Privatwirtschaft und fragt, ob unsere öffentlichen Steuerungsprobleme wirklich unlösbar und öffentliche Leistungen notwendigerweise nicht evaluierbar sind; in einem interdisziplinären Ansatz sollen institutionelle Arrangements ermittelt werden, unter denen natürliche Personen als öffentliche Akteure sich so verhalten, daß die öffentlichen Aktivitäten der Organisationen denjenigen politisch-gesellschaftlichen Zielen dienen, die ihre Existenz legitimieren. In der Tat ein weites Thema, das natürlich auch ein Nachdenken über die Selbstdarstellung der öffentlichen Hände unter Einschluß der Fragen nach deren Programm, dessen Zwecken bzw. Problemlösungseffekten und den dafür in Anspruch genommenen Ressourcen impliziert.

Daß die im Vordergrund dieses Forschungsvorhabens stehende Verhaltensseite auch in der kommunalen Praxis erkannt worden ist, erhellt der Versuch des in mancherlei Beziehung zunehmend origineller werdenden Deutschen Instituts für Urbanistik (1980, 1981 a, 1974), im Rahmen einer finanzpolitischen Betrachtung Erkenntnisse zum Verhältnis von Rat und Verwaltung bei der Koordination von Finanz- und Entwicklungsplanung zu erarbeiten (1981 b). Dabei sollen insbesondere gegenseitige Vorbehalte, Verfahrens- und Abstimmungsmängel erkundet sowie Ansätze für eine verbesserte Zusammenarbeit zwischen Finanz- und Entwicklungsseite gefunden werden. Dieser Vorgang kennzeichnet den bedeutsamsten kommunalen Ansatzpunkt zur Optimierung der politischen Programmsteuerung, sofern man Entwicklungsplanung umfassend begreift, also unter Einschluß der politischen Programmierung kommunalen Handelns; sieht man sie hingegen lediglich als Vorstufe zu baurechtlichen Aktivitäten, steht man erst am Anfang solcher Überlegungen; sie werden dadurch allerdings keineswegs leichter.

International ist die Diskussion um die Programmgestaltung und deren Gegenstück, eine wirksamkeitsorientierte politische Kontrolle ex post, längst angelaufen; angestoßen wurde sie auf dem XVII. Internationalen Kongreß für Verwaltungswissenschaften in Abidjan im September 1977 nicht zuletzt aufgrund der belgischen und der deutschen Nationalberichte (H. KÖNIG 1977 a). Das Thema wurde wieder aufgegriffen im Rahmen der Arbeitsgruppe II (Probleme der politischen Kontrolle von Ministerien und anderen öffentlichen Einrichtungen) des XVIII. Internationalen Kongresses für Verwaltungswissenschaften (Verwaltungswissenschaftliche Informationen 1980), und zwar aufgrund des deutschen Nationalberichts von GERHARD W. WITTKÄMPER (1980, S. 73 ff). Waren die Verhandlungen in Abidjan nur abgestellt auf die Verwaltung im ganzen, wenn auch mit Blick auf die staatliche Ministerialebene, so konzentrierte sich nunmehr in Madrid das Interesse der Teilnehmer einerseits auf die "Arbeitsebene" der Ministerien, zum anderen aber auch auf öffentlichen Unternehmen und Beteiligungen. Auch hier zeigte sich die Notwendigkeit, zunächst einmal soliden terminologischen Grund zu legen - dies vor allem im Verhältnis von Effektivitäts- und Effizienzkontrolle und hinsichtlich der Relationen zwischen Input, Output und Wirkung. Zum zweiten war bemerkenswert, daß in die Frage nach der Programmgestaltung und -kontrolle so ziemlich alle Aspekte der jüngeren Bürokratiekritik hineinwirkten; dazu GERALD E. CAIDEN aus den USA (1977): "The challenge to public administration is to restore public faith in the administrative state". Aufschlußreich endlich war noch die Diskussion über die Einbindung öffentlicher Unternehmen in die politische Zielsetzung der sie tragenden Regierungen; hier stehen offenbar Unternehmensziele gegen politische Programme. Und nicht zuletzt bleibt hier anzumerken, was HANS-ULRICH DERLIEN, ausgehend von seinen früheren Arbeiten (1974, S. 1 ff.; 1976; 1978, S. 311 ff.),in der internationalen Diskussion zu sagen hat (1980). Auch dieser Beitrag spiegelt das Defizit an einer gemeinsamen Terminologie insbesondere hinsichtlich der Effizienz und der Effektivität; desgleichen wird offenbar, daß die Problemorientierung öffentlicher Programme im Grunde im Bezug der Akteure zur Umwelt des politisch-administrativen Systems verwurzelt ist; und schließlich klingt auch hier wieder die Verhaltenskomponente in der Programmbewertung an.[3]

Was insgesamt not täte, wäre eine Theorie von der politischen Programmsteuerung vor dem Hintergrund von Erkenntnissen zur politischen Relevanz des Programmentwurfs, d. h. seiner Konzentration auf Dinge, die wirklich noch etwas bewegen. Dazu bedarf es kritischer Leitlinien wie etwa der konsequenten Anwendung des Subsidiaritätsprinzips, der Zielgruppenorientierung[4], des Primats der Wirksamkeit gegenüber der Wirtschaftlichkeit sowie der Strukturharmonie von Programm, Organisation und Budget (H. KÖNIG 1981).

4. Ansätze zur Programmoptimierung

Es ist hier nicht der Platz, im Detail auf das einzugehen, was bislang zum Programmzuschnitt gesagt und geschrieben worden ist (H. KÖNIG 1977 b, S. 235 ff.; 1979 a, S. 50 ff.; 1978 b, S. 229ff.); hier wären nur zusammenfassend festzuhalten die Forderungen nach

- Zweck- bzw. Problemorientierung öffentlichen Handelns (H. KÖNIG 1977 c, S. 71 ff.; 1979 b, S. 19 ff.),
- "Flächendeckung" der öffentlichen Programme,
- deren Ressourcenverknüpfung und nicht zuletzt
- Strukturharmonie im Verhältnis von Programm, Organisation und Budget.

Wenn man nach vorbildlichen Programmen in diesem Sinne sucht, wäre vorweg zu nennen der Agrarbericht der Bundesregierung (T. DE VRIES 1980). Die Mehrzahl der Berichte auf Bundesebene schaut jedoch mehr in die Vergangenheit als in die Zukunft, wird also dem eigentlich retrospektiven Berichtscharakter durchaus gerecht. Nur wenige Institutionen trennen Programm und Bericht und legen im letzteren Rechenschaft für das, was man sich zu Beginn der Planperiode vorgenommen hatte; hierzu zählt im besonderen die Deutsche Forschungs-und Versuchsanstalt für Luft- und Raumfahrt in Porz/Rhein[5]. Insgesamt besteht auf diesem Gebiet selbst auf der weitestentwickelten Ebene öffentlichen Handelns, nämlich der des Bundes, noch keineswegs Einheitlichkeit - fehlt es doch überhaupt an einer Instanz im Konzert der Bundesressorts, die sich ressortübergreifend mit solchen Fragen befassen könnte und würde. Eine auf diesem Gebiet dem Bundeskanzleramt zukommende Rolle wird von ihm absolut nicht wahrgenommen, weil es sich als Sekretariat, nicht aber als Motor der Bundesregierung versteht.

Auf der Ebene der Bundesländer verfügen wir hier und dort über eine gelegentlich sogar anspruchsvolle Methodik. Soweit sich diese bereits in mittelfristigen Programmen niederschlägt - so etwa in Niedersachsen -, ist der Versuch einer Integration solcher "Durchführungsprogramme" mit der Budgetseite bis hin zu programmorientierten Diskussion im Landtag noch im Gange (J. HOGEFORSTER u. R. WATERKAMP 1975, S. 397 ff.; H.-J. KRUSE, S. 28 ff.; K. ROESLER u. W. STÜRMER 1975; D. MOLTER 1975).

Bei den Kommunen wären zunächst die Dominanz des Budgets zu überwinden, der Entwicklungsplanung der ihr gebührende Raum zu verschaffen und beide mit der politischen Programmierung zu versöhnen, wie sie teils beim Hauptamt, teils in den Fachämtern läuft. Dies könnte sich verbinden mit der Einbettung der einjährigen operativen Maßnahmen in einen mittelfristig-taktischen Rahmen über die Finanzplanung hinaus, und dies wiederum im Rahmen langfristig-strategischer Perspektiven (E. MÄDING 1971, S. 319 ff.; J.J. HESSE 1972, 1976; Konrad-Adenauer-Stiftung 1973, Kommunalwissenschaftliches Dokumentationszentrum Wien u. a. 1974). Vielleicht sollte man an dieser Stelle so mutig sein, den Schwerpunkt kommunaler Entwicklungsplanung just in der Perspektivenentwicklung und darüber hinaus in der Gestaltung von Leitbildern kommunalen Handelns zu sehen, damit einige unserer gesichtslosen Kommunen endlich eine auch den Bürger überzeugende Gestalt gewinnen (H. SANMANN 1973, S. 61 ff.).

Diese Forderung findet eine gewisse Bestätigung in den Überlegungen von FRIDO WAGENER (1980, S. 14 ff.) zu den Dimensionen der Dichte und der Zeit öffentlicher Entwicklungsplanung; er meint nämlich, integrierte Entwicklungsplanung solle (lediglich; d. V.) rahmenartige Raum-, Zeit- und Ressourcenfestlegungen treffen, dabei mittel- bis langfristig Ziel- und Maßnahmevorstellungen enthalten und obendrein alle wesentlichen Tätigkeiten der jeweiligen Einheit miteinander abstimmen; so sei sie ein - überwiegend politisches - Steuerungs- und Koordinierungsinstrument. Versuche, darüber hinaus eine Bilanzierung der im Planungszeitraum vorgesehenen Maßnahmen und ihrer Kosten mit den voraussichtlich zur Verfügung stehenden Einnahmen vorzunehmen, seien in Hessen (Großer Hessen-Plan) und im Nordrhein-Westfalen-Programm 1975 gescheitert (F. WAGENER 1980, S. 24). Worauf es in der Zukunft der öffentlichen Planung der Bundesrepublik Deutschland überhaupt ankomme, sei, daß "die politischen Probleme und die zu treffenden Entscheidungen sowohl in größeren zeitlichen Zusammenhängen als auch in ihrer zunehmenden sachlichen Verflechtung" gesehen werden. (F. WAGENER 1980, S. 28).

Was schließlich die konzeptionelle Basis der Entwicklungsplanung angeht, erscheint die These von Fürst und Hesse plausibel, daß die faktische Problemverarbeitung der Lokalebene vom soziokulturellen System besser gesteuert werden könne als die der Zentralebene, weil die Kommunen flexibler auf neue Problemlagen einzugehen vermöchten - und wegen der vielschichtigen direkten Klientelbeziehungen auch eingehen müßten - als die Zentralebene (D. FÜRST u. J.J. HESSE 1978, S. 203). Grund genug, auf die Ausprägung einer kommunalen look-out-function [6] ebenso zu drängen wie auf eine Repolitisierung insbesondere auch der parlamentarischen Diskussion auf der Kommunalebene, in die alles das einbezogen werden solte, was an öffentlichen Problemen überhaupt in der Kommune anhängt, und zwar völlig unabhängig davon, wer für die Problemlösung zuständig ist (H. KÖNIG 1978 g, S. 9 ff.).

5. Von der Kooperation zum Konzert

Wollte man die heutige Realität sogenannter Kooperation zwischen Entwicklungsplanung, politischer Programmierung und Resourcenallokation als die einer selten harmonischen, auch per Koordination - ein schillerndes Zauberwort - nicht zu meisternden Form öffentlichen Zusammenwirkens darstellen, sollte man den derzeitigen Präsidenten des Deutschen Städtetages, Manfred Rommel, zitieren. Dieser sagte auf der letzten Tagung der Freiherr-vom-Stein-Gesellschaft in der Berliner Staatsbibliothek, es werde immer leichter, etwas zu verhindern, und immer schwerer, etwas zu tun (FAZ 1981).

Das steht zum einen in Beziehung zur bürokratischen Verhaltensweise im allgemeinen wie zum anderen in Relation zu der kaum aufgehobenen Kanalisierung des Denkens und dem Agieren in Ressortkategorien; dies alles wird um so gefährlicher werden, je geringer die Zuwächse sind, aus denen sich bis dato bequem leben und organisatorische Zwänge überspielen ließen. Aber man kann ja, wenn das Geld knapp wird, nicht mit dem Denken aufhören[7]. Bereits Albert Einstein hat gesagt, wir litten unter einer Vervollkommnung der Mittel bei gleichzeitiger Verwirrung der Ziele - jetzt werden auch noch unsere Mittel zerrupft; wie soll es dann zu einer Harmonisierung der Ziele unter einer globalen Problemsicht kommen, aus der allein sinnvolle Strategien zu gewinnen sind? Um so dringender wäre deshalb auch eine Hinwendung zur Werteforschung, die ja eines der zartesten Pflänzchen unserer methodologischen Entwicklung ist (P. KMIECIAK 1976 a und 1976 b).

Vielleicht hilft uns auch ein Blick über den nationalen Zaun ein wenig weiter. Selbst aus der Sicht unserer Schweizer Kollegen erscheint es keineswegs erstaunlich, daß die Innovationsfähigkeit des politisch - administrativen Systems nicht sehr groß ist. Bereits Mitte der siebziger Jahre stellte man dort fest, daß es kaum mehr gelungen sei, auf irgendeinem Sachgebiet umfassendere Neuerungen zu realisieren, die auf einem durchdachten Konzept beruhten (A. MEIER 1976, S. 15). Dieser politischen Wirklichkeit ständen die Vorstellungen der Planer gegenüber, die darauf hinwiesen, daß der Komplexität wichtiger Probleme nur erfolgreich begegnet werden könne, wenn eine umfassendere und längerfristige Betrachtungsweise angewendet werde - umfassend deswegen, weil sonst Abhängigkeiten übersehen werden, und längerfristig deshalb, weil nur dann der ohnehin geringe Handlungsspielraum zur Lösung unserer l optimal genutzt werden könne.

Und aus Frankreich werden wir gewahr, daß die Führungsqualitäten der Absolventen der staatlichen Eliteschulen weniger auf spezialisiertem Wissen als auf Problembewußtsein, rascher Erfassung von Sachverhalten und Beherrschung verschiedener Arbeitsmethoden beruhen (E.N. SULEIMAN 1978).

Was alle bisherigen Planungs- und Managementkonzepte nicht angeboten haben, sind

- Vorkehrungen für eine hinreichende, d. h. insbesondere rechtzeitige Prognose von Mängellagen, an denen sich beispielsweise Bürgerinitiativen und gezielte Aktionen politischer Gruppen entzünden,
- stimulierende Freiräume für Innovation im öffentlichen Sektor,
- der Ersatz der institutionellen Strukturierung durch funktional orientierte Abläufe,
- die empirische Absicherung von Entscheidungen unter hinreichender Einbeziehung sozialwissenschaftlicher Grundannahmen und Daten,
- brauchbare Methoden der Prioritätenfindung, eine Zuordnung von Informations-, Analyse- und Prognosefunktionen sowie der Präsentation von Entscheidungsalternativen gegenüber dem jeweiligen Gesamtorgan etwa einer Kommune oder eines Staates anstelle der einzelnen Ressortchefs,
- die Resultat-, Wirkungs- und Kostenorientierung öffentlichen Handelns,
- befriedigende Systeme der Personalentwicklung sowie

- der Verbund im föderativen System und im internationalen Raum.

Wollte man zwischen integrierten Planungs- und Budgetierungssystemen einerseits und anspruchsvollen Managementmodellen andererseits unterscheiden, fiele auf, daß die einen sich eher um die Strukturierung politischer Programme ohne hinreichenden Problem- und Kostenverbund bemühen, die anderen hingegen um Zielkonstrukte und die Motivierung von Personal, wobei jeweils die anderen Bereiche vernachlässigt werden (H. KÖNIG 1976, S. 335 ff.). Hier bleibt also noch eine Fülle an konzeptioneller Arbeit zu tun, und zwar über das hinaus, was sich aus den Ergebnissen einer Erhebung der Kommunalen Gemeinschaftsstelle für Verwaltungsvereinfachung über kommunale Entwicklungsplanung in der Bundesrepublik (KGSt 1980) abzeichnet.

Ganz wesentlich für die Kommunalverwaltung wird sein, daß man auf die Dauer lernt, ihre sogenannte Arbeitsebene präziser zu erfassen und sie mit Hilfe der sogenannten Fayol'schen Brücke "querzuschalten". Auf staatlicher Ebene ist dies in den Geschäftsordnungen der Regierungen bzw. Ministerien weitgehend geschehen; dort hat man die Referentenebene mit der Arbeitslast belegt. In den Kommunen aber ist dieser Sektor kaum geregelt; eine saubere Methodik würde hier die notwendige Verantwortung schaffen, Resultatbewertungen erlauben und den Querverbund in der Koordination ermöglichen.

Resultatverantwortung im besonderen wäre erreichbar über die stärkere Plafondierung der Haushaltsmittel; das würde Kostendenken fördern und zu einem generellen Umdenken der Akteure führen, weil sie durch einen solchen Ansatz einen Anreiz erhalten würden, der von alleine zur Optimierung des Ressourceneinsatzes beizutragen vermöchte (J. DENSO u. a. 1976).

In diesem Zusammenhang sollte man auch einmal darüber nachdenken, welche Fortbildungsmöglichkeiten man für Parlamentarier und darüber hinaus durchaus auch für diejenigen Journalisten schafft, die sich mit der öffentlichen Verwaltung befassen. Dann hätte man die Chance gewonnen, ein Minimum an wechselseitiger persönlicher Kenntnis und Wertschätzung und darüber hinaus sogar Gemeinsamkeiten in der Innovationsbereitschaft hinsichtlich des politisch-administrativen Systems im ganzen sowohl in inhaltlichen als auch in methodischen Fragen anzulegen. Denn politische Programmsteuerung ist ebenso ein Problem des parlamentarischen Managements wie ein solches der Aufbereitung in den Medien. Auch kommunale

Parlamente haben ebenso wie die Ortspresse Sensoren nötig, die wenigstens die gravierendsten, politisch relevanten Probleme zu erfassen vermögen und dazu beitragen, daß man sie in politisches Handeln umsetzt.

Das alles wiederum schließt nicht aus, sondern erfordert es, daß man obendrein in unserem politisch-administrativen System Anreize und Möglichkeiten für hochrangige Entscheidungsträger schafft, sich auch um die Umsetzungsprozesse und die Programmevaluation intensiv zu kümmern (R. FREY u. ST. RUSS-MOHL 1981, S. 213). Eigentlich sollte jedem Politiker daran gelegen sein, einem von ihm initiierten bzw. konzipierten Programm auch die nötige politische Durchsetzung zu vermitteln und dafür Sorge zu tragen, daß seine Impulse nicht versickern. Auch bedarf es nicht unbedingt des permanenten persönlichen Einsatzes dazu - es genügt schon die Institutionalisierung einer solchen "Implementationsvorsorge" auf der Arbeitsebene der Verwaltung.

Man mag darüber streiten, ob wir uns in einer Wert- oder in einer Steuerungskrise befinden. Vielleicht trifft beides zu: So sehr wir der Alternativen zu überlieferten Vorstellungen im Blick auf den Wertewandel bedürfen, so sehr bedürfen wir der Optimierung unserer Steuerungsmethodik, die ihrerseits wiederum den sorgfältigen Programmentwurf voraussetzt. Es wird Zeit, daß wir dies - im deutlichen Fortschritt von dem bisherigen Gerede um Kooperation zum programmierten Konzert - im besonderen für die kommunale Basis unseres Gemeinwesens in einer Weise herausarbeiten, daß unser Wissen darum und unsere Instrumente uns zur Begegnung mit dem befähigen, was auf uns zukommt.

Fußnoten

1) Dieser Beitrag führt insbesondere fort, was der Verfasser zum Thema "Lokale Politikforschung aus der Sicht der Praxis" in der Arbeitsgruppe "Kommunalpolitik und Politikwissenschaft" im Rahmen des Kongresses der Deutschen Vereinigung für Politische Wissenschaft, Bonn 1977, ausgeführt hat; siehe dazu den Arbeitsbericht der Gruppe, hrsg. von PAUL KEVENHÖRSTER und HELLMUT WOLLMANN, Berlin 1978, S. 409 ff.

2) Welche Bedeutung die Problemorientierung öffentlichen Handelns auch für die Wissenschaft hat, ist kürzlich deutlich geworden gelegentlich der erstmaligen Erfolgskontrolle beim Internationalen Institut für Management und Verwaltung; dort wurde erkennbar, daß durch das Anknüpfen an konkrete Probleme das Institut "einige der Perspektiven und Ansätze in den Blick bekomme, die durch die traditionelle Theorieentwicklung tendenziell ausgeklammert werden"; im einzelnen siehe die WZB-Mitteilungen, Sonderheft 1979 (Nr. 5), S. 6, und darin wiederum den Berichterstatter des Ausschusses für Organisation und Management, GERHARD LEMINSKY, Chefredakteur der Gewerkschaftlichen Monatshefte, Düsseldorf

3) DERLIEN bezieht sich dazu auf PETER M. BLAU, The Dynamics of Bureaucracy, Chicago 1955, und IRA SHARKANSKY, The Routines of Politics, New York 1970

4) Zur Zielgruppenorientierung von Politik gehört auch die permanente Abschätzung von Konflikt- und Konsenserwartungen. Das bedingt die hinreichende Bestimmbarkeit des Kreises der Beteiligten und Betroffenen, ihrer Widerstandsbereitschaft und ihres Sanktionspotentials. Wie schwierig das ist, haben RAINER FREY und STEPHAN RUSS-MOHL erst kürzlich dargelegt in: Vollzugsprognosen als Instrument der Politikberatung - Sind die Risiken bei der Umsetzung politischer Programme kalkulierbar?, in: Archiv für Kommunalwissenschaften 1981, S. 207 ff. Siehe dazu auch die Monographie von GUY KIRSCH, Die Betroffenen und die Beteiligten, München 1974.

5) Wie überhaupt die Großforschungsanstalten des Bundes in der Programmentwicklung, und zwar obendrein in Verknüpfung mit Problem- und Ressourcendarstellungen, als Pioniere moderner Regierungsmethodik gelten können.

6) Soweit ersichtlich, wurde die Forderung nach einer solchen look-out-function erstmals erhoben von dem OECD-Mitarbeiter Rien van Gendt auf dem Kongress des International Institute for Public Finance im Jahre 1971 in Nürnberg; siehe dazu den Tagungsbericht des Brüsseler Sekretariats.

7) So schon Hanna Renate Laurien in ihrer Zeit als Kultusministerin von Rheinland-Pfalz.

LITERATUR (mit Anmerkungen)

Bundestagsdrucksachen, zum Agrarbericht etwa 7/1650, 7/2310, 7/4680, 8/80 usf.; zum Sozialbericht siehe die Drucksachen 7/4953 ff., zum Tourismusbericht, der ein Teilprogramm des Wirtschaftsressorts abdeckt, als Drucksache 7/3840

CAIDEN, GERALD E. 1977, in seinem Statement auf dem XVIIème Congrès International des Sciences Administratives, Abidjan, 11. - 17. September 1977

DENSO, JOCHEN; EWRINGMANN, DIETER; HANSMEYER, KARL-HEINRICH; KOCH, RAINER; KÖNIG, HERBERT und SIEDENTOPF, HEINRICH 1976, Verwaltungseffizienz und Motivation - Anreize zur wirtschaftlichen Verwendung öffentlicher Mittel durch die Titelverwalter, Band 115 der Schriftenreihe der Kommission für wirtschaftlichen und sozialen Wandel, Göttingen

DERLIEN, HANS-ULRICH 1974, Theoretische und methodische Probleme der Beurteilung organisatorischer Effizienz in der öffentlichen Verwaltung, in: Die Verwaltung 7 (1974), S. 1 ff.

DERLIEN, HANS-ULRICH 1975, Das Berichtswesen der Bundesregierung -Ein Mittel der Kontrolle und Planung, in: Zeitschrift für Parlamentsfragen 1975 S. 42 ff.

DERLIEN, HANS-ULRICH 1976, Die Erfolgskontrolle staatlicher Planung, Baden-Baden

DERLIEN, HANS-ULRICH 1978, Die Effizienz von Entscheidungsinstrumenten für die staatliche Ressourcenallokation - Versuch einer Evaluation von Entscheidungstechniken, in: HANS-CHRISTIAN PFOHL/BERT RÜRUP (Hrsg.), Anwendungsprobleme moderner Planungs- und Entscheidungstechniken, Königstein/Ts. S. 311 ff.

DERLIEN, HANS-ULRICH 1980, Improving the Efficiency of Public Administration: Problems of Innovation und Implementation, Paper delivered at the International Symposium "Anatomy of Government Deficiencies", DIESSEN, July 22-25

DERLIEN, HANS-ULRICH 1981 (Redaktion), Programmforschung in der öffentlichen Verwaltung, Werkstattbericht 1 der Gesellschaft für Programmforschung, München

Deutsches Institut für Urbanistik 1980, 1981 a, 1974: Materialien der Seminare "Finanzplanung - Entwicklungsplanung" (Berlin, 15. - 19.12.80) und Kommunale Finanzpolitik: Zum Verhältnis von Finanzplanung und Entwicklungsplanung (Berlin 2. - 6.2.81). Siehe ferner als informatives Zeugnis für unsere nationale und im besonderen kommunale Zielstrukturentwicklung: Deutsches Institut für Urbanistik, Dokumentation von Zielsystemen zur Stadtentwicklungsplanung, Gutachten im Auftrag der Stadt Nürnberg, vorgelegt von THOMAS FRANKE, Berlin/Köln 1974

Deutsches Institut für Urbanistik 1981 b: das DIFU hat ein eigenes Seminar für kommunale Mandatsträger und Mitarbeiter aus Kämmereien und Dienststellen der Stadtentwicklung für Ende Oktober 1981 angeboten

FAZ 1981, Nr. 136 vom 15.Juni 1981, S. 21

FREY, Rainer und RUSS-MOHL, STEPHAN 1981, Vollzugsprognosen als Instrument der Politikberatung - Sind die Risiken bei der Umsetzung politischer Programme kalkulierbar?, in: Archiv für Kommunalwissenschaften 1981, S. 207 ff unter Hinweis auf ERWIN C. HARGROVE, HUGH HECLO und ERWIN K. SCHEUCH in FN 17

FÜRST, DIETRICH und HESSE, JOACHIM JENS 1978, Zentralisierung oder Dezentralisierung politischer Problemverarbeitung? Zur Krise der Politikverflechtung in der Bundesrepublik, in: JOACHIM JENS HESSE (Hrsg.), Politikverflechtung im föderativen Staat, Studien zum Planungs- und Finanzierungsverbund zwischen Bund, Ländern und Gemeinden, Baden-Baden, S. 191 ff.

HESSE, JOACHIM JENS 1972, Stadtentwicklungsplanung: Zielfindungsprozesse und Zielvorstellungen, Stuttgart 1972, insbesondere unter Darstellung der sog. Nürnberg-Planung; HESSE, JOACHIM JENS, Organisation kommunaler Entwicklungsplanung, Stuttgart 1976

HOGEFORSTER, JÜRGEN und WATERKAMP, RAINER 1975, Integrierte Aufgaben-und Finanzplanung in Niedersachsen, in: Öffentliche Verwaltung und Datenverarbeitung 9/75, S. 397 ff.

Jahresbericht der Universität Bielefeld 1980 - Zentrum für interdisziplinäre Forschung, S. 85 ff. und 107 ff.; die Forschungsgruppe wird am 1. Oktober 1981 ihre Arbeit aufnehmen.

KÖNIG, HERBERT 1976, Managementkonzeptionen für Regierung und Verwaltung, in: Verwaltungsarchiv 67 (1976), S. 335 ff.

KÖNIG, HERBERT 1977 a, Section Allemande de l'Institut International des Sciences Administratives, XVIIème Congrès International des Sciences Administratives, Abidjan, 11. - 17. September 1977, Sujet 1, Etude critique du controle de la gestion des ressources financières, humaines et matérielles dans les administrations publiques - Rapporteur national: HERBERT KÖNIG -, in der deutschen Übersetzung vorgelegt als Sonderheft 3 der Verwaltungswissenschaftlichen Informationen, Bonn 1977

KÖNIG, HERBERT 1977 b, Politisches Programm und Ressourcenallokation, in: Die Verwaltung 10 (1977), S. 235 ff. zugleich unter Besprechung von Michael J. Buse, Integrierte Systeme staatlicher Planung - Theoretische Grundlagen und praktische Erfahrungen im internationalen Vergleich, Baden-Baden 1974

KÖNIG, HERBERT 1977 c, Zur Neuorientierung von Zielgruppierungen in der öffentlichen Verwaltung, in: Verwaltung und Fortbildung 1977, S. 71 ff.

KÖNIG, HERBERT 1978 a, Zur Typologie integrierter Planungs- und Budgetierungssysteme, in: HANS-CHRISTIAN PFOHL und BERT RÜRUP (Hrsg.), Anwendungsprobleme moderner Planungs- und Entscheidungstechniken, Königstein/Ts. 1978, S. 219 ff.; hinführend dazu wiederum siehe EBERHARD BOHNE und den Verfasser, Probleme der politischen Erfolgskontrolle, in: Die Verwaltung 9 (1976), S. 19 ff.; dazu siehe auch den Verfasser, Effizienz öffentlichen Handelns - neu überdacht, im Wirtschaftsdienst 1979, S. 250 ff. (252)

KÖNIG, HERBERT 1978 b, Ziel-Programm-Ressourcen-Dynamik, in: Reform kommunaler Aufgaben, Studien zur Kommunalpolitik, Bd. 19, hrsg. vom Institut für Kommunalwissenschaften der Konrad-Adenauer-Stiftung, Bonn, S. 229 ff.

KÖNIG, HERBERT 1978 c, Von einer Reform des öffentlichen Dienstrechts zur Reform des öffentlichen Dienstes, in: Studien zur Reform von Regierung und Verwaltung, Schriftenreihe des Vereins für Verwaltungsreform und Verwaltungsforschung, Nr. 10, Teil II, Bonn, S. 9 ff.

KÖNIG, HERBERT 1979 a, Dynamische Verwaltung - Bürokratie zwischen Politik und Kosten, 2. Aufl., Stuttgart

KÖNIG, HERBERT 1979 b, Problemfindung als Ausgangspunkt für öffentliches Handeln, in: Verwaltung und Fortbildung, Sonderheft 4: Ziel- und ergebnisorientiertes Verwaltungshandeln - Entwicklung und Perspektiven in Regierung und Verwaltung, Bonn, S. 19 ff.

KÖNIG, HERBERT 1981, Verwaltungsführung und Strukturreform - Ansätze zu einer Neuorientierung, in: ANDREAS REMER (Hrsg.), Verwaltungsführung - Probleme und Strategien der Steuerung öffentlicher Verwaltungen, Berlin (im Erscheinen)

KGSt 1980, Kommunale Gemeinschaftsstelle für Verwaltungsvereinfachung, Kommunale Entwicklungsplanung in der Bundesrepublik Deutschland - Ergebnisse einer Erhebung, durchgeführt von der KGSt, Köln, in Zusammenarbeit mit dem Institut für Kommunalwissenschaften und Umweltschutz der Universität Linz/Donau, Köln

KMIECIAK, PETER 1976 a, Wertstrukturen und Wertwandlungen in der Bundesrepublik, in: WOLFGANG ZAPF (Hrsg.), Gesellschaftspolitische Zielsysteme - Soziale Indikatoren IV, Frankfurt a. M.

KMIECIAK, PETER 1976 b, Wertstrukturen und Wertwandel in der Bundesrepublik Deutschland, Schriftenreihe der Kommission für wirtschaftlichen und sozialen Wandel, Band 135, Göttingen

Kommunalwissenschaftliches Dokumentationszentrum Wien u. a. 1974, Aufgabenplanung und Finanzplanung - Beiträge zu einem internationalen Symposium, Wien

Konrad-Adenauer-Stiftung - Institut für Kommunalwissenschaften 1973, Stadtentwicklung - Von der Krise zur Reform, Bonn

KRUSE, HANS-JOACHIM, Allgemeine Aufgabenplanung, Heft 2.2 des Handbuchs der Verwaltung, hrsg. von ULRICH BECKER und WERNER THIEME, S. 28 ff.

LUHMANN, NIKLAS 1966, Theorie der Verwaltungswissenschaft, Köln/Berlin, hält ein System für rational in dem Maße, als es "seine Probleme bestandssicher formulieren und lösen kann" (S. 92)

MÄDING, ERHARD 1971, Verfahren der Stadtentwicklungsplanung, in Kaiser (Hrsg.), Planung V, Baden-Baden, S. 319 ff.

MEIER, ALFRED 1976, Planung: Chance oder Utopie?, in: ALFRED MEIER (Hrsg.), Planung in Behörden und Verwaltung, Band 18 der Schriftenreihe Finanzwirtschaft und Finanzrecht, Bern und Stuttgart, S. 15 f., unter Hinweis auf ALFRED MEIER und ALOIS RIKLIN, Überlegungen zur Innovationsfähigkeit des schweizerischen politischen Systems, in: A. HEMMER/E. KÜNG/H. ULRICH, Wirtschaft und Gesellschaft im Umbruch, Bern und Stuttgart 1975, S. 139 ff.

MEYER, THOMAS 1980, Die Evaluation des deutschen Seeschiffbaus, Diplomarbeit an der Hochschule der Bundeswehr Hamburg - Fachbereich WOW -, Hamburg, betreut vom Referenten

MOLTER, DIERK 1975, Raumordnung und Finanzplanung, Baden-Baden

MORSTEIN-MARX, FRITZ 1965, Regierungsprogramm und Haushaltsplanung in vergleichender Sicht, Politische Vierteljahresschrift 1965, S. 442 ff.

ROESLER, KONRAD und STÜRMER, WILHELMINE 1975, Koordinierung in der Raumordnungspolitik, Band 61 der Schriften der Kommission für wirtschaftlichen und sozialen Wandel, Göttingen

SANMANN, HORST 1973, Leitbilder und Zielsysteme der praktischen Sozialpolitik als Problem der wissenschaftlichen Sozialpolitik, in: Schriften des Vereins für Sozialpolitik, Gesellschaft für Wirtschafts- und Sozialwissenschaften, NF 72, Leitbilder und Zielsysteme der Sozialpolitik, Berlin, S. 61 ff.

SULEIMAN, EZRA N. 1978, Elites in French Society - The Politics of Survival, Princeton N. J., besprochen von MEINHARD SCHRÖDER, in: Die Verwaltung 13 (1980) S. 381 f. Nur zu träumen vermag man bei uns von Mechanismen, die in Frankreich prioritären Maßnahmen hinreichende Durchsetzungskraft verleihen. So ist im Spannungsfeld zwischen französischer Planification und französischem Budget angelegt, daß durchweg ressortübergreifende Prioritäten ermittelt und rigoros in den Staatshaushalt hineingepackt werden

VOLZ, JÜRGEN 1980, Erfolgskontrolle kommunaler Planung - Eine Untersuchung der Möglichkeiten und Grenzen einer Erfolgskontrolle kommunaler Planungen, Baden-Baden

DE VRIES, TJARK 1980, Das öffentliche Berichtswesen am Beispiel des Agrarberichts der Bundesregierung, Hamburg, Diplomarbeit, die der Verfasser hierzu betreute

WAGENER, FRIDO 1980, Vortrag über Lage und Zukunft der öffentlichen Planung, gelegentlich der Zehnjahresfeier des Raumordnungsverbandes Rhein-Neckar, Heft 1 der Schriftenreihe des Verbandes, Mannheim, S. 14 ff.

WITTKÄMPER, GERHARD W. 1980, Die politische Kontrolle der Regierung, der Ministerien und anderer öffentlicher Einrichtungen, in: HANS-JOACHIM VON OERTZEN (Hrsg.), Antworten der öffentlichen Verwaltung auf die Anforderungen der heutigen Gesellschaftssysteme, Band 5 der Schriften der Deutschen Sektion des Internationalen Instituts für Verwaltungswissenschaften, Bonn, S. 73 ff.

WOLLMANN, HELLMUT 1980 (Hrsg.), Politik im Dickicht der Bürokratie -Beiträge zur Implementationsforschung, LEVIATHAN, Sonderheft 3/1979, Opladen; siehe dazu auch die Rezension durch den Referenten in: DAS PARLAMENT Nr. 45 vom 8. November 1980

GÜNTER IRLE

Transfer und Rezeption soziologischer Untersuchungsergebnisse in der Kommunalverwaltung

1. Fragestellung

Das Thema erfaßt einen kleinen Ausschnitt aus der vielschichtigen Diskussion darüber, wie sich sozialwissenschaftliche Ergebnisse in der Praxis umsetzen lassen. Mit Transfer bezeichne ich die absichtliche, problembezogene Vermittlung sozialwissenschaftlicher Ergebnisse durch Soziologen oder Politologen aus dem Wissenschaftssystem in die Praxis der Kommunalverwaltung. Der gezielte Wissenstransfer unterscheidet sich von der diffusen Wissensverbreitung. Nach den Theorien der Diffusionsforschung (R. HAVELOCK 1969; B. BADURA u. a. 1978; W. BRUDER 1980) läuft dieser Transfer auf verschlungenen, langen Wegen in gesellschaftlichen Bereichen ab. Er beruht z. T. auf Professionalisierung, die selbst Wissen indirekt durch einen Personaltransfer in die Praxis einschleust, z. B. in Gestalt von Stadtplanern. Mich beschäftigen dagegen Transferprozesse, die zeitlich, thematisch, personell und durch die Art des sozialen Kontaktes mit der Praxis lokalisierbar sind.

Unter Rezeption kann man den mehrdimensionalen Prozeß verstehen, in dem Anwender soziologisch-politologisches Wissen als Information aufnehmen und anwenden. Was die Wissensanwendung tatsächlich bewirkt, Legitimation, Entscheidungsoptimierung oder kritisches Bewußtsein, schließt dieser Rezeptionsbegriff absichtlich aus (vgl. dazu für Sozialwissenschaften allgemein: H. NOWOTNY 1975; C. OFFE 1977 - für lokale Politikforschung: P. KEVENHÖRSTER/H. WOLLMANN 1978). Das gegenwärtige Wissen über den Nutzen sozialwissenschaftlicher Ergebnisse oder gar der Sozialwissenschaften reicht nicht aus, um diese Frage auch nur annähernd zu beantworten. Ich nenne von den vielen Ursachen dafür zwei: Soziologische Untersuchungsergebnisse beispielsweise treffen in Verwaltungen, Betrieben oder Bildungseinrichtungen meistens auf mehrere Anwender in unterschiedlichen hierarchischen Positionen mit konflikterzeugenden Interessengegensätzen untereinander und verschiedenen Aufgabenbereichen. Ein Organisationsamt mag die evaluativen Untersuchungsergebnisse über den Ablauf eines Planungsprozesses zur Reorganisation der Sozialverwaltung für nützlich halten, dem Sachbearbeiter im Fachamt erscheinen sie jedoch als wertlos. Ferner durchlaufen in vielen Fällen soziologische Untersuchungsergebnisse eine Umformung, wenn Anwender sie in ihre Handlungsabsichten, Entscheidungen und Maßnahmen einbeziehen. Im günstigsten Falle kann man durch eine Rezeptionsanalyse gekoppelt mit einer Wirkungsanalyse umgesetzter Entwicklungsprogramme, Fachpläne oder Maßnahmenkataloge Spuren des einmal übernommenen Wissens aufdecken.

Ich gehe auf Bedingungen ein, die sich auf die Vermittlung und Anwendung sozialwissenschaftlicher Ergebnisse auswirken. Dazu greife ich beispielhaft den Wissenstyp der soziologischen (politologischen) Untersuchungsergebnisse heraus (z. B. Sozialstrukturanalysen, Klientenbefragungen, Organisations- und Arbeitsplatzstudien, Evaluationsuntersuchungen). Mir liegt daran, plausibel zu machen, wie man die Anwendung soziologischer Untersuchungsergebnisse in der Praxis - der Kommunalverwaltung - als konfliktreiche Interaktion zwischen Wissenserzeugern und -anwendern analysieren und empirisch beschreiben kannn. Dazu setze ich mich kurz mit dem diffusionstheoretischen Nachfragemodell auseinander, das BADURA u. a. (1978) und BRUDER (1980) in ihren Untersuchungen verwendet haben. In der Hauptsache greife ich auf Vorarbeiten zu einer empirischen Untersuchung über Bedingungen der Verwendung von Begleitforschungsergebnissen in der Praxis zurück (G. IRLE/M.WINDISCH 1980). Daher haftet den folgenden Fragen die selektive Perspektive eines eigenen Untersuchungsschwerpunktes an: welche theoretischen Annahmen sind geeignet, Transfer- und Rezeptionsphänomene empirisch zu erfassen, die im Umkreis beratender, begleitender soziologischer Forschung in kommunalen Verwaltungen auftreten? Mit welchen Variablen kann man Transfer und Rezeption in derartigen Anwendungssituationen beschreiben?

Ich spezifiziere einige Analysefragen an einem einzelnen Untersuchungsgegenstand, den gezielten Datenfeedbacks, in denen Forscher Untersuchungsergebnisse an Praktiker zurückgeben. Diese spezielle Anwendungssituation bietet die Gelegenheit, Transferleistungen und Rezeptionsbemühungen in einem Zusammenhang zu beobachten. Mit Hilfe von empirischem Material - aus benachbarten Anwendungsgebieten - möchte ich veranschaulichen, unter welchen Bedingungen man die Anwendungsfähigkeit soziologischer Untersuchungsergebnisse steigern kann. Datenfeedbacksituationen machen ebenfalls organisations- und personalstrukturelle Bedingungen sichtbar, die den Wissenproduzenten und -verwendern Grenzen setzen, z.

B. die Machtverteilung, die sich in Positionsunterschieden niederschlägt. Ob sich Verwaltungsangehörige mit Untersuchungsergebnissen über die Wirkungen des EDV-Einsatzes in ihrem Organisationsbereich beschäftigen, dürfte erheblich davon bestimmt sein, ob sie Einflußchancen besitzen, nachgewiesene Änderungsnotwendigkeiten durchzusetzen.

Ich gehe von der Annahme aus, daß die Anwendung soziologischer Untersuchungsergebnisse in begrenztem Rahmen ein praktisches Handlungsproblem darstellt und lösungsfähig ist. Forschungsstrategien wie begleitende Forschung und technische Arrangements wie Datenfeedback schaffen Situationen, in denen sich Wissenschaftssystem und Anwendungssystem eng berühren und doch strukturell getrennt bleiben. Für eine "Soziologie der angewandten Sozialforschung" (B. BADURA 1976, 7) stellen diese Situationen geradezu ideale Untersuchungsphänomene dar. Und der Anwendungspraxis bieten sie einen Erfahrungsbereich, in dem Sozialwissenschaftler und Praktiker Transfer- und Rezeptionsmöglichkeiten strategisch ausloten können. Im Unterschied zu Professionalisierungsstrategien gewähren die genannten Anwendungsstrategien den Soziologen außerhalb der Praxis die Chance, dieser ein bestimmtes Wissen für bestimmte Probleme in bestimmten Handlungssituationen 'anzubieten' und das 'Nachfrageverhalten' zu beeinflussen.

Die handlungsstrategische Seite des Anwendungsproblems verbindet mein Thema direkt mit dem Arbeitsschwerpunkt "Methodik der kommunalen Problemverarbeitung". Das geschieht unter der Voraussetzung, daß Soziologen mit Untersuchungsergebnissen in einem kommunalen Handlungsfeld wenigstens dazu beitragen, Probleme zu erschließen, ihre Ursachen aufzudecken sowie durch die eingesetzten Untersuchungsstrategien und Transferverfahren den Anwendern die Auseinandersetzung mit Problemen zu erleichtern. Daher fasse ich den schillernden Begriff der Problemverarbeitung eng in dem Sinne, das Verwaltungsfachleute, Planungsspezialisten oder politische Entscheider häufig bloß an Problemen 'arbeiten', diese aber nicht lösen. Umso leichter kann ich auch die These vertreten, daß Soziologen aus dem Wissenschaftsbetrieb nicht die Anwender soziologischer Untersuchungsergebnisse in der Praxis sein können. Ihnen fällt vielmehr eine beratende, unterstützende oder kritisch störende Rolle zu (vgl. U. BECK 1980). Den Methodenbegriff des Schwerpunktthemas fasse ich weit, so daß darunter auch Konflikt- und Aushandelungsstrategien fallen können. Ein technizistisch verengter Verfahrensbegriff würde darüber hinwegtäuschen, daß Transfer und Rezeption soziologischer Ergebnisse ein sozio-politischer Vorgang in Organisationen ist. Diesen kann man nur stellenweise technisch steuern, beeinflussen ihn doch Variablen, die Forscher und Praktiker kurz- oder längerfristig nicht verändern können.

Es versteht sich von selbst, daß soziologisches Wissen über Anwendungsprozesse die gleichen Transfer- und Rezeptionsbarrieren überwinden muß wie jedes andere soziologische Wissen auch.

Meine Überlegungen fügen sich in soziologische Bemühungen ein, die sich kürzlich in dem DFG-Schwerpunktprogramm über "Verwendungszusammenhänge sozialwissenschaftlicher Ergebnisse" verdichtet haben. Auf die dortigen Forschungsperspektiven gehe ich aus Zeitgründen nicht ein.

2. Kritik des Nachfragemodells

BADURA u. a. (1978), BRUDER (1980) und DERSCHKA/STÖBER (1978) haben den diffusionstheoretischen Ansatz um berufssoziologische und organisations-soziologische Erklärungselemente erweitert und auf Personal aus der Bonner Ministerialbürokratie sowie aus Wirtschaftsunternehmen angewandt. BRUDER (1980) hat darüber hinaus mit einer Fallstudie zur Entwicklung des Gesundheitsforschungsprogramms das Nachfragemodell auf eine konkrete Anwendungssituation bezogen, um Erklärungslücken auszumerzen.

Der Nachfrageansatz besticht durch seine Konsistenz. Er eignet sich für flächendeckende Querschnittsanalysen, weil er die Nutzung sozialwissenschaftlicher Ergebnisse auf die Rezeptionsbereitschaft zurückführt, die Organisationsangehörige bekunden. Er beschreibt verallgemeinerungsfähig die allgemeine Nutzungsbereitschaft unterschiedlicher Personalgruppen und erklärt sie durch ausgewählte Sozialisations-und Organisationsvariablen.

Zur Kritik:
(1) Der Ansatz sieht im informatorischen Nachfrageverhalten von Personen in Organisationen die wichtigste Nutzungsbedingung. Folgerichtig vernachlässigt er Mängel, die im Entstehungsprozeß wissenschaftlicher Ergebnisse liegen ebenso wie Schwierigkeiten, die in der Beziehung zwischen Produzenten- und Anwendersystem bestehen, z. B. auseinanderfallende wissenschaftliche und praktische Zielkriterien,

Sprachbarrieren (W. BRUDER 1980) oder Organisations- und Transferprobleme (B. BADURA 1978). Das Erklärungsmodell setzt das nachfragende Informationsverhalten gegenüber sozialwissenschaftlichen Ergebnissen konstant und sieht es dem Einfluß sozialer Interaktion und konfliktreicher Kooperation entzogen. Demgegenüber erwarte ich, daß man die Nutzung soziologischer Ergebnisse zutreffender beschreibt und möglicherweise erklärt, wenn man von einem Prozeß wechselseitiger Einflußnahme in bestimmten Anwendungssituationen ausgeht.

(2) Der Ansatz betrachtet die geäußerte Rezeptionsbereitschaft als zuverlässigen Repräsentanten des tatsächlichen Nutzungsverhaltens. An der unterstellten Konsistenz von Einstellung und tatsächlichem Handeln sind Zweifel angebraucht (vgl. W. MEINEFELD 1977). Wahrscheinlich steuern die sozialisationsabhängigen Einstellungen nur zu einem Teil das tatsächliche Handeln.

(3) Der Ansatz betrachtet Informationsverarbeitung als Lern- und Aufklärungsprozeß. Wenn aber sozialwissenschaftliche Ergebnisse die Anwender in Lern- und Aufklärungsvorgänge verwickeln, dann ist es grundsätzlich möglich, daß sich ihre Einstellungen auch diesen gegenüber verändern. Anwendungsbezogene Sozialforschungsprojekte aus dem Bildungs- und Betriebsbereich (W. MITTER/H. WEISHAUPT 1979; E. Fricke u. a. 1980) weisen darauf hin.

(4) BRUDER hat die beschränkte Aussagekraft des Nachfragemodells hervorgehoben. Mit seiner Fallanalyse weist er auf, daß es nicht klärt, wie und warum Verwaltungsangehörige im konkreten Fall der Planung sozialwissenschaftliche Ergebnisse nutzen, ablehnen oder ignorieren. Dazu müsse man Situationsfaktoren heranziehen. Die Ergebnisse der Fallstudie selbst wecken Zweifel an der Brauchbarkeit des Nachfrageansatzes. Die Analyse kommt zu dem Schluß, daß sich die mangelnde Konfliktfähigkeit der Programmentwickler "letzendlich als eigentliche Schranke einer stärker innovativ ausgerichteten Politikplanung" (W. BRUDER 1980, 149) und Ergebnisnutzung erwies. Das selektive Informationsverhalten der Ministerialbeamten gegenüber sozialwissenschaftlichen Ergebnissen kommt jetzt nur noch als verstärkende Variable in Betracht. Außerdem erklärt die Studie mit Umständen auf der Wissenschaftsseite und in der Beziehung zur nachfragenden Ministerialorganisation, warum die Programmentwickler mehr naturwissenschaftlich-medizinische und weniger sozialwissenschaftliche Ergebnisse berücksichtigt haben: z. B. eigene Produktionsinteressen, theoretisch-methodische Qualitätsmängel der abgelieferten Gutachten, Eingrenzung der gestellten Aufgabe nach

wissenschaftsinternen Reduktionsregeln - mit überraschend gutem Nutzungseffekt; eine viel zu kurze Bearbeitungs- und Kontaktzeit.

3. Wissensanwendung als konfliktreiche Interaktion

3.1 Modellvorstellungen für eine empirische Analyse beratender, begleitende Sozialforschung

BADURA (1976) hat drei Anwendungsmodelle skizziert. Anwendungsorientierte Sozialforschung, von intervenierender (z. B. Modellversuche der Stadt Lübeck 1979; H. BRINCKMANN u. a. 1978) bis zu deskriptiv-distanzierter, aber rückkoppelungsintensiver (W. NACKEN 1976; H. WOLLMANN u. a. 1980; G. HELLSTERN/H. WOLLMANN 1980), kommt dem Modell am nächsten, das zwischen reiner Auftragsforschung und Gegenexpertise liegt. Bei einer empirischen Anwendung verwischen sich jedoch die Modellunterschiede: Zur Nutzung gehören auch langfristige Lernprozesse, in denen sich die Einstellungen und Verhaltensweisen der Anwender ändern. Für eine kritische Sozialwissenschaft liegen darin vielleicht die wichtigsten Anwendungseffekte. Dennoch gehört zum Nutzungsphänomen ebenso die kurzfristige, direkte Wissensumsetzung in Planung und Entscheidung, die Badura ausschließlich dem Typ der Ressortforschung zuschreibt. In diesem Fall muß man empirisch zwischen zum Teil konträren Verwendungsabsichten von Akteuren in einer Kommunalverwaltung unterscheiden.

Ein weiteres Modellelement ist die relativ dauerhafte Zusammenarbeit mit administrativen Stellen. Zentral ist ein drittes Analyseelement.

Begleitende Sozialforschung geschieht im Kontext politischer Auseinandersetzungen, ökonomischer Verteilungskämpfe, widersprüchlicher Interessen sowie konkurrierender individueller Wertvorstellungen und Situationsdeutungen. Obwohl die "Interaktion von Wissenschaft und Politik" (Wissenschaftszentrum Berlin 1976.) Konfliktbeziehungen enthält, unterscheidet sich diese Modellvorstellung von der Gegenexpertise (BADURA). Die Gegenexpertise stellt den Grenzfall begleitender Sozialwissenschaft in der Kommunalverwaltung dar. Jenseits dieser Grenze kann eine begleitende Sozialforschung dennoch ein kritisches Potential entfalten. Es nutzt vielleicht weniger dem Verwaltungsmanagement, als vielmehr den sozial schwächeren Personalgruppen, z. B. eine Wirkungsanalyse zum EDV-Einsatz (H.

BRINCKMANN u. a. 1978) oder die prozeß- und ergebnisorientierte Evaluation einer organisatorischen Reform (H. LUKAS u. a. 1976). Zu den potentiellen Wissensverwendern in kommunalen Verwaltungen gehören zunehmend Personengruppen, die bislang in der Diskussion über Wissensanwendung und Politikberatung keine Rolle spielten.

Die modellartigen Analysevorstellungen enthalten die wichtigsten Ebenen, auf denen Transfer und Rezeption soziologischer Untersuchungsergebnisse stattfinden:

- Eine relativ dauerhafte, konfliktreiche Interaktion zwischen Forschern und praktischen Anwendern.

- Eine bestimmte Art der Koppelung zwischen beratendem Forschungsprozeß und kommunalem Problemlösungsvorhaben.

- Forschungsstrategie und Innovations- oder Planungsstrategie sind verschiedene Handlungsformen und -situationen, aber schon frühzeitig, z. B. bei der wechselseitigen Definition und Auswahl von Untersuchungsproblemen, aufeinander, bezogen.

- Anwendungsprobleme sind nach Wissensarten unterscheidbar: diagnostischem Wissen (Erklärungswissen), evaluativem (Bewertungswissen), konstruktivem (Handlungsmodellwissen) sowie methodischem Wissen.

- Zwei Nutzungs- und Rezeptionsebenen treten in Erscheinung, einerseits eine direkte, kurzfristige Anwendung von Wissen in Planungen und Entscheidungen (instrumentelle Nutzung), andererseits längerfristige Lernvorgänge, die sich auf die soziale Handlungskompetenz und die berufliche Qualifikation der Praktiker auswirken (selbstreflexive Nutzung). Beide Nutzungsebenen können sich in einer Anwendungssituation überlagern und nach Anwendungsgruppen variieren.

- Schließlich muß man mit einer Vielzahl von Anwendern in einem Interessen-und Machtfeld rechnen, die sich durch Position, Qualifikation und Handlungsorientierung voneinander abheben.

3.2 Interaktion und Konflikt

Der Interaktionsbegriff ist durch das sozialpsychologische Modell der Zwei-Personen-Interaktion belastet (vgl. M. ARGYLE 1975). Daher hat BECK (1980, 437) klargestellt, daß der Anwendungsprozeß ein "Viel-Personen-Spiel" und kein Zwei-Personen-Spiel darstellt. Hält man daran fest, dann ist der Interaktionsbegriff

tauglich. Gegenüber dem systemtheoretischen Integrationsbegriff (vgl. F. NEID-
HARDT 1979) besitzt er einige Bedeutungs-Vorteile. Er lenkt die Aufmerksamkeit
auf die wechselseitigen Aktionen, die in bestimmten Handlungssituationen von
Forschern und Anwendern ausgehen. Er läßt grundsätzlich den Ausgang der
Kontaktbemühungen offen, der in Abbruch oder mühsam erzielter Abstimmung
bestehen kann. Er schließt Entwicklung und Veränderung auf beiden Seiten ein. Ob
sich die strukturell ausdifferenzierten Wissenschafts- und Anwendungssysteme
'integrieren', ist nur soweit von Belang, als eine Anwendungssituation Forscher und
Anwender bestärkt, trotz bleibender Interessen- und Wahrnehmungsunterschiede
künftige Interaktionen zu versuchen.

Der Interaktionsbegriff kehrt bis zu einem gewissen Grad die Abfolge von Transfer
und Rezeption um. Schon zu Beginn eines Untersuchungsvorhabens transferiert die
Anwenderseite eigene Ziele, Erwartungen, Problembeschreibungen und Methoden-
vorstellungen zu den Forschern. Der Transfer von soziologischem Wissen beginnt
oft, wenn Forscher und Anwendergruppen in einer Kommune über Untersuchungs-
ziele, -gegenstände, -verfahren und Umsetzungsmöglichkeiten kontrovers diskutieren. Das belegen Ansätze der sozialwissenschaftlichen Begleitforschung zu Vorhaben der Humanisierung, des EDV-Einsatzes oder Neuorganisation Sozialer Dienste
in Kommunen. Erwähnenswert ist auch das Verfahren des Evaluability Assessment,
das systematisch durch Voranalysen die Umsetzungschancen im Anwendungsfeld
klärt (J. WHOLEY u. a. 1975; G. HELLSTERN/H. WOLLMANN 1980).

Die Interaktion zwischen sozialwissenschaftlicher Forschung und kommunaler
Praxis liegt in einem "Minenfeld politischer, aministrativer und gesellschaftlicher
Interessen" (G. HELLSTERN/H. WOLLMANN 1980, 61). Es mag ruhigere Zonen
geben, in denen das Mehr-Personen-Spiel zwischen Soziologen, finanzierendem
Auftraggeber und Betroffenen innerhalb oder außerhalb der Verwaltung konflikt-
ärmer verläuft, z. B. organisatorische Umstellungsmaßnahmen in der Sozialverwal-
tung. Doch auch dort trifft man auf interne Konflikte, so der typische zwischen
Rationalisierungs-, Humanisierungs- und sozialpolitischen Zielen (Modellversuche
Stadt Lübeck 1979; S. MÜLLER/H. OTTO 1980).

Man kann die Vielfalt möglicher Konflikte in Anwendungsprozessen auf das
Dreiecksverhältnis (vgl. zum Begriff U. BECK 1980; K. SCHMALS 1980) zurückführen, das zwischen sozialwissenschaftlichem Forscher, auftraggebender Verwaltung und Betroffenen besteht. Wichtig daran ist, ob Konfliktbeziehungen für

Lösungen offen sind oder immer wieder unüberwindbare typische Ziel- und Interessendiskrepanzen auftreten.

Untersuchungen über Begleitforschung im Bildungsbereich beantworten diese Frage kontrovers (J. DIEDERICH 1977; P. GSTETTNER/P. SEIDL 1977; J. BAUMERT 1979). Typische Widerspruchsebenen sind: Konstruktive Erwartungen der Anwendungsseite vertragen sich nicht mit der Logik empirisch-analytischer Forschung; der aktuelle Handlungsdruck steht der Langfristigkeit der Forschung über komplexe Probleme entgegen; die Komplexität der Problembestände auf Seiten der Praxis reibt sich mit der notwendigen Selektions- und Reduktionsleistung empirienaher Sozialforschung; bei der Transformation von Forschungsfragen in Handlungsprobleme und umgekehrt treten Sprachdivergenzen auf; Evaluation, die Kritik an der Anwenderseite übt, widerspricht den Bestätigungserwartungen der Praktiker; die Objektivierungsaufgabe der Forschung ist unverträglich mit dem Bedürfnis nach Anerkennung und Bestätigung für die Arbeit,die Praktiker leisten (J. BAUMERT 1979).

Welche Ziel- und Interessenunterschiede wie stark auftreten, hängt bei wissenschaftlich begleiteten Modellversuchen sehr von der jeweiligen bildungsplanerischen Strategie ab (J. BAUMERT 1979). Ob sie zu unüberwindlichen Widersprüchen anwachsen, entscheidet sich ferner daran, welche Konfliktstrategie begleitende Forscher und Anwenderseite aushandeln und gegenseitig akzeptieren.

Verhandlungsspielräume belegt eindrucksvoll die Analyse des Evaluationsprogramms für die Kollegschulreform in Nordrhein-Westfalen (A. GRUSCHKA 1976; P. GSTETTNER/P. SEIDEL 1979). Die Begleitforscher konnten gegenüber dem Kultusministerium ein ebenfalls prozeß- und kontextbezogenes Evaluationskonzept durchsetzen, das größere Chancen für einen laufenden Wissenstransfer gewährte. Wie sich im Einzelfall typische Ziel- und Perspektivendiskrepanzen zwischen sozialwissenschaftlicher Arbeit und dem Problemlösungsverhalten administrativer Stellen entschärfen, zeigt die erwähnte Fallstudie von BRUDER. Die wissenschaftliche Beratergruppe aus dem Hochschulbereich hat den Problembereich, den sie innerhalb weniger Monate für das auftraggebende BMJFG bearbeiten sollte, auf ein überschaubares Format reduziert. Nach Meinung der befragten Referenten war das vorgelegte Gutachten von allen eingeholten wissenschaftlichen Gutachten noch am nützlichsten für die Programmentwicklung.

Man kann die Vorstellung von unüberbrückbaren Ziel- und Wahrnehmungsunterschieden zwischen beratend-begleitenden Soziologen und kommunaler Praxis weiter ausdifferenzieren, indem man die unterschiedlichen Anwendergruppen berücksichtigt. Ich konkretisiere diese These an einem Fall aus dem eigenen Begleitforschungsvorhaben: In der ämterübergreifenden Projektgruppe, die die Neuorganisation Sozialer Dienste plante, gab es immer wieder Meinungsunterschiede über die Langfristigkeit des Planungs- und Umstellungsvorhabens. Sachbearbeiter aus den Fachämtern hatten ein starkes Interesse daran, den Organisationsentwicklungsprozeß längerfristig anzulegen. Möglichst viele Mitarbeiter sollten eine Chance haben, ihre Zielvorstellungen zu entwickeln und untereinander abzustimmen. Auf schnellere, organisationstechnisch umsetzbare Lösungen drängten der Vertreter des Organisations- und Verwaltungsamtes, auch einige Abteilungsleiter. Als Begleitforscher konnten wir mit Untersuchungen sowie mit Programmanalysen die Langzeitperspektive unterstützen. Die Langzeitorientierung unserer soziologischen Problemlösungsversuche konkurrierte in diesem Fall nicht mit den Anforderungen der Anwenderseite schlechthin.

Bleibt die Frage, wie sich Sozialwissenschaftler nicht in Abhängigkeit begeben, wenn sie sich auf das Interessengeflecht im Anwendungsfeld einlassen. Dazu schlägt BECK (1980) eine Konfliktstrategie vor, bei der sich Soziologen gleichzeitig für die Anforderungen der verschiedenen Akteure offenhalten und mit mehreren Kooperationsbeziehungen aufrechterhalten. Das ist ein Balanceakt. Der Soziologe braucht unter Umständen lange, um den beteiligten Akteuren klarzumachen, welche Rolle er spielt. Das erschwert den Wissenstransfer.

3.3 Ausgewählte Untersuchungsdimensionen

3.3.1 Ergebnisanwendung

Soziologische Untersuchungsergebnisse machen bei ihrer Rezeption in der Verwaltung Transformationen durch. Ergebnisanwendung hat daher indirekten, diskursiven Charakter (K. KNORR 1976).

Will man Umformungen empirisch nachzeichnen, bietet sich eine grobe Phaseneinteilung an:

(1) Aufnahme von Informationen, die sich in allgemeiner zustimmender oder ablehnender Kenntnis- und Stellungnahme äußert. Sie stellt die schwächste Reak-

tion von Praktikern auf soziologische Untersuchungsergebnisse dar. Bereits in dieser ersten Phase treten Selektionen auf.

(2) Auseinandersetzung mit vorliegenden Ergebnissen. Sie kommt bei soziologischen Untersuchungsergebnissen in zwei beobachtbaren Erscheinungsformen vor: als Interpretation, in die u. a. sozialisationsbedingte, stereotype Deutungsmuster und positionsbedingte Interessen einfließen. Die zweite Erscheinungsform besteht in begrenzt beobachtbaren verbalen Reaktionen, in denen sich konstruktive Überlegungen und Vorschläge zur Problemlösung niederschlagen.

(3) Verebbt die Wirkung einer soziologischen Untersuchung nicht bereits an dieser Stelle, folgt eine weitere Phase. Praktiker bauen ausgewählte Daten, Interpretationen oder Thesen einer soziologischen Untersuchung in Handlungsschritte ein. Man muß sich klar sein, daß von den Ergebnissen einer soziologischen Untersuchung nur ein Bruchteil von Aussagen nutzbar wird. Handlungseinrichtungen kann man nach KNORR (1976) typisieren in: Motivations- und Legitimationsbeschaffung, Ressourcenmobilisierung, Steigerung der Planungs- und Entscheidungsleistungen. Im letzten Fall erhält die argumentative, nicht technische Wissensnutzung ein besonderes Gewicht.

(4) Eine letzte Umformungsphase läßt sich hypothetisch rekonstruieren, indem man die Wirkungen eines umgesetzten Programms einem bestimmten soziologischen Wissen zurechnet, das Planer und Entscheider berücksichtigt haben. Eine Aussage in dieser Richtung vereinfacht notgedrungen komplexe Ursache-Wirkungs-Zusammenhänge. Sie verdichtet die Abfolge von Handlungsketten in der kommunalen Planungs-, Entscheidungs- und Umsetzungspraxis. Und sie rechnet kausal bestimmte soziale Realitäten der Umwelt kommunalen Maßnahmen zu.

Man kann die Phaseneinteilung mit typischen Nutzungsrichtungen verbinden und diese nach Ebenen (Problemwahrnehmung, Programmentwicklung), Akteuren (z. B. Verwaltungsleitung, Sachbearbeiter, Personalvertretungen, Fraktionsvertreter) und Politikfeldern (z. B. Stadtentwicklung, Wohnungspolitik, soziale Dienstleistungen) kommunaler Problemlösungsbemühungen unterscheiden. Daraus entsteht ein mehrdimensionaler Analysebereich, der unterschiedlich zugängliche Variablen enthält. Ein Beispiel für die Dimension der Nutzungsrichtung:

Dimension	Variablen (Indikatoren)	Erhebungstechniken
Z.B. Phase der Informationsaufnahme mit dem Schwergewicht auf Erweiterung des Informationsstandes (intelligence-function).	Verbale Reaktionen auf vorliegendes soziologisches Wissen (Personenspezifische Variablen). Schriftliche Verweise/Hinweise auf bestimmte Wissensbestände in Protokollen, Plänen.	Befragung. Teilnehmende Beobachtung. Inhaltsanalyse, wobei eine Kombination mit Befragung nützlich erscheint.
Phase der interpretativen Auseinandersetzung und diskursiven Entwicklung von Lösungsmöglichkeiten; Ansätze zu Lern- und Reflexionsvorgängen.	Verbale Reaktionen: z. B. alternative Problemdefinitionen; Suche nach Ursachenerklärungen. Verlaufs- und Ergebnisprotokolle von Sitzungen, Planungsentwürfe.	Gruppendiskussionsverfahren. Teilnehmende Beobachtung. Inhaltsanalyse.

3.3.2 Erwartung - Bedarf

Wie stark und wofür Praktiker soziologische Untersuchungsergebnisse verwenden, hängt stark davon ab, welchen 'Bedarf' sie haben. Was immer politischadministrative Systeme für einen objektiven Bedarf an sozialwissenschaftlichen Leistungen haben, einzelne Personen formulieren ihn, indem sie Erwartungen an Soziologen und Politologen richten. Daher bevorzuge ich den rollentheoretischen Begriff der Erwartung anstelle des objektivistischen Bedarfsbegriffs.

Die folgenden Merkmale kennzeichnen Erwartungen: sie enthalten interpretierende Antizipationen eines bestimmten Handelns der Sozialforscher; als Handlungserwartungen konstituieren sie soziale Rollen, die Praktiker den Forschern zuschreiben; Erwartungen richten sich daher auf sozialwissenschaftliche Ergebnisse wie auf die Person und Rolle des Forschers; die Handlungserwartungen von Praktikern und

Forschern decken sich oder konkurrieren untereinander; Erwartungen sind interessen-und einstellungsabhängig. Der soziale Charakter der Erwartungen, die Praktiker an Soziologie und Soziologen richten, tritt umso mehr in Erscheinung, je stärker sich die Ergebnisanwendung in direkter Kommunikation und Kooperation mit Forschern vollzieht. Daher haben methodologische Eigenschaften soziologischen Wissens, wie z. B. Zuverlässigkeit, Allgemeingültigkeit und Anwendungs- oder Grundlagenbezug, eine Entsprechung in sozialpsychologischen Bedingungen, wie z. B. persönliche Vertrauenswürdigkeit des Forschers, Akzeptanz in der Wissenschaftsgemeinschaft, Verständnis für die Probleme des anderen (vgl. dazu P. GSTETTNER/P. SEIDEL 1977).

Während der Nachfrage-Ansatz mit relativ eindeutigen, stabilen Einstellungen als zentralem Einflußfaktor für die Ergebnisanwendung rechnet, nimmt das Erwartungskonzept die folgenden Merkmale an:

(1) Heterogenität/Widersprüchlichkeit: Erwartungen an soziologische Untersuchungsleistungen sind teils heterogen, teils widersprüchlich, weil sie von verschiedenen Akteuren stammen, die sich in Interesse, Position und Aufgabenfeld unterscheiden. Erhoffen sich z. B. parlamentarische Instanzen von Evaluationsuntersuchungen, daß diese ihre Kontroll- und Entscheidungsfähigkeit gegenüber der Verwaltung stärken, so erwarten Fachämter vielleicht von derselben Studie, daß sie ihnen Argumentationshilfe in der Konkurrenz um knappe Haushaltsmittel verschafft (vgl. H. WOLLMANN/G. HELLSTERN 1980). Oder dieselben Personen erwarten gleichzeitig eine kritische Analyse und die Legitimation ihrer Planungs- und Umsetzungsmaßnahmen.

(2) Spezifität: Wie in betrieblichen und schulischen Anwendungsfeldern äußern kommunale Stellen Erwartungen teils spezifisch, teils diffus. KNORR (1976) fand für staatliche Auftraggeber in Österreich heraus, daß diese ihr Erkenntnis-und Verwertungsinteresse konkret angaben, wenn Ergebnisse den eigenen Dokumentations-und Informationsstand verbessern sollten, aber diffus, wenn sie die eigene Planungs-und Entscheidungstätigkeit zu optimieren hatten. Anscheinend wirkt sich noch ein weiterer Umstand aus, der im Bildungs- und Betriebsbereich zu beobachten ist (vgl. dazu G. IRLE/M. WINDISCH 1980). Die Auftraggeber sprechen Erwartungen umso genauer aus, je kleiner das Teilgebiet einer Untersuchungs- und Beratungsaufgabe innerhalb eines Problemlösungsprogrammes ist. Der Spezifizierungsgrad wirkt sich zwiespältig aus. Einerseits lassen diffuse Erwartungen dem

Soziologen einen Spielraum für seine Untersuchung. Er kann z. B. die Anwendungsfähigkeit seiner Ergebnisse begünstigen, indem er kommunikationsfördernde Erhebungstechniken einsetzt. Andererseits muß er damit rechnen, daß Auftraggebern und potentiellen Anwendern erst später klar wird, daß sie etwas anderes wollen - statt dokumentierendem oder prozeßevaluierendem Wissen vielleicht konstruktive Planungshilfen.

(3) **Dynamik:** Erwartungs- und Interessenwandel ist wahrscheinlich, wenn die anfänglichen Zielvorstellungen der Anwenderseite unklar sind und z. B. erste Untersuchungsergebnisse zu einer genaueren Sicht verhelfen (vgl. K. KNORR 1976).

Man muß damit rechnen, daß sich Art und Ausmaß der Ergebnisanwendung erst im Laufe eines Kontaktes zwischen Forschern und Verwaltungsseite entscheiden. Diskrepanzen, Diffusität und Dynamik kennzeichnen ebenso die Erwartungen und Interessen der Forscher an die Praxisseite. Diese müssen als Faktoren berücksichtigt werden, die auf die Erwartungen der Praktiker stimulierend oder verunsichernd einwirken. Darauf gehe ich nicht näher ein.

3.3 Untersuchungsmethoden als Einflußfaktoren

Hält man das forschungsstrategische Ziel für richtig, daß Forscher (und Praktiker) die Anwendungsfähigkeit der Ergebnisse bereits berücksichtigen sollten, wenn sie eine Untersuchung planen, betrifft dies auch Methoden und Beratungsformen. Ich beschränke mich hier auf die Frage, ob zwischen Art und Ausmaß einer Ergebnisverwendung und Merkmalen von soziologischen Untersuchungsmethoden und Erhebungstechniken ein Zusammenhang besteht. Begünstigen 'kommunikations-und interaktionsfreundliche' Methoden, beispielsweise offene Interviews oder Gruppendiskussionsverfahren, die Ergebnisverwendung? Die Literatur über Organisationsentwicklung (W. FRENCH/C. BELL 1977; K. TREBESCH 1980), Handlungs- und Begleitforschung (HEINZE u. a. 1975; W. MITTER/H. WEISHAUPT 1977, 1979) enthält theoretische Argumente und empirische Hinweise, die diese Vermutung stützen.

Zwei Annahmen können die Anwendungseffekte plausibel machen. Die 'reaktiven' Methoden der empirischen Sozialforschung zeichnen sich durch die Eigenschaft sozialer Kommunikation aus. Je nach dem Standardisierungsgrad verlangt eine reaktive Methode - beispielhaft die Befragung - eine kommunikativ-interpretierende Eigenleistung des Untersuchten. An diese soziale Bedingung knüpft die zweite Annahme an: Können sich Befragte durch ihre Interpretationsleistung an der Datengewinnung beteiligen, erhalten sie die Chance, sich mit dem Untersuchungsgegenstand zu identifizieren. Davon können wiederum Anstöße ausgehen, sich später mit Untersuchungsergebnissen zu beschäftigen. Ein solcher Zusammenhang wird beeinflußt von den subjektiven Auffassungen, die Befragte von der Beziehung zwischen Untersuchungsmethode und Thema haben. Auch eine kommunikationsfreundliche Methode kann Praktiker nicht dazu bewegen, die Resultate überhaupt zur Kenntnis zu nehmen, halten sie das Thema für belanglos oder eine Methode grundsätzlich für verfehlt.

Kommunikative Eigenschaften der Methoden der empirischen Sozialforschung werden für kommunale Probleme wichtig, bei denen Definition und Lösung an Meinungen, Erwartungen und Handlungsweisen von Personen innerhalb und außerhalb der Verwaltung gebunden sind. Dazu gehören z. B. dokumentierend-informierende Ist-Erhebungen über Verwaltungsstrukturen, Arbeitsbedingungen oder Mechanismen der Leistungserbringung, evaluative Prozeßuntersuchungen zu Planungs-, Entscheidungs- oder Umsetzungsmaßnahmen; Klienten- und Bewohnerbefragungen. Je größer das Aktivierungspotential von Untersuchungsmethoden ist, umso stärker werden kommunale Akteure darauf achten, daß ein Untersuchungsvorhaben davon kontrolliert Gebrauch macht. Ich nenne zwei Möglichkeiten:

Der Einsatz aktivierender Sozialforschungstechniken empfiehlt sich aus der Sicht der Verwaltung dann weniger, wenn sie damit rechnen muß, daß ihre Beschäftigten oder die Abnehmer ihrer Dienstleistungen neue und höhere Ansprüche an sie richten. Man kann dies bei den Reorganisationsprojekten in der kommunalen Sozialverwaltung beobachten. Dagegen scheint der Einsatz aktivierender Techniken dann wünschenswert zu sein, wenn die Beschäftigten im Öffentlichen Dienst oder konfliktfähige Bewohnergruppen für motivierende Partizipation und Legitimation gewonnen werden sollen (vgl. HdA-Projekte in der Verwaltung; Stadtsanierung und Stadtentwicklung).

Weitere Untersuchungsebenen: Die Art der institutionellen Verankerung und Organisation beratender, begleitender Sozialforschung kann sich auf die Umsetzungsfähigkeit soziologischer Untersuchungsergebnisse auswirken. Aus Zeitgründen weise ich nur noch auf zwei Gegebenheiten hin, die sich für sozialwissenschaftliche

Begleitforschung im Bildungs- und Betriebsbereich als wichtig erwiesen haben. Es handelt sich einmal um den Grad der organisatorischen Abhängigkeit der Forschungsträger vom Auftraggeber und Innovationsträger (vgl. die Kontrolle, die bei HdA-Projekten von gemischt besetzten Ausschüssen ausgeht). Zum anderen besteht die Tendenz, Forschungs- und Beratungsaktivitäten (z. B. Evaluation/Intervention) auszudifferenzieren und Verbundsysteme zu schaffen. Mit den erwähnten institutionellen Gegebenheiten geht einher, wie Forschungsaktivitäten zeitlich, räumlich und thematisch-funktionell mit dem kommunalen Handlungsfeld verflochten sind. Damit rücken schließlich kommunalpolitische Kontextbedingungen in das Blickfeld. So verändert die Sparhektik, die erneut über die Kommunen hereingebrochen ist, schlagartig die Szene. In den Worten eines Sachbearbeiters aus einem Sozialamt, der sich fast zwei Jahre lang mit an der Planung Sozialer Dienste beteiligt hat: welchen Sinn hat es jetzt noch, sich mit Untersuchungsberichten auseinanderzusetzen, wenn die ganze Umsetzung am Geldmangel scheitert?

4. Bedingungen und Wirkungen des Datenfeedbacks als Transfertechnik

4.1 Ziele und Anwendungsbereiche

Geben Soziologen ihre Untersuchungsergebnisse planmäßig an die Befragten zurück, wird sichtbar, wie sich kommunikative Bedingungen zusammen mit strukturellen auf die Transfer- und Rezeptionsbemühungen auswirken. Untersuchungen haben gezeigt, daß Datenfeedbacks den Teilnehmern in erster Linie Lern- und Reflexionsanstöße geben. Sie lösen hingegen weniger stark Handlungsschritte aus (S. KLEIN u. a. 1970; M. MILES u. a. 1975; G. IRLE/B. WISCHKA 1980, 1981). Wegen dieser Leistung eignen sich Rückkoppelungstechniken für Kommunen dann, wenn Soziologen und Praktiker es zunächst oder allein darauf abgesehen haben, bei Personen und Gruppen Problembewußtsein zu erzeugen, Diskussionen in Gang zu setzen und Handlungsbereitschaft zu wecken.

Außer der Interventionsfunktion, die Datenfeedbacks so erfüllen können, messen manche Sozialwissenschaftler diesen gleichzeitig eine Validierungsfunktion zu (U. STÖSSEL 1979). Sie erwarten, daß die Stellungnahmen der Betroffenen und Interessenten aus einem Untersuchungsbereich die Gültigkeit der erhobenen Informationen abstützen. Ich neige zu der These, daß sich Validierungs- und Interventionsziele schlecht miteinander vertragen. Erwartet man, daß sich bei den

Datenfeedbackteilnehmern wenigstens Handlungsbereitschaft entwickelt, sobald sie sich mit Untersuchungsergebnissen auseinandersetzen, dann kann man damit rechnen, daß ihnen dies umso mehr gelingt, je stärker sie sich von den vorliegenden Daten und Thesen ablösen. Diese anhand von Tonbandaufzeichnungen und Fragebogenwerten beobachtbare Reaktionstendenz geht auf Kosten von Meinungsbeiträgen, die der Forscher als neue Daten für seine Validierungszwecke benötigt.

Datenfeedbacktechniken eignen sich hauptsächlich für soziologische Untersuchungen, die Personen, Gruppen und Organisationen durch Befragungen mit sich selbst konfrontieren. Diese Situation kommt der kybernetischen Idee einer Verhaltensänderung durch Rückkoppelung am nächsten (vgl. F. HELLER 1972). Das schließt jedoch nicht aus, daß ein Datenfeedbackprogramm auch 'objektive', personenunspezifische Informationen mitverwendet.

4.2 Wissensanwendung im Datenfeedbackprozeß

4.2.1 Modellelemente

Bei Datenfeedbacks treten Wechselwirkungen zwischen dem Soziologen, der Ergebnisse transferiert und den Interessenten, die sie rezipieren wollen, auf. Das geht aus dem stufenartigen Ablauf von Rückkoppelungsmaßnahmen hervor. Ich kennzeichne dazu die Rückkoppelungstechnik aus abgeschlossenen Datenfeedbackvorhaben mit Personal in Erziehungsheimen und Ortskrankenkassen (G. IRLE/B. WISCHKA 1980; G. IRLE 1981): (1) Vereinbarungen zwischen Forschern und Befragten über Ziele und Durchführungsformen der Datenrückgabe in ein- oder mehrmaligen Kontaktgesprächen; (2) anschließende wechselseitige Informationstransfers, bei denen die Gesprächsteilnehmer mitteilen, über welche ausgewählten Probleme und Thesen der Untersuchung sie diskutieren wollen, woraufhin die Forscher Informations- und Diskussionsmaterial zusammenstellen; (3) Durchführung der Rückkoppelungsdiskussionen in Gruppen, die als 'natürliche' Arbeitsgruppen mit Vorgesetzten oder als peergroups zusammengesetzt sein können; die Forscher schlüpfen dabei in die Rolle des Diskussionsleiters und Interpreten; (4) eine neue Folge von Rückkoppelungsgesprächen, bei denen man auch die systematischen Beobachtungen zum bisherigen Feedbackgeschehen diskutieren kann, um die Technik zu verändern.

Formen der direkten und indirekten Interaktion wechseln sich ab: Praktiker und Forscher tauschen ihre Erwartungen an die Datenrückgabe miteinander aus (direkte Interaktion); Praktiker treffen eine bewußte Auswahl von Themen, auf welche die

Forscher mit ihrer Ergebnisselektion reagieren (eher indirekte Interaktion); Teilnehmer in Feedbacksitzungen nehmen ein bestimmtes Diskussionsleiterverhalten beim Forscher wahr, das seinerseits von Gruppenmerkmalen beeinflußt ist.

Mit einigen Variablenzusammenhängen möchte ich anschließend die analytische Dimension der Interaktion zwischen Wissenschafts- und Praxisseite empirisch konkretisieren. Einzelne Variablen spezifizieren bruchstückhaft die Analysedimension 'Ergebnisverwendung' und 'Erwartung'.

4.2.2 Variablenzusammenhänge

Die untersuchten Variablenkomplexe sind:

Durchführungsbedingungen, wie Zeitabstand zwischen Datenerhebung und Feedback sowie Dauer der Feedbacksitzungen und ihr Einfluß auf den Feedbackprozeß. Beide Merkmale eignen sich als Indikatoren für die zeitliche Intensität, mit der sich ein Wissentransfer zwischen Wissenschaft und Praxis abspielt.

Einstellung der Befragten zur abgelaufenen Untersuchung und ihre Zielvorstellungen über die bevorstehende Datenrückkoppelung. Beide Merkmale sind Indikatoren für Erwartungen der Praktiker gegenüber den Untersuchungsergebnissen.

Merkmale der Teilnehmer, wie z. B. berufliche Position, Beschäftigungsdauer, Geschlecht und Arbeitsgruppen- bzw. Organisationszugehörigkeit.

Diese Merkmale eignen sich als Indikatoren für strukturelle Gegebenheiten auf der Anwenderseite und erhellen zusammen mit Situationsfaktoren das Rezeptionsverhalten der Praktiker.

Diskussions- und Gruppenatmosphäre sowie Diskussionsleiterverhalten. Diese Merkmale definieren Indikatoren der unmittelbaren sozialen Interaktion und heben zusammen mit den Variablen für die verbalen Reaktionen der Teilnehmer auf die Daten den kommunikativ-diskursiven Charakter von Wissenstransfer und -rezeption hervor.

Ausgewählte Ergebnisse:

Ergebnisse berichte ich getrennt für die Personalgruppen aus den Erziehungsheimen (EH) und Ortskrankenkassen (AOK), da beide Untersuchungen bislang nur für sich ausgewertet sind. Das Anwendungsfeld der AOK steht der kommunalen Verwaltung am nächsten. Im ersten Fall bezogen sich die soziologischen Untersuchungsergebnisse (U. PARPART 1979) auf Arbeits- und Organisationsprobleme; im zweiten Fall richteten sie sich auf die Auswirkungen der ADV in Ortskrankenkassen (R. DIEHL u. a. 1980).

Datenfeedback-Wirkung:

AOK (N = 26 Mitarbeiter): Nach dem Urteil der Teilnehmer hat sich die Diskussion über die Untersuchungsergebnisse am stärksten auf die Überzeugung ausgewirkt, aus den Ergebnissen sollten Planungskonsequenzen gezogen werden. Ebenso hat die Diskussion Anstöße zur weiteren Auseinandersetzung mit den angesprochenen Themen gegeben. Dagegen konnten die Teilnehmer aus den Ergebnissen weniger Handlungskonsequenzen für den eigenen Arbeitsbereich ziehen. Am wenigsten hat die Diskussion der Ergebnisse die Teilnehmer veranlaßt, ihre Meinungen zu ändern.

EH (N = 60 Mitarbeiter): Die Teilnehmer konnten selbst nur drei Wirkungsrichtungen einschätzen, und zwar den Informationszuwachs, Anregungen zur weiteren Ursachensuche und Handlungskonsequenzen. Die beiden ersten erfragten Effekte schätzten sie relativ positiv, die Handlungskonsequenzen geringer ein. Personen, die aus den Daten viele Anregungen zur Ursachensuche erhielten, konnten auch mehr Handlungskonsequenzen aus ihnen ziehen. Die Quantifizierung der aufgezeichneten Feedback-Diskussionen erschloß einen hohen Anteil an Wortbeiträgen, die Problembeschreibungen enthielten. Die Mitarbeiter haben das Feedback sehr stark dazu benutzt, problematisierende Verbindungen zur eigenen aktuellen Arbeitssituation herzustellen und über die konkreten beruflichen Schwierigkeiten zu sprechen. Sie setzten sich weniger als erwartet mit den Daten direkt auseinander, haben also weniger Fragen angebracht, Kritik geäußert, Daten zugestimmt oder Bemerkungen zur Untersuchung gemacht. Und sie haben nur sehr selten Handlungs- und Lösungsvorschläge geäußert.

Bei den AOK-Mitarbeitern schlägt das 'Wirkungs-Pendel' etwas deutlicher in Richtung auf Handlungsbereitschaft aus als bei den EH-Mitarbeitern.

Durchführungsbedingung 'Zeitabstand' und 'Dauer':

AOK: Die Mitarbeiter hielten den Zeitabstand für teilweise zu groß. Ein großer Zeitabstand (über 5 Monate) zwischen Befragung und Datenfeedback ging mit einer Veränderung des Diskussionsverhaltens und mit einer Verschlechterung der Diskussions- und Gruppenatmosphäre einher. Die Diskussionsleiter intervenierten häufiger, gaben Interpretationen und stellten mehr Fragen. Häufigere Erklärungen und Rückfragen mögen zur Überbrückung der Zeitdifferenz notwendig geworden sein, hatten aber zur Folge, daß sich die Teilnehmer weniger kritisch mit den Daten auseinandergesetzt und sich dagegen häufiger über Sinn und Zweck der Untersuchung geäußert haben.

Dauer (nur für EH): Die Dauer der Diskussionen korrelierte nicht signifikant mit der eingeschätzten Wirkung. Tendenz: Bei kurzen (unter 1 1/2 Std.) Sitzungen schätzten die Teilnehmer den Neuigkeitswert der Ergebnisse höher ein, während sie bei langen mehr Handlungskonsequenzen ziehen konnten.

Erwartungsmerkmal 'Zielvorstellungen':

Zwei Ergebnisse für die EH-Mitarbeiter sind interessant: Wie stark diese subjektiv die Rückkoppelungsdiskussion von ihrer ursprünglichen Zielperspektive abweichen sahen, war unabhängig von der tatsächlichen Zielabweichung. Subjektiv erlebten die Diskussionsteilnehmer umso mehr Übereinstimmung, je positiver sie die Diskussions- und Gruppenatmosphäre und je sachlich-informativer sie den Diskussionsleiter erlebten. Die Feedback-Diskussion konnte thematisch von der ursprünglichen Zielvorstellung abweichen und erzeugte dennoch positive Wirkungen, z. B. eine intensivere Auseinandersetzung mit Problemursachen. Eine Schlußfolgerung für die Spezifität und Dynamik von Erwartungen gegenüber Untersuchungsergebnissen liegt nahe: So wichtig es transfertechnisch für Forscher und Praktiker ist, wenn diese sich auf spezifische Ziele und Themen festlegen, so notwendig ist es für die aktuelle, verbale Auseinandersetzung mit den Ergebnissen, daß diese Spielräume für einen Erwartungswandel besitzt.

Teilnehmermerkmal 'Dauer des Arbeitsverhältnisses':

Nur EH-Werte: Dienstältere Mitarbeiter sahen einen höheren Informationszuwachs als jüngere, konnten aber aus den Ergebnissen weniger Anregungen zur weiteren Auseinandersetzung mit Ursachen und Lösungsmöglichkeiten ziehen. Die Älteren setzten sich jedoch kritischer mit den Daten auseinander als die Jüngeren. Außerdem lösten die Älteren beim Diskussionsleiter ein mehr 'sachliches', 'nichtdirektives' Verhalten aus.

Teilnehmermerkmal 'Position':

AOK: Führungskräfte (Sachgebietsleiter, Geschäftsleitung) neigten deutlich stärker als Sachbearbeiter zu der Meinung, aus den Ergebnissen sollten Planungskonsequenzen gezogen werden, sie erhielten mehr Anstöße zur Auseinandersetzung, sahen mehr Handlungskonsequenzen für ihren Arbeitsbereich und bei sich mehr Meinungsänderungen.

EH: Für die Mitarbeiter in den Führungspositionen (Gruppenleiter, Heimleitung) gelten die Werte für die dienstälteren Mitarbeiter. Die AOK/EH-Ergebnisse weisen in entgegengesetzte Richtungen. Die AOK-Führungskräfte sahen für sich anscheinend größere Handlungschancen als die AOK-Sachbearbeiter, während sich dieses Verhältnis für die EH-Führungskräfte umkehrte. Eine Erklärung dafür findet sich in den unterschiedlichen Innovations- und Entwicklungschancen zwischen AOK- und EH-Organisationen. Heimerzieher leben in einem Klima permanenter Mißerfolge. Der Einfluß der Positionshöhe auf die Meinung, wie handlungswirksam Untersuchungsergebnisse sind, hängt anscheinend davon ab, welche Handlungsmacht Positionsträger tatsächlich haben. Ihre formale Kompetenz und Hierarchiehöhe dürfte nebensächlich sein.

Diskussionsleiterverhalten:

AOK: Die ersten Auswertungen zeigen, daß sich die Diskussionsleiter gegenüber den Sachbearbeitern ungezwungener, engagierter verhielten als gegenüber den Führungskräften.

EH: Dazu liegen signifikante Ergebnisse vor. Charakterisierten die Teilnehmer den Diskussionsleiter eher als 'sachlich', 'zurückhaltend', 'wenig überheblich' und 'ruhig', setzten sie sich stärker interpretativ mit den Daten auseinander. Belegten sie ihn mehr mit den Merkmalen 'aktiv', 'engagiert', 'steuernd', dann beschrieben sie mehr Probleme aus der aktuellen Praxis und gingen öfter dazu über, Handlungs- und Lösungsvorschläge zu entwickeln. Dieser Leiter-'Typ' löste mehr motivierende Impulse aus als der andere.

Sollten die AOK-Daten diesen Zusammenhang bestätigen, wäre die These gut vertretbar, daß in nennenswerter Weise kommunikativ-interaktive Umstände dabei mitspielen, in welcher Richtung Praktiker Untersuchungsergebnisse aufnehmen. Die Konsequenzen für die Transferpraxis kann man sich leicht ausmalen.

Fazit: Die dargestellten Ergebnisse zeigen eindringlich, wie sich im konkreten Fall das Transferhandeln der Forscher und das Rezeptionshandeln der Praktiker miteinander verschränken, wie bestimmte strukturelle Gegebenheiten auf den kommunikativen Prozeß einwirken und daß die Wissensanwendung ein Produkt interaktioneller und struktureller Wechselwirkungen ist.

LITERATUR

ARGYLE, MICHAEL 1975: Soziale Interaktion, 3. Auflage, Köln.

BADURA, Bernhard 1976, Prolegomena zu einer Soziologie der angewandten Sozialforschung, in: ders. u. a.: Seminar: Angewandte Sozialforschung. Frankfurt, S. 7 - 30.

BADURA, BERNHARD/WALTZ, M./BRUDER, WOLFGANG 1978, Informationsverhalten in komplexen Organisationen, Konstanz 1978.

BAUMERT, JÜRGEN 1979, Strategien und Organisationsformen von Begleitforschung; Drei Fallstudien über Begleituntersuchungen zur Unterrichtsdifferenzierung in Gesamtschulen, in: MITTER/WEISHAUPT 1979, S. 1 - 65.

BECK, ULRICH 1980, Die Vertreibung aus dem Elfenbeinturm, Anwendung soziologischen Wissens als soziale Konfliktsteuerung, in: Soziale Welt, S. 415 - 441.

BRINCKMANN, H. /GRIMMER, K./GRÄSSLE, D./JUNGESBLUT, B./KARLSEN, TH./SCHÄFER, W./STABIK, L. 1978, Problemaufriß zum Projekt "EDV in der Arbeits- und Sozialverwaltung", Kassel.

BRUDER, WOLFGANG 1980, Sozialwissenschaften und Politikberatung, Opladen.

DERSCHKA, PETER/STÖBER, Adolf 1978, Grundlagen anwendungsbezogener Sozialwissenschaft, Opladen.

DIEDERICH, JÜRGEN, So tun, als ob ... - Eine Antithese zur Begleitforschung, in: WOLFGANG MITTER/HORST WEISHAUPT 1977, 142 - 180.

DIEHL, R./KARLSEN, TH./TREECK, W. 1980, ADV in der Ortskrankenkasse: Empirische Untersuchung eines Automationskonzepts, Forschungsgruppe Verwaltungsautomation GhK, Kassel.

FRENCH, WENDELL L./BELL, C. H.: Organisationsentwicklung. Bern/Stuttgart 1977.

FRICKE, ELSE/FRICKE, WERNER/SCHÖNWÄLDER, MANFRED/STIEGLER, BARBARA 1980, B MFT. Forschungsbericht Humanisierung des Arbeitslebens, Qualifikation und Beteiligung - Das Peiner Modell zur Humanisierung der Arbeit, Band I - III. Frankfurt 1981.

GRUSCHKA, ANDREAS (Hrsg.) 1976, Ein Schulversuch wird überprüft, Kronberg.

GSTETTNER, PETER/SEIDL, Peter 1977, Sozialpsychologische Aspekte wissenschaftlicher Begleitforschung, in: WOLFGANG MITTER/HORST WEISHAUPT, S. 84 - 141.

HAVELOCK, RONALD G. 1975, Planning For Innovation Through Dissemination And Utilization Of Knowledge. Michigan.

HEINZE, THOMAS/MÜLLER/STICKELMANN 1975, Handlungsforschung im pädagogischen Feld. München.

HELLER, F.A., 1972, Gruppen-Feedback-Analyse als Methode der Veränderung, in: Gruppendynamik, S. 175 - 191.

HELLSTERN, GERD-MICHAEL/WOLLMANN, HELLMUT 1980, Evaluierung in der öffentlichen Verwaltung, in: Verwaltung und Fortbildung, S. 61 - 79.

IRLE, GÜNTER/WINDISCH, M. 1980, Empirische Untersuchungen zur Begleitforschung, Ein Forschungsüberblick. Kassel.

IRLE, GÜNTER/WINDISCH, M. 1981, Bedingungen der Verwendung von Begleitforschungsergebnissen in der Praxis, Eine empirische Untersuchung, DFG-Antrag, Kassel.

IRLE, GÜNTER/WISCHKA, B. 1980, Bedingungen und Wirkungen des Datenfeedback, Abschlußbericht über ein empirisches Teilprojekt, Kassel.

IRLE, GÜNTER/WISCHKA, B. 1981, Die Anwendung sozialwissenschaftlicher Untersuchungsergebnisse in der Praxis durch Datenfeedback, in: Neue Praxis, S. 147 - 159.

IRLE, GÜNTER 1981, Rückkoppelung der Forschungsergebnisse in die Ortskrankenkassen, in: DIEHL, R./TREECK, W. v.: Krankenkasse und Verwaltungsautomation. Forschungsprojekt Verwaltungsautomation, Kassel, S. 79 - 91.

KEVENHÖRSTER, PAUL/WOLLMANN, HELLMUT (Hrsg.) 1978, Kommunalpolitische Praxis und lokale Politikforschung, Berlin 1978.

KLEIN, ST. M./ALLEN, I.K./WOLFSON, A. 1970, Employee Reactions to Attitude Survey Feedback: A Study of the Impact of Struktur and Process, in: Administrative Science Quarterly, S. 497 - 513.

KNORR, K. D. 1976, Politisches System und Sozialwissenschaften, in: STRASSER, H./KNORR, K. D. (Hrsg.), Wissenschaftssteuerung, Frankfurt/New York, S. 81 - 108,

LUKAS, HELMUT/SCHMITZ, I./SCHULLER, A./SKIBA, E.G. 1976, Projektplan zur wissenschaftlichen Begleituntersuchung des Modellversuchs "Sozialpädagogische Beratungsstelle Berlin-Charlottenburg Süd-Ost", Berlin (Unveröff.).

Materialband, Transferaktivitäten, Stadtforschungsprogramm der Robert Bosch Stiftung, Teilprojekt Entscheidungs- und Instrumentenanalyse o. J.

MEINEFELD, WERNER 1977, Einstellung und soziales Handeln, Reinbek.

MILES, MATTHEW B./HORNSTEIN, HARVEY A./CALLAHAN, DANIEL M./CALDER, PAUL H. 1975, Feedback von Befragungsergebnissen: Theorie und Bewertung, in: BENNIS, WARREN G./BENNE, KENNETH D./CHIN, ROBERT (Hrsg.): Änderung des Sozialverhaltens. Stuttgart, S. 374 - 389.

MITTER, WOLFGANG/WEISHAUPT, HORST (Hrsg.) 1977, Ansätze zur Analyse der wissenschaftlichen Begleitung bildungspolitischer Innovationen, Weinheim/Basel.

DIES. (Hrsg.) 1979, Strategien und Organisationsformen der Begleituntersuchungen im Bildungswesen, Weinheim/Basel.

Modellversuche in der Kommunalverwaltung der Hansestadt Lübeck, Arbeitsgruppe Begleitforschung, 2. Zwischenbericht. Lübeck/Bremen 1979.

MÜLLER, S./OTTO, HANS-UWE 1980, Sozialarbeit als Sozialbürokratie? Zur Neuorganisation sozialer Dienste, Neue Praxis, Sonderheft 5/1980.

NACKEN, WINFRIED 1976, Evaluation als Mittel der Politikberatung, Nürnberg.

NEIDHARDT, FRIEDHELM 1979, Praxisverhältnisse und Anwendungsprobleme der Soziologie, in: KZfSS 31/1979, S. 324 - 342.

NOWOTNY, HELGA 1975, Zur gesellschaftlichen Irrelevanz der Sozialwissenschaften, in: KZfSS-Sonderheft 18/1975, S. 445 - 456.

OFFE, CLAUS 1977, Die kritische Funktion der Sozialwissenschaften, in: Wissenschaftszentrum Berlin, S. 321 - 330.

PARPART, U. CH. 1979, Strukturanalyse eines Komplexes sozialpädagogischer Einrichtungen, Dipl. Arbeit GhK Kassel, Schwalmstadt.

SCHMALS, K. 1980, Der Stellenwert sozialwissenschaftlicher Forschung im Zusammenhang der Stadterneuerung, Forschungsantrag, München.

STÖSSEL, Ulrich 1979, Das Datenfeedback als Instrument der Prozeßevaluation innovativer Schulentwicklugen, Frankfurt/Bern/Las Vegas.

TREBESCH, KARSTEN (Hrsg.) 1980, Organisationsentwicklung in Europa, Beiträge zum 1. Europäischen Forum für Organisationsentwicklung in Aachen, Band 1 und 2, Bern 1980.

Verwendungszusammenhänge sozialwissenschaftlicher Ergebnisse: Antrag auf Einrichtung eines Schwerpunktes der DFG (1980).

Wissenschaftszentrum Berlin (Hrsg.) 1976, Interaktion von Wissenschaft und Politik. Frankfurt/New York.

WOLLMANN, HELMMUT u. a. 1980, Materialien zum Zwischenbericht der Hauptphase. Berlin/Stuttgart.

WHOLEY, J. S./NAY, J. N./SCANLON, J. W./SCHMIDT, R. E.: Evaluation: When Is It Really Needed?, in: Evaluation 2/1975, 9 f. (zitiert in: HELLSTERN/WOLLMANN 1980).

RAINER PRÄTORIUS

Politische Problemverarbeitung und Sozialwissenschaft: von der Hybris zum Zynismus

In mehreren Beiträgen dieses Bandes läßt sich eine vorherrschende Ansicht beobachten - teils nur angedeutet, teils dezidiert ausgesprochen: es sei bei der kommunalpolitischen Problemlösung ein Rollenverständnis der Sozialwissenschaften anzustreben, das stark dialogisch-prozessuale Züge trage, das also nicht von einem schulmeisterlich-belehrendem Verhältnis zur Praxis, sondern von einem wechselseitigen Lernprozeß ausgehe. Das klingt nett und bescheiden, empfiehlt sich wohl auch angesichts eines kapitalen Restbetandes uneingelöster Versprechen aus der Vergangenheit.

Im voranstehenden Aufsatz GÜNTER IRLEs werden einige gute Gründe für ein solches Verständnis der Wissenschaftsfunktionen im Zusammenwirken mit Kommunalverwaltungen aufgeführt. IRLE konzentriert sich dabei auf eher interne Aspekte der Aufnahme und Brechung von Wissenschaft in der Verwaltungspraxis und vernachlässigt - aus forschungsstrategischen Erwägungen heraus verständlich - ein wenig die externen Bestimmungsfaktoren. Ergänzend (und um polemische Belebung der Diskussion bemüht) möchte ich hier einige dieser Faktoren ins Gespräch bringen - hoffend darauf, daß für eine solche Aufgabenstellung auch relativ ungeschützte Mutmaßungen nicht ganz unproduktiv sein mögen!

Wir erleben gegenwärtig den spektakulären Niedergang einer Konzeption der wissenschaftlichen Politikberatung, die ich, ohne sie auf eine spezifische Parteibindung festlegen zu wollen, als den "parternalistisch-sozialdemokratischen" Typus bezeichnen möchte. Grundlage dieser Konzeption ist eine tendenzielle Gleichsetzung von gesellschaftsändernder und reformerischer Politik mit integrierender Gesamtplanung (F. SCHARPF 1974, bes. S. 37 ff; R. WATERKAMP 1974, bes. S. 92 ff). Die Option für Gesamtplanung wird gewonnen aus der Kritik an einem negativen Gegenbild - der unkoordinierten Einzelaktivität. Wenn z. B. die Ungestalt unserer Städte auf ungesteuerte, private Bautätigkeit in der Vergangenheit, wenn die Umweltverschmutzung auf unkontrollierte einzelwirtschaftliche Expansion, wenn das Verkehrschaos in den Straßen auf konzeptionslose Anpassung an den ausufernden Individualverkehr zurückgeführt wird, dann lassen bereits die Negativbeispiele erahnen, was als Therapie jeweils anzustreben sei. Entwicklungen sollen nicht im Vertrauen auf "Selbstheilungskräfte" oder auf eine "unsichtbare Hand" der eigenen Dynamik überlassen und allenfalls nachträglich ausgebessert werden, sondern von Beginn an einer politischen Zielsetzung und damit einer zentralen Koordination unterliegen. Also leitet diese Politik eine Kompetenzvermutung zugunsten der zentralen "Steuerungseinheiten", denen allein eine langfristig am Gemeinwohl orientierte Perspektive zugebilligt wird, derweil dezentrale Akteure unter dem Verdikt egoistisch-borniert Nutzenmehrung und der Externalisierung von Kosten stehen.

Das Antizipieren langfristiger Folgewirkungen, die präventive Problemfrüherkennung, das Durchspielen komplizierter Verflechtungen zwischen Teilpolitiken, das Aufstellen schließlich von integrierten Gesamtplanungen mit schlüssigen Zielhierarchien - alles dies waren Anforderungen an eine "aktive" Politik, die insbesondere den Einsatz beratender und analysierender Sozialwissenschaften zwingend aufzuerlegen schienen. Wo es aber nicht darum geht, gerüstet durch Analyse und Prognose gesellschaftliche Verhältnisse gestaltend zu beeinflussen, sondern nur darum, deren Eigenbewegung reaktiv in den Grenzen der rechtlichen Vorgaben zu halten, da ist nicht sozialwissenschaftliche Beratung, sondern allein geregelte Verfahrenssicherheit gefragt. Es spricht also ein gerüttelt Maß an Plausibilität für einen deutlichen Zusammenhang zwischen sozialreformerischer, planungsbetonter Politik und dem Einsatz von Sozialwissenschaften innerhalb der Entscheidungsprozesse, umgekehrt erscheint eine positive Korrelation zwischen reaktiver, "liberal-konservativer" Politik und einer vorwiegend juristisch geprägten Verwaltungspraxis nicht minder wahrscheinlich (R. PRÄTORIUS 1979). Bedauerlich bleibt darum, daß in einer Untersuchung, die Stilunterschiede in der Politik von "SPD-Städten" und "CDU-Städten" zum Thema hatte (R. FRIED 1976), die Persistenz bzw. Aufweichung des Juristenprivilegs nicht als Variable benutzt wurde - der ohnehin üppigen Sammlung kommunalpolitischer Forschungsdesiderate kann somit ein weiteres, schmuckes Exemplar beigefügt werden!

Konnten unter den Insignien der paternalistisch-sozialdemokratischen Planungspolitik die Sozialwissenschaften also noch auf eine günstige Nachfragekonjunktur für

Beratung, Problemdarstellung und Perspektivkalkulation in den politisch-administrativen Entscheidungsprozessen hoffen, so haben sich die Vorzeichen heute radikal gewandelt. Im Zuge der öffentlichen Finanzkrise ist Wissenschaftsbeschimpfung zur Mode geworden. Politiker und Verwaltungspraktiker denunzieren als nutzlos, was sie sowieso nicht mehr zu bezahlen in der Lage bzw. gewillt sind: Programmforschung, Gutachten, sozialwissenschaftliche Problemdarstellungen [1]. Bestenfalls rekapituliere die Forschung, was aus routinierter Praxis ohnehin längst bekannt sei, in den ärgerlichen Fällen zudem wecke unbilliges "Problematisieren" durch die Wissenschaft in den Handlungsfeldern neue, kostenträchtige Ansprüche. Der Schwarze Peter, der einstmals bei lästigen politischen Streitfragen der Wissenschaft in's Blatt gesteckt wurde, ist unterdessen mit Häme an die politischen Entscheidungsträger zurückgereicht worden. So haben etwa die Versuche, die Optionen für oder gegen Kernenergie durch Hearings und Gerichtsgutachten wissenschaftlich zu weihen und damit konsensfähig zu machen, nur zu Scharmützeln der Beliebigkeit geführt; mittlerweile ist allen Kontrahenten klar, daß es stattdessen primär um Fragen der politischen Verantwortlichkeit und Durchsetzung geht. Dann aber erscheint es auch müßig, der Wissenschaft teure Aufträge zu erteilen, wenn sie von genuin politischen Legitimationsproblemen doch nicht entlasten kann.

Doch nicht Geiz allein ist es, der heute der wissenschaftlichen Politikberatung das Leben schwer macht. "Inkrementalismus" scheint generell die Losung der Stunde zu sein - die Essener Tagung war da alles andere als eine Ausnahme. Der umfassende, integrative und planende Einsatz von Wissenschaft bei politischen Problemverarbeitungsprozessen unter Beschuß eines zweifachen Inkrementalismus [2] geraten, den nur ein Glaube vereint: das höhere Vertrauen in interessengeleitete Informationen gegenüber der vermeintlichen Wertfreiheit wissenschaftlicher Weltschau [3].

(1) Die eine Variante des Inkrementalismus möchte ich mit dem Attribut "liberal-konservativ" kennzeichnen, wobei freilich der gebührende Vorbehalt gegenüber solchen Schubfachetiketten mitgedacht werden muß. Das so umrissene Politikverständnis hat mit der Wendung zur "Austerity" in diversen westlichen Demokratien inzwischen beträchtliche Prominenz erreicht. Die Losungen der Stichwortgeber sind bis zum Überdruß bekannt - wichtig für unseren Diskussionszusammenhang ist allein, daß die allseits propagierte Staatsreduktion auch als Verzicht auf staatlich ausgehaltene Forschung sich niederschlägt. Bevorzugt wird demgegenüber die Informationseingabe durch interessengeleitete Private, da von diesen ja auch der stimulierende Impuls zur Wiederbelebung des Wirtschaftens erwartet wird: die

Investoren und die Hüter wirtschaftlicher Nachfragemacht sollen ihre Perspektiven geltend machen, damit politisches Entscheiden die entsprechenden Rahmenbedingungen bereitstellen kann. Wissenschaftliche Problemanalysen, die dazu Kriterien der gesamtgesellschaftlichen Belange in die Kalkulation einbringen, erscheinen dagegen als schädliche Ankurbelung der Anspruchsspirale, die allenfalls unproduktive Staatskonsumption nach sich zieht.

Wenn aber Politik und Verwaltung sich mit Rahmenvorgaben für private, ökonomische Initiative zu bescheiden haben, dann reduziert sich auch deren Wissenschaftsbedarf auf die Wahrung der Rechtsförmigkeit und somit auf die neuerliche Aufwertung des Juristenprivilegs. Die Informationsverarbeitung im politischen Entscheidungsprozeß verläuft darum "inkremental", weil der Glaube an eine allumfassende, überparteiliche Gesamtdarstellung verabschiedet wurde und an seine Stelle eine Vielzahl berechtigt egoistischer Einzelperspektiven getreten ist. Deren Ausbalancierung erfolgt dann durch einen machtbestimmten Verhandlungsprozeß der Interessenaustragung - die Annahme einer weisen, wissenschaftlich geläuterten Gesamtperspektive wird eingetauscht gegen den wiederbelebten Glauben an die unsichtbare Hand. Ein zweifelhafter Fortschritt, zumal, was noch angesprochen wird, der Zugang der Perspektiven keinesfalls ungefiltert erfolgt!

(2) Abermals mit dem erwähnten Vorbehalt soll die zweite Inkrementalismus-Richtung als die "grüne" bezeichnet werden. Sie wird vor allem getragen von dem Mißtrauen gegen jegliche Form von Großlösungen. Industrielle Massenproduktion, zentralisierte politische Systeme und die auf hochaggregierten Analysen basierenden Patentrezepte der "big science" erscheinen in dieser Bewertung als Auswüchse einer identischen Wurzel. MARTIN JÄNICKE (1980, 34 ff.) hat mehrfach darauf hingewiesen, daß in diesen angesprochenen Großorganisationen eine gemeinsame Philosophie waltet: die Bevorzugung von standardisierten, einheitlichen Verfahren kennzeichnet staatliche Zentralverwaltungen ebenso wie die industrielle Güterproduktion. Beide gehen auftretende Probleme mit Methoden der Serienfertigung an: an die Stelle des individuellen Eingehens auf die jeweiligen Problemursachen tritt dann Nachsorge durch einen beliebig vervielfältigbaren Mitteleinsatz, der von der staatlichen Geldzahlung bis zur Massenproduktion von Medikamenten reicht. Die Wissenschaft gesellt sich als ein weiterer Partner zu dieser Koalition: sie liefert die für Routinelösungen vorausgesetzte Generalisierung, indem sie verallgemeinerbare Konzepte und Erklärungen sowie typisierende Beschreibungen produziert.

Es ist nicht nur das in der Kernenergiedebatte gewachsene Mißtrauen gegen Naturwissenschaften und Technik, das nun auch auf die Sozialwissenschaften ausstrahlt - es ist vielmehr eine Skepsis am Werke, die den generalisierten Erklärungen darum entgegensteht, weil sie paternalistisch-zentralisierter Problemnachsorge zuarbeiten. Die Neubetonung des Besonderen und Individuellen sowie der Problementstehung und - prävention im dezentralen Kontext erfordert dann auch eine Informationseingabe anderer Art. Die "sanfte" Front dieses Diskussionsstranges ist nicht minder prominent als die eher hartgesottene Propaganda der "Liberalkonservativen", das Referat kann darum hier knapp gehalten werden. Wenn autarke Selbstversorgung ebenso hoch bewertet wird wie autonome Selbstbestimmung, dann darf es nicht verwundern, wenn aus solchen Optionen nicht die distanzierte Abgeklärtheit wissenschaftlicher Generalisierungen, sondern die Konkretheit des jeweils Einmaligen und Subjektiven gefragt ist - die belästigende Flut der "Selbstdarstellungs"-Literatur jedwelcher Art ist gegenwärtig nur ein (wenn auch besonders penetranter) Indikator dafür. Die Informationseingabe soll auch nach diesem Wunschbild also interessengeleitet erfolgen: die Perspektiven der "Betroffenen" selbst, nicht die einer hochaggregierten, abstrakten Allgemeinheit sollen das politische Entscheiden anleiten.

So besehen könnte man (nach Kenntnisnahme zweifacher Inkrementalismen) in jugendlich-flapsigem Ton die Diagnose erstellen: "schlechte Karten für die Wissenschaft!" Aber Gemach - Trost naht! Zwar richtet sich nun eine doppelte Wissenschaftsfeindlichkeit auf den politischen Entscheidungsprozeß, doch werden die oberflächlich ähnlich wirkenden Ressentiments aus sehr unterschiedlichen Quellen gespeist. Zwar eint die beiden grob charakterisierten Richtungen das höhere Vertrauen in interessengeleitete Informationen, doch deren Eingabe in den politischen Prozeß wird (bezogen auf die Artikulationsebene und den Partizipantenkreis) sehr unterschiedlich konzipiert. Der "liberalkonservative" Ansatz erstrebt die Belebung der Investitionskraft und sucht dementsprechend Gesprächspartner, die über einschlägige Entscheidungskompetenz verfügen. Der "grüne" Ansatz hingegen will jene "Betroffenen" zu Wort kommen lassen, deren Betroffenheit häufig gerade daraus resultiert, daß sie den Entscheidungen der Investitionsmacht unterworfen sind. Die politischen Entscheidungsprozesse - auch und gerade auf der Ebene von kommunalen Kompetenzen - geraten in das Spannungsfeld von sehr divergierenden Erwartungshorizonten, die beiden Inkrementalismen lassen sich schwerlich auf einer gemeinsamen Ebene ausbalancieren.

Ist es gar so abenteuerlich, bei einer derartigen Dissonanz auf eine neue Rolle der Wissenschaft zu spekulieren, auf die Rolle eines Katalysators nämlich? Mit allerdings eher blamablem Erfolg hat sich diese Rolle bereits einmal in der erwähnten "Verwissenschaftlichung" der Kernenergiekontroverse abgezeichnet. Bei einer Diskussion, deren Teilnehmer sich offensichtlich nicht auf ein gemeinsames, allseitig akzeptiertes Forum einigen konnten, übernahm der Wissenschaftsstreit mit Deklarationen und Gutachten eine Funktion, die eigentlich politischen Konsens- und Willensbildungsprozessen zukommt. Damit wurde vorläufig zumindest eine gemeinsame Artikulationsebene gefunden, die zugrundeliegenden Probleme der Lösung aber kaum näher gebracht. Der Vorgang stellte die Scheinobjektivität der Wissenschaft ebenso bloß wie er die Möglichkeit der Konsensbildung durch Gerichtsverfahren drastisch überforderte. Aber dennoch hatte eben dieser Vorgang auch seine entlastende Wirkung für das politische System: er brachte nämlich zunächst einmal einen Zeitgewinn, der teilweise durch Festschreiben neuer Tatsachen (von allen Kontrahenten) aktiv genutzt wurde.

Problemverschiebung [4] scheint generell ein bisweilen gern aufgegriffener "Nebeneffekt" des Einsetzens von Wissenschaft in politischen Entscheidungsprozessen zu sein. Diese Verschiebung kann sich in der thematischen und in der institutionellen Dimension zutragen, besonders aber auch in der Zeit. Das Einsetzen von Sachverständigenkommissionen beispielsweise ist eine allseits beliebte Methode, um unangenehme Themen zu vertagen oder Entscheidungslast in die nächste Legislaturperiode hinüber zu retten. Nicht allein durch solche prozessualen Taschenspielertricks kann die Einbringung von wissenschaftlichem Sachverstand konfliktentschärfend wirken. Sie kann zudem die Konturen der Verantwortlichkeit diffuser erscheinen lassen, da nicht immer klar bleibt, wann Expertenrat tatsächlich umgesetzt und wann "als interessante Problemsicht gewürdigt", d. h. als Schrulligkeit abgetan wird.

Schließlich kann z. B. auch wissenschaftliche Forschung in einem Konfliktfeld die divergierenden Akteure bereits durch Darlegung ihrer Fragestellungen auf eine gemeinsame "dritte" Problemsicht, zumindest aber auf eine gemeinsame Begrifflichkeit einstimmen. IRLEs Hinweis auf die aktivierenden Effekte der empirischen Sozialforschung (1982, S. 187) erlaubt hier vielleicht noch eine süffisante Fußnote, wenngleich es sicherlich vermessen ist, von der Sozialwissenschaft generell die Bereitstellung einer solchen dritten, kompromißfähigen Artikulationsebene zu erwarten.

Die abschließend aufgezeigten Entwicklungsmöglichkeiten muten - sowohl gemessen an einem hehren Wissenschaftsethos wie gemessen an Normen demokratischer Verantwortlichkeit - reichlich zynisch an. Genau dies war aber auch beabsichtigt, um die Diskussion mit der notwendigen Prise Polemik zu würzen. Nichts wäre nämlich heuchlerischer und öder als ein Zynismus der Praxis, der von heiliggesprochenen Forschungsidealen in der Theorie kaschiert würde.

Fußnoten

1) So z. B. auf der Tagung der "Gesellschaft für Programmforschung in der öffentlichen Verwaltung" am 25.09.81 in Bonn. Eifrigere Kongreßbesucher als ich werden sicherlich noch zahlreiche weitere Beispiele aufzählen können.

2) Der Inkrementalismus-Begriff ist - das muß betont werden - an dieser Stelle durchaus _nicht_ ironisch gemeint, da _beide_ nachfolgend skizzierten Positionen sehr wohl aus dem Politikverständnis eines Charles Lindblom oder aus den Konzepten der "Berkeley-Schule" in der Policy-Analyse (z. B. H. van GUNSTEREN, 1976; A. WILDAVSKY, 1979) Zustimmungsfähiges beziehen können.

3) Aus dieser Perspektive der Wissenseingabe muß dann im Verwaltungsbereich zusätzlich zu den von IRLE (1982, S. 191) genannten Nutzungsebenen wohl auch noch eine konflikthaft-diskursive Form vorgesehen werden, wie es im Aufsatz dann später - implizit - auch geschieht!

4) Problemverschiebung ist - wie ich fürchte - mittlererweile auch ein unkalkulierter Nebeneffekt von Laienplanung in kommunal-politischen Entscheidungsprozessen. Dazu auch: A. von HEYL/R. PRÄTORIUS, 1980

LITERATUR

FRIED, ROBERT C. 1976, Party and Policy in West-German Cities, American Political Science Review Vol. 70, S. 11 - 24.

GUNSTEREN, HERMAN R. van 1976, The Quest for Control, London usw.

von HEYL, ARNULF/RAINER PRÄTORIUS 1980, Kommunalverwaltung und Bürgerbeteiligung im Planungsprozeß: grüne Theorie und graue Praxis, in: WOLFGANG HOFFMANN-RIEM (Hrsg.): Bürgernahe Verwaltung? Analysen über das Verhältnis von Bürger und Verwaltung, Neuwied und Darmstadt, S. 260 - 278.

IRLE, GÜNTER 1982, Transfer und Rezeption soziologischer Untersuchungsergebnisse in der Kommunalverwaltung, in diesem Band.

JÄNICKE, MARTIN 1980, Zur Theorie des Staatsversagens, in: Aus Politik und Zeitgeschichte B. 14/80, S. 29 - 39.

PRÄTORIUS, RAINER 1979, Wissenschaftliche Optimierung und rechtsstaatlicher Vollzug. Notizen zu einem deutschen Dilemma, in: MARTIN GREIFFENHAGEN/RAINER PRÄTORIUS (Hrsg.), Ein mühsamer Dialog. Beiträge zum Verhältnis von Politik und Wissenschaft, Köln-Frankfurt/M., S. 138 - 149.

SCHARPF, FRITZ W. 1974, Politische Durchsetzbarkeit innerer Reformen, Göttingen.

WATERKAMP, RAINER 1974, Politische Leitung und Systemveränderung, Köln/Frankfurt.

WILDAVSKY, AARON 1979, Speaking Truth To Power. The Art and Craft of Policy Analysis, Boston/Toronto.

RENATE BEHNKEN/ALFRED BRUNNBAUER

Benutzerorientierte Evaluierung kleinräumiger Versorgung mit sozialer Infrastruktur: **Das Beispiel der Jugendzentren in Augsburg**

1. Notwendigkeit benutzerorientierter Infrastrukturevaluation

Ausgaben für die soziale Infrastruktur werden auch in den kommenden Jahren einen erheblichen Teil der Ressourcen von Bund und Ländern, insbesondere aber bei den Gemeinden binden (DEUTSCHES INSTITUT FÜR URBANISTIK/DEUTSCHER STÄDTETAG 1980, 52 ff.). Unter dem Eindruck sich weiter verengender Finanzierungsspielräume ist dem effektiveren Einsatz der Mittel deshalb verstärkte Aufmerksamkeit zu widmen.

Voraussetzung für die Erhöhung der Effektivität - verstanden als Grad der Zielerreichung - ist zum einen eine Präzisierung der relevanten Zieldimensionen als solche sowie eine regelmäßige Zustandsmessung im Sinne einer "gesellschaftlichen Dauerbeobachtung" (W. ZAPF 1977, 12). Definiert man als allgemeinstes Ziel öffentlicher Maßnahmen im sozialen Bereich die Verbesserung der Lebensbedingungen der Bürger (STÄDTEBAUBERICHT 1975, 14; LEP BAYERN 1976, 23; BUNDESRAUMORDNUNGSPROGRAMM 1976), so erlaubt die Messung dieser Lebensbedingungen die ex-post-Evaluation kommunaler Maßnahmen im Sinne einer Erfolgskontrolle (J. EEKHOFF u. a. 1977, 11 ff; P. ROSSI/H. FREEMAN/S. WRIGHT 1979, 159 ff).

Bis in die jüngste Vergangenheit wurde öffentliche Tätigkeit hauptsächlich aufgrund des Ausgabenbudgets für die einzelnen Aufgabenbereiche beurteilt. Diese inputorientierte Sichtweise wurde vor allem durch die "Sozialindikatorenbewegung" kritisiert, indem eine "... direkte gedankliche und empirische Verbindung zum 'Wohlbefinden' der Bevölkerung" (K. LEDERER 1978, 128) gefordert wird und die Bewertung stärker an den Endprodukten gesellschaftlicher und politischer Prozesse (wie z. B. Gesundheitsstand, Kriminalitätsrate, Grad der Zufriedenheit) orientiert werden soll (C. LEIPERT 1978, 102 ff.).

Im Gegensatz zur ausgabenbezogenen Messung wirft eine stärkere Outputorientierung jedoch Probleme auf, da zum einen Begriffe wie Lebensbedingungen nicht direkt meßbar sind und zum anderen auch für dafür konstruierte Indikatoren z. T. noch ein erheblicher Datenmangel besteht. Nichtsdestoweniger ist eine stärkere Outputorientierung notwendig, da Diskrepanzen zwischen dem Angebot und der Nachfrage an öffentlichen Leistungen zunehmend problematisiert werden.

Auch die Praxis der Infrastrukturplanung orientiert sich nahezu ausschließlich am Angebot - und hier wiederum meist nur am Kapazitätsaspekt, der anhand von Richtwerten beurteilt wird. Probleme dieses Vorgehens lassen sich zum einen anhand der Kritik an den verwendeten Richtwerten identifizieren; diese Diskussion ist bereits auf breiter Ebene geführt worden (P. JANSEN/K. TÖPFER 1970, 405 f.; G. EPPING 1973, 77; C. GÜRTLER 1977, 14 f.) und braucht deshalb hier nicht wiederholt zu werden. Zum anderen aber erscheint die Beschränkung auf Kapazitätskennziffern problematisch: Sie lassen weitere Angebotsdimensionen - wie Öffnungszeiten, personelle und materielle Ausstattung, Programmangebot, Gebühren usw. - außer acht. Diese Attribute des Leistungsangebots bestimmen jedoch wesentlich die Möglichkeiten der Bedürfnisbefriedigung durch die Bürger. Insbesondere aber kommt jenen Faktoren - ebenso wie der Kapazität und der Erreichbarkeit - eine nutzungsausschließende Wirkung zu. Im Rahmen einer benutzerorientierten Betrachtung sollten sie deshalb in die Planung miteinbezogen werden.

Gleichfalls von Interesse sind aber auch Informationen über die tatsächliche Inanspruchnahme und die subjektive Bewertung, denn: "Neben Daten darüber, welche sozialen und ökonomischen Leistungen erstellt werden, ... benötigt man Informationen darüber, wie diese Leistungen von den Betroffenen angenommen und beurteilt werden" (B. BIERVERT 1975, 100). Davon ausgehend, daß das Infrastrukturangebot vornehmlich instrumentalen Charakter hinsichtlich der Bedürfnisbefriedigung besitzt, lassen sich Versorgungseffekte "nur durch unmittelbares Beobachten und Gewichten von einzelnen in Anspruch genommenen Staatsleistungen beschreiben" (J. STEINHAUSEN 1978, 12). Die <u>tatsächliche Nutzung</u> öffentlicher Leistungen erscheint als Evaluationskriterium geeignet, da es darüber Aufschluß geben kann, ob das staatliche Angebot seine Adressaten auch erreicht.

Als Ergänzung dazu dient die <u>subjektive Bewertung</u> durch die tatsächlichen wie auch potentiellen Benutzer. Die subjektive Bewertung durch die <u>tatsächlichen</u>

Nutzer ist sinnvoll, da aus dem Akt der Nutzung - auch wenn er freiwillig erfolgt - noch nicht geschlossen werden kann, daß das Angebot den Bedürfnissen der Benutzer entspricht: Sichtbar werden allenfalls ex-post-Präferenzen.

Erforderlich ist aber auch die subjektive Beurteilung des Angebots durch die potentiellen Benutzer, da "objektive Kriterien der Infrastrukturausstattung nicht notwendigerweise zu korrespondierenden subjektiven Beurteilungen durch die betroffenen Bürger führen müssen" (M. PFAFF/E. KISTLER 1977, 85). Schließlich sind subjektive Bewertungen auch unter Legitimationsaspekten interessant (C. LEIPERT 1978, 120) [2].

Zusammengefaßt: Eine engere Orientierung am tatsächlichen wie auch potentiellen Benutzer könnte erreicht werden, wenn neben einer umfassenderen Sicht des Infrastrukturangebots auch Informationen über die tatsächliche Nutzung und die subjektive Bewertung durch die Zielgruppe in die Evaluation infrastruktureller Leistungen Eingang fänden. Wie sich ein solcher Ansatz empirisch realisieren läßt, stellen wir im folgenden am Beispiel der Jugendzentren und Jugendräume [3] in Augsburg dar.

2. Indikatoren zur kleinräumigen Versorgungsmessung bei Jugendzentren

In diesem Abschnitt werden die in der Einleitung diskutierten Zieldimensionen durch Indikatoren operationalisiert. Zuvor gehen wir jedoch auf die gewählte räumliche Gliederung ein, da die Versorgungsindikatoren kleinräumig disaggregiert ausgewiesen werden. Die kleinräumige Disaggregation ist notwendig, da Infrastrukturangebote räumlich ungleich verteilt sind und in Verbindung mit sozialer Segregation zu gruppenspezifischen Nutzungsbedingungen führen. Im Hinblick auf den Abbau innerstädtischer Disparitäten wie auch sozialer Benachteiligung [4] ist deshalb die kleinräumige Betrachtung unverzichtbar.

2.1 Räumliche Gliederung und Sozialstruktur

Die kleinräumige Gliederung erfolgt anhand der historisch gewachsenen Stadtbezirke. In Augsburg gibt es 41 solcher Stadtbezirke mit durchschnittlich ca. 6.000 Einwohnern. Stadtbezirke berücksichtigen topographische Barrieren und entsprechen am ehesten dem funktional orientierten Lebensraum der Individuen;

andererseits sind die verfügbaren Daten in der Regel auf dieser Ebene disaggregiert.

Um eine Verbindung von Teilräumen und sozialer Schichtung herstellen zu können, werden die Stadtbezirke nach <u>sozialräumlichen Gebietstypen</u> unterschieden. Die sozialräumliche Typisierung der Augsburger Stadtbezirke erfolgt anhand der Indikatoren soziale Stellung im Beruf und Bildungsabschluß.

Es werden folgende 5 Gebietstypen gebildet:

A: Arbeitergebiet
AM: Arbeitermischgebiet
M: Mischgebiet
BM: Bürgerliches Mischgebiet
B: Bürgerliches Gebiet

2.2 Angebotsindikatoren

Das Jugendzentren-Angebot in der Stadt Augsburg wird durch die Indikatoren

- Erreichbarkeit
- Kapazität und
- Ausstattung

charakterisiert. Im einzelnen werden diese Indikatoren wie folgt gebildet:

Erreichbarkeit

Der Erreichbarkeitsindikator gibt den Anteil jener Jugendlichen (B) eines Stadtbezirks (K) an, die innerhalb der Erreichbarkeitszone (KK) eines Jugendzentrums wohnen:

$$E(K) = \frac{B(KK)}{B(K)}$$

Die Erreichbarkeitszonen werden anhand des Kriteriums der "zumutbaren Entfernung" durch die Methode des Zirkelschlags abgegrenzt, wobei physische Barrieren (z. B. Bahnlinien, Flüsse) berücksichtigt werden. Im Falle der Jugendzentren wurde eine Entfernung von 1 km gewählt, was einer fußläufigen Entfernung von ca. 15 Minuten gleichkommt [5].

Kapazität

Der Kapazitätsindikator berücksichtigt neben der Platzzahl auch die Öffnungszeit. Er wird durch die Multiplikation der Platzzahl der Jugendzentren (I) mit den Öffnungsstunden (OS) je Monat und anschließender Division mit den durchschnittlichen Nutzungsstunden (NS) je Nutzer (ebenfalls auf einen Monat bezogen) berechnet:

$$KAP(I) = \frac{\text{Plätze (I)} \times OS}{NS}$$

Die auf diese Weise ermittelte absolute Kapazität der Einrichtungen wird dann entsprechend den Einzugsbereichen der Jugendzentren auf die Stadtbezirke verteilt und in Beziehung zur Anzahl der Jugendlichen gesetzt, die in den Stadtbezirken wohnen (= relative Kapazität je Stadtbezirk).

Ausstattung

Der Indikator "Ausstattung" repräsentiert [6]

- die architektonisch-räumliche Ausstattung,
- die sachlich-technische Ausstattung,
- die personelle Ausstattung sowie
- die Programmangebote und Aktivitäten.

Ermittelt wird dieser Indikator durch Expertenurteile zu diesen vier Ausstattungs-Dimensionen. Befragt wurden mehrere Experten [7] (mündliche Befragung), die alle Augsburger Jugendzentren kennen. Zu den vier Ausstattungsdimensionen wurden jeweils globale Urteile abgegeben, wobei eine 5-stufige Antwort-Skala zugrunde lag ("sehr gut" = "1" bis "sehr schlecht" = "5"). Die Urteile der verschiedenen Experten wurden gemittelt.

2.3 Nutzungsindikator

Als Indikator für die Nutzung wird der Nutzeranteil (NA) herangezogen. Er gibt den Anteil der Jugendzentren-Besucher (N) an allen Jugendlichen (B) eines Stadtbezirks (K) an:

$$NA(K) = \frac{N(K)}{B(K)}$$

Die Gesamtnutzerzahlen je Einrichtung und damit für die Gesamtstadt werden aus Expertenschätzungen [8] gewonnen. Diese globale Nutzerzahl wird mit Hilfe von Strukturquoten auf die einzelnen Stadtbezirke verteilt. Die Strukturquoten erhielten wir aus einer Benutzerbefragung, in der die Wohnorte der Jugendzentrums-Besucher erfragt wurden.

2.4 Subjektive Bewertungsindikatoren

Wie ausgeführt, werden auch subjektive Indikatoren über die Bewertung von Jugendzentren durch die Betroffenen zur Evaluation herangezogen. Die Jugendlichen werden nach ihrer Zufriedenheit mit der Jugendzentren-Versorgung in Augsburg gefragt. Diese subjektiven Indikatoren werden der "objektiven" Versorgungssituation (Angebot, Nutzung) bzw. den Expertenurteilen gegenübergestellt.

Grundsätzlich gehen wir davon aus, daß die subjektive Bewertung mit der objektiven Situation korrespondiert, also von der einfachen Hypothese: Ein besseres Objekt wird positiver, ein schlechteres negativer beurteilt. Gleichwohl ist dieser Zusammenhang nicht stringent. Anzunehmen ist vielmehr, daß auch andere, von der objektiven Jugendzentren-Versorgung weitgehend unabhängige Faktoren wie Ansprüche, Erwartungen, Interesse bzw. Wichtigkeit des einzustufenden Gegenstandes, allgemeine Lebenszufriedenheit und Drittvariable wie soziale Schicht, Alter usw. in die subjektive Bewertung einfließen (zur Infrastrukturzufriedenheit: PMS 1978, 81; K. ARZBERGER u. a. 1979, 43 ff.; zur Wohlfahrtsmessung: M. ABRAMS 1973, 35 ff.; A. CAMPBELL/P. CONVERSE/W. ROGERS 1976, 135 ff.; S. LANG 1978; W. ZAPF 1978; zur subjektiven Bewertung der Wohnungsversorgung: D. IPSEN 1978; W. GLATZER 1980, 164 ff.).

Für die Planung infrastruktureller Maßnahmen genügt es deshalb nicht, lediglich Zufriedenheiten zu erfragen. Genauso wichtig ist es, diese zu erklären. Denn nur wenn Informationen darüber vorliegen, in welcher Weise die objektive Situation die subjektive Bewertung beeinflußt, können Wohlfahrtseffekte durch eine gezielte Korrektur der objektiven Bedingungen oder auch durch die Verbesserung des Informationsniveaus etc. beeinflußt werden.

In unserer Untersuchung erfassen wir die (H. ZIMERMANN 1977, 281)

a) Bewertung des Leistungsangebots durch <u>alle</u> Jugendlichen [9] und

b) Bewertung der Leistungsinanspruchnahme durch die <u>Nutzer</u> [10]:

Die subjektive Bewertung des Leistungsangebots durch alle Jugendlichen erlaubt eine Gegenüberstellung der kleinräumigen Versorgungssituation in Augsburg mit der Bewertung der Jugendlichen in den verschiedenen Augsburger Stadtbezirken. Die globale Bewertung sowie die Beurteilung der einzelnen Komponenten der Jugendzentren durch die Jugendzentrenbesucher gibt Anhaltspunkte dafür, an welcher Stelle Maßnahmen zur Verbesserung des Jugendzentrenangebots konkret ansetzen können.

Zur Erklärung der jeweiligen Zufriedenheitsreaktionen werden weitere Fragen herangezogen, auf die wir im einzelnen bei der Darstellung der empirischen Ergebnisse eingehen.

3. Versorgungsanalyse: empirische Ergebnisse

Unter Zugrundelegung der in Abschnitt 2 operationalisierten Indikatoren wird nun auf die empirisch vorfindbare Versorgungssituation der Augsburger Jugendlichen mit Jugendzentren und Jugendräumen eingegangen. Die Darstellung der empirischen Ergebnisse erfolgt auf zwei Ebenen

- Analyse der Einrichtungen,
- Kleinräumliche Versorgungsanalyse.

Die zweifache Sichtweise erscheint nützlich, da unter dem Gesichtspunkt der detaillierten Messung von der Individualebene, d. h. den einzelnen Einrichtungen, auszugehen ist. Für die Messung und Bewertung innerstädtischer Disparitäten muß jedoch die Situation in abgegrenzten Gebietseinheiten analysiert werden, wobei in dieser Untersuchung auf die "Stadtbezirke" als räumlicher Basiseinheit abgestellt wird (zur Begründung vgl. Abschnitt 2.1).

3.1 Objektive und subjektive Bewertung der Augsburger Jugendzentren (incl. Jugendräume)

Im Gebiet der Stadt Augsburg existieren zur Zeit 3 Jugendzentren und 3 Jugendräume. Wie Tabelle 1 zu entnehmen ist, unterscheiden sich die verschiedenen Einrichtungen hinsichtlich der "objektiv" erhobenen Merkmale teilweise erheblich voneinander (Zum Verfahren der "objektiven" Charakterisierung der Einrichtungen vgl. Abschnitt 2.2).

Tab. 1: Werte objektiver und subjektiver Indikatoren der Augsburger Jugendzentren und -räume

Ein-richtung Nr.	ÖFFNUNGSZEIT			RÄUMLICHE SITUATION		SACHL. TECHN. AUSSTATTUNG		PERSONAL		AKTIVITÄTEN/ ANGEBOTE		GESAMT-BEWERTUNG
	Objektiv		Subjektiv[2]	Obj.[1]	Subj.[2]	Obj.[1]	Subj.[2]	Obj.[1]	Subj.[2]	Obj.[1]	Subj.[2]	Subj.[2]
	von...bis...	Std./Woche										
1.	Mo - Fr 14:00 - 22:00	40	2,2	1,5	1,9	2,0	2,7	3,0	2,0	3,0	2,5	2,2
2.	Mo - Fr 14:00 - 22:00	40	2,7	3,0	2,0	2,0	2,9	1,0	1,6	1,5	2,4	1,9
3.	Mo - Fr 14:00 - 22:00	40	2,7	2,0	3,5	1,5	3,7	1,5	2,0	2,0	2,8	2,9
4.	Mo 30 Fr 11:00 - 13:00 Mo: 16:00-21:00 Die: 19:00-22:00 Mi u. Fr: 16:00 - 21:00	30	2,9	2,5	2,2	2,5	2,4	2,5	1,9	1,5	2,2	2,2
5.	Di Fr 18:00 - 22:00	8	3,0	2,5	(2,2)	3,0	(2,4)	2,5	(2,6)	1,5	(1,6)	(2,0)
6.	Mo Mi 15:00 - 19:00 Fr: 16:00-22:00	14	2,3	4,0	3,3	4,0	3,7	4,0	1,6	3,0	2,9	2,4
insgesamt (Standard-abw.)			2,5 (1,2)		2,3 (1,2)		2,9 (1,1)		1,9 (0,9)		2,5 (1,1)	

Zeichenerklärung: ( ) = aufgrund der geringen Stichprobengröße statistisch nicht ausreichend abgesichert.
Anmerkungen:
1) Expertenurteil (Noten: "1" = "sehr gut" bis "5" = "sehr schlecht")
2) Bewertung der Jugendlichen ("1" = "sehr gut" bis "5" = "sehr schlecht")

Quelle: Eigene Erhebungen

In Tabelle 1 sind gleichzeitig auch die subjektiven Werte enthalten, die durch die Befragung der Jugendzentren-Besucher gewonnen wurden.

Betrachtet man in einem ersten Schritt die subjektive Bewertung der <u>einzelnen Komponenten</u> (Öffnungszeiten, räumliche, sachlich-technische und personelle Ausstattung, Angebote und Aktivitäten), so zeigt sich, daß die subjektive Bewertung mit der objektiven Zuordnung stark korrespondiert. In Teilbereichen sind jedoch größere Abweichungen festzustellen. Diese sind durch verschiedene Bedingungsfaktoren zu erklären:

- Hinsichtlich der Aufgabenstellung von Jugendzentren bestehen zwischen den objektiven Bewertungen der Experten und den subjektiven Bewertungen der Jugendlichen selbst teilweise Beurteilungsdivergenzen. Beispielsweise spielt bei der subjektiven Einschätzung von Räumlichkeiten deren Funktionalität für Programmgestaltung eine geringere Rolle, während das "Sich-Wohl-Fühlen" stärker ins Gewicht fällt (Beispiel: Einrichtung Nr. 3).

- Subjektive Bewertungen der Jugendzentrenbesucher beziehen sich u. U. nur auf zeitlich sehr begrenzte Ausschnitte, wo hingegen der Experte über einen längeren Erfahrungs- und damit Beurteilungshorizont verfügt (Beispiel: Beurteilung des - stark fluktuierenden - Personals bei Einrichtungen Nr. 6).

- Für das Zustandekommen subjektiver Bewertungen spielen neben der objektiven Situation auch Faktoren wie Anspruchsniveau, Wichtigkeitseinschätzungen und sozialer Hintergrund eine Rolle (U. KRANZHOFF/R. SCHMITZ-SCHERZER 1977). Beispielsweise beurteilen jüngere Jugendliche die gleichen Öffnungszeiten positiver als ältere Jugendliche (Beispiel: Einrichtung 1).

Wie bereits ausgeführt, wurden die Jugendlichen nicht nur nach ihrer subjektiven Bewertung der Einzelkomponenten, sondern direkt im Anschluß daran auch nach ihrem <u>Gesamturteil</u> befragt. Die Ergebnisse für die Gesamtbewertung lassen sich ebenfalls Tabelle 1 entnehmen.

Anhand einer multiplen Regression wurde überprüft, ob und in welchem Ausmaß sich die Gesamtbewertung auf die Bewertung der einzelnen Komponenten zurückführen läßt. Es zeigte sich, daß die 5 Komponentenbewertungen zusammen 32 % der Varianz erklären können. Für die Komponentenzufriedenheit ergaben sich folgende standardisierte Regressionskoeffizienten (vgl. Tab. 2).

Tab. 2: Abhängigkeit der Jugendzentren-Gesamtzufriedenheit von den Komponentenzufriedenheiten

Zufriedenheit mit ...	stand. Regressionskoeffizient	F-Wert	signifikant bei =
Öffnungszeit	0,23	8,55	0,01
Räumlichkeiten	0,28	8,39	0,01
sachl.-techn. Ausstattung	0,04	0,03	-
personelle Ausstattung	0,15	3,84	0,05
Aktivitäten/Angebote	0,16	3,19	0,10

Quelle: Eigene Erhebungen

Die dargestellten Ergebnisse bestätigen die in bisherigen Untersuchungen bereits häufig bestätigte These (M. ABRAMS 1973, 39 und 41; M. PFAFF 1978; W. GLATZER 1980, 195), daß die Komponentenzufriedenheiten die Gesamtzufriedenheit nur zu einem Teil erklären, und zwar in unterschiedlichem Ausmaß.

Im Hinblick auf die planungspraktische Relevanz lassen sich aus dem bisher dargestellten Vergleich von objektiven und subjektiven Indikatoren folgende Konsequenzen ziehen: Subjektive Indikatoren vermögen insoweit, als ihr Zustandekommen erklärt werden kann, zusätzliche planungsrelevante Informationen zu liefern, indem sie die subjektive Beurteilungsbasis (Ansprüche, Erfahrungen) miteinbeziehen und eher als objektive Indikatoren in der Lage sind, auf besondere Problemkonstellationen (z. B. einrichtungsspezifische, gruppenspezifische) aufmerksam zu machen. Sie vermögen damit Ansatzpunkte für einen differenzierteren Einsatz infrastruktureller Maßnahmen aufzuzeigen (z. B. einrichtungsspezifische Variation von Öffnungszeiten).

Die Gegenüberstellung von subjektiven und objektiven Indikatoren hat u. E. aber auch gezeigt, daß ein völliger Verzicht auf objektive Indikatoren nicht sinnvoll wäre; denn:

- subjektive Indikatoren reflektieren u. U. nur sehr kleine zeitliche Ausschnitte, und
- sie beziehen sich nur teilweise auf den interessierenden Objektbereich.

3.2 Kleinräumige Versorgungsanalyse: Objektive und subjektive Indikatoren

Im vorangegangenen Abschnitt wurde die 'Jugendzentren-Versorgung' Augsburgs auf der Ebene der einzelnen Einrichtungen dargestellt. Unter dem Gesichtspunkt gleichwertiger Lebensbedingungen ist es jedoch notwendig, einen Zusammenhang zwischen der Jugendzentren-Versorgung und ihrer kleinräumigen Verteilung herzustellen und so für die räumliche Bedarfsanalyse und Prioritätensetzung der Infrastrukturpolitik wichtige Hinweise zu liefern.

Im folgenden werden die objektiven und subjektiven Versorgungsindikatoren nur für die 5 Gebietstypen dargestellt, da die Ergebnispräsentation auf der Ebene der 41 Stadtbezirke unübersichtlicher ist und u. E. nur im Hinblick auf Augsburgspezifische Problemstellungen von Interesse wäre.

Will man die gemessene Versorgung je Teilraum bewerten, sind grundsätzlich normative Vorgaben nötig. Unter dem Postulat des Abbaus teilräumlicher Versorgungsunterschiede stellt die Orientierung am durchschnittlichen gesamtstädtischen Versorgungsniveau ein gängiges Bewertungsverfahren dar. Sind die Disparitäten im Rahmen der Gesamtstadt abgebaut, so heißt dies jedoch nicht, daß eine zufriedenstellende Versorgung erreicht wäre. Hierzu sind explizite Vorgaben (Soll-Werte) je Zieldimension notwendig. In Anbetracht des Fehlens derartiger Standards stellt der Abbau innerstädtischer Disparitäten deshalb nur ein Etappenziel dar, das jedoch für die Setzung von Maßnahmen-Prioritäten wichtige Hinweise liefert. Die folgenden Ausführungen legen diese implizite Norm zugrunde.

Die empirischen Ergebnisse für die Jugendzentren-Versorgung der fünf sozialräumlichen Gebietstypen sind Tabelle 3 zu entnehmen.

Tab. 3: Indikatoren der Versorgung Augsburgs mit Jugendzentren/Jugendräumen nach sozialräumlichen Gebietstypen, 1980

Gebietstyp	Jugendliche	Erreichbarkeit		Kapazität		Nutzung		Subjektive Bewertung des Angebots (von 4="schlecht" bis 1="gut")
		Jugendliche innerhalb Erreichbarkeitszone	Erreichbarkeitsindikator (%) (2)/(1)x100	Absolute Kapazität (Plätze)	Relative Kapazität (%) (4)/(1)x100	Nutzer (absolut)	Nutzeranteil (%) (6)/(1) x100	
	(1)	(2)	(3)	(4)	(5)	(6)	(7)	(8)
Arbeitergebiet	14 962	3 224	21,54	55	0,37	73	0,49	2,1
Arbeitermischgeb.	8 607	2 229	25,90	32	0,37	27	0,31	2,3
Mischgebiet	6 454	4 143	64,19	191	2,96	86	1,33	2,4
Bürgerl.Mischgeb.	15 360	6 751	43,95	382	2,49	181	1,18	2,3
Bürgerl.Gebiet	9 694	1 984	20,47	34	0,35	10	0,10	2,1
Gesamtstadt[1]	55 077	18 331	33,28	694	1,26	377	0,68	+2,2

Anmerkungen: 1) Ein Stadtbezirk (32: Universitätsviertel) fehlt, da er aufgrund mangelhafter Daten nicht typisiert werden konnte.

Quelle: Eigene Erhebungen

Die Indikatoren Erreichbarkeit, Kapazität und Nutzeranteil weisen ähnliche Verteilungen auf. Der enge Zusammenhang zwischen Erreichbarkeit und Kapazität verwundert wegen der ähnlichen Konstruktion der beiden Indikatoren nicht. Daß aber auch die Nutzeranteile analog zu Erreichbarkeit und Kapazität verteilt sind, weist darauf hin, daß die räumliche Distanz einen wichtigen Ausschlußfaktor bezüglich der Inanspruchnahme von Jugendzentren darstellt [11].

Vergleicht man die fünf Gebietstypen hinsichtlich der Indikatorausprägungen von Erreichbarkeit, Kapazität und Nutzeranteil miteinander, so ergeben sich jeweils für den Gebietstyp "Mischgebiet" und "Bürgerliches Mischgebiet" überdurchschnittliche Werte. Schlechter versorgt als der Durchschnitt sind damit zum einen die bürgerlichen Gebiete, andererseits die Arbeiter- und Arbeitermischgebiete.

Der Befund, daß sozialstrukturbestimmte Ausstattungsgefälle existieren, wurde für einige Bereiche der sozialen Infrastruktur bereits in mehreren Studien nachgewiesen (H. FASSBINDER u. a. 1975, 122 ff.; M. RIEGE 1977, 107 ff.; A. GÖSCHEL u. a. 1980, 27 ff.).Speziell für Jugendfreizeitheime zeigten sich derartige Disparitäten aber nur bedingt. Der Zusammenhang zwischen Sozialstruktur und Infrastrukturausstattung wird nämlich häufig durchbrochen bzw. überlagert durch das Baualter der untersuchten Wohngebiete, denn: Bestimmte Infrastrukturleistungen sind an bauliche Voraussetzungen gebunden, die nicht in allen Ortsteilen verfügbar sind.

Für Jugendzentren trifft diese Restriktion zu. In Augsburg beispielsweise sind alle drei großen Einrichtungen in Altbauten, die sich in städtischem Besitz befinden, untergebracht. Dementsprechend sind Neubaugebiete, aber auch Villenviertel, schlechter ausgestattet.

Betrachtet man schließlich die subjektive Bewertung des kleinräumigen Angebots (vgl. ebenfalls Tab. 3), so zeigen sich zwischen den 5 Gebietstypen kaum unterschiedliche Ausprägungen der Durchschnittswerte. Zwar liegen die Gebietstypen "Arbeitergebiet" und "Bürgerliches Gebiet" wieder leicht unter dem gesamtstädtischen Durchschnitt, statistisch signifikant sind diese Abweichungen jedoch nicht. Daraus folgt, daß sich die unterschiedliche objektive Versorgung der 5 Gebietstypen nicht voll in der subjektiven Bewertung niederschlägt.

Wir schließen daraus, daß die den Jugendlichen vorgelegte Frage (vgl. Abschnitt 2.4) für die Bewertung des Jugendzentrumsangebots zu global formuliert war, d. h.

es wurden in der Bewertung eine Vielzahl anderer Jugendeinrichtungen, das Wohnumfeld usw. mitreflektiert. Andererseits muß die positive Beurteilung infolge substitutiver Einrichtungen und Gegebenheiten bei der Bedarfsanalyse berücksichtigt werden.

4. Zusammenfassung und Folgerungen

Zusammenfassend folgern wir aus den dargestellten empirischen Ergebnissen, daß die Verwendung subjektiver Indikatoren bei der Beurteilung infrastruktureller Versorgungslagen hilfreich sein kann. Zwar können sie objektive Indikatoren nicht ersetzen, da sie - wegen ihrer Abhängigkeit von Variablen wie "allgemeine Zufriedenheit", "sozialer Status" etc. nur teilweise auf die infrastrukturelle Versorgung schließen lassen. Gleichwohl erhält man dann, wenn das Zustandekommen der subjektiven Bewertung erklärt werden kann, Hinweise auf die Bedürfnisadäquanz infrastruktureller Einrichtungen. Denn objektive Indikatoren können derartige Informationen nicht liefern, da sie sich gegenüber qualitativen Aspekten infrastruktureller Einrichtungen wie auch gegenüber lokalen und einrichtungsspezifischen Besonderheiten weitgehend insensitiv verhalten. Für die kommunale Planungspraxis liefern subjektive Indikatoren daher ergänzende Informationen über Anspruchsniveaus und Bedürfnisadäquanz der Leistungen. Notwendig erscheint allerdings eine bessere Absicherung der Determinanten der subjektiven Bewertung durch weitere theoretische und empirische Arbeiten.

Fußnoten

1) Die Verfasser danken an dieser Stelle der Stiftung Volkswagenwerk für die Genehmigung eines Forschungsprojekts, aus dem der vorliegende Aufsatz hervorgegangen ist. Gleichzeitig danken sie auch Herrn W. Asam, der bis zu seinem Ausscheiden aus dem Projektteam an der Konzeption dieser Studie mitgearbeit hat.

2) Zur Relativierung der vor allem an diesem Punkt ansetzenden Kritik an der Verwendung subjektiver Indikatoren in der staatlichen Planung vgl. ARZBERGER u. a. 1979, S. 41 ff.

3) Zur hier verwendeten Definition von Jugendzentren (incl. Jugendräumen) vgl. INIFES 1980 a, 46 f. sowie BAYERISCHER JUGENDRING 1978, Anlage 14.

4) Begründet wird ein derartiger Disparitätenabbau vor allem mit der Forderung nach "gleichwertigen Lebensbedingungen"; vgl. BROP 1975, 1; STÄDTEBAUBERICHT 1975, 14; LEP BAYERN 1976, 23.

5) Dieser Wert entspricht sowohl gängigen Richtwerten als auch empirischen Erfahrungen aus Besucheranalysen von Jugendzentren; vgl. z. B. K. BORCHARD 1974, 138 ff; INIFES 1980 b, 22; LANDESHAUPTSTADT HANNOVER 1979, 12; LANDESJUGENDAMT BEIM LANDSCHAFTSVERBAND WESTFALEN-LIPPE 1978, 9; H. PULS 1978; STADT KÖLN 1978, S. 9 ff.

6) Vgl. ähnlich F. GEHRMANN 1976, 245. GEHRMANN unterscheidet in: sachliche, perosnelle und qualitative Ausstattung.

7) Hauptamtlich in der Jugendarbeit Tätige.

8) Befragt wurden die Mitarbeiter der Jugendzentren.

9) "Wie zufrieden sind Sie mit den in Ihrem Stadtteil vorhandenen Einrichtungen und Angeboten für die Jugendlichen"?

10) "Wie beurteilen Sie in diesem Jugendzentrum/Jugendraum die Räumlichkeiten, das Personal, die Ausstattung mit Geräten, die Aktivitäten, die Erreichbarkeit und die Öffnungszeiten?" Und: "Sind Sie alles in allem mit diesem Jugendzentrum/Jugendraum zufrieden?

11) Dementsprechend gaben in der Benutzerbefragung 81 % der Jugendzentren-Besucher an, in weniger als 20 Minuten die von ihnen besuchte Einrichtung erreichen zu können.

LITERATUR

ABRAMS, M. 1973, Subjective social indicators. In: Social Trends 1973, Nr. 4, S. 35 - 50.

ARZBERGER, KLAUS u. a. 1979, Die Bürger - Bedürfnisse, Einstellungen, Verhalten, Meisenheim am Glan.

BAYERISCHES STAATSMINISTERIUM FÜR LANDESENTWICKLUNG UND UMWELTFRAGEN (Hrsg.) 1976, Landesentwicklungsprogramm Bayern, Teile A und B, München (zit. als LANDESENTWICKLUNGSPROGRAMM BAYERN).

BAYERISCHER JUGENDRING 1978, Arbeitshilfe für Kreisjugendringe zur Mitwirkung bei der Erstellung kommunaler Jugendpläne (Teil Jugendarbeit), München.

BIERVERT, BERND 1975, Subjektive Sozialindikatoren - Ansatzpunkte einer sozioökonomischen Theorie der Bedürfnisse, in: DIERKES, MEINOLD (Hrsg.), Soziale Daten und politische Planung - Sozialindikatorenforschung in der BRD und den USA, Frankfurt, S. 97 - 109.

BORCHARD, KLAUS 1974, Orientierungswerte für die städtebauliche Planung, München.

CAMPBELL, ANGUS, CONVERSE, P. E., RODGERS, W. L. 1976, The Quality of American Life, Perceptions, Evaluations, and Satisfactions, New York.

DEUTSCHES INSTITUT FÜR URBANISTIK; DEUTSCHER STÄDTETAG 1980, Kommunaler Investitionsbedarf bis 1990, Berlin.

EEKHOFF, J. u. a. 1977, Methoden und Möglichkeiten der Erfolgskontrolle städtischer Entwicklungsmaßnahmen, Forschungsbericht 03.060. Bundesministerium für Raumordnung, Bauwesen und Städtebau, Bonn.

EPPING, GÜNTER 1973, Städtebaulicher Erneuerungsbedarf und Infrastruktur, Münster.

FASSBINDER, HELGA; HÄUSSERMANN, HARTMUT, PETROWSKY, W. 1975, Die Lebensverhältnisse von lohnabhängig Beschäftigten in Bremen - untersucht anhand ausgewählter Infrastruktureinrichtungen, Bremen.

GEHRMANN, F. 1976, Sozialindikatoren zur Erfassung von Versorgungsniveaus: Die Versorgung mit Einrichtungen für alte Menschen, in: ZAPF, WOLFGANG (Hrsg.), Gesellschaftspolitische Zielsysteme, Soziale Indikatoren IV, Frankfurt, New York, S. 243 - 271.

GLATZER, WOLFGANG 1980, Wohnungsversorgung im Wohlfahrtsstaat, Objektive und subjektive Indikatoren zur Wohlfahrtsentwicklung in der Bundesrepublik Deutschland, Frankfurt/New York.

GÖSCHEL, ALBRECHT u. a. 1980, Verteilung sozialer Infrastruktureinrichtungen und Segregation der Stadtbevölkerung, in: HERLYN, ULFERT (Hrsg.), Großstadtstrukturen und ungleiche Lebensbedingungen in der Bundesrepublik: Verteilung und Nutzung sozialer Infrastruktur, Frankfurt und New York, S. 24 - 92.

GRAUER, GUSTAV 1973, Jugendfreizeitheime in der Krise, Zur Situation eines sozialpädagogischen Feldes, Teil 1 der Untersuchung von Jugendfreizeitheimen, Weinheim und Basel, 1973.

GÜRTLER, C. 1977, Verhaltensroutinen und Bedarfsermittlung für soziale Infrastruktur, Schriftenreihe des Instituts für Regionalwissenschaft der Universität Karlsruhe, Heft 12, Karlsruhe.

INIFES 1980 a, Kommunaler Jugendpflegeplan der Stadt Augsburg - Entwurf - Forschungsbericht an die Stadt Augsburg, Leitershofen.

INIFES 1980 b, Kommunaler Jugendpflegeplan der Stadt Augsburg - Materialband - Entwurf - Forschungsbericht an die Stadt Augsburg, Leitershofen.

IPSEN, DETLEF 1978, Das Konstrukt Zufriedenheit, in: Soziale Welt, Jg. 29, S. 44 - 53.

JANSEN, PAUL GÜNTER, TÖPFER, KLAUS 1970, Zur Bestimmung von Mängeln der gewachsenen Infrastruktur, in: JOCHIMSEN, REIMUT, SIMONIS, UDO ERNST (Hrsg.), Theorie und Praxis der Infrastrukturpolitik, Schriften des Vereins für Sozialpolitik, N. F., Band 54, Berlin, S. 401 - 426.

KRANZHOFF, ULRICH E., SCHMITZ-SCHERZER, REINHARD 1978, Jugendliche in ihrer Freizeit - Eine sozialpsychologische Analyse, Basel u. a.

KREA 1979, Konzept der räumlichen Entwicklung der Stadt Augsburg (herausgeben vom Amt für Stadtentwicklung und Statistik, Augsburg).

LANDESHAUPTSTADT HANNOVER (Hrsg.) 1979, Fachprogramm Jugendzentren (Entwurf), Schriften zur Stadtentwicklung, Bd. 14, Hannover.

LANDESJUGENDAMT BEIM LANDSCHAFTSVERBAND WESTFALEN-LIPPE (Hrsg.) 1978, Jugendfreizeitstättenplanung, Vormundschaftswesen, Öffentliche Erziehung, Mitteilungen des Landesjugendamtes Nr. 50, Münster.

LANG, S. 1978; CAMPBELL; CONVERSE; RODGERS; "The quality of American Life", Diskussion und Vergleich mit Daten eines Mannheimer Pretests (SPES-Arbeitspapier Nr. 86), Sozialpolitische Forschergruppe, Frankfurt/Mannheim, o. J.

LEDERER, KATRIN 1978, Soziale Indikatoren und Theoriedefizit - Der Beitrag der "kritischen" Bedürfnisforschung, in: HOFFMANN-NOWOTNY, HANS-JOACHIM (Hrsg.), Messung sozialer Disparitäten, Soziale Indikatoren VI, Frankfurt, New York, S. 125 - 152.

LEIPERT, CHRISTIAN 1978, Gesellschaftliche Berichterstattung, Eine Einführung in Theorie und Praxis sozialer Indikatoren, Berlin u. a.

PMS 1978, Forschungsvorhaben Soziale Infrastruktur, Projektstufe I: Bestandsaufnahme und -analyse, Teilendbericht, Benutzeranalyse, Stadt und Kreis Kassel, Kreis Dillingen, Frankfurt, Freiburg.

Pfaff, MARTIN 1978, Qualität des Lebens und Qualität der Versorgung: Zur Konstruktion empirischer Wohlfahrtsindizes auf subjektiver Basis, in: BÖLTKEN, FERDINAND, FRANKE, JOACHIM, HOFFMANN, KRISTINE, PFAFF, MARTIN, Lebensqualität in neuen Städten. Planungskonzeption und Bürgerurteile, Göttingen, S. 91 - 132.

PFAFF, MARTIN; KISTLER, E., 1977, Die Problematik der Repräsentation, Skalierung und Aggregation bei der Erstellung subjektiver Indikatoren, in: Institut für Städtebau und Landesplanung (Hrsg.), Messung der Infrastruktur, Seminarbericht, Karlsruhe, S. 83 - 105.

PROGNOS AG. 1978, Forschungsvorhaben Soziale Infrstruktur, Projektstufe I: Bestandsaufnahme und -analyse. Teilendbericht: Benutzer-, Angebots-, Planungsorganisations-und prozeßanalyse, Stadt Duisburg, Basel.

PULS, HEINZ 1978, Kosten mittelzentraler Einrichtungen, Schriftenreihe Landes- und Stadtentwicklungsforschung des Landes Nordrhein-Westfalen, Reihe Landesentwicklung, Dortmund 1978.

RAUMORDNUNGSPROGRAMM FÜR DIE GROSSRÄUMIGE ENTWICKLUNG DES BUNDESGEBIETES 1975, Bonn-Bad Godesberg (zit. als BUNDESRAUMORDNUNGSPROGRAMM).

RIEGE, M. 1977, Räumliche Strukturen sozialer Ungleichheit, Soziale Besetzung, Wohn- und Infrastrukturbedingungen in den Stadtbezirken Kölns, hrsg. v. Verein zur Förderung des Instituts zur Erforschung sozialer Chancen e. V., Köln.

ROSSI, PETER; FREEMAN, HOWARD; WRIGHT, SONIA. R. 1979, Evaluation, A Systemic Approach, Beverly Hills und London.

STADT KÖLN (Hrsg.) 1978, Jugendhilfeplan der Stadt Köln - Teilplan 2: Offene Jugendeinrichtungen, Köln.

STEINHAUSEN, JÖRG 1978, Bestimmungsgrößen gruppenspezifischer Versorgung, in: HOFFMANN-NOWOTNY, HANS-JOACHIM (Hrsg.), Messung sozialer Disparitäten, Soziale Indikatoren VI, Frankfurt/Main, New York, S. 9 - 42.

ZAPF, WOLFGANG 1977, Einleitung in das SPES-Indikatoren-System, in: ZAPF, WOLFGANG (Hrsg.), Lebensbedingungen in der Bundesrepublik, Sozialer Wandel und Wohlfahrtsentwicklung, Frankfurt/Main, New York, S. 11 - 27.

ZAPF, WOLFGANG 1978, Pretest 1976: Komponenten der Wohlfahrt (Fragebogen, Grundauszählung, ausgewählte Ergebnisse), SPES-Arbeitspapier 28, Frankfurt.

ZIMMERMANN, HORST, 1977, Soziale Indikatoren neben Kostengrößen als Hilfsmittel zur Beurteilung von Stadtentwicklungsstrategien (Nachschrift eines mündlichen Kurzberichts), in: HOFFMANN-NOWOTNY, HANS-JOACHIM (Hrsg.), Politisches Klima und Planung, Soziale Indikatoren V, Frankfurt, New York, S. 277 - 285.

JÜRGEN GOTTHOLD

Evaluation eines Stadtteilentwicklungsprogramms für einen Sozialen Brennpunkt - Methodische Vorüberlegungen

Obwohl die methodischen Probleme der wissenschaftlichen Evaluation politischer Programme in den USA bereits seit rund 10 Jahren eine umfangreiche Diskussion entfacht haben (G. HELLSTERN/H. WOLLMANN 1978), die in den letzten Jahren auch in der BRD rezipiert wurde (G. HELLSTERN/H. WOLLMANN 1978; F.-X. KAUFMANN u. a. 1980), scheint das Wissen darüber doch noch wenig handlungsrelevant. Die Arbeiten geben eher Auskunft darüber, wie eine Evaluation eines politischen Programms aussehen könnte, wenn man bereits alles wüßte, so daß die Evaluation überflüssig wäre, als darüber, wie man ein politisches Programm unter realen Bedingungen evaluieren soll, wo man fast nichts weiß. Auf die damit zusammenhängenden Probleme, die sich für den Verfasser bei der Evaluation eines Stadtteilentwicklungsprogramms für einen Sozialen Brennpunkt in der Stadt Marburg ergeben, soll im folgenden näher eingegangen werden [1].

Im Teil 1 wird gezeigt, daß das übliche (sog. produktorientierte oder summative) Evaluationskonzept an einem deduktiven Planungs- und Politikverständnis orientiert ist, das empirisch gescheitert und theoretisch nicht haltbar ist. Dies wird an dem generellen Postulat, das die Evaluation zuvörderst an den Programmzielen zu geschehen habe, deutlich gemacht. Im Teil 2 wird erörtert, daß dieses Evaluationskonzept das Informations- und Kausalitätsproblem unterschätzt. Im Teil 3 wird daher zunächst erörtert, daß politisches Handeln und insbesondere kommunale Sozialpolitik vielfach nicht mehr als hierarchische Beziehung zwischen politischer Spitze, Verwaltung und Publikum vorgestellt werden kann, das durch politische (rechtliche) Programme gesteuert wird, sondern sinnvoll nur durch kooperatives Zusammenwirken mit dem Publikum geschehen kann. Gerade in der Randgruppenpolitik rücken damit "Prozeßziele" in den Vordergrund, die auf eine Aktivierung der Betroffenen gerichtet sind (Teil 3.1). Auf die verbesserte Durchsetzung einer zentral konzipierten, hierarchisch gesteuerten Politik und nicht auf die Verbesserung kooperativer Prozesse ist das produktorientierte Evaluationskonzept angelegt. Im Teil 3.2 wird die politische Funktion dieses Evaluationskonzeptes aufgezeigt und dargelegt, daß partizipatorische Sozialpolitik eher mit einem "prozeßorientierten" Konzept evaluiert werden kann. Als Evaluationskriterien spielen quantitative Sozialindikatoren nun keine zentrale Rolle mehr, stattdessen müssen Kriterien für die angesprochenen Prozeßziele herausgearbeitet werden (Teil 4).

1. Summative Evaluation und deduktives Planungsverständnis

Man unterscheidet zwischen produktorientierter oder summativer und prozeßorientierter oder formativer Evaluation (C. MÜLLER 1978, 28 ff.; G. HELLSTERN-/H. WOLLMANN 1978, 7). Im weiteren Verlauf dieser Arbeit soll deutlich gemacht werden, daß diese beiden Evaluationskonzepte auf unterschiedlichen Vorstellungen über politisches Handeln und - damit verbunden - über das Kausalitätsproblem beruhen. In einem ersten Annäherungsschritt kann der Unterschied aber auch als bloße Differenz des Evaluationszeitpunktes beschrieben werden. Die prozeßorientierte Evaluation erfolgt während des Implementationsprozesses und kann dementsprechend noch zu Korrekturen des Programms oder seiner Implementation führen. Demgegenüber stellt die produktorientierte Evaluation eine ex-post-Betrachtung dar (G. HELLSTERN/H. WOLLMANN 1978, 7).

Überwiegend wird ein produktorientiertes Evaluationskonzept vertreten. Das dabei auftretende methodische Hauptproblem besteht in der Festlegung von Kriterien, mit deren Hilfe die Wirkungen eines Handlungsprogramms gemessen werden können. In der Studie von HELLSTERN/WOLLMANN, die als die wohl bestausgearbeitete Untersuchung über die methodischen Probleme der Evaluationsforschung angesehen werden kann, werden folgende Definitionen zugrundegelegt (1978, 7):

"Wirkungsforschung (evaluation research) (ist) auf die Erfassung der durch staatliche Handlungsprogramme ausgelösten Wirkungen gerichtet. Anders ausgedrückt: Sie ist darauf angelegt, das relevante Wirkungsfeld zu identifizieren (Problem der Konzipierung und Messung von Wirkungen) und einen Zusammenhang zwischen dem Handlungsprogramm (als der 'unabhängigen Variablen') und dem Wirkungsfeld (als der 'abhängigen Variablen') nachzuweisen ('Kausalitätsproblem')."

"Als Programme sind komplexe Aktionsmodelle zu bezeichnen, die auf die Erreichung bestimmter Politikziele gerichtet sind, die auf bestimmten Handlungsstrategien beruhen, und für deren Abwicklung bestimmte finanzielle, personelle und sonstige administrative Ressourcen (Richtlinien, 'flankierende Maßnahmen' usw.) bereitgestellt werden".

Nach HELLSTERN/WOLLMANN "kommt der Diskussion und Klärung der Programm<u>ziele</u> als <u>intendierter Wirkung</u> ein besonderes Gewicht zu" (1978, 12, Hervorhebungen im Original), weil nur so das Feld möglicher Wirkungen strukturiert und das Eintreten erwünschter Wirkungen und der Grad der Zielerreichung gemessen werden können. An den Grad der Bestimmtheit der Ziele werden hohe Anforderungen gestellt. Sie sollen operational, konsistent und praktikabel sein. Für die vor allem interessierende Operationalität wird verlangt, daß

- der Zielinhalt genau definiert wird,
- der Zielerreichungsgrad meßbar ist,
- eine zeitliche und räumliche Fixierung erfolgt,
- Prioritätensetzungen möglich sind,
- Ziele an den Implementationsträger angepaßt sind.

HELLSTERN/WOLLMANN gestehen zwar bereits zu, daß die Mehrzahl der Wirkungsanalysen vor dem Problem stehe, daß keine expliziten, meßbaren Ziele vorhanden seien, Zielverschiebungen und -veränderungen stattgefunden hätten und konfligierende Ziele vorhanden seien. Trotz aller diesbezüglichen Einschränkungen geht man aber auch in der Evaluationsliteratur wieder von der in den Sozialwissenschaften anscheinend nicht überwindbaren Vorstellung aus, daß der Output des politischen Prozesses Programme seien (oder sein sollten), die auf die Erreichung bestimmter Politikziele gerichtet sind, die den o. g. Kriterien genügen sollen. [2]

Damit wird als Ausgangspunkt der Überlegungen ein problematisches Politikverständnis benutzt, das in der planungs- und politikwissenschaftlichen Diskussion schon überwunden schien. Die Argumentationsstränge seien hier nur knapp ins Gedächtnis gerufen:

In der planungswissenschaftlichen Diskussion entspricht diesem Politikverständnis der normenorientierte oder deduktive Ansatz, der letztlich aus der ökonomischen Entscheidungstheorie stammt. Gegenüber diesem Ansatz, der durch die Abfolge von Zieldefinitionen, Zustandsbeschreibungen und Trendextrapolation, Mittelwahl und Durchführung gekennzeichnet ist, ist schon frühzeitig geltend gemacht worden, er übertrage die Situation des zielgerichtet handelnden Individuums auf den politischen Planungs- und Implementationsprozeß. Auch gegenüber neueren Konzepten, die solchen Einwändungen mit der Rückkopplung der aufeinander folgenden Planungs- und Durchführungsphasen begegnen, kann geltend gemacht werden, daß auch die entwickeltsten regelungstechnischen Modell nicht auf die Vorstellung verzichten können, es gebe einen den Handlungsbeteiligten von Planungsprozessen übergeordneten "Aktor", der über die Mittel verfüge, die Schwellenwerte für Ziel- und Programmkorrekturen verbindlich festzulegen und der damit sozusagen der ruhende Pol sei, um den herum und auf den hin die anderen Beteiligten ihre Strategien verfolgten und einander anpaßten (J. GOTTHOLD 1978 a, 77 ff.). [3]

Politikwissenschaftliche Ansätze konkretisieren diesen Einwand, indem sie herauszuarbeiten versuchen, wie das Zusammenwirken verschiedener Akteure im politischen Prozeß auf den Policy Output wirkt und welchen "Rationalitätskriterien" oder Zielen das Handeln von politischen Akteuren dabei folgt. So wird etwa im Rahmen der sog. Neuen Politischen Ökonomie als "Logik des politischen Handelns" das Ziel der Maximierung von Wählerstimmen für besonders wichtig gehalten (F. MEYER-KRAHMER 1979, 24 ff.). Gerade im sozialpolitischen Bereich erscheint es plausibel, daß dieses Ziel vielfach sogar besser dadurch erreicht werden kann, daß nur Aktivitäten in Gang gesetzt werden, als dadurch, daß klare Ziel und Ziel-Mittel-Strategien für dieses Handeln vorgegeben werden. Vielmehr kann es für das Ziel der "Stimmenmaximierung" durchaus ausreichen oder sogar günstiger sein, für einen bestimmten Politikbereich, der u. a. durch vage, inkonsistente oder sogar widersprüchliche Zielsetzungen nicht inhaltlich programmiert, sondern nur <u>gekennzeichnet</u> wird, organisatorische, personelle und finanzielle Mittel zur Verfügung zu stellen und den am Implementationsprozeß Beteiligten die Auswahl von Zielen und Mitteln zu überlassen. Die dadurch angesprochene Wählergruppe wird darauf in ihrem Wahlverhalten möglicherweise positiver reagieren, als wenn die so in Gang gesetzte Politik auch inhaltlich vorgezeichnet wäre, weil gerade der verbleibende Handlungsspielraum als zusätzliches Positivum empfunden werden kann. Gegenüber den diese Politik ablehnenden Wählergruppen besteht zudem die Möglichkeit der Entlastung der politischen Akteure durch den Verweis auf die inhaltliche Verantwortung bei den Durchführungsinstanzen.

Damit wird zugleich die Vorstellung aufgegeben, daß die Akteure des politischen Systems das Verwaltungshandeln inhaltlich programmieren [4] wollen. Diese Vorstellung einer verminderten Bedeutung der inhaltlichen Festlegung der Aktivitäten des politisch-administrativen Systems durch die Akteure der Politik verleiht einer weiteren Hypothese Plausibilität, die die Vagheit oder Widersprüchlichkeit politischer Zielsetzungen klären soll. Danach sind diese eine Folge der unterschiedlichen Interessen der Beteiligten, die im politischen Entscheidungsprozeß vertreten sind, woraus sich der Zwang zu Kompromißlösungen ergibt, die in solch vagen oder auch widersprüchlichen Zielformulierungen zum Ausdruck kommen. Ist es nicht mehr das Anliegen der politischen Akteure, den Output des politischen Prozesses inhaltlich genau festzulegen, so erleichtet dies die "Kompromiß"-findung dort und verschiebt die inhaltliche Auseinandersetzung in den Implementationsprozeß (G. HELLSTERN/H. WOLLMANN 1978, 15; A. WINDHOFF-HERITIER 1980, 29 ff.). Die Verschiebung der Zielfindung oder -präzisierung in den Implementationsprozeß kann sogar unvermeidlich werden, wenn die Realisierung auf die Mitwirkung privater Betroffener angewiesen ist und diese erst in der Implementationsphase aktiv werden können. Daß dies gerade bei sozialpolitischen Programmen wie dem hier zu evaluierenden ein zentrales Problem darstellt, wird inzwischen allgemein diskutiert. Auf die für die Evaluation daraus resultierenden Probleme wird unten noch ausführlicher einzugehen sein.

2. Summative Evaluation und Kausalitätsproblem

Im Rahmen des summativen Evaluationskonzeptes spielt das Kausalitätsproblem eine zentrale Rolle, und zwar in doppelter Hinsicht: Zunächst handelt es sich um ein Problem der Evaluationsforschung selbst. Zwar könnte sich der Evaluierende darauf beschränken, einen bloßen Vorher-/Nachher-Vergleich vorzunehmen, ohne die "Wirkungsweise" (F.-X. KAUFMANN u. a. 1980, 56) in Betracht zu ziehen. Eine solche Evaluationsforschung käme allerdings in Konflikt mit allgemein anerkannten wissenschaftlichen Ansprüchen. [5] Auch gibt der bloße Vorher-/Nachher-Vergleich der Praxis keinen zufriedenstellenden Aufschluß über Wirksamkeit oder Unwirksamkeit der eingesetzten Maßnahmen. So ist es etwa möglich, daß zwar ein angestrebtes Ziel nicht erreicht wurde, angesichts inzwischen eingetretener Umstände die Aufrechterhaltung des status quo aber bereits als "Erfolg" betrachtet werden muß (Beispiel: Konstanz jugendlicher Kriminalität trotz gestiegener Jugendarbeitslosigkeit bei sozialpädagogischer Intervention).

Das Kausalitätsproblem ist aber auch entscheidend für das Handeln der politischen und administrativen Akteure, denen zielgerichtetes, programmgemäßes Handeln unterstellt wird. Ausgangspunkt ist dabei die Überlegung, daß zielgerichtetes politisches und administratives Handeln entsprechender sozialwissenschaftlicher Theorie bedürfe. Nur wenn theoretisches Wissen über Zusammenhänge zwischen verschiedenen gesellschaftlichen Variablen vorhanden ist, ist der zielgerichtete Einsatz von Mitteln (unabhängigen Variablen) zur gewünschten Veränderung der abhängigen Variablen möglich. Bei der Betrachtung einzelner Programme und deren Durchführung konkretisiert sich dieser generelle Zusammenhang zu der Frage, welche Vorstellungen die bei der Aufstellung und Durchführung des Programms handelnden Personen über die Kausalitätsbeziehungen im Wirkungsfeld haben. Dabei wird eine besondere Rolle spielen, ob die in vorhandenen theoretischen Ansätzen vorkommenden unabhängigen Variablen zum Einflußbereich des jeweiligen politisch-administrativen Systems gehören. [6] Bei der Evaluation selbst werden dann sowohl die Kausalitätsvorstellungen der politischen und administrativen Akteure wie auch davon evtl. abweichende Theorien der Evaluierenden zu berücksichtigen sein. Unabhängig davon, ob man das Kausalitätsproblem auf das politische und administrative Handeln selbst oder auf dessen Evaluation bezieht, ergeben sich dieselben - in den Sozialwissenschaften schon lange erörterten - Fragen, bei denen die folgenden drei Argumentationsebenen zu unterscheiden sind:

- Teilweise wird bestritten, daß es für komplexe soziale Sachverhalte überhaupt "einfache" Theorien geben kann, die technolgischer Anwendung fähig sind.

- Damit eng verbunden ist die eher praktische Betrachtungsweise, daß die für technologische Anwendung von Theorien über komplexe Zusammenhänge erforderlichen Informationen nicht zur Verfügung stehen und ihre Beschaffung mit übermäßigen Kosten und Zeitverlusten verbunden wäre.

- Wenn die beiden ersten Fragestellungen nicht generell zu negativen Ergebnissen führen, bleibt zu prüfen, ob für den hier zu evaluierenden Politikbereich der sozialen Randständigkeit entsprechendes technologisch anwendbares Wissen und die dafür erforderlichen konkreten Informationen und Mittel zur Verfügung stehen.

Zum Problem der Möglichkeit von technologisch anwendbaren sozialwissenschaftlichen Theorien sei hier nur kurz auf die insbesondere von HAYEK (1975 a und 1975 b) repräsentierte Richtung verwiesen (J. GOTTHOLD 1981). Kernaussage dieser Richtung ist, daß aufgrund der hohen Komplexität sozialer Prozesse sog. einfache gesellschaftliche Gesetze, die technologischer Anwendung fähig wären, generell unmöglich seien. Die Abhängigkeit des gesellschaftlichen Prozesses von der Informationsverarbeitung durch Millionen von Individuen begrenze die Möglichkeit sozialwissenschaftlicher Erkenntnis und lasse nur "Mustererklärungen" zu, die kein auf konkrete gesellschaftliche Zielzustände gerichtetes Handeln erlaubten. Dabei wird die Schwierigkeit nicht in der Formulierung einer sozialwissenschaftlichen

Theorie gesehen, sondern - und dies ist gerade auch für die Evaluationsfrage entscheidend - in der Anwendung "auf irgendeine gegebene Situation in der realen Welt" (F. HAYEK 1975 a, 19). Wissenschaftlich angeleitetes politisches Handeln wird deswegen als unmöglich betrachtet, weil sich eine Theorie komplexer Phänomene auf eine größere Anzahl von Einzeltatsachen beziehen müßte, als praktisch festzustellen möglich sei. Dieses Konzept wurde zwar zunächst als Kritik an neoklassischen Modellen der Wirtschaftswissenschaften entwickelt, wird jedoch auch auf die anderen Sozialwissenschaften übertragen. Hier wie dort wird es praktisch-normativ gewendet, um Interventionen des politisch-administrativen Systems in das gesellschaftliche System als irrational zu beweisen, die mehr Schaden als Nutzen stifteten.

Auch wenn man dieser politischen Schlußfolgerung nicht zustimmt und wenigstens die "Stückwerk-Sozialtechnik" (K. POPPER 1974, 52) für politisch möglich und sinnvoll hält, so bleibt doch zu bedenken, welche Konsequenzen sich aus dem mit Recht aufgeworfenen Komplexitätsproblem für praktisches politisches Handeln und dessen Evaluation ergibt.

Bezieht man dieses allgemeine Problem auf Theorien über Soziale Brennpunkte bzw. soziale Randständigkeit, so konkretisiert sich die Frage dahingehend, wie sich die Ungesichertheit theoretischen Wissens darüber auf das sozialpolitische Handeln der damit befaßten Gemeinden und insb. die Vorstellung auswirkt, daß dieses vorformulierten Zielen folgen müsse oder könne. Diese Frage läßt sich anschaulicher diskutieren, wenn man sie vor dem Hintergrund theoretischer Ansätze betrachtet, die zur Frage der Verursachung sozialer Randständigkeit bzw. Sozialer Brennpunkte vertreten werden.

Soweit mir bekannt, wird eine "einfache" Theorie sozialer Randständigkeit, die technologischer Anwendung fähig wäre, nur von VASKOVICS (1980, S. 20 ff.) im Hinblick auf das Obdachlosenproblem vertreten. Aus der von ihm durchaus gesehenen Vielzahl von gesellschaftlichen Variablen, die das Problem Obdachlosigkeit verursachen, glaubt er, die räumliche Aussonderung und Konzentration als die handlungswirksame Variable isolieren zu können, so daß die "Normalisierung der Wohnsituation" als Mittel ausreicht, um das Ziel "Aufhebung sozialer Randständigkeit" zu erreichen. Daß diese Theorie nur ein sehr kleines Anwendungsgebiet hat, soll hier nicht näher begründet werden.

Die meisten Theorien über Obdachlosigkeit sind entsprechend ihrem Erkenntnisgegenstand komplexer und ermöglichen nicht die Isolierung einer handlungswirksamen Variablen, die eine so einfache kommunalpolitische Strategie ratsam erscheinen ließe. Z.T. sind solche Theorien von ihrem logischen Status her auch grundsätzlich ungeeignet, um daraus handlungsanweisende Schlüsse zu ziehen.

Betrachtet man beispielsweise politökonomisch angeleitete Theorien, die die soziale Randständigkeit aus den Verwertungsbedingungen des Kapitals und des Bodens und der Rolle des Staates im Kapitalismus ableiten (J. BURA 1979), so läßt sich daraus nur jeweils im nachhinein die "strukturelle Notwendigkeit" der eingetretenen Entwicklung und die damit verbundenen Erfolge oder Mißerfolge politischen Handelns erklären. Ähnlich ergeht es einem, wenn man mit psychosozialen Argumentationsmustern arbeitet, etwa in folgender Weise: Die Gefahr des Absinkens in die Randgruppe - äußerlich ablesbar an der Einweisung in das Obdachlosengetto - diszipliniere die Angehörigen der Arbeiterklasse zu pünktlicher Mietzahlung und - um diese leisten zu können - zur Eingliederung in den Arbeitsprozess. Obdachlosigkeit übt demnach für das kapitalistische System eine notwendige Funktion aus. Für praktisches Handeln, das auf die Reduzierung oder Abschaffung von Obdachlosigkeit gerichtet ist, können daraus keine praktischen Handlungsanleitungen abgeleitet werden; im Gegenteil: solche Versuche erscheinen nach dieser Theorie offensichtlich sinnlos. Da Obdachlosigkeit in solchen Ansätzen strukturnotwendig ist oder bestimmte Systemfunktionen erfüllt, gibt es nur eine praktische Konsequenz, die eine Veränderung erwarten ließe, nämlich die Veränderung der Gesellschaftsstruktur insgesamt.

Wegen der aktuellen Beliebtheit, die sozialökologische Theorien zur Zeit bei Sozialarbeitern/Sozialpädagogen haben, seien hier auch dazu einige entsprechende Bemerkungen eingefügt: Bei ihnen handelt es sich um "Mezzotheorien", die auf den Zusammenhang von stadtspezifischen oder stadtteilspezifischen Variablen mit sozialen Problemen verweisen. So heißt es in den "Hinweisen zur Arbeit in Sozialen Brennpunkten" des Deutschen Städtetages (1979, 13), "daß die Ursache sozialer Randständigkeit von Familien wirksam und umfassend nur dadurch beseitigt werden können, daß stadtteilbezogene, d. h. unter Beachtung sozio-ökologischer Gegebenheiten (geographische Lage, wirtschaftliche Lage der Familien, baulicher Zustand des Viertels, infrastrukturelle Ausstattung, soziale Beziehungen der Bewohner zueinander) entwickelte Hilfen angeboten werden." Für das Problem des Zusammenhangs theoretischer Ansätze und praktischer Arbeit sei hier nur folgendes bemerkt: Der Ansatz stammt ursprünglich aus der amerikanischen Stadtsoziologie, bevor er bei uns erst von Soziologen (J. FRIEDRICHS 1977; B. HAMM 1977) und dann von der Sozialarbeit/Sozialpädagogik rezipiert wurde. Trotz dabei erfolgter inhaltlicher Veränderungen hat die Sozialökologie ihren Geburtsfehler nicht verloren, daß sie zwar statistische Beziehungen zwischen räumlichen, infrastrukturellen und/oder baulichen Strukturen einerseits und sozialen Strukturen andererseits herstellt, damit jedoch noch keine kausalen Beziehungen begründet sind. In der Tat können sozialökologische Aussagen im wesentlichen nur deskriptiv und klassifikatorisch, nicht aber kausal verstanden werden. Sie können daher auch nicht umstandslos in Handlungsanweisungen umgesetzt werden.

Aus den bisherigen Ausführungen zum Kausalitätsproblem sollte deutlich werden, daß der Versuch der Evaluation eines kommunalen Sozialprogramms den bisher vorausgesetzten Zusammenhang von theoretischem Wissen, Zielformulierung und Mitteleinsatz nicht wird übernehmen können. Diese Ausgangsvorstllung, wonach politisches Handeln auf einer sozialwissenschaftlichen Theorie beruhen soll, aufgrund derer dann der zielgerichtete Einsatz von Mitteln zur gewünschten Veränderung der Zielvariablen erfolge, korrespondiert im übrigen auch mit dem im vorigen Abschnitt bereits als realitätsfremd aufgezeigten Politikverständnis. Die Tatsache, daß soziale Prozesse vielfach so komplex sind, daß mit "einfachen", technologisch anwendbaren Gesetzen nicht gerechnet werden kann und daß jedenfalls im Bereich der Sozialarbeitspolitik man kaum damit wird rechnen können, daß solches technologisch anwendbare Wissen den politischen und administrativen Akteuren zur Verfügung steht, führt jedoch angesichts manifesten Handlungsbedarfs nicht zur Untätigkeit des politisch-administrativen Systems. Geht man davon aus, daß der hier bestehende politische Handlungsbedarf die Folge von Defizitsituationen ist, die sich aus dem "autonomen" sozialen Prozeß, insbesondere dem Marktprozeß, ergeben und die als nicht tragbar betrachtet werden, so braucht politisches Handeln im Sinne von öffentlicher Intervention in den gesellschaftlichen Prozeß nicht als Handeln vorgestellt zu werden, das nach bestimmten vorgegebenen Programmen festgeschriebene Ziel-Mittel-Relationen verwirklichen soll. Der politische Handlungsbedarf geht dann nur dahin, Defizitsituationen in der Weise zu bearbeiten, daß Legitimationsschwierigkeiten vermieden oder entschärft werden. Die entgegengesetzte Vorstellung, daß politisches Handeln quasi den Regeln von Optimierungsaufgaben unterliege, verfehlt zudem nicht nur die politische Wirklichkeit, scheitert nicht nur am Fehlen des dafür erforderlichen Wissens über komplexe Zusammenhänge, sondern scheitert schließlich auch an Kompetenzproblemen im Rahmen föderaler Staatlichkeit, kommunaler Selbstverwaltung sowie der Vielzahl von sonstigen (öffentlichen und privaten) Entscheidungsträgern.

3. Partizipatorische Sozialpolitik und die Möglichkeit ihrer Evaluation

Die bisherigen Ausführungen über den Zusammenhang von politischem Prozeß, theoretischem Wissen und vorprogrammierten Zielsetzungen leiten zu der Frage über, wie man sich das Handeln des politisch-administrativen Systems vorzustellen hat, wenn es weder als eindeutige Steuerungsbeziehung Politik-Verwaltung-Publikum aufgrund vorgegebener Ziel- oder Ziel-Mittel-Programme noch als Anwendung technologiefähigen Wissens betrachtet werden kann, und wie die Evaluation einer solchen Politik aussehen kann.

3.1 Ziele partizipatorischer Sozialpolitik

In der Politik- und Verwaltungswissenschaft gehört es inzwischen schon zu den wohletablierten Erkenntnissen, daß die Verwaltung vielfach nicht mehr ausschließlich nach dem herrschenden Rechtsstaatsmodell bzw. den Rationalitätskriterien bürokratischer Verwaltung handelt (J. GOTTHOLD 1981 a, 1981 b; J. GOTTHOLD/H. ALEXY 1980; C. OFFE 1974; R. MAYNTZ 1980, 11 ff.; A. RINKEN 1980). Damit wird ausgedrückt, daß das Verwaltungshandeln heute vielfach statt durch einseitiges hoheitliches Handeln durch Kooperation mit ihren Adressaten und statt durch (gesetzliche) Programmierung durch bloße Aufgabenzuweisung gekennzeichnet ist.

In der sozialpolitischen Diskussion entspricht dem der bekannte Hinweis, daß Soziale Dienste nur durch das Zusammenwirken von Administration und ihren Adressaten möglich seien (B. BADURA/P. GROSS 1976, 66 ff.; R.-R. GRAUHAN 1978; F.-X. KAUFMANN u. a. 1979, 48). Allerdings handelt es sich hierbei nicht (wie dort unterstellt wird) um eine Besonderheit der Sozialen Dienste aus ihrer Eigenschaft von Dienstleistungen an Menschen, sondern um eine generell zu beobachtende Folge bei fehlender Programmierbarkeit des Verwaltungshandelns. Sie ist immer dann zu konstatieren, wenn die Programmierung des Verwaltungshandelns mehr Informationen erfordern würde, als sie das dafür "an sich" zuständige politische System erlangen kann bzw. wenn das dafür erforderliche technologisch anwendbare Wissen fehlt. Statt (finaler oder konditionaler) Programmierung des administrativen durch das politische System entsprechend dem herrschenden Rechtsstaatsverständnis bzw. dem Modell bürokratischer Rationalität begnügt man sich dann damit, nur das betreffende Aufgabengebiet zu bezeichnen und der Administration zur Bearbeitung aufzugeben. [7] Das verbleibende Informationsdefizit und das zusätzlich entstandene Legitimationsdefizit der Verwaltung werden dann regelmäßig durch Kooperation mit den Adressaten bzw. Partizipation und/oder durch Dezentralisation zu kompensieren versucht.

Für die Programmziele, an denen die Wirkung gemessen werden soll, bestätigt sich unter diesem Gesichtspunkt das im vorherigen Abschnitt Dargelegte: Gerade weil hohe Komplexität sozialer Prozesse bzw. das Kausalitäts- und Informationsproblem die Kooperation der Verwaltung mit ihren Adressaten erfordern, um die übertragenen Aufgaben zu bearbeiten, können die Informationen, die erforderlich sind, um Zielwerte festzulegen, erst in diesem Kooperationsprozeß gewonnen werden. Die Vorstellung, daß diese schon der Output des vorangegangenen politischen Prozesses sein könnten, ist danach nicht mehr sinnvoll. Die Zielfestlegung findet erst im Implementationsprozeß statt. Das entspricht auch - wie weiter oben bereits aufgezeigt werden sollte - einer realistischen Vorstellung über politische Prozesse. Für die in Sozialprogrammen regelmäßig auffindbaren vagen oder widersprüchlichen Zielformulierungen erscheint daher eine Interpretation plausibler, die diese nicht als Impact-Zuschreibungen, sondern als Aufgabenbeschreibungen begreift.

Den bisherigen Überlegungen zur Zielanalyse lag die Vorstellung zugrunde, daß es sich um Impacts i. S. von langfristigen Auswirkungen des Programms handeln müsse, die im nachinein feststellbar und meßbar sein müßten. Sozialindikatoren, die die soziale Befindlichkeit von Menschen objektivieren sollen, sind der Ausdruck dieser Betrachtungsweise.

Die Vorstellung partizipatorischer Sozialpolitik leitet zu Zielvorstellungen über, die sich nicht mehr auf das Ergebnis sozialpolitischer Interventionen beziehen, sondern auf den politischen Prozeß selbst. Dies knüpft zunächst an den Prozeß an, in welchem ein solches Handlungsprogramm implementiert wird. Diese Ziele sind nicht als Politikergebnisse definiert, die mit Hilfe von herkömmlichen Sozialindikatoren gemessen werden könnten, sondern als die Schaffung von selbständigen Entscheidungsmöglichkeiten im Hinblick auf die eigenen Probleme und von Beteiligungsmöglichkeiten an den sie betreffenden Problemlösungsprozessen. Diese "politisch-emanzipatorischen" Ziele werden auch als Erkennen und Analysieren der eigenen Situation, Lernen von Selbstbestimmung, Interessenvertretung, solidarisches Handeln und Konfliktfähigkeit definiert.

Diese Ziele stehen im Zusammenhang mit einer machttheoretischen Erklärung von Randständigkeit. Im Rahmen des Abschnitts über das Kausalitätsproblem wurde dargelegt, daß eine zielgerichtete Politik, die bestimmte Zielwerte und Mittel vorgebe, deswegen kaum möglich sei, weil die entsprechenden Informationen und das entsprechende sozialtechnologische Wissen fehlten. Im Rahmen von Sozialpolitik spielt für den Output des politischen Prozesses aber weniger das Informations- als das Machtproblem eine entscheidende Rolle. Geht man -wie oben im Abschnitt 1 - davon aus, daß dieser Output das Resultat eines politischen Prozesses ist, in dem Vertreter unterschiedlicher Interessen versuchen, ihre Belange bestmöglich durchzusetzen (wobei neben gesellschaftlichen Machtkonstellationen das Stimmenmaximierungsziel der politischen Akteure eine wichtige Rolle spielt), so läßt sich die Randständigkeit von sozialen Gruppen auch daraus erklären, daß sie keinen oder keinen genügenden Zugang zu diesem Prozeß haben, um entsprechende Interventionen des politisch-administrativen Systems zu ihren Gunsten durchzusetzen (wobei die Frage nach Bedingungskonstellationen des "autonomen" ökonomischen und gesellschaftlichen Prozesses, die im übrigen zur Randständigkeit geführt haben mögen, offen bleiben kann). Partizipatorische Sozialpolitik resultiert also nicht nur aus Informations- und Kausalitätsproblemen, sondern verbindet diese mit der Vorstellung, daß gesellschaftlicher Benachteiligung im Rahmen von Sozialpolitik nur dann wirkungsvoll entgegengearbeitet werden kann, wenn die zunächst als technokratisch beschriebenen Probleme nicht technokratischen Lösungen etwa i. S. von Policy Analysis, Bedürfnisforschung und Sozialindikatorenforschung zugeführt werden, sondern durch die Einbeziehung der Betroffenen in den politischen Prozeß (R. BAUER 1980, 205 ff.; G. IBEN u. a. 1981, 15; vgl.dazu auch den Disput über die Bedürfnisforschung zwischen K. BREDE/W. SIEBEL 1977 und 1978 und K. ARZBERGER u. a. 1978). Dabei braucht nach dem bisher Gesagten wohl nicht mehr ausdrücklich begründet zu werden, daß dies bei der hier getroffenen Personengruppe praktisch weitgehend die Implementationsphase betrifft.

Zu den Randgruppen ist nun als Charakteristikum weiter zu berücksichtigen, daß ihre Situation u. a. dadurch gekennzeichnet ist, daß sie zu der Teilnahme an diesem Prozeß nicht mehr ohne weiteres bereit und fähig sind (Zur daraus sich ergebenden "externen Dezentralisierung" vgl. J. GOTTHOLD 1981 b). Deswegen müssen vor diesem theoretischen Hintergrund die Bemühungen im Rahmen partizipatorischer Sozialpolitik insbesondere darauf gerichtet sein, daß die Betroffenen diese Bereitschaft und Fähigkeit (wieder) erlangen. Diese "politisch-emanzipatorischen" Ziele werden typischerweise im Rahmen aktivierender Gemeinwesenheit verfolgt (U.

STRAUMANN 1977; J. GOTTHOLD 1978 c, 1980 b; R. BAUER 1980, 196 f.; G. IBEN u. a. 1981), die auch Bestandteil des Marburger Programms ist.

3.2 Politische Funktionen unterschiedlicher Evaluationskonzepte

Im Teil 1 wurde der Unterschied zwischen produktorientierter und prozeßorientierter Evaluation zunächst als Frage nach dem Evaluationszeitpunkt dargestellt. Inzwischen sollte deutlich geworden sein, daß das summative Evaluationskonzept auch mit einer theoretischen Vorstellung von politischem Handeln verbunden ist, das durch hierarchische Beziehungen zwischen politischer Spitze, die die politischen Programme und Ziele vorgibt, programmvollziehender Verwaltung und Publikum, an dem die Programme vollzogen werden, gekennzeichnet werden kann.

In diesem Politikverständnis hat die produktorientierte Evaluation die Aufgabe, zur Verbesserung der Wirksamkeit der politischen Programme beizutragen. Es ist damit vor allem für die zentralen politischen Systeme interessant, die versuchen, dezentrale administrative oder politisch-administrative Systeme zu steuern.

Auf die unterschiedlichen politischen Konstellationen, die zu prozeßorientierter bzw. produktorientierter Evaluationsforschung führen, hat bereits Müller (1978, 26 ff.) hingewiesen. Seine Argumentation läßt sich folgendermaßen zusammenfassen: Produktorientierte Evaluation sei die Folge zentralstaatlicher Reformprogramme. In einer Zeit vermehrten politischen Handlungsbedarfs und knapper finanzieller Ressourcen sei produktorientierte Evaluation ein notwendiges Instrument von Zentralregierungen, um unter den genannten Zwängen durch Entscheidungen über politische Programme (ihre Einführung, alternative Durchführung oder Beendigung) das Handeln der Verwaltung und dezentraler politisch-administrativer Systeme zu steuern. Die darauf bezogene Evaluation sei daher vor allem auf quantifizierbare Wirkungen i. S. der Erreichung oder Verfehlung der vom (zentralen) politischen System vorgegebenen operationalisierbaren Programmziele gerichtet. Die produktorientierte Evaluation ist denn auch, wenn man die Entstehungsgeschichte dieses Konzepts ansieht, mit der heute als "Planungseuphorie" bereits verunglimpften Vorstellung verbunden, die in den USA besonders während der Johnson-Administration (S. LEIBFRIED 1975/76), in der BRD mit dem Beginn der sozial-liberalen Koalition Konjunktur hatte, und für die das bekanntlich gescheiterte Planning-Programming-Budgeting-System (PPBS) signifikant war. Die in der Evaluationsforschung führende amerikanische Literatur stammt denn auch aus der ersten Hälfte der 70-er Jahre (G. HELLSTERN/H. WOLLMANN 1978; C. MÜLLER 1978).

Die Vorstellung partizipatorischer Sozialpolitik scheint eher mit der prozeßorientierten Evaluation zu harmonieren. Denn die prozeßorientierte Evaluation ist nicht auf die Entscheidungssituation einer zentralen Regierungsstelle gerichtet, sondern will denjenigen, die mit der Bearbeitung eines sozialen Problems befaßt sind, die Möglichkeit geben, diese Tätigkeit fortlaufend zu verbessern, und ihnen "ein besseres Verständnis für die Wirkungsweise und die sozialen Gesetzmäßigkeiten der Reformprogramme" (C. MÜLLER 1978, 32) vermitteln. Dieses Evaluationskonzept paßt zu einer Vorstellung von Politik und Verwaltung, bei dem als Output des politischen Prozesses im wesentlichen nur die Bezeichnung eines Handlungsfeldes und die Bereitstellung von Mitteln für die mit der Implementation Betrauten erwartet wird und die Auswahl von Zielen und Handlungsstrategien dem Implementationsprozeß großenteils überlassen bleibt. Denn bei dieser Vorstellung können die Ergebnisse einer Prozeßevaluation zur Veränderung von Handlungsweisen ständig in den Implementationsprozeß eingegeben werden, weil dieser von vornherein "offener" konzipiert ist, d. h. nun sehr unvollständig von außen gesteuert wird. Dies muß erst recht gelten, wenn es sich um die Evaluation partizipatorischer Sozialpolitik handelt. Denn diese geht - wie oben dargelegt - gerade von der Vorstellung aus, daß gesellschaftlicher Benachteiligung im Rahmen von Sozialpolitik nur dann wirkungsvoll entgegengearbeitet werden kann, wenn die Betroffenen in den Implementationsprozeß einbezogen werden und so allmählich in die Lage kommen, ihren Interessen auch sonst im politischen Prozeß Gewicht zu verleihen. Dies ist offensichtlich inkompatibel mit einem Politikverständnis und einem zugehörigen Evaluationskonzept, in dem die Adressaten des politisch-administrativen Handelns nur als passive Teilnehmer vorkommen, deren programmgemäßes Verhalten schließlich als Erfolg verbuchbar wäre.

4. Kriterienbildung im Rahmen prozeßorientierter Evaluation

Auch wenn ein Evaluationsvorhaben eher dem "Design" einer prozeßorientierten als einer produktorientierten Evaluation entspricht, werden die Methodenprobleme nicht einfacher. Zwar ist nun klar, daß die Zielanalyse i. S. der Programm-Impacts, denen etwa HELLSTERN/WOLLMANN einen zentralen Stellenwert zumessen, nurmehr eine untergeordnete Bedeutung beanspruchen können, dennoch kann die empirische Evaluationsarbeit nicht "blind" in dem Sinne erfolgen, daß nicht vorab Kriterien gefunden werden müssen, an denen orientiert die empirische Arbeit zu beginnen hat. Wie noch an einzelnen Kriterien deutlich werden soll, haben diese jedoch einen anderen Charakter als bei einem produktorientierten Evaluationskonzept. Generell ergibt sich das bereits daraus, daß die Evaluationskriterien nicht als Beurteilungsmaßstäbe über Erfolg oder Mißerfolg eines Programms im Interesse eines zentralen Entscheiders dienen sollen, sondern vor allem den Beteiligten ermöglichen sollen festzustellen, "was passiert", und ihre Handlungsweisen zu überprüfen. In diesem Zusammenhang ist es vor allem wichtig, daß das hier vertretene Evaluationskonzept als Diskussionsprozeß mit den Beteiligten und Betroffenen der sozialpolitischen Intervention aufgefaßt wird. Die Evaluationskriterien stehen im Mittelpunkt dieses Diskussionsprozesses, sollen dort bewertet, evtl. ergänzt und im Hinblick auf erforderliche Konsequenzen diskutiert werden. Die Frage nach Erfolg oder Mißerfolg der Programmimplementation wird nicht zuletzt die Perspektive der Adressaten berücksichtigen müssen.

4.1 Zur Verwendung herkömmlicher Sozialindikatoren

Als Sozialindikatoren bezeichnet man bekanntlich statistische, quantifizierte Werte, mit deren Hilfe ökonomische und soziale Größen und ihre Entwicklung erfaßt werden sollen. In der kommunalen Sozialplanung erfreut sich ihre Verwendung zunehmender Beliebtheit (M. DIERKES/C. KREBSBACH 1975; Deutscher Städtetag 1979; J. GOTTHOLD 1980 a) [8]. So heißt es beispielsweise in den kürzlich erschienenen offiziellen "Hinweisen" des Deutschen Städtetages "zur Arbeit in sozialen Brennpunkten" (1979, 27): "Für die Qualifizierung sozialpolitischen Handelns ist die Entwicklung von Sozialindikatoren wichtig." Diese empirisch ermittelten statistischen Kennziffern sollen nach den Empfehlungen des Deutschen Städtetages die aktuelle Beschaffenheit und den möglichen Wandel sozialer Strukturen bezeichnen. Ihre Funktion wird nicht nur als die eines Informationsmittels gesehen, sondern sie sollen auch der Problemanalyse, der Prognose und schließlich auch als Evaluationskriterien dienen. Tatsächlich gehen immer mehr Städte dazu über, sozialökologische Beschreibungen des Stadtgebietes für Zwecke der Planung, Sanierung und Sozialpolitik vorzunehmen.

Auf den Zusammenhang von quantifizierten Sozialindikatoren zur Messung der sozialen Befindlichkeit von Menschen mit dem deduktiven Planungs- bzw. hierarchischen Politikverständnis ist oben bereits hingewiesen worden. Die Gefahr der "Verdinglichung" (R. WERNER 1975, 132 ff.) bei der Verwendung von Sozialindikatoren besteht in der Randgruppenarbeit besonders dann, wenn "Integration" als Ziel angenommen wird und diese durch größere oder geringere Abweichungen vom "Normalzustand" gemessen werden soll. Die eigentlich bestehenden sozialen und persönlichen Konflikte und Entwicklungen geraten dann aus dem Blickfeld und das Problem scheint "gelöst", wenn die angenommenen Indices positive Werte anzeigen (bzw. ungelöst, wenn dies nicht der Fall ist). Gerade bei partizipatorischer, auf bestehenden subkulturellen Strukturen aufbauender Sozialpolitik [9] müssen solche Indices mit besonderer Vorsicht ausgewertet werden, die Abweichungen vom "Normalen" anzeigen sollen. [10]

Zu unterscheiden ist allerdings zwischen solchen Sozialindikatoren, die sich auf die wohnungsmäßige und sonstige infrastrukturelle Versorgung eines Gebiets [11] richten und solchen, die an Kategorien menschlichen Verhaltens anknüpfen. Die zuerst genannten dürften in einem produktorientierten Evaluationskonzept kaum eine Rolle spielen, weil es sich bei ihnen um die "Policy Outcomes" und nicht um die "Policy Impacts" handelt. [12]

Die Vorstellung, daß die Evaluation politischer Programme sich nicht auf die Outcomes richten solle, sondern auf die Impacts, hängt vermutlich auch damit zusammen, daß die Veränderung der sog. unabhängigen Variablen generell als relativ problemlos betrachtet wird, während die Folgewirkungen bei den abhängigen Variablen unsicherer sind. Denn dabei geht man von der Vorstellung aus, daß als unabhängige Variable regelmäßig solche zur Anwendung kommen, die dem direkten Zugriff des politisch-administrativen Systems unterliegen. Gerade diese Problemlosigkeit der Veränderung der unabhängigen Variablen ist bei einem Programm für soziale Randgruppen allerdings nicht gegeben. Die kommunale Praxis beweist vielmehr, daß häufig bereits die angestrebten Outcomes nicht zustandekommen (vgl. die Erfahrungsberichte: Forum Jugendhilfe, Arbeitsheft II, Soziale Brennpunkte, Sonderausgabe 1978). Fragt man nach dem Erfolg eines solchen Programms, so besteht kaum die Gefahr, daß man zu geringe Maßstäbe ansetzt, wenn man sich an den Outcomes des Programms orientiert.

Bei solchen Folgewirkungen (Impacts) wie Abbau von Benachteiligung und Diskriminierung kann eine Operationalisierung sogar in Kategorien geschehen, die bereits Outcomes des Programms sind. Denn diese Benachteiligung manifestiert sich gerade auch in den defizitären materiellen Lebensbedingungen, auf die die Gemeinde direkt einwirken kann. Hier werden operationalisierter Impact und Outcome austauschbar. Dieser Gedanke sei an der Wohnungsversorgung von Obdachlosen konkretisiert: die Benachteiligung und Diskriminierung von Obdachlosen durch die Gesellschaft findet ihren krassesten Ausdruck in der elenden Wohnsituation. Die Angleichung der Wohnsituation an die in der Gesellschaft sonst geltenden Mindeststandards ist daher insoweit mit dem Ziel Abbau von Diskriminierung und Benachteiligung identisch. [13]

Problematischer sind solche Sozialindikatoren, die menschliche Befindlichkeit messen sollen und dabei an personen- oder familienbezogene Kategorien anknüpfen. [14] Jedoch wird man auch auf solche Indikatoren im Diskussionsprozeß einer prozeßorientierten Evaluation nicht verzichten können, um mit ihrer Hilfe zu diskutieren, was im Sozialen Brennpunkt "passiert" und den Beteiligten, Überlegungen zur Verbesserung ihrer Arbeit zu ermöglichen. Beispielhaft sei hier die Entwicklung der Sonderschulquote erwähnt, die für die Diskussion über die geleistete und zukünftige sozialpädagogische Arbeit mit Kindern von Bedeutung ist.

4.2. Kriterien für Prozeßziele

Oben ist bereits ausgeführt worden, daß im Rahmen partizipatorischer Sozialpolitik Zielvorstellungen im Vordergrund stehen, die sich nicht mehr auf das Ergebnis sozialpolitischer Interventionen beziehen. Sie betreffen vielmehr die Teilnehmer am Implementationsprozeß selbst und darüber hinaus generell die Teilnahme am politischen Prozeß. Diese "Prozeßziele" werden daher eine wichtige Rolle für die Entwicklung von Evaluationskriterien spielen müssen. Betrachtet man die Prozeßziele genauer, wird deutlich, daß sie mit herkömmlichen quantitativen Indices kaum meßbar sind. Man wird sich vielmehr großenteils mit beschreibenden Darstellungen begnügen müssen und nur ausnahmsweise quantitative Meßziffern bilden können. Sinnvoll für die Bildung von entsprechenden Kriterien ist zunächst eine Kategorisierung danach, ob es sich um Ziele handelt, die stärker auf die kollektive Teilnahme an politischen Prozessen bezogen sind, oder um solche, die stärker individuelle Entwicklungen der Bewohner betreffen.

Für die Kriterienbildung zur Feststellung, ob Prozesse im Sinne der kollektiven politisch-emanzipatorichen Ziele stattfinden, wird zunächst eine Klassifikation vorgenommen, die zwischen der Aktivierung der Betroffenen im Implementationsprozeß selbst, sodann sonstigen Aktivitäten im Rahmen des Sozialen Brennpunktes und schließlich Aktivitäten für Angelegenheiten, die sich nicht auf die spezielle soziale und räumliche Situation richten, unterscheidet. Dabei wird jeweils wieder danach zu differenzieren sein, ob es sich um organisatorisch gefestigte oder sporadische Einzelaktivitäten handelt. Schließlich wird jeweils eine quantitative Aussage stattfinden müssen, die feststellt, wie viele der betroffenen Gruppe im zeitlichen Verlauf auf diese Weise aktiv werden. [15]

Bei der Interpretation der empirisch festgestellten Ergebnisse wird man auch Zusammenhänge mit anderen Ergebnissen des Implementationsprozesses berücksichtigen müssen. Die dabei möglicherweise auftretenden Probleme können nur durch kommunikative Prozesse gelöst werden. [16]

Außer auf kollektive politisch-emanzipatorische Prozesse wird sich die Evaluation auch auf individuelle bzw. familiale Entwicklungsprozesse richten müssen. Denn im Rahmen partizipatorischer Sozialpolitik finden nicht nur kollektive Prozesse statt. Diese sind vielmehr sowohl Resultat wie Ursache individueller familialer Entwicklungen. Da die Frage nach Erfolg oder Mißerfolg des Programms besonders aus der Perspektive der Betroffenen erfolgen soll, werden dabei die subjektiven Einschätzungen der eigenen Entwicklung eine besondere Rolle spielen müssen.

Hierzu sind Interviews nach der biografischen Methode geeignet (W. FUCHS 1980; M. KOHLI 1981). Sie sollten jedoch vorbereitet und überprüft werden durch Aktenanalyse und Interviews, die nicht nur nach klassischen Methoden, sondern möglichst auch in der Form von Gruppendiskussionen mit Betroffenen stattfinden. Die Aufzeichnung solcher Entwicklungsprozesse wird ferner durch geläufige Methoden wie die Feststellung vo Schulergebnissen der Kinder, der Arbeits- und Wohnsituation der Eltern etc. ergänzt werden müssen.

Insgesamt wird es darum gehen, im Sinne einer "Lebensweltanalyse" (G. IBEN u. a. 1981, 40 ff.) die Entwicklung der ausgewählten Familien zu verstehen. [17] Dabei ist die Aufmerksamkeit darauf zu richten, ob es in der "Familiengeschichte" Wendepunkte der Entwicklung gibt, die mit der sozialpolitischen Intervention im Stadtteil in einen plausiblen Zusammenhang gebracht werden können.

Fußnoten

1) Die ursprüngliche Langfassung dieses Papiers enthält auch die Skizze einer Fallstudie, die hier aus Raumgründen weggefallen ist.

2) Selbst die zeitlich spätere sog. Implementationsforschung (zu ihrer Entstehung (H. WOLLMANN 1980) startete noch mit diesem Programmbegriff und dem damit verbundenen Politikverständnis, obwohl dieser Forschungsstrang bereits die Reaktion auf die sichtbar werdenden Durchführungsschwierigkeiten und Fehlschläge zentraler Planungs- und Steuerungsbemühungen war (H. WOLLMANN 1980, 22). Auch die Implementationsforschung hat inzwischen jedoch ihren "Paradigmenwandel als kollektiven Lernprozeß" (R. MAYNTZ 1980, 1) gehabt, d. h. ihren Programmbegriff und die damit verbundene Vorstellung von Politik als "einer klaren hierarchischen Beziehung zwischen der politischen Spitze, die die Ziele setzt, der Verwaltung, die als bürokratischer Stab im Weber'schen Sinne die Programme vollzieht, und den Adressaten, die sich am Ende normkonform verhalten sollten" (R. MAYNTZ 1980, 11) aufgegeben und festgestellt, daß diese Vorstellung "die Wirklichkeit jedoch nur sehr teilweise trifft, sowohl was die unterstellte Beziehung zwischen verschiedenen Verwaltungsebenen wie die zwischen Vollzugsinstanzen und Programmadressaten angeht" (ebda.).

3) Darüber hinaus ist dieser Ansatz insbesondere auch aus normativen Gründen abgelehnt worden (vgl. K. POPPER 1974).

4) Programmieren wird hier entscheidungstheoretisch als das Setzen von Entscheidungsprämissen für die Programmdurchführung gebraucht. Zu der Problematik des Programmbegriffs und dessen Zusammenhang mit der Implementationsproblematik und der Beziehung zwischen politischen System, administrativem System und Publikum vgl. auch R. MAYNTZ 1980, 11 ff. Das Marburger Stadtteilentwicklungsprogramm, auf dessen Evaluation sich die methodischen Überlegungen beziehen, ist kein Programm im entscheidungstheoretischen Sinne. Die daraus resultierenden Sprachprobleme sind nicht vermeidbar.

5) "Die im bisherigen deutschen Schrifttum zu beachtende gelegentliche Ignorierung des 'Kausalitätsproblems' wird allenfalls dort verhältnismäßig unschädlich sein, wo der Zusammenhang zwischen Programm/Projekt und Wirkungen handgreiflich ist." (G. HELLSTERN/H. WOLLMANN 1978, 37, Anm. 16).

6) Zwar wäre denkbar, daß bei der Programmaufstellung unabhängig vom Vorhandensein theoretischen Wissens zunächst Ziele formuliert werden, um sich erst dann zu fragen, aufgrund welcher sozialwissenschaftlicher Theorien welche Mittel zur Zielerreichung eingesetzt werden müssen und ob diese zur Verfügung stehen. Dem entspricht die immer beliebter werdende Vorstellung, daß im Bereich politischer Planung und Gestaltung das Verhältnis Politik-Verwaltung durch "finale Programmierung" gekennzeichnet sei, wobei die Mittelauswahl der Verwaltung überlassen bleibe (dazu kritisch J. GOTTHOLD/A. ALEXY 1980, 202 ff.). Diese Vorstellung ist ebenso irrig wie das bereits knapp zitierte deduktive Planungsverständnis sowie dementsprechende Ansätze der Policy Analysis (zu deren Entwicklung H. WOLLMANN 1980, 15 f.). Im praktischen politischen Entscheidungsprozeß wird man nämlich nur dann präzise Ziele in ein politisches Programm hineinschreiben, wenn relativ sicher ist, daß und wie diese Ziele erreicht werden können und daß die danach erforderlichen Mittel verfügbar sind. Denn andernfalls müßten die dafür verantwortlichen Akteure ein hohes Risiko in Kauf nehmen, mit entsprechenden Mißerfolgsnachweisen konfrontiert zu werden, die ihnen politisch schaden könnten. Man wird deswegen damit rechnen dürfen, daß in politischen Programmen auch immer dann bewußt auf präzise Zielvorgaben verzichtet wird, wenn die Kausalitätsfrage ungelöst ist und/oder die erforderlichen Mittel nicht zur Verfügung stehen.

7) Zum Zusammenhang mit der Leistungsfähigkeit der Steuerungsmedien Geld und Recht vgl. N. LUHMANN 1978, ders. 1981, 94 ff.; J. GOTTHOLD 1981 b.

8) Vermutlich ist dies eine Folge der Rezeption der Sozialökologie sowohl in der deutschen Stadtsoziologie wie in der Sozialarbeit/Sozialpädagogik.

9) Zu diesem Konzept näher J. GOTTHOLD 1978, R. BAUER 1980, G. IBEN u. a. 1981. Zur Subkultur in Sozialen Brennpunkten allgemein auch N. PREUSSER 1977.

10) Als Negativum von Sozialindikatoren im Zusammenhang mit Sozialen Brennpunkten muß auch vermerkt werden, daß ihre Publikation zusätzliche Diskriminierungs- und Stigmatisierungseffekte hervorbringen kann.

11) Als Merkmale, die noch weiter ergänzt und operationalisiert werden müssen, kommen hier in Betracht:

- Wohnungsversorgung,

- Öffentliche soziale Infrastruktur (vorschulische Einrichtungen, schulische Einrichtungen, Freizeiteinrichtungen für Kinder, Jugendliche und Erwachsene usw.),
- Private soziale Infrastruktur (ärztliche Versorgung, Einkaufsmöglichkeiten, Gaststätten usw.),
- Technische Infrastruktur (Nahverkehrsanbindung, Straßenausbau, Entsorgung usw.

12) In der neueren Evaluations- und Implementationsliteratur (vgl. A. WINDHOFF-HERITIER 1980, 5) werden die Outcomes als die durch politisches Handeln unmittelbar beeinflußbaren "unabhängigen Variablen", die Impacts als die intendierten oder auch nicht intendierten Folgewirkungen betrachtet, auf deren Erforschung das Interesse der Evaluation zu richten sei.

13) Mißt man die Diskriminierung einer Bevölkerungsgruppe (wie üblich) mit Hilfe von Umfrageergebnissen, so ist das Ergebnis schon deswegen zweifelhaft, weil es nicht unmittelbar das tatsächliche Verhalten, sondern nur die geäußerte Einstellung gegenüber dieser Personengruppe wiedergibt. Das tatsächliche Diskriminierungs- und Stigmatisierungsverhalten scheint nach vorliegenden entsprechenden Befragungen von der geäußerten Einstellung der Befragten häufig abzuweichen. Die folgende Überlegung, die den Sachverhalt sicherlich etwas vereinfacht, soll dies plausibel machen: In einer Befragung, die 1968/69 in Marburg durchgeführt wurde, plädierten 93 % (gegenüber 5 %) der Befragten für eine Änderung der Situation der Obdachlosensiedlung, 74 % vertraten die Auffassung, man solle die Siedlung auflösen und die Familien über die ganze Stadt verteilen (G. IBEN 1971, 55 f.). Mit dieser Äußerung war die tatsächliche, elende Situation der Siedlung, die schon seit Jahren bestand und in den Folgejahren vor allem wegen des Baues einer Autobahn aufgelöst werden mußte, nicht zu vereinbaren. Die über Jahrzehnte andauernde Elendsituation einer Siedlung wäre in einem demokratisch verfaßten Gemeinwesen auch kaum zu erklären, wenn die geäußerte Einstellung mit der wirklichen übereingestimmt hätte.

14) Die Schwierigkeit, daß solche Merkmale jedenfalls eine Schicht- oder Klassentheorie über die Gesellschaft voraussetzen bzw. implizieren, sei hier nur angemerkt. Dieses Problem muß bei einer empirischen Arbeit schon deswegen weitgehend ignoriert werden, weil nur eine ganz begrenzte Anzahl von danach evtl.

erforderlichen statistischen Merkmalen zur Verfügung steht. Für eine empirische Arbeit sind vor allem Interpretationsprobleme relevant, auf die in der ursprünglichen Langfassung dieses Papiers eingegangen worden ist, die hier aus Platzgründen nicht mehr behandelt werden können.

15) Danach kommen die folgenden Kriterien in Betracht, die jedoch im Evaluationsprozeß selbst mit den Beteiligten vervollständigt und weiter konkretisiert werden müssen:

<u>Teilnahme am Implementationsprozess selbst:</u>

- Bewohnerversammlungen (Anzahl, Beteiligung),
- Bildung von Bewohnergruppen im Rahmen des Implementationsprozesses (z. B. Umzugsgruppen, Mieterräte, Elternvertretung in Spielstuben),
- praktische kollektive Aktivitäten,
- sonstige kollektive politische Aktivitäten,
- Teilnahme an Angeboten für Kinder bzw. Jugendliche,
- Teilnahme von Erwachsenen des Brennpunktes an Kinder- bzw. Jugendarbeit.

<u>Aktivitäten im Rahmen des Sozialen Brennpunktes:</u>

- Bildung von Organisationen bzw. Mitarbeit zur Durchsetzung von allgemeinen Brennpunktinteressen (z. B. Mitgliedschaft in "Stadtteilgemeinden"),
- Mitgliedschaften/Mitarbeit von Mitgliedern der Randgruppe in Organisationen mit stadtteilspezifischen Aktivitäten (z. B. örtlicher Fußballclub, örtlicher Geselligkeitsverein),
- Bildung/Mitgliedschaft von/in Frauengruppe,
- Mitarbeit in Organisationen, die Randgruppeninteressen vertreten.

<u>Teilnahme an sonstigen kollektiven Aktivitäten:</u>

- Mitgliedschaften in Vereinen,
- Mitgliedschaften in politischen Parteien,
- Mitgliedschaften in Gewerkschaften,
- sonstige Teilnahme an Aktivitäten.

16) Diese seien am folgenden möglichen Verlauf verdeutlicht: Denkbar ist, daß eine Aktivierung der Randgruppen zunächst relativ gut gelingt, diese Aktivitäten jedoch allmählich nachlassen. Festgestellt werden muß dann, ob dieser Rückgang des "Erfolgskriteriums" aus Verbesserungen resultiert, die eine Folge der gemeinsamen Aktivitäten waren, oder aus Mißerfolgserlebnissen, weil solche Aktivitäten ohne positive Folgen blieben, oder ob die Bewohner sich darauf verlassen, daß ohne eigene Aktivitäten Sozialarbeiter ihre Interessen wahrnehmen, oder andere Ursachen feststellbar sind.

17) Die hierbei auftauchenden methodischen Probleme können hier nicht vollständig beschrieben werden. Die nachfolgend benannten Schwierigkeiten sind daher willkürlich herausgegriffen, so wie sie in der bisherigen praktischen Arbeit aufgetaucht sind. Eine Schwierigkeit, für die es keine methodisch befriedigende Lösung gibt, liegt in der Auswahl der Familien, deren Entwicklungsprozeß aufgezeichnet werden soll. Eine Auswahl nach den herkömmlichen stochastischen Verfahren scheidet angesichts der beabsichtigten qualitativen Methoden und der betroffenen sozialen Gruppe aus. Denn beide Restriktionen lassen nur dann aussagefähige Resultate erwarten, wenn zwischen Interviewern und Interviewten eine Vertrauensbeziehung bereits besteht oder hergestellt werden kann. Dies muß daher ein entscheidendes Kriterium für die Auswahl sein. Da die individuellen Entwicklungsprozesse versuchsweise auch zu komparativen Aussagen herangezogen werden sollen (z. B. i. S. eines Vergleichs zwischen Familien, die im Brennpunkt wohnen geblieben sind, und solchen, die ausgezogen sind), sollten nach Möglichkeit auch folgende Kriterien die Auswahl bestimmen:

- Unterschiedliche Aufenthaltsdauer im Sozialen Brennpunkt bzw. unterschiedliche Dauer der Zugehörigkeit zur Randgruppe,
- unterschiedlich intensive Teilnahme am Implementationsprozeß,
- unterschiedlich große individuelle Vorteile aus den Programmaßnahmen,
- unterschiedliche wahrgenommene Programmaßnahmen,
- unterschiedlicher Status im Sozialen Brennpunkt.

LITERATUR

ARZBERGER, KLAUS/HONDRICH, KARL OTTO/MURCK, MANFRED/ SCHUMACHER, JÜRGEN 1978, Was machen die Bedürfnisforscher? in: Leviathan, 6, S. 354 ff.

BADURA, BERNHARD/GROSS, PETER 1976, Sozialpolitische Perspektiven, Eine Einführung in Grundlagen und Probleme sozialer Dienstleistungen, München.

BAUER, RUDOLF, 1980: Obdachlos in Marioth, Von der Notunterkunft zum "modernen Asyl", Weinheim/Basel.

BREDE, KAROLA/SIEBEL, WALTER 1977, Zur Kritik der Bedürfnisforschung, in: Leviathan, 5, S. 1 ff.

BREDE, KAROLA/SIEBEL, WALTER 1978, Wissen die Bedürnisforscher, was sie machen? Replik auf ARZBERGER/HONDRICH/MURK/SCHUMACHER, in: Leviathan, 6, S. 374 ff.

BURA, J., 1979: Obdachlosigkeit in der Bundesrepublik: Ursachen und Entwicklung. Ein Beitrag zur Theoriebildung, München.

DERLIEN, HANS-ULRICH 1976, Die Erfolgskontrolle staatlicher Planung, Eine empirische Untersuchung über Organisation, Methode und Politik der Programmevaluation, Baden-Baden.

DEUTSCHER STÄDTETAG, 1979, Hinweise zur Arbeit in sozialen Brennpunkten, Reihe D, DST-Beiträge zur Sozialpolitik, Heft 10.

DIERKES, MEINOLF; KREBSBACH, CAMILLA (Hrsg.), 1975: Soziale Daten und politische Planung, Sozialindikatorenforschung in der Bunderepublik und den USA, Frankfurt/New York.

FRIEDRICHS, JÜRGEN 1979, Stadtanalyse, Reinbek.

FUCHS, WALTER 1980, Möglichkeiten der biographischen Methode, in: L. NIETHAMMER (Hrsg.), Lebenserfahrung und kollektives Gedächtnis, Frankfurt, S. 323 ff.

GOTTHOLD, JÜRGEN 1978 a, Stadtentwicklung zwischen Krise und Planung, Köln.

GOTTHOLD, JÜRGEN 1978 b, Die Funktion der Gemeinden im gesamtstaatlichen Planungsprozeß, in: Politische Vierteljahresschrift, S. 343 ff.

GOTTHOLD, JÜRGEN 1978 c, Stadtteilentwicklungsplanung und Gemeinwesenarbeit, Eine Strategie kommunaler Sozialpolitik in "Sozialen Brennpunkten", in: Forum Jugendhilfe, AGJ-Mitteilungen, Sonderausgabe, Arbeitsheft 2, Soziale Brennpunkte, S. 203 ff.

GOTTHOLD, JÜRGEN 1980 a, Kommunale Sozialpolitik in Sozialen Brennpunkten, Die Verwendung von Sozialindikatoren zur neuen Definition dieses Begriffes, in: Demokratische Gemeinde, 32, S. 119 ff., S. 312 f.

GOTTHOLD, JÜRGEN 1980 b, Thesen zur kommunalen Sozialpolitik für "Soziale Brennpunkte", in: Zeitschrift für Sozialreform, 26, S. 674 ff.

GOTTHOLD, JÜRGEN 1981 a, Neuere Entwicklungen der Wettbewerbstheorie, Kritische Bemekrungen zur neo-neoliberalen Theorie der Wettbewerbspolitik, in: Zeitschrift für das gesamte Handelsrecht und Wirtschaftsrecht, 145, S. 286 ff.

GOTTHOLD, JÜRGEN 1981 b, Privatisierung oder Entbürokratisierung, Zur Erfüllung von Aufgaben, die nicht durch Geld und Recht steuerbar sind, Manuskript Bremen (erscheint demnächst in: RÜDIGER VOIGT (Hrsg.), Verrechtlichung, Bd. 2, Königstein).

GOTTHOLD, JÜRGEN/ALEXY, HANS 1980, Verwaltung zwischen konditionaler Programmierung und eigener Verwaltungsverantwortung, Zur Lage der Verwaltung bei der Ausführung von Planungsgesetzen, in: RÜDIGER VOIGT (Hrsg.), Verrechtlichung, Königstein, S. 200 ff.

GRAUHAN, ROLF RICHARD 1978, Kommune als Strukturtypus politischer Produktion, in: ROLF RICHARD GRAUHAN/RUDOLF HICKEL (Hrsg.), Krise des Steuerstaats, Leviathan Sonderheft 1, S. 229 ff.

HAMM, BERND 1977, Die Organisation der städtischen Umwelt, Frauenfeld/Stuttgart.

v. HAYEK, FRIEDRICH AUGUST 1975 a, Die Anmaßung von Wissen, in: Ordo, 26, S. 12 ff

v. HAYEK, FRIEDRICH AUGUST 1975 b, Die Irrtümer des Konstruktivismus und die Grundlagen legitimer Kritik gesellschaftlicher Gebilde, Tübingen.

HELLSTERN, GERD-MICHAEL/WOLLMANN, HELLMUT 1978, Sanierungsmaßnahmen, Städtebauliche und stadtstrukturelle Wirkungen (Methodische Vorstudie), Schriftenreihe "Stadtentwicklung" des Bundesministers für Raumordnung, Bauwesen und Städtebau 02.012, Bonn.

IBEN, GERD 1971, Randgruppen der Gesellschaft, Untersuchungen über Sozialstatus und Erziehungsverhalten obdachloser Familien, München.

IBEN, GERD/DRYGALA, A./BINGEL, J./FRITZ, R., 1981: Gemeinwesenarbeit in sozialen Brennpunkten, Aktivierung, Beratung und kooperatives Handeln, München.

KAUFMANN, FRANZ XAVER (Hrsg.) 1979, Bürgernahe Sozialpolitik, Planung, Organisation und Vermittlung auf lokaler Ebene, Frankfurt/Main.

KAUFMANN, FRANZ XAVER/HERLTH, ALOIS/STROHMEYER, KLAUS PETER/ SCHULZE, HANS-JOACHIM, 1980: Sozialpolitik und familiale Sozialisation, Schriftenreihe des Bundesministers für Jugend, Familie und Gesundheit, Band 76, Stuttgart, u. a.

KOHLI, MARTIN 1981, Wie es zur "biographischen Methode" kam und was daraus geworden ist, Ein Kapitel aus der Geschichte der Sozialforschung, in: Zeitschrift für Soziologie, 10, S. 273 ff.

LEIBFRIED, STEPHAN, 1975/76, Die Verwaltung der etatistischen Reserve,

Charakteristiken einer Strukturreform der Verwaltung im entwickelten Interventionsstaat - dargestellt an der Reformentwicklung der USA im letzten Jahrzehnt, in: Leviathan 3, S. 437 ff., 4, S. 97 ff.

LUHMANN, NIKLAS, 1978, Die Organisationsmittel des Wohlfahrtsstaates und ihre Grenzen, in: HEINER GEISSLER (Hrsg.), Verwaltete Bürger-Gesellschaft in Fesseln, Frankfurt u. a., S. 112 ff.

LUHMANN, NIKLAS, 1981, Politische Theorie im Wohlfahrtsstaat, München/Wien.

MAYNTZ, RENATE, 1980, Die Entwicklung des analytischen Paradigmas der Implementationsforschung, in: dies. (Hrsg.) 1980, S. 1 ff.

MAYNTZ, RENATE (Hrsg.) 1980, Implementation politischer Programme, Empirische Forschungsberichte, Königstein.

MEYER-KRAHMER, FRIEDER 1979, Politische Entscheidungsprozesse und ökonomische Theorie der Politik, Frankfurt/New York.

MÜLLER, C. WOLFGANG 1978, Sozialpädagogische Evaluationsforschung: Ansätze, Erfahrungen und Kritik, in: ders. (Hrsg.) 1978, S. 15 ff.

MÜLLER, C. WOLFGANG (Hrsg.), 1978, Begleitforschung in der Sozialpädagogik, Analysen und Berichte zur Evaluationsforschung in der Bundesrepublik, Weinheim/Basel.

OFFE, CLAUS 1974, Rationalitätskriterien und Funktionsprobleme politisch-administrativen Handelns, in: Leviathan 2, S. 333 ff.

OLK, THOMAS/OTTO, HANS-UWE 1981, Wertewandel und Sozialarbeit - Entwicklungsperspektiven kommunaler Sozialpolitik, in: Neue Praxis, 11, S. 99 ff.

POPPER, KARL R., 1974, Das Elend des Historizismus, 4. Aufl., Tübingen.

PREUSSER, N., 1977, Empirie einer Subkultur, Obdachlosensiedlung Wiesbaden-Mühltal, 2. Aufl. Berlin.

RINKEN, ALFRED 1980, Aufgaben der Verwaltung - Ziele des Verwaltungshandelns im Hinblick auf den Umgang mit dem Bürger, in: W. HOFFMANN-RIEM (Hrsg.), Bürgernahe Verwaltung, Neuwied/Darmstadt, S. 23 ff.

STRAUMANN, U. 1977, Funktionen, Möglichkeiten und Grenzen aktivierender Gemeinwesenarbeit (GWA), Erklärungsansatz bezogen auf die Bürgerbeteiligung an Planungen. Diplomarbeit Marburg FB 21.

VASKOVICS, LARZILO/BUBA, H.-P./WATZINGER, D./WEINS, WERNER, 1980, Soziale Eingliederung von Randgruppen durch Wohnungsmaßnahmen dargestellt am Beispiel der Umsetzung von Obdachlosen, in: Schriftenreihe "Städtebauliche Forschung" des Bundesministers für Raumordnung, Bauwesen und Städtebau, 03.081.

VASKOVICS, LARZILO/WEINS, WERNER/BUBA, H. P., 1979, Stand der Forschung über Obdachlose und Hilfen für Obdachlose, Bericht über "Stand der Forschung über soziale Randgruppen/Obdachlose" und "Hilfen für soziale Randgruppen/Obdachlose", Bd. 62, Schriftenreihe des Bundesministers für Jugend, Familie und Gesundheit, Stuttgart u. a.

WERNER, RUDOLF 1975, Soziale Indikatoren und politische Planung. Einführung in Anwendungen der Makrosoziologie, Reinbek.

WINDHOFF-HERITIER, ADRIENNE, 1980, Politikimplementation, Ziel und Wirklichkeit politischer Entscheidungen, Königstein.

WOLLMANN, HELLMUT 1980, Implementationsforschung - eine Chance für kritische Verwaltungsforschung? in: ders. (Hrsg.) Politik im Dickicht der Bürokratie, Leviathan Sonderheft 3/1979, S. 9 ff.

KLAUS-MICHAEL BENEKE

Aufgabenkritik als (Teil-)Antwort der Bürokratiekritik?

1. Vorbemerkung

Kommunalpolitische Handlungs- und Entscheidungsspielräume lassen sich vorrangig unter drei Gesichtspunkten analysieren:

- Einbettung der kommunalen Handlungsebene in das Normengefüge des politischen Systems insgesamt,
- Kommunalpolitik als Handeln oder Unterlassen von Aktoren in einem durch Macht und Interessenkonkurrenz geprägten Willensbildungsprozeß,
- materielle und strukturell-vergleichende Politikfeldanalyse.

Die vor allem aus der kommunalen Verwaltungspraxis entwickelten Ansätze einer systematischen Aufgabenüberprüfung - sie beziehen in der Regel sowohl das Ob der Aufgabe (Zweckkritik) als auch das Wie der Aufgabenerfüllung (Vollzugskritik) ein - berühren prinzipiell alle drei Analysedimensionen, auf die sich auch die Bürokratiedebatte der letzten Jahre richtet. Der eigenständige Beitrag der Aufgabenkritik für eine "Bürokratiekritik" an der öffentlichen Verwaltung liegt jedoch vor allem in der dritten Analysedimension: einer materiellen sowie strukturanalytischen Durchdringung von "öffentlichen Aufgaben".

Versteht man unter Aufgabenkritik mehr als ein Modewort oder eine ebenso kurzfristige wie kurzsichtige Strategie zur Schließung von immer bedrohlicher erscheinenden Deckungslücken in den kommunalen Verwaltungshaushalten, so bietet sie im Kern einen doppelten Ansatz für eine langfristige Verwaltungsreform:

- Überprüfung bestehender und zukünftiger Aufgaben(erfüllung),
- Reformulierung von Politikinhalten nach einer bestimmten Phase.

Stand bei den bisherigen Erfahrungen mit der Aufgabenkritik eindeutig der erste Aspekt im Vordergrund, so wird bei dem bisher weniger beachteten zweiten Aspekt eine Brücke zu neueren Gesetzgebungs- und Budgetierungsverfahren ("Sunset Legislation", "Zero-Base-Budgeting", vgl. RÜRUP/GRÜNEWALD 1978) geschlagen. Es ist u. a. zu prüfen, ob hierdurch die nicht unbeachtlichen blinden Flecke und Einseitigkeiten bisheriger Aufgabenkritik überwunden werden können.

2. Kommunalpolitik als Problemverarbeitung

Der Standort der Kommunalpolitik und Kommunalverwaltungen im politischen System der Bundesrepublik Deutschland ist bekanntlich nicht unumstritten. Von Verfechtern einer reinen Lehre wird insbesondere die kommunale Selbstverwaltung als paradigmatischer Anwendungsfall für die Verwirklichung des Subsidiaritätsprinzips im Staats- und Verwaltungsaufbau beschworen; anderen gilt das kommunale Handlungssystem eher als ein vordemokratisches Überbleibsel aus der Epoche der konstitutionellen Monarchie, welches in seiner Problemlösungsfähigkeit zumal angesichts eines steigenden Problemdrucks "vor Ort" strukturell beschränkt und politisch desintegriert erscheint.

Das Normensystem des Grundgesetzes hat die gemeindliche Selbstverwaltung durch Art. 28 Abs. 2 GG in Verbindung mit Art. 93 Abs. 1 GG in den Rang einer durch Verfassungsbeschwerde einklagbaren Institution erhoben. Auch durch höchstrichterliche Rechtssprechung (Nachweise in: SALZWEDEL 1978, S. 92 f.) gelten die Wesensbestandteile der kommunalen Aufgabenbestimmung und Aufgabenerledigung als unantastbar. Für den Bürger dürfte sich indessen selbst in den meisten ländlichen Gemeinden der Unterschied zwischen der Gemeinde als "mittelbarer Staatsverwaltung" und als Institution der "Selbstregierung" mit eigenverantwortlicher Wahrnehmung öffentlicher Aufgaben kaum mehr als Erfahrung niederschlagen. Hierzu haben mehrere, voneinander teils abhängige, teils unabhängige Entwicklungen beigetragen:

(1) Als Konsequenz der in den 70er Jahren durchgeführten kommunalen Gebietsreform ist das Prinzip der Ortsnähe der Kommunalverwaltung stark beschnitten worden. Darunter leiden offensichtlich sowohl die Überschaubarkeit der kommunalen Verwaltungsabläufe als auch die Transparenz der kommunalpolitischen Arbeit.

(2) Die Entstehung von Verdichtungsräumen, Stadt- und Landflucht, soziale Segre-

gationsprozesse in den Ballungsräumen, Folgeprobleme der Industrie- und Gewerbeansiedlung, Erhöhung des Mobilitätsdrucks auf die erwerbstätige Bevölkerung und andere sozio-ökonomische Faktoren führen zu einer Überbürdung der Kommunen mit nicht frei gewählten Aufgaben.

(3) Zahlreiche lokal auftretende Probleme der Städte und Gemeinden sind materiell mit solchen der Region, des Bundeslandes und des Gesamtstaats verknüpft (z. B. Raumplanung, Umweltschutz, Arbeitsmarkt, Infrastrukturplanung). Dies führt zum Phänomen der Politikverflechtung einerseits, zunehmenden Schwierigkeiten der Koordination und Integration auf der Kommunalebene andererseits.

(4) Eine zunehmende Verflechtung zwischen staatlicher und kommunaler Aufgabenerfüllung zeigt sich auch an Kompetenzverlagerungen in einzelnen Verwaltungsfeldern (z. B. im Schulbereich) sowie an der gestiegenen Regelungsdichte bei den gesetzlichen Pflichtaufgaben.

(5) Die Finanzausstattung der Kommunen läßt vielfach zu wünschen übrig. Durch die Einführung neuartiger Planungs- und Finanzierungsinstrumente (z. B. Bedarfspläne, Vergaberichtlinien für Projekte, Zweckzuweisungen, Zuschüsse, Kostenerstattung) ergeben sich jenseits der formalen Kompetenzabgrenzungen zwischen Kommunen/Kreisen, Ländern und Bund höchst wirksame Möglichkeiten zur überörtlichen Steuerung der Kommunen.

(6) Die steigenden Ansprüche der Bürger an die Qualität kommunaler Aufgabenerfüllung, ihr gewachsenes Selbstbewußtsein als Betroffene und Schwächen des kommunalen Vertretungssystems führen zu eher noch zunehmenden Legitimationsdefiziten des kommunalen Handlungssystems.

(7) Die Beziehungen zwischen Rat und Verwaltung als den tragenden Säulen der lokalen Verwaltungskultur sind durch mehrere Faktoren belastet. So erschweren der gestiegene Technisierungs- und Professionalisierungsgrad des Verhaltenshandelns eine wirksame Kontrolle des Verwaltungssystems; Ratsmitglieder sind bei der Lenkung der Verwaltung häufig überfordert; es machen sich macchiavellistische Tendenzen einzelner Handlungsträger ebenso wie Tendenzen zu einer parteipolitischen Kolonisierung des Verwaltungssystems bemerkbar.

Diese knappe Situationsbeschreibung der Kommunalpolitik zu Beginn der 80er Jahre läßt den Schluß zu, daß das kommunale Handlungssystem ungeachtet seiner lokalen Vielfalt und nach wie vor beachtlichen Dynamik an Grenzen seiner Problemverarbeitungskapazität auf den Ebenen

- der institutionellen Garantie der Aufgabenerfüllung,
- der Macht und Legitimation sowie
- der inhaltlichen Dimension der Problemlösung

stößt.

3. Aufgabenkritik als Planungs- und Entscheidungshilfe der Kommunen

Bei der Aufgabenkritik handelt es sich zunächst lediglich um eine Sammelbezeichnung für eine Reihe von methodischen Ansatzpunkten und aus der Praxis entwickelten Verfahrensvorschlägen zur Überprüfung von "Verwaltungsaufgaben". Deren vorrangiges Ziel liegt in einer zumindest verfahrensmäßigen Beurteilung und Kontrolle des Verwaltungshandelns im Hinblick auf die Aufgabenbestimmung sowie die Organisation, den Umfang und die kosten- und verfahrensmäßige Gestaltung der Aufgabenerfüllung. Dabei werden unter Aufgabe nicht eine abstrakte Funktion des Verwaltungssystems, sondern "die an die Instanzen der Verwaltung im organisatorischen Sinne gerichteten, an bestimmten Zielen oder Zwecken orientierten Tätigkeitsbeschreibungen (obligatorischer oder freiwilliger Art)" (Bull 1974, S. 4) verstanden.

Anders ausgedrückt:

"Als Aufgabenkritik (im Orig. hervorgehoben) soll die einmalige oder periodische Prüfung von normierten Verwaltungszwecken (Zweckkritik, Aufgabenkritik im engeren Sinne) und/oder der programmierten Vollzugsmaßnahmen auch unter Berücksichtigung des Aufwands (Vollzugskritk, Aufgabenkritik im weiteren Sinne) verstanden werden." (KGSt 1974, S. 4).

Oder:

"Unter Aufgabenkritik versteht die KGSt ein systematisiertes und zeitlich gerafftes Verfahren, das den Aufgabenbestand einschränken bzw. den Aufgabenzuwachs erschweren soll ... Bei der Aufgabenkritik bilden Dringlichkeit und öffentliches Bedürfnis den Maßstab für die Beurteilung." (KGSt 1976, S. 4).

Die prinzipielle Notwendigkeit der Aufgabenkritik läßt sich daraus ableiten, daß Art und Menge der für öffentliche Leistungen (Aufgaben) verfügbaren Leistungsfaktoren (Finanzmittel, Arbeitskräfte, Flächen, Vermögensgegenstände) zwangsläufig begrenzt sind, während die "Nachfrage" nach öffentlichen Leistungen größer als das öffentliche "Leistungsangebot" ist. In den letzten Jahren hat sich offensichtlich eine Schere zwischen den Ansprüchen der Bürger nach der Erfüllung öffentlicher Aufgaben und der strukturell beschränkten Möglichkeit für eine Ausweitung des "öffentlichen Korridors" zur Finanzierung des Aufgabenvolumens aufgetan.

Während sich jedoch Sparmaßnahmen vorrangig an der jeweiligen Haushaltslage orientieren, geht Aufgabenkritik ihrem Anspruch nach über eine fiskalistische Strategie hinaus. Als pragmatischer Ansatz fragt sie nach der Berechtigung überkommener Aufgaben (sogenannte Zweckkritik) - hierbei wird von einem Dunkelbereich mehr oder minder zufällig entstandener Aufgaben und der Notwendigkeit einer Anpassung an veränderte Problemlagen ausgegangen - und generell nach der Effektivität der Aufgabenerfüllung im Hinblick auf die spezifische Organisationsform der Aufgabenerfüllung (sogenannte Vollzugskritik). Es werden also inhaltliche, organisatorische und formal-rationale Kriterien der Aufgabenüberprüfung verbunden.

Von der Ausweitung öffentlicher Aufgaben als dem inhaltlichen Bezugspunkt der Aufgabenkritik waren die Kommunalverwaltungen als bevorzugte Träger stark expandierender Verwaltungsfelder besonders betroffen (Bau-, Wohnungs-und Verkehrswesen, gemeindliche Anstalten und Einrichtungen, Jugend-, Sozial-und Gesundheitsverwaltung, Innere Verwaltung, Entsorgung, Umweltschutz, vgl. im einzelnen schon ELLWEIN/ZOLL 1973, S. 323 ff.). Es ist daher sicherlich kein Zufall, daß die ersten Verfahrensvorschläge für eine systematisch betriebene Aufgabenkritk auf der Kommunalebene entwickelt wurden. So wurden Mitte der 70er Jahre erste Erfahrungen in einigen Großstadtgemeinden im Rahmen von Ausschüssen der Kommunalen Gemeinschaftsstelle für Verwaltungsvereinfachung (KGSt) beraten und zu gutachterlichen Empfehlungen fortentwickelt (KGSt 1974, 1976). Ferner griff man auf die vergleichbaren Ansätze des Stadtstaates Hamburg zur Einführung von Managementmethoden in der öffentlichen Verwaltung zurück, zu denen neben Rationalisierungstechniken (z. B. Umstellung auf ADV, Schreibdienste) oder Organisations- und Wirtschaftlichkeitsuntersuchungen auch die Frage einer Verselbständigung von Betriebseinheiten und die Aufgabenkritik gehörten (vgl. Senatsamt für den Verwaltungsdienst Hamburg 1973, BECKER 1976, BECKER/DIECKMANN 1976 sowie DIECKMANN 1977).

Soweit es sich um den Aufgabenbestand handelt, ist Aufgabenkritik die Kehrseite der Aufgabenplanung. Während jedoch die bisherigen Formen der Aufgabenplanung vorwiegend inputorientiert sind (vgl. KRUSE 1976, S. 4 f., SCHARPF 1974), setzt die Aufgabenkritik offensichtlich an den bereitgestellten Leistungen des Verwaltungssystems (outputs) - und erst im zweiten Schritt an den zur Aufgabenerfüllung erforderlichen Ressourcen und ihrer Verfügbarkeit (inputs) - an.

4. Verfahren der Aufgabenkritik

Im KGSt-Modell von 1974 wird ein verwaltungsinternes Verfahren der Aufgabenüberprüfung im Zusammenhang mit der jährlichen Haushaltsaufstellung vorgeschlagen. Die Verwaltung bildet aus Mitarbeitern von Querschnittsämtern (Hauptamt, Kämmerei, evtl. Personalamt, Rechnungsprüfungsamt, Rechtsamt und nicht zuletzt je nach örtlicher Verwaltungsgliederung die für die kommunale Entwicklungsplanung zuständige Stelle) eine Arbeitsgruppe, welche die Anmeldungen der Fachämter zum Haushalt des folgenden Jahres prüft, entweder ohne Bedenken an die Kämmerei weiterleitet, Empfehlungen für eine Änderung oder Wegfall des Ansatzes ausspricht oder ein gesondertes Prüfverfahren vorschlägt. Im Haushaltsaufstellungsverfahren wird also eine Art zusätzliche Schleuse oder Sperre eingebaut, von deren bloßer Existenz man sich schon eine Eingrenzung des Aufgabenvolumens verspricht (vgl. KGSt 1974, S. 9). Kritisch sei angemerkt, daß das vorgeschlagene Verfahren nur eine notdürftige Antwort auf das Auseinanderfallen von budgetären und programmorientiertem Entscheidungsprozeß bietet, da die Abschichtung von Aufgaben bzw. die Maßnahmen zur Rationalisierung des Vollzugs im Prinzip durch eine budgetäre Sichtweise geprägt sein dürften; für die Bedarfsträger sind Begründungspflichten und Anhörungsmöglichkeiten vorgesehen, nicht aber eine Mitwirkung bei der Festlegung von Kriterien (Prioritäten/Posterioritäten) der Aufgabenüberprüfung. Zudem sind ein Leerlaufen des Instruments und damit die Gefahr einer vermehrten "Verwaltung der Verwaltung" (Bürokratie) kaum auszuschließen.

In einem zweiten Teil richtet sich das KGSt-Modell von 1974 auf die Überprüfung von neuen Aufgaben: Rat und Verwaltung sollen vor der Etablierung einer neuen Aufgabe eine detaillierte Programm- und Maßnahmenplanung entwickeln, den genauen Ressourcenbedarf (z. B. Abschätzung von Folgekosten) ermitteln und erst in Kenntnis der Bedingungen sowie der sachlichen, gebietlichen und zeitlichen Konsequenzen der Aufgabenerfüllung eine endgültige Entscheidung treffen. Hier beschränkt sich das Verfahren der Aufgabenkritik also auf Vollzugsprobleme, da man den politischen Gremien die "zweckkritische" Vorentscheidung hinsichtlich des öffentlichen Aufgaben- und Regelungsbedarfs überläßt (vgl. KGSt 1974, S. 10). Gleichwohl würde bei konsequenter Beachtung dieser Grundsätze das Verwaltungssystem stärker in den politischen Willensbildungs- und Entscheidungsprozeß einbezogen oder - wenn man so will - die Fiktion einer unpolitischen Fachverwaltung relativiert werden.

Aufgabenkritik als Ex-ante-Vollzugskritik läßt sich in dieser Form kaum mehr von der politischen Aufgabenplanung unterscheiden. Der kurzfristige Planungshorizont dürfte die Reichweite dieses Instruments allerdings ebenso einschränken wie die mangelnde Transparenz des Verfahrens an sich. Es besteht die Gefahr, daß die Arbeitsgruppe Aufgabenkritik zunehmend darüber entscheidet, was verwaltungstechnisch "machbar" ist und damit den output des kommunalpolitischen Systems frühzeitig restriktiv fixiert. Wenn aber die Verwaltung in einem so starken Maß mitentscheidet über das, was kommunalpolitisch "gewollt", jedenfalls vor dem Wähler "verantwortet" werden muß, so kann dies ebenso zu einer Destabilisierung des kommunalen Handlungssystems führen wie die den Politikern gelegentlich - zweifellos mit einer gewissen Berechtigung - unterstellte Tendenz, gesellschaftliche Bedürfnisse ohne systematische Prüfung als "öffentliche Aufgabe" zu definieren, ihre Erledigung gesetzlich zu normieren und unreflektiert auf das Verwaltungssystem zu übertragen, wo sie nicht selten, als "Daueraufgabe" etabliert, den finanziellen Handlungsspielraum der Politik wiederum beschränkt (vgl. z. B. MÄDING 1978, S. 197 f.).

Das KGSt-Modell von 1976 bringt gegenüber dem noch sehr tentativ gehaltenen Verfahrensvorschlag von 1974 eine wesentliche neue Akzentuierung in der Frage der Beteiligung der politischen Gremien. Das kritische Infragestellen des Aufgabenbestandes und -vollzugs wird nunmehr als "eine dauernde Führungsaufgabe von Vertretungsorganen und Verwaltung" (KGSt 1976, S. 4) gesehen, so daß die Vertretungskörperschaft "in Zeiten zurückgehender Einnahmen ... einen Freiraum für die Übernahme neuer, wichtigerer Aufgaben erhält" (KGSt 1976, S. 6).

Mag die Praxis der Aufgabenkritik in den Kommunalverwaltungen letztlich doch so ausgesehen haben, daß man sich des Instruments bei einer unerwarteten Ressourcenverknappung als eines kurzfristigen Eingriffs zur Einbringung eines Sparhaushalts bediente, um bei reichlicher fließenden Einnahmen die angezogene Notbremse wieder zu lockern, so bemühte man sich nun um eine stärkere verfahrensmäßige Ausgestaltung der Aufgabenkritik und zugleich um deren verwaltungs- und organisationswissenschaftliche Fundierung. So wurden beispielsweise die Bedeutung informeller Konsensbildungsprozesse im Vorfeld von Entscheidungen, Fragen der Motivation und Anreizgestaltung für Mitarbeiter oder die Notwendigkeit flankierender Maßnahmen (Beteiligung des Personalrats, Fortbildungsmaßnahmen, Gewinnen von Machtpromotoren in den politischen Organen u. a.) gewürdigt und in das Konzept einbezogen. Die Leiter der einzelnen Facheinheiten der Verwaltung (Amtsleiter) sollen für eine "vertrauensvolle Zusammenarbeit" mit der Arbeitsgruppe Aufgabenkritik gewonnen werden und bereits bei der Vorbereitung des Verfahrens "Anregungen" geben dürfen, so daß sie eine "loyale Haltung gegenüber dem Vorhaben" einnehmen (KGSt 1976, S. 18).

Die Hauptlast der praktischen Umsetzung des Modells liegt bei der aus Mitgliedern der Vertretungskörperschaft und Mitarbeitern der Verwaltung zusammengesetzten "gemischten Kommission". Ihre Tätigkeit ist in einen hochformalisierten Verfahrensablauf eingebettet, an dem Rat, Verwaltungsführung, federführendes Amt, Fachämter und Personalrat beteiligt sind. Die Arbeitsgruppe wird durch folgende Informationsmittel in ihrer Arbeit unterstützt:

- Bestandsaufnahme der Aufgaben (einschließlich eines Katalogs von Pflichtaufgaben zur Erfüllung nach Weisung),

- Dienstbesprechung,

- Einsatz eines Fragebogens "Aufgabenkritik" (Zahl und Belastung der zur Aufgabenerledigung eingesetzten Mitarbeiter, Umfang der sächlichen Verwaltungsmittel, Einnahmen, Fallzahlen o. ä., Beurteilung der Aufgabe durch die Verwaltungsmitarbeiter auf Bedarfe, Zwecke, Rationalisierungsmöglichkeiten u. ä., vgl. KGSt 1976, Anlage 2, S. 27 - 32),

- Fragebogenrücklauf und -auswertung,

- Durchführung zusätzlicher Untersuchungen,

- Vergabe von Arbeitsaufträgen an das federführende Amt,

- Abrufen von Lösungsvorschlägen bei beteiligten Fachämtern über das federführende Amt.

Vergleicht man die Verfahrensvorschläge der KGSt von 1974 und 1976, so fällt auf, daß durch beide Ansätze die wichtigsten Ziele der Aufgabenkritik nur in Idealfällen, welche in der Verwaltungswirklichkeit nur selten anzutreffen sein dürften, erreicht werden. Die Verfahren dürften kaum in der Lage sein, die Fortschreibungsmentalität der Haushalts- und Finanzplanung wirksam zu durchbrechen. Das KGSt-Modell von 1974 legt noch Wert auf eine Überprüfung zukünftiger Aufgaben und schafft insofern einen besonderen Begründungszwang für neue, aber möglicherweise besonders vordringliche Aufgaben; das Gerüst des bestehenden Aufgabenbestandes wird dagegen - Änderungen in Einzelbereichen ausgenommen - eher stabilisiert. Die Verzahnung von Aufgabenkritik mit der kurzfristigen Budgetplanung scheint schon aufgrund des zeitlichen Drucks bei der jährlichen Haushaltsaufstellung in der Praxis gescheitert zu sein (vgl. KGSt 1976, S. 11). Jedenfalls handelt es sich bei dem revidierten Konzept von 1976 um ein vom Budgetierungsprozeß weitgehend losgelöstes Verfahren einer Teilaspekte erfassenden mittelfristigen Aufgabenplanung, welche aber keineswegs zu einer behördenübergreifenden Sichtweise vorstößt.

Der Schwerpunkt bzw. der Vorzug der aufgabenkritischen Ansätze der KGSt scheint darin zu liegen, daß sie eine projekt- und objektbezogene Diskussion von Einzelproblemen einer "effektiven" Aufgabenerfüllung stimulieren und diese nach Möglichkeit zu einer ständigen Suche nach verbesserten Lösungsmodalitäten im politischen bzw. Verwaltungsalltag werden lassen. Hierin liegt zweifellos ein beträchtliches Innovationspotential, das zu einer Verbesserung der Leistungsfähigkeit der Kommunalverwaltungen beitragen kann. Jedoch löst auch das eher machtorientierte Modell von 1976 nicht das Problem von ressortbezogenen Verteilungskämpfen bei der Haushaltsplanung. Trotz des geeigneten methodischen Ansatzpunktes vermag die Aufgabenkritik daher vermutlich weder die klassische Inputorientierung der Aufgabenplanung zu überwinden noch die inkrementale Basis kommunaler Aufgabenbestimmung und Aufgabenerledigung zu erschüttern, ganz zu schweigen von der Notwendigkeit einer planungs- und entscheidungsrelevanten Erfolgskontrolle des kommunalen Verwaltungshandelns. Bedenkt man ferner, daß die Aufgabenkritik historisch ihren Ausgangspunkt vor der gegenwärtigen Finanzkrise des Staates hatte, so zeichnet sich nunmehr als Gefahr ab, daß das aufgabenkritische Instrumentarium auf der Basis von haushalts- und finanzpolitischen Restriktionen als bloßer "Sparansatz" instrumentalisiert wird. Den bereits erfolgreich als "Rasenmäher" eingesetzten Instrumenten der globalen Minderausgabe, des Einstellungsstops (ohne Rücksicht auf die Aufgabenart und Belastung von Organisationseinheiten bzw. Mitarbeitern), der prozentualen Abschichtung von Stellenplänen u. ä.

würde somit lediglich ein weiteres, weitgehend unspezifisch eingesetztes Instrument mit höchst zweifelhaften Konsequenzen hinzugefügt.

5. Erfahrungen mit der Aufgabenkritik im Stadtstaat Hamburg

Voraussetzungen

Aus der Sicht der hamburgischen Landes- und Kommunalverwaltung war es einmal die hohe Zahl der öffentlichen Bediensteten [1], die zu einer pragmatischen Überprüfung der von ihnen im einzelnen wahrgenommenen Aufgaben Anlaß bot; zum anderen waren es Probleme der mangelnden Überschaubarkeit und der Steuerung des öffentlichen Dienstes bei der Aufgabenerfüllung, die zu "aufgabenkritischen" Überlegungen im Organisationsamt des Senatsamts für den Verwaltungsdienst, einer Stabseinheit des hamburgischen Senats, führten.

Im Organisationsamt waren bereits früher Ansätze entwickelt und erprobt worden, die sich im weiteren Sinn mit einer Aufgabenkritik der öffentlichen Verwaltung beschäftigten (z. B. Organisationsuntersuchungen zur Stadtreinigung und zum Friedhofswesen, Polizeireform; Verselbständigung von Betriebseinheiten, vgl. BECKER 1976, DIECKMANN 1977, S. 85 - 141). Als ein allgemeines Bezugsproblem stand hinter diesen Bemühungen die Frage, inwieweit das staatliche Handeln in seinen Organisationsformen und den Techniken der Leistungserbringung an gesellschaftliche Entwicklungen angepaßt sei (Problem der Modernisierung des Verwaltungsmanagements). Die in der Öffentlichkeit diskutierte Forderung nach einer Privatisierung öffentlicher Aufgaben wirkte dabei doppelt provokativ. Einmal wurde durch sie in Frage gestellt, ob alle im weiteren Sinne öffentliche Aufgaben durch staatliche Handlungsträger erfüllt oder aber ihre Wahrnehmung auch privaten Trägern, welche betriebswirtschaftliche Methoden (einschließlich der Preisbildung am Markt) einsetzen, überlassen werden sollte (vgl. KUX 1976); hierdurch wurde die Forderung nach einer Rationalisierung und Effektivierung auch des Verwaltungshandelns, insbesondere in den mit der Privatwirtschaft vergleichbaren Leistungsbereichen wie z. B. der Gebäudereinigung, unterstützt. Es stellte sich im gleichen Zusammenhang aber auch die andere Frage: ob nicht auch der Aufgabenbestand an veränderte gesellschaftliche Verhältnisse anzupassen sei, nicht zuletzt, damit sich der Staat bei der sich abzeichnenden Finanzkrise der öffentlichen Haushalte einen politischen Handlungsspielraum erhalte (Frage der "Regierbarkeit" von Großstädten bzw. Stadtstaaten).

Ein weiteres Motiv für die Aufgabenkritik war die Frage nach der "optimalen" Verwaltungsorganisation, welche nicht nur durch die Forderung nach einer horizontalen Verselbständigung von Betriebseinheiten der dienstleistenden Verwaltung (öffentliche Unternehmen in privater Rechtsform, rechtsfähige Körperschaften und Anstalten, Regiebetriebe usw.), sondern auch durch die nach einer stärkeren Dezentralisierung der hamburgischen Verwaltung beantwortet wurde (Bezirksverwaltungsreform). Auch jene auf den Gesamtkomplex der Reform der hamburgischen Verwaltung bezogenen Ansätze (Neuordnung des Zeichnungsrechts, Analytische Dienstpostenbewertung, Diskussion von Systemen und Methoden des Managements, Einschätzung der Kosten und Nutzen von Verwaltungsprogrammen, vgl. Senatsamt für den Verwaltungsdienst 1973, 1974, 1982, (GÜHRS u. a. 1977) gehören, in den weiteren Rahmen der Aufgabenkritik, da sie Bedingungen und mögliche Restriktionen für veränderte Methoden der Aufgabenbestimmung (z. B. Verzahnung der politischen und fachlichen Lenkung der Behörden, Instrumentarium der Aufgabenplanung) und der Aufgabenerfüllung (z. B. Leistungsprinzip, Mitbestimmung der öffentlichen Bediensteten, Dienstrecht, Verantwortlichkeit des Mitarbeiters) berühren. Gerade in diesen Bereichen waren von der hamburgischen Verwaltung überregional beachtete Reformansätze entwickelt worden, so daß man alles in allem von einem für die Verwirklichung der Aufgabenkritik förderlichen Reformklima in Hamburg sprechen kann; dies gilt auch für die Bereitschaft von Senat und Bürgerschaft, sich dieses Themas anzunehmen.

Erwähnenswert ist ferner, daß auch in Hamburg die gängigen Themen der Bürokratiekritik durchaus diskutiert wurden, etwa Forderungen wie

- Verwaltungsvereinfachung,
- mehr Bürgernähe der Verwaltung,
- Überprüfung der Regelungen,
- verbesserte Rechenschaftslegung und Kontrolle der Verwaltung,
- Abbau der "Verschwendung" öffentlicher Mittel,
- Vereinfachung der Verwaltungssprache,
- Verringerung des Formularkrieges.

Auch diese Themen stehen in engem Zusammenhang mit der Aufgaben- und Vollzugskontrolle des Verwaltungshandelns.

Zusammenfassend ergibt sich der Eindruck, daß die Reformfähigkeit der hamburgischen Verwaltung eher überdurchschnittlich sein und von daher auch die "Bilanz der Aufgabenkritik in der Hamburger Verwaltung" (DIECKMANN 1982) eher positiv ausfallen müßten. Indessen werden ihr gegenwärtiger Zustand eher mit Begriffen wie "blinde Bürokratie" (DAMKOWSKI 1981) charakterisiert und eine Behebung tiefgreifender Mängel gefordert (Senat der Freien und Hansestadt Hamburg 1981, Bericht der "Haas-Kommission"). Von daher stellt sich die Frage nach den Erfahrungen und dem Ertrag der Aufgabenkritik in Hamburg um so dringlicher.

Hatte DIECKMANN (1977) noch einen theoretisch recht umfassenden Beitrag zur "Theorie" der Aufgabenkritik vorgelegt, so zieht der Autor, der selbst leitender Mitarbeiter der Hamburger Verwaltung ist, nunmehr ein erstes Resümee aus den Erfahrungen mit der Aufgabenkritik (DIECKMANN 1982). Hierauf soll im folgenden im Sinne einer kritischen Kommentierung eingegangen werden.

Entwicklung des Stellenbestandes

Der Erfahrungsbericht führt mit resignativem Unterton aus, daß die Entwicklung des Stellenbestandes "noch immer der einzige quantifizierbare Indikator für eine Bilanzierung der Aufgabenkritik" sei (DIECKMANN 1982, S. 3).

Die Statistik verzeichnet von 1976 bis 1978 einen deutlichen Knick in der Entwicklung des Stellenbestandes für die Behörden, Ämter und sonstigen Einrichtungen der Freien und Hansestadt Hamburg. Den Hintergrund für das vorübergehende "Herunterfahren" des Stellenplans bildete das "Sparprogramm" des Hamburger Senats 1975. Es ging vorrangig darum, eine Deckungslücke von 1,9 Mrd. DM in der mittelfristigen Finanzplanung (1975 - 1978) u. a. durch die Reduzierung der Personalausgaben in Höhe von 500 Mio. DM zu schließen (vgl. DIECKMANN 1982, S. 6). Die ursprüngliche Absicht des Senats, die einzelnen Ausgabepositionen des Haushaltsplans systematisch zu durchforsten, war gescheitert. Der Senat griff daraufhin zu Mitteln einer globalen Ausgabensenkung:

- prozentuale Kürzung der Dienstbezüge,

- Deckung von Personalbedarfen für neue oder wachsende Ausgaben aus dem vorhandenen Personalbestand (Umschichtung),

- Null-Stellenpläne in der mittelfristigen Zielprojektion.

Da den Ressorts überlassen wurde, auf welche Weise sie ihre Einsparung erbrachten, kann im Zusammenhang mit dem im Prinzip ressortübergreifenden Instrument des Stellenplans bzw. der mittelfristigen Stellenbedarfsplanung nicht von einem aufgabenkritischen Verfahren gesprochen werden; wenn überhaupt, so fand diese allenfalls in den Planungen der Ressorts statt (s. a. DIECKMANN 1982, S. 7). Dieser negative Befund überrascht insofern nicht, als zu dem Zeitpunkt, in dem sich der Senat zur Ankündigung von Sparmaßnahmen gezwungen sah, der Umfang "öffentlicher Aufgaben" als Folge langfristiger Umstrukturierungen und Anpassungskrisen der Wirtschaft eher zunahm. Hinzu kamen "Sonderbedarfe" wie Verstärkung der Sicherheitskräfte, bei den Finanzämtern und im Schulwesen (vgl. DIECKMANN 1982, S. 6). Den ökonomisch und sozial bedingten Aufgabenzuwächsen stand allerdings eine ständige Abnahme der Wohnbevölkerung mit der Folge eines zumindest partiellen Rückgangs von Leistungsbedarfen in einzelnen Verwaltungsfeldern gegenüber. An den im einzelnen schwer abschätzbaren Veränderungen der Bedarfe an Verwaltungsleistungen wird deutlich, daß eine Verlagerung der Aufgabenkritik auf ausschließlich behördeninterne Verfahren zwangsläufig mit großen Mängeln behaftet sein muß. Dem steht die Erfahrung gegenüber, daß bei "Fehlen einer drastischen Vorgabe von prozentualen Einsparungsquoten als Druckmittel" schnell "eine gewisse Routine im 'Einsparungs-Geschäft'" (DIECKMANN 1982, S. 8) einsetzt und somit Ziele, welche durch eine möglichst behördenübergreifende Aufgabenkritik verfolgt werden, verfehlt werden. Selbst wenn man jedoch einräumt, daß die Beteiligung der "Machtpromotoren" (Behördenleitung) am Geschäft der Aufgabenkritik beträchtliche Vorteile gegenüber tentativen (argumentativen, letztlich vom guten Willen der Beteiligten getragenen) Strategien aufweist, wird man nicht umhin kommen festzustellen, daß sich durch eine behördeninterne Umsetzung der Aufgabenkritik verwaltungsorganisatorisch bedingte Schieflagen in der Wahrnehmung und Erfüllung öffentlicher Aufgaben strukturell verfestigen. - Diese Überlegung führt zu der Frage einer inhaltlichen Aufgabenüberprüfung zurück.

Entwicklung der Aufgaben

Bei der Einschätzung der Wirksamkeit des zweckkritischen Ansatzes der Aufgabenkritik macht sich das Fehlen einer Theorie "öffentlicher Güter" bzw. öffentlicher Leistungen und Aufgaben störend bemerkbar (vgl. zum Diskussionsstand MACKSCHEIDT 1978, HILLMANN/ v. WERSEBE 1978, MAYNTZ 1978, S. 33 - 59, MÄDING/TIGGES/HACK 1980).

Es kann festgestellt werden, daß - ähnlich wie bei der personalpolitischen Dimension der Aufgabenkritik - erst durch die Sparpolitik des Senats entscheidende Impulse für den Abbau und die Einschränkung von Aufgaben sowie für veränderte Modalitäten der Aufgabenerfüllung ausgingen (vgl. DIECKMANN 1982, S. 8). Der Bürgerschaft wurde zunächst eine detaillierte Auflistung sämtlicher Einsparungen nach Art der Maßnahme, Grund des Wegfalls der Aufgabe und eingesparter Stellenzahl vorgelegt; für die abgelaufene Legislaturperiode wurden weitere Ausführungen zur Aufgaben- und zur Personalbedarfsentwicklung gemacht. Ferner liegen inzwischen Senatsbeschlüsse vor zum Haushaltsplan-Entwurf und zum Finanzplan 1981 - 1985, welche eine Liste von Einsparungsvorschlägen bei Personal-, Sach- und Fachausgaben und Aufträge für aufgabenkritische Überprüfungen enthalten (s. DIECKMANN 1982, Anlagenteil) vor.

Jeder Versuch, diese Informationen zu sichten oder gar auf ihre Validität im Hinblick auf die Ziele der Aufgabenkritik einzuschätzen, steht aus den genannten Gründen vor unüberwindlichen Schwierigkeiten. Einen ersten schwachen Anhaltspunkt liefert eine prozentuale Aufteilung der Maßnahmen nach

- Rückgang von Aufgaben (50)
- Einschränkung von Aufgaben (50) und
- veränderter Aufgabenerfüllung (100) (vgl. DIECKMANN 1982, S. 10).

Demnach liegt der Schwerpunkt der Maßnahmen bei Veränderungen in der Aufgabenerfüllung, doch scheinen die Kategorien nicht sonderlich trennscharf. Es fällt auf, daß nur wenige Aufgaben gänzlich abgebaut oder auf Private verlagert wurden. Soweit Privatisierungsmaßnahmen durchgeführt wurden (z. B. Werkstätten, Architektenleistungen, Wäschereien, Gebäudereinigung), handelte es sich um eine unechte Privatisierung, da die Kosten für die privatisierte Aufgabenerledigung nach wie vor im "öffentlichen" Haushalt anfallen und keinesfalls die Zwecksetzung als solche zur Disposition privater Anbieter gestellt wird. Der Katalog der Sparmaßnahmen enthält vor allem

- Rationalisierungsmaßnahmen, bei denen die Qualität der Aufgabenerledigung etwa gleich oder geringfügig niedriger zu veranschlagen ist (z. B. Textverarbeitung, Einführung neuer personal- und kostensparender Arbeitsverfahren, Automation),
- reine Kapazitätsanpassungen an niedrigere Bedarfe (z. B. Bettenzahl bei den Krankenhäusern, Kindertagesheimplätze, Einwohnermeldewesen),

- Wegfall der Aufgabe durch langfristige gesellschaftliche Entwicklungen (z. B. Rückgang von Kriegsfolgeaufgaben, Auflösung von Wohnunterkünften),

- Einschränkung des Leistungsumfangs für die behördeninterne Organisation (z. B. Reduzierung von Servicefunktionen, Einschränkungen in der Gebäudereinigung),

- Abbau von Ausbildungskapazitäten für den Verwaltungsnachwuchs,

- Auslaufen zeitlich ohnehin befristeter Maßnahmen (z. B. Einstufige Juristenausbildung, Elbtunnelbau, Brücken- und Deichbau),

- sonstige technische und personelle Rationalisierungsmaßnahmen, bei denen nur geringfügige Leistungseinschränkungen zu erwarten sind (z. B. Auflösung der Reiterstaffel und der weiblichen Kripo, Verzicht auf bestimmte Statistiken, Tiefkühlfertigkost in Krankenhäusern, Umstellung technischer Dienste und Aufsichtstätigkeiten),

- echte Qualitätsminderungen im Angebot öffentlicher Leistungen (z. B. Kürzen von Stundentafeln, Einschränkungen von technischen und sozialen Diensten sowie bei Aufsichtsfunktionen),

- Wegfall von Aufgaben aufgrund kurzfristiger politischer Entscheidungen (z. B. Großbauvorhaben Kaltenkirchen, Billwerder-Allermöhe, Gesetzesänderungen),

- Rationalisierungsmaßnahmen, welche bei gleichem Aufgabenumfang zu erhöhten Belastungen für den einzelnen Bediensteten führen (z. B. Straffung des Dienstbetriebes, Personalabbau, Neugliederung des Aufgabenzuschnitts insbesondere bei den dekonzentrierten bzw. dezentralisierten Aufgabenbereichen der Bezirksämter).

Geht man von der Hypothese aus, daß 90 % oder mehr der aufgeführten Maßnahmen unter mindestens eine dieser Kategorien subsumiert werden können, so liegt der Schluß nahe, daß Aufgabenkritik in der Praxis kaum

(1) von vorwiegend technischen bzw. technisch-organisatorischen Rationalisierungsmaßnahmen,

(2) von ohnehin fälligen und einsichtigen Aufgabenverlagerungen,

(3) vom Abbau eines an sich für notwendig gehaltenen öffentlichen Leistungsangebots,

(4) von reinen Sparnotmaßnahmen oder

(5) von aus der Sicht der einzelnen Behörden eher als "symbolisch" zu verstehenden Beiträgen zur Sparpolitik der öffentlichen Hände

abzugrenzen sein dürfte. So merkt DIECKMANN (1982, S. 6) zur Kategorie (5) an, daß "Behörden im Rahmen des Sparprogramms 'Stellen' abgeliefert haben, die in den folgenden Jahren zwangsläufig wieder benötigt wurden (z. B. Ausbildungsstellen)". Unter dem Gesichtspunkt einer systematisch betriebenen zweck- und vollzugskritischen Überprüfung wird man den Rationalisierungseffekt der Aufgabenkritik und damit den Wert dieses Instruments als Planungs- und Entscheidungshilfe somit nicht übermäßig hoch einschätzen dürfen. Es dürfte ihr Verdienst sein, in Teilbereichen zu einer Durchforstung beigetragen zu haben, indem gewissermaßen bürokratische Lücken bei der Aufgabenbestimmung und im -vollzug aufgezeigt wurden und ihre Schließung in einen gleitenden Prozeß der Aufgabenrevision einbezogen wurde. So ist es beispielsweise zweifellos durchaus verdienstvoll, wenn man feststellt, daß der Rückgang der Tuberkolose als epidemische Seuche eine Auflösung von Tb-Fürsorgestellen rechtfertigt; nur sollte als Folge eines solchen bürokratischen Anpassungsprozesses das neuerliche Ansteigen dieser Krankheit durch neue soziale Problemlagen (z. B. schlechte hygienische Wohnverhältnisse in Ausländer-Wohnvierteln) nicht unbemerkt bleiben. - Diese zuletzt genannten Gesichtspunkte werfen die Frage nach der Einbettung der Aufgabenkritik als Verfahren in die herkömmliche Regierungs- und Verwaltungsmethodik auf.

Verfahren und Instrumente

Der ursprüngliche Ansatz bestand darin, die laufenden Anmeldungen zum Haushaltsplan durch eine eigens gebildete Verwaltungskommission aufgabenkritisch zu sondieren und fallweise Empfehlungen für die laufende Haushaltsplanung auszusprechen. Dieses Modell entsprach im wesentlichen den KGSt-Vorschlägen von 1974, und daher ist es nicht verwunderlich, daß es aus denselben Gründen wie das KGSt-Modell scheiterte (Zeitdruck, zu umfassender Ansatz, mangelnde Einbindung der Kommissionsarbeit in das sonstige Verwaltungsgeschehen, vgl. DIECKMANN 1982, S. 13).

Ein zweiter Ansatz ging dahin, Aufgabenkritik als Kehrseite der Aufgabenplanung zu begreifen (s. oben S. 274). Dementsprechend wurde sie der zuständigen Assistenzeinheit des Senats, dem Planungsstab der Senatskanzlei, übertragen. Auch dieser Versuch wurde später abgebrochen, wobei die Gründe hierfür aufschlußreich sind:

"Eine erste Bestandsaufnahme zur Überprüfung der Aufgaben ist zwar durchgeführt worden und hat auch die Presse, nicht jedoch den Senat erreicht. Maßgebend hierfür dürfte gewesen sein, daß die Aufgabenplanung z. Z. keinen hohen Stellenwert genießt und von diesem Schicksal dann zwangsläufig auch die Aufgabenkritik erfaßt wurde. Auch setzt die Verbindung von Aufgabenplanung und Aufgabenkritik eine flächendeckende umfassende Durchdringung des gesamten Aufgabenstandes voraus, daß weder die Verwaltung dies in angemessener Zeit leisten noch die Politiker die dadurch entstehenden Konflikte verarbeiten können." (DIECKMANN 1982, S. 14)

Man kann also sagen, daß in Hamburg sowohl der kurzfristig-taktisch ansetzende als auch der mittelfristig-perspektivisch angelegte Versuch, Aufgabenkritik als ein institutionell verselbständigtes Verfahren zu etablieren, gescheitert sind.

Versuche, die Aufgabenkritik stärker mit dem parlamentarischen Willensbildungsprozeß zu verzahnen und es dadurch auch als Verfahren stärker abzusichern (KGSt 1976), wurden in Hamburg offenbar nicht unternommen [2]. Auch hätte es nahegelegen, das Instrument der Stadtentwicklungsplanung auszubauen und zumindest um eine "zweckkritische" Dimension zu erweitern. Andererseits wird aus der Sicht der Verwaltungspraxis betont, daß zweck- und vollzugskritische Aspekte der Aufgabenkritik sich nur schwer voneinander trennen lassen (vgl. KGSt 1976, S. 5). Der Schwerpunkt der Aufgabenkritik dürfte in der Praxis weniger darin liegen, den "Zweck" einer Verwaltungstätigkeit (z. B. Fundbüro, Schwimmbad, Volksbücherei) als vielmehr den Umfang der Aufgabenerfüllung (z. B. die Dauer der Aufbewahrung von Fundsachen, Öffnungszeiten, Zahl der Neuerwerbungen) infrage zu stellen. Es dürfte im Einzelfall schwer sein, eine vollzugskritische Überprüfung von Verwaltungsaufgaben von reinen Sparmaßnahmen (z. B. Aussetzen einer Instandsetzung, Strecken eines Maßnahmenbündels) abzugrenzen.

Die ungelösten Probleme der Realisierung von Aufgabenkritik lassen es fraglich erscheinen, ob ihre Begründung als ein Verfahren bzw. als ein koordinierter Einsatz von Instrumenten tragfähig ist oder ob Aufgabenkritik stattdessen stärker auf eine materielle Verwaltungstheorie (resp. Theorie "öffentlicher Aufgaben") zurückgreifen sollte.

6. Aufgabenkritik als Strategie zur Entbürokratisierung der öffentlichen Verwaltung?

Wer heute von "Entbürokratisierung" der öffentlichen Verwaltung spricht, will in der Regel nicht die zur Selbstverständlichkeit gewordenen Grundlagen des Verwaltungshandelns wie Regelgebundenheit von Entscheidungen im Rahmen rechtsstaatlicher Normenvorgabe, Hierarchie und Verantwortlichkeit, Trennung von Amt und Person, Objektivierung der Personalrekrutierung, Schriftlichkeit des Geschäftsablaufs - also die klassischen Bürokratiemerkmale nach Max Weber -, abschaffen als vielmehr die Verselbständigung dieser einzelnen Prinzipien als ein Wert an sich - ohne Rücksicht auf die gesellschaftlichen Zwecke der Bürokratie (vgl. LEIS 1982, S. 1). In der aktuellen Bürokratiedebatte werden neben der Gesetzesflut, dem Regelungsperfektionismus, der Undurchsichtigkeit und Umständlichkeit von Verfahrensabläufen, dem mangelnden Kostendenken und der fehlenden Bürgernähe nicht zuletzt auch das Anwachsen der öffentlichen Aufgaben beklagt. Insofern berührt das Phänomen des Aufgabenzuwachses bei gleichzeitiger "Aufgabenremanenz" der laufenden Leistungserbringung durch das Verwaltungssystem (KGSt 1974, S. 4) zwar kaum die legitimatorischen Grundlagen für das moderne staatliche Handeln, wohl aber die Frage nach der aktuellen politischen Funktionsfähigkeit der öffentlichen Verwaltung. Aufgabenkritik bietet sich hier als ein Ansatz an, um die durch bürokratische Hemmnisse bedingte Schwerfälligkeit des Verwaltungssystems bei der Anpassung an neue gesellschaftliche Problemlagen überwinden zu helfen und die Flexibilität des Verwaltungssystems zu steigern.

Erwartet man heute von der Aufgabenkritik vornehmlich einen Beitrag zur Konsolidierung der öffentlichen Haushalte (vgl. HACK 1982, KGST 1982), so muß hervorgehoben werden, daß dies nicht ihre ursprüngliche oder ausschließliche Funktion war. Man kann die Chance der Aufgabenkritik gerade auch darin sehen, den gewachsenen, von zufälligen Entscheidungen und Entwicklungen beeinflußten Aufgabenbestand zu sichten, Zielkonflikte aufzudecken, die Dringlichkeit von Maßnahmen zu überprüfen, Schwachstellen und Wirkungsdefizite im System der Aufgabenerfüllung aufzuzeigen, um sodann den Spielraum für ein problem- und anliegengerechtes Verwaltungshandeln zu erhöhen. Eine so verstandene Aufgabenkritik geht in ihrem Anspruch weit hinaus über die Funktionen

- Sparansatz,
- Rationalisierung,
- haushaltswirtschaftliche Bremse.

Im kybernetischen Regelkreis würde eine umfassend begriffene Aufgabenkritik eine wesentliche Informationsfunktion für das Verwaltungssystem erfüllen, indem sie an den Entscheidungsträger Rückkoppelungen liefert über

- wechselnde Bedarfe und Anforderungen an das Verwaltungshandeln,
- verwaltungsinterne Bedingungen der Leistungserbringung,
- Möglichkeiten organisatorischer Alternativen.

Dies kann dann in einem zweiten Schritt wesentliche Anpassungsprozesse des Verwaltungssystems im Sinne der drei Grundmodelle der Aufgabenkritik von DIECKMANN (1977, S. 75 ff.) auslösen. Die Bezugsprobleme der Aufgabenkritik sind demnach zu bezeichnen als

- Freisetzung der Mittel für andere öffentliche Aufgaben (z. B. durch Abbau der Garderobenbewachung),

- Vermeiden von "Implementationsdefiziten" der Gesetzgebung (z. B. durch Verabschiedung vollzugsfreundlicher Gesetze)

- Effizienzsteigerung durch Übertragung und Verlagerung von Aufgaben in Teilbereichen der leistenden und lenkenden Verwaltung (z. B. Stadtreinigung, Krankenhäuser, Liegenschaftswesen).

Als Entscheidungshilfe bezieht sich Aufgabenkritik demnach auf Probleme der materiellen Ziel- und Maßnahmenplanung, der Effektivität der Leistungserbringung und der Wirtschaftlichkeit. Nur die beiden letzten dieser Kriterien enthalten implizit die skeptische Anfrage, ob die gegebenen bürokratischen Strukturen und Verfahren des Verwaltungshandelns zieladäquat sind. In der Frage des Aufgabenzuwachses bzw. der Verlagerung von Prioritäten und Posterioritäten der Verwaltungsprogramme liefert die Aufgabenkritik nach den bisherigen Erfahrungen kaum substantielle Hinweise.

Ungeachtet der ungelösten Verfahrensprobleme der Aufgabenkritik bedarf diese daher der Ergänzung durch einen stärker inhaltlich orientierten Ansatz. Es erscheint aber unwahrscheinlich, daß es gelingen könnte, das Verwaltungssystem dazu zu bewegen, im Rahmen eines weitgehend akzeptierten Verfahrens materielle Probleme der Aufgabenüberprüfung problemadäquat zu bearbeiten.

Die Ursache hierfür dürfte nicht nur in der begrenzten Steuerbarkeit von Verwaltungseinheiten begründet sein; hinzu kommt zweifellos, daß "Politiker wenig Neigung haben, sich mit den überkommenen laufenden Aufgaben zu beschäftigen, da sie die Leistungsempfänger nicht enttäuschen möchten" (KGSt 1974, S. 3 f.).

Das weitgehende Versagen der Verwaltungsorganisation und, soweit diese beteiligt sind, auch der politischen Gremien vor dem Problem einer materiellen Aufgabenüberprüfung dürfte zu den in das System eingebauten Funktionsschwächen von Verwaltungsbürokratien in den gegenwärtigen parlamentarischen Demokratien mit ausgeprägter Parteienkonkurrenz gehören.

Die öffentlichen Verwaltungen regeln ihre vielfältigen Beziehungen zu den Sektoren ihrer "Systemumwelt" offensichtlich weitgehend abgekoppelt zu übergeordneten Kriterien der "Bestandsgarantie" für das Verwaltungssystem insgesamt. Die Schwierigkeiten der Koordination und Integration des Verwaltungshandelns nehmen anscheinend sowohl auf der Ebene der horizontalen Abstimmung (Gemeinde, Kreis) als auch hinsichtlich der vertikalen Politikverflechtung zu den politischen Zentralanstalten des Systems hin (Bund, Länder; politisch-ökonomisches Zentrum) zu. Wollte man auf die Fähigkeit des Verwaltungssystems zu einer objektivierten und gewichteten Problemerfassung vertrauen, so ginge man vermutlich an der nicht mehr rückgängig zu machenden Eigenart differenzierter Sozialsysteme wie dem der öffentlichen Verwaltungen vorbei, spezifische Kontexte und Referenzen für Problemlösungen "autonom" zu definieren; zentrale Steuerungsmechanismen wären diesen differenzierten subinstitutionellen Problemerfassungen wahrscheinlich im Ergebnis eher unter- als überlegen. Ein Verlust an zentraler Steuerungskompetenz wäre demnach als Bedingung für die Erhaltung der Leistungsfähigkeit der öffentlichen Verwaltung hinzunehmen, weil sie nämlich eine Steigerung der "Eigenkomplexität" des Systems als Bedingung für eine optimale Problemverarbeitung (vgl. LUHMANN 1966) zuläßt.

Eine solche skeptische Einschätzung der Chancen für eine materielle Aufgabenkritik stellt zweifellos eine Herausforderung sowohl für das kommunale Handlungssystem (Aufgabenkritik als Instrument der Verwaltungsführung, KGSt 1976) als auch hinsichtlich des Anspruchs der Bürger und Politiker dar, die Ziele sowie die Richtung und den Erfolg des Verwaltungshandelns zu kontrollieren. Insofern sollten die in verschiedenen Großstadtverwaltungen laufenden Versuche, die Querschnittsfunktionen des Verwaltungssystems (Haushalt, Finanzplanung, Stadtentwicklung, Personal, Erfolgskontrolle) systematisch im Sinne einer Aufgabenkoordination und Zielintegration auszubauen, fortgeführt werden, so daß den dem Verwaltungssystem innewohnenden, zentrifugalen, teilweise offensichtlich keineswegs "funktionalen" Tendenzen entgegengewirkt werden kann. Dieses Desiderat verlangt sowohl Anstrengungen der Theorie und Methodik öffentlicher Problem- und Aufgabendefinition als auch solche der Praxis, deren Erfahrungen mit der Aufgabenkritik im Sinne einer Verfahrensevaluation ausgewertet werden sollten (vgl. hierzu den Beitrag von HACK 1982).

Aus der Sicht einer - bisher allerdings erst in Bruchstücken vorliegenden - "Bürokratietheorie" der öffentlichen Verwaltung stellt sich allerdings die Frage, ob Aufgabenkritik überhaupt ein diskutabler methodischer Ansatz zur Verwaltungsreform sein kann. Vordergründig stellt sich ihre Funktion lediglich als eine Ergänzung und bisweilen als ein gewisses Korrektiv einer inkrementalen Budgetierungs-und Planungspraxis dar. Da anspruchsvollere Planungssysteme, spätestens seitdem keine Einnahmenzuwächse von Staat und Kommunen mehr zu verteilen sind, aus der Mode gekommen sind und Politik und Verwaltung sich eher auf das vertraute Handlungsinstrumentarium zurückbesinnen, fehlt von daher der innovatorische Impuls für eine Verwaltungsreform an Haupt und Gliedern. Neben einer gewissen Stetigkeit und Berechenbarkeit bedarf das Verwaltungshandeln gleichwohl solcher übergreifender Impulse, um nicht in einen Kreislauf des Immobilismus hineinzugeraten. Von der Aufgabenkritik allein den entscheidenden Beitrag zu womöglich unausweichlichen Neuformulierungen wesentlicher politischer Inhalte zu erwarten, wäre sicherlich unrealistisch. Hierfür reichen gewiß auch die verfügbaren politik- und verwaltungswissenschaftlichen Beratungskapazitäten nicht aus, doch sollte man bei einem neuen Design für das öffentliche Handeln hierauf wenigstens zurückgreifen können: auch dies ein Kapitel für die überfällige Neuorientierung einer "öffentlichen Aufgabe".

Anmerkungen

1) 1975 waren bereits mehr als 100.000 Beschäftigte im öffentlichen Dienst der Freien und Hansestadt Hamburg tätig. Unmittelbar beschäftigt bei städtischen Behörden und Ämtern waren 85.409 Voll- und 18.618 Teilzeitbeschäftigte; diese Zahl erhöht sich noch wesentlich, wenn man die Beschäftigten bei städtischen Einrichtungen (knapp 4.000) sowie den hamburgischen öffentlichen Unternehmen (Versorgungs- und Verkehrsbetriebe, Hafenwirtschaft, Wohnungsbaugesellschaften, Theater u. a. mit knapp 30.000 Mitarbeitern) hinzuzählt (vgl. BECKER 1976, S. 112). Die Freie und Hansestadt beschäftigt somit etwa jeden 6. Arbeitnehmer; zusammen mit den Dienststellen und Einrichtungen des Bundes und sonstigen Trägern öffentlicher Aufgaben (Versicherungsanstalten, Sparkassen, Kammern, Rundfunk, Kirchen) ergibt dies einen Anteil von 25 % aller abhängig Beschäftigten in Hamburg.

2) Festzustellen ist allenfalls, daß die Bürgerschaft den Senat durch eine Reihe von allgemeinen Anfragen sowie zum Teil auch durch einzelne Prüfungsaufträge zwang, sich der Aufgabenkritik zuzuwenden. Bemerkenswert sind auch das Interesse des Haushaltsausschusses und der Opposition am Thema Aufgabenkritik und Entbürokratisierung. Jedoch handelt es sich hierbei lediglich um Initiativen im Vorfeld oder in der Nachschau der Aufgabenkritik, nicht aber um eine effektive Beteiligung am Verfahren selbst (vgl. DIECKMANN 1982, S. 28 ff.).

LITERATUR

BECKER, ULRICH 1976, Aufgabenerfüllung durch verselbständigte Betriebseinheiten aus der Sicht der Großstadt, in: FRIDO WAGENER (Hrsg.), Regierbarkeit? Dezentralisierung? Entstaatlichung? Schriften der Deutschen Sektion des Internationalen Instituts für Verwaltungswissenschaften, Bd. 3, Bonn, S. 91 - 127.

BECKER, ULRICH; DIECKMANN, RUDOLF 1976, Aufgabenkritik - am Beispiel der Freien und Hansestadt Hamburg, in: JOOSTEN/VAN KALDENKERKEN (Hrsg.), Organisation und Effizienz der öffentlichen Verwaltung II, Beiträge zu einem Symposium in Eindhoven 1975, Köln, Eindhoven, S. 146 ff..

BULL, HANS PETER 1974, Wandel und Wachsen der Verwaltungsaufgaben, in: Handbuch der Verwaltung, Hrsg. von BECKER/THIEME, H. 2.1, Köln u. a.a.O..

DAMKOWSKI, WULF 1981, Die blinde Bürokratie. Analyse einer Affäre. Ursachen, verwaltungswissenschaftlicher Erkenntniswer und verwaltungspolitische Konsequenzen des Giftmüllskandals in Hamburg, in: Die Verwaltung Jg. 14 (1981), S. 219 -246.

DIECKMANN, RUDOLF 1977, Aufgabenkritik in einer Großstadtverwaltung unter besonderer Berücksichtigung Hamburgs (Bd. 65 der Schriftenreihe der Hochschule Speyer), Berlin.

DIECKMANN, RUDOLF 1982, Erste Bilanz der Aufgabenkritik in der Hamburger Verwaltung 1975 - 1982, unveröff. Ms. mit Anlagen; Hamburg.

Drucksache der Bürgerschaft der Freien und Hansestadt Hamburg 9/2518 v. 02.09.80, Antwort des Senats auf das Bürgerschaftliche Ersuchen zum Abbau des Stellenbestandes durch Aufgabenkritik, Rationalisierung, Managementmethoden, Hamburg.

ELLWEIN, THOMAS; ZOLL, RALF 1973, Zur Entwicklung der öffentlichen Aufgaben in der Bundesrepublik Deutschland (Bd. 8 der Schriften der Studienkommission für die Reform des öffentlichen Dienstrechts), Baden-Baden, S. 203-345.

GÜHRS, ECKHARD; LINDNER, KLAUS; PAGELS, JÖRN; REISSMANN, WALTER (1977), Leitfaden für Nutzen-Kosten-Untersuchungen, hrsg. von der Freien und Hansestadt, o. J.

HACK, HANS 1982, Kurzreferat Aufgabenkritik, unveröff. Ms, KGSt, Köln.

HILLMANN, REINHARD/WERSEBE, HILMAR VON 1978, Der Stand der Diskussion um eine Theorie der öffentlichen Aufgaben, in: Reform kommunaler Aufgaben (Beiträge versch. Verf.) (Bd. 19 der Studien zur Kommunalpolitik, Institut für Kommunalwissenschaften der Konrad-Adenauer-Stiftung), Bonn, S. 65 - 84.

Kommunale Gemeinschaftsstelle für Verwaltungsvereinfachung, Bericht Nr. 21/1974, Aufgabenkritik, Köln (zitiert KGSt 1974).

Kommunale Gemeinschaftsstelle für Verwaltungsvereinfachung, Bericht Nr. 25/1976, Verfahren der Aufgabe kritik, Köln (zitiert KGSt 1976).

Kommunale Gemeinschaftsstelle für Verwaltungsvereinfachung, Bericht Nr. 14/1982, Haushaltskonsolidierung durch Aufgabenkritik und Sparmaßnahmen (zitiert KGSt 1982).

KRUSE, HANS-JOACHIM 1976, Allgemeine Aufgabenplanung, in: Handbuch der Verwaltung, Hrsg. von BECKER/THIEME, H. 2.2, Köln u. a.a. O..

KUX, WILHELM R. 1976, Ansätze zur Privatisierung öffentlicher Aufgaben (Werkbericht 2 des Instituts für Kommunalwissenschaften der Konrad-Adenauer-Stiftung), St. Augustin.

LEIS, GÜNTHER 1982, Die Bürokratiedebatte: Der Stand der Auseinandersetzung, Ms., erscheint in gekürzter Fassung als Beitrag im PVS-Sonderheft "Verwaltungswissenschaft und Politikwissenschaft".

LUHMANN, NIKLAS 1966, Theorie der Verwaltungswissenschaft, Köln.

MACKSCHEIDT, KLAUS 1978, Entstehung öffentlicher Aufgaben und öffentlicher Güter, in: Reform kommunaler Aufgaben (Beiträge versch. Verf.) (Bd. 19 der Studien zur Kommunalpolitik, Institut für Kommunalwissenschaften der Konrad-Adenauer-Stiftung), Bonn, S. 47 - 64.

MÄDING, ERHARD 1978, Aufgabenkritik, in: Reform kommunaler Aufgaben (Beiträge versch. Verf.) (Bd. 19 der Studien zur Kommunalpolitik, Institut für Kommunalwissenschaften der Konrad-Adenauer-Stiftung), Bonn, S. 196 - 228.

MÄDING, ERHARD; TIGGES, HANS; HACK, HANS 1980, Entwicklung der öffentlichen Aufgaben (Institut für Kommunalwissenschaften der Konrad-Adenauer-Stiftung), St. Augustin.

MAYNTZ, RENATE 1978, Soziologie der öffentlichen Verwaltung, Karlsruhe.

RÜRUP, BERT; GRÜNEWALD, KARL HEINZ 1978, Zero-Base-Budgeting - ein "neues" staatswirtschaftliches Budgetierungskonzept. Konzeption und bisherige Erfahrungen, in: Verwaltung und Fortbildung, S. 145 ff..

SALZWEDEL, JÜRGEN 1978, Status-quo-Analyse und Wertung der kommunalen Selbstverwaltung, in: Reform kommunaler Aufgaben (Beiträge versch. Verf.) (Bd. 19 der Studien zur Kommunalpolitik, Institut für Kommunalwissenschaften der Konrad-Adenauer-Stiftung), Bonn, S. 85 - 115.

SCHARPF, FRITZ W. 1974, Probleme der politischen Aufgabenplanung, in: Handbuch der Verwaltung, Hrsg. von BECKER/THIEME, H. 2.3, Köln u.a.a.O..

Senat der Freien und Hansestadt Hamburg 1981, Bericht der Kommission zur Überprüfung von Verbesserungsmöglichkeiten in der Hamburger Verwaltung, Gutachten und 2 Anlagenbände, Hamburg.

Senatsamt für den Verwaltungsdienst (Hrsg.) 1973, Managementsysteme. Systeme und Methoden des Managements in der hamburgischen Verwaltung, Niederschrift Haushaltsausschuß der Bürgerschaft, Unterausschuß "Stellenplan", Hamburg.

Senatsamt für den Verwaltungsdienst (Hrsg.) 1974, Arbeitsbewertung im System des öffentlichen Dienstes. Analystische Dienstpostenbewertung in der hamburgischen Verwaltung, Niederschrift Haushaltsausschuß der Bürgerschaft, Unterausschuß "Stellenplan", Hamburg.

Senatsamt für den Verwaltungsdienst (Hrsg.) 1981, Automation in der hamburgischen Verwaltung, Niederschrift Haushaltsausschuß der Bürgerschaft, Unterausschuß "Stellenplan", Hamburg.

Senatsamt für den Verwaltungsdienst 1982, Aufwand für neue Vorhaben, Richtlinien für die Kostenschätzung, Hamburg.

AUTORENVERZEICHNIS

BANNER, GERHARD, Jurist. Nach 15jähriger Tätigkeit in der Kommunalverwaltung - die letzten 8 Jahre als Beigeordneter (Personal- und Organisationsdezernent) der Stadt Duisburg - seit 1976 Vorstand (Leiter) der Kommunalen Gemeinschaftsstelle für Verwaltungsvereinfachung (KGSt), Köln. Lehrbeauftragter an der Hochschule für Verwaltungswissenschaften Speyer.

Zahlreiche Veröffentlichungen auf dem Gebiet des öffentlichen Personalwesens, der Verwaltungsorganisation und der politisch-administrativen Steuerung der Verwaltung.

Anschrift: KGSt, Lindenallee 13 - 17, 5000 Köln 51, Tel. (02 21) 37 30 65.

BEHNKEN, RENATE, Dr. rer. pol., Wissenschaftliche Mitarbeiterin am Lehrstuhl für Volkswirtschaftslehre (Prof. Dr. M. PFAFF), Universität Augsburg.

Veröffentlichungen: Integrierte Infrastrukturplanung, Eine Einführung, in: PFAFF, M., ASAM, W. (Hrsg.), Integrierte Infrastrukturplanung zur Verbesserung der Lebensbedingungen in Städten und Gemeinden, Berlin 1980. Planungspraktische Erfahrungen mit Stadtsimulationsmodellen, in: Stadt-Region-Land 1980, Heft 54. Mathematische Stadtmodelle als hilfreiches Instrument der kommunalen Planungspraxis?, in: Städte- und Gemeinderat NRW 1981, Heft 1. Entwurf eines Infrastrukturmodells zur Analyse und Prognose von Versorgungsdisparitäten, in: ALBERTIN/ MÜLLER (Hrsg.), Umfassende Modellierung regionaler Systeme - Probleme, Modelle, Praxisbezug, Köln 1981. Soziale Gerechtigkeit und Wohnungspolitik - Eine empirische Verteilungsanalyse für die Bundesrepublik Deutschland, Berlin 1982.

Anschrift: Universität Augsburg, WISO-Fachbereich, Memminger Str. 14, 8900 Augsburg, Tel. (08 21) 5 98 - 3 46

BENEKE, KLAUS-MICHAEL, Soziologe/Politologe, Wissenschaftlicher Mitarbeiter am Institut für Verwaltungswissenschaft der Hochschule der Bundeswehr Hamburg (seit 1978), davor mehrere Jahre Forschungsassistent am Fachbereich Psychologie der Universität Hamburg für Kommunikationspsychologie und Medienforschung.

Veröffentlichungen u. a.: Schulfernsehen in Theorie und Praxis, Untersuchungen zu einem neuen Unterrichtsmedium (Mitautor), Opladen 1981.

Anschrift: Hochschule der Bundeswehr Hamburg, Institut für Verwaltungswissenschaft, Holstenhofweg 85, 2000 Hamburg 70, Tel. (0 40) 65 41 - 25 97.

BORGHORST, HERMANN, Dr. rer. pol., Fraktionsassistent bei der SPD-Fraktion im Abgeordnetenhaus von Berlin für die Bereiche Wohnen, Stadtentwicklung, Umwelt, Verkehr, Wirtschaft. Mehrere Jahre Wissenschaftlicher Mitarbeiter an der Freien Universität Berlin, Verwaltungsforschung und einem privaten Forschungsinstitut.

Veröffentlichungen u. a.: Bürgerbeteiligung in der Kommunal- und Regionalplanung, Leverkusen 1976. Die wechselseitige Abhängigkeit von Bund und Kommunen in der Stadtsanierungspolitik der Vereinigten Staaten von Amerika, Berlin 1979. H. BORGHORST/H. SCHREIBER, Kleinräumliche Strategien zum Abbau innerstädtischer Disparitäten, in: Bauwelt/Stadtbauwelt 69, März 1981. H. BORG-HORST, J. BURDACK u. a.: Berliner Stadterneuerung, Erfolge und Mißerfolge des Wertausgleichs-Rahmenprogramms und des Zukunftsinvestitionsprogramms (ZIP), (erscheint im Berlin Verlag, Berlin 1982).

Anschrift: Geisbergstraße 11, 1000 Berlin 30, Tel. (0 30) 2 11 26 93 oder 7 83 - 32 63 (Büro).

BRUNNBAUER, ALFRED, Dipl.-Volkswirt, Wiss. Mitarbeiter am Lehrstuhl für Volkswirtschaftslehre (Prof. M. PFAFF), Universität Augsburg.

Veröffentlichungen: Planungspraktische Erfahrungen mit Stadtsimulationsmodellen, in: Stadt-Region-Land 1980, Heft 54. Mathematische Stadtmodelle als hilfreiches Instrument der kommunalen Planungspraxis?, in: Städte- und Gemeinderat NRW 1981, Heft 1. Entwurf eines Infrastrukturmodells zur Analyse und Prognose von Versorgungsdisparitäten, in: ALBERTIN/MÜLLER 1981, ISR Bd. 76.

Anschrift: Universität Augsburg, Fachbereich WISO, Memminger Straße 14, 8900 Augsburg, Tel. (08 21) 5 98 - 3 46

GOTTHOLD, JÜRGEN, Dr. jur., Dipl.-Volkswirt, Professor für ökonomische Analyse von Recht an der Universität Bremen, zuvor Assistententätigkeit in Marburg, Wissenschaftlicher Angestellter beim Bundeskartellamt Berlin, Referent für Stadtentwicklungsplanung der Stadt Marburg.

Veröffentlichungen: Wirtschaftliche Entwicklung und Verfassungsrecht, Köln 1975. Macht und Wettbewerb in der Wirtschaft, Köln 1975. Stadtentwicklung zwischen Krise und Planung, Köln 1978, sowie verschiedene Aufsätze zu wettbewerbspolitischen und -rechtlichen Problemen, Problemen der kommunalen Planungs- und Sozialpolitik sowie planungspraktische Veröffentlichungen.

Anschrift: Universität Bremen, Fachbereich 5, Bibliotheksstraße, 2800 Bremen 33, Tel. (04 21) 2 18 - 22 36

GÜTTER, REINHOLD, Dr. Ing., Mitarbeiter beim Stab der Arbeitsgruppe Nürnberg-Plan, Stadtverwaltung Nürnberg, Studium der Stadt- und Regionalplanung in Berlin und Chicago, danach wiss. Assistent an der Technischen Universität Berlin.

Veröffentlichungen u. a.: Einsatzmöglichkeiten der Bauleitplanung zur Erhaltung von Funktion und Struktur dichtbebauter Innenstadtrandgebiete, Berlin 1979. Zur Wiederbelebung des Mietwohnungsbaus in den Ballungsgebieten, in: Stadtbauwelt 24/1980, S. 1031 ff. Das Zweckentfremdungsverbot als Problem kommunaler Wohnungsbestandspolitik, in: Wohnungswirtschaft und Mietrecht, Nr. 7/1981, S. 147 ff. Der Nürnberger Kriterienkatalog zur Erhaltungssatzung, in: Der Städtetag Nr. 7/1981, S. 459 ff., mehrere Publikationen zum US-Planungsrecht.

Anschrift: Stadtverwaltung Nürnberg, Arbeitsgruppe Nürnberg-Plan/Stab, Unschlittplatz 7 a, 8500 Nürnberg 1, Tel. (0 91) 16 24 78.

HAVERKAMPF, HANS-ERHARD, Dr., Dezernent für Bauwesen der Stadt Frankfurt, vorher Dezernent für Planung, von 1968 - 74 Assistent an der Universität Köln, Wiss. Mitarbeiter am Deutschen Institut für Urbanistik Berlin, Beratung von Städten in Fragen der kommunalen Entwicklungsplanung.

Veröffentlichungen: Mehrere Studien und Arbeitshilfen für die Gemeinden; Aufsätze zu aktuellen Planungsfragen

Anschrift: Sandgasse 4, 6000 Frankfurt am Main, Tel. (06 11) 2 12 51 00.

v. HEYL, ARNULF, Dr. jur., Ltd. Rechtsdirektor beim Stadtplanungsamt Stuttgart, Lehrbeauftragter an der Universität Stuttgart.

Veröffentlichungen in den Bereichen Staatsrecht und Bau- und Planungsrecht.

Anschrift: Stadt Stuttgart, Stadtplanungsamt, Schloßstraße 70, 7000 Stuttgart 1, Tel. (07 11) 2 16 - 1

IRLE, GÜNTER, Dr., Professor für Organisationsanalyse und Handlungsforschung an der Gesamthochschule Kassel.

Veröffentlichungen u. a.: Wie rational sind Organisationsstrukturen? Ambivalente Auswirkungen der Neuorganisation sozialer Dienste, in: Neue Praxis, Sonderheft 1980, 145 ff. Rückkoppelung der Forschungsergebnisse in die Ortskrankenkassen, in: DIEHL/van TREECK (Hrsg.): Krankenkasse und Verwaltungsautomation, Kassel 1981, S. 79 ff. (Zus. mit W. WINDISCH) Empirische Untersuchungen zur Begleitforschung, Kassel 1980. (Zus. mit B. WISCHKA) Die Anwendung sozialwissenschaftlicher Untersuchungsergebnisse in der Praxis durch Datenfeedback, in: Neue Praxis 2/81, S. 147 ff.

Anschrift: Gesamthochschule Kassel, Fachbereich 4 Sozialwesen, Heinrich-Plett-Straße 40, 3500 Kassel, Tel. (05 61)8 04 - 44 74.

KÖNIG, HERBERT, Dr. rer. pol., Professor für Verwaltungslehre an der Hochschule der Bundeswehr Hamburg, im Nebenamt Methodenberater des Bundesministers für wirtschaft sowie Lehrbeauftragter an der Universität zu Köln für Haushalts-und Finanzplanung; zuvor Akademiestipendiat der Stiftung Volkswagenwerk; 1969 -1972 Beigeordneter Generalsekretär der OECD, zuvor Referent und dann Unterabteilungsleiter im Bundesministerium für Wirtschaft; 10 Jahre Kommunalpraxis bei der Stadt Frankfurt am Main.

Veröffentlichungen u. a.: Dynamische Verwaltung - Bürokratie zwischen Politik und Kosten, 2. Aufl., Stuttgart 1979. Bürokratieüberwälzung auf den Mittelstand (Mitherausgeber), Bonn 1982. Öffentliche Finanzkontrolle bei externen Dienstleistungen (Mitautor), Köln 1982.

Anschrift: Auf der Lehmwiese 11, 5309 Meckenheim-Merl, Tel. (0 22 25) 68 47 oder (0 40) 65 41 - 28 55

KÜPPER, UTZ INGO, Dr. rer. pol., Leiter des Amtes für Stadtentwicklungsplanung der Stadt Köln, 4 Jahre Hochschulassistent in Wirtschafts- und Sozialgeographie, 3 Jahre Stadt- und Regionalplanung in einem freien Institut, seit 1976 bei der Stadt Köln.

Veröffentlichungen u. a. zu Umweltschutz in Raumforschung und Raumordnung (1973), Regionale Geographie und Wirtschaftsförderung in Großbritannien und Irland (1970), Umweltschutz in der Gemeinde (1977) sowie eine Vielzahl von Gutachten und Aufsätzen zu Fragen der Angewandten Geographie sowie zur Stadtentwicklungsplanung, Verkehrsplanung, Zentrenstruktur, Dezentralisierung von Politik und Verwaltung.

Federführung für das Kölner Stadtentwicklungskonzept von 1978 und die seither erstellten Stadtteilprogramme.

Anschrift: Stadt Köln, Amt 15, Rathaus, 5000 Köln 1, Tel. (02 21) 2 21 34 96.

LANGE, HANS-GEORG, MPA (Master of Public Administration), Ministerialrat a. D., Beigeordneter des Deutschen Städtetags, Vorsitzender des Stadtentwicklungsausschusses im Rat der Stadt Köln, Mitglied des Bezirksplanungsrats des Regierungsbezirks Köln.

Veröffentlichungen zu Bodenrecht, Stadtentwicklung, kommunale Wirtschaft, Entscheidungstheorie.

Adresse: Deutscher Städtetag, Lindenallee 13 - 17, 5000 Köln 51. Tel. (02 21) 37 71 - 1

v. LÖLHÖFFEL, DIETER, Dr. rer. pol., Dipl.-Sozialwirt, Leiter des Stabs der Arbeitsgruppe Nürnberg-Plan (Stadtentwicklungsplanung) und der Abteilung Stadtforschung (Statistisches Amt) der Stadt Nürnberg. Vormals mehrere Jahre Wissenschaftlicher Mitarbeiter an einem privaten Stadtforschungs- und -planungsinstitut sowie Forschungsassistent am Statistischen Institut der Universität Erlangen-Nürnberg.

Anschrift: Stadt Nürnberg, Arbeitsgruppe Nürnberg-Plan, Unschlittplatz 7 a, 8500 Nürnberg 1, Tel. (09 11) 16 32 77.

PRÄTORIUS, RAINER, Dr. phil., Wissenschaftlicher Assistent am Institut für Politikwissenschaft der Universität Stuttgart.

Veröffentlichungen u. a.: Folgen der Planung, Lollar/Lahn 1977. Ein mühsamer Dialog (hrsg. mit M. GREIFFENHAGEN), Köln/Frankfurt 1979. Sozialstaat und Sozialpolitik - Krise und Perspektiven (mit M. TH. GREVEN und TH. SCHILLER), Darmstadt/Neuwied 1980. Handwörterbuch zur politischen Kultur der Bundesrepublik Deutschland (hrsg. mit M. und S. GREIFFENHAGEN), Opladen 1981.

Anschrift: Universität Stuttgart, Institut für Politikwissenschaft, Keplerstraße 17, 7000 Stuttgart 1, Tel. (07 11) 20 73 - 21 92.

ROSENMUND, STEPHAN, M. A., Arch. HBK, seit 1980 Wissenschaftlicher Mitarbeiter in der Abt. Stadtentwicklungsplanung des Stadtplanungsamtes Stuttgart.

Anschrift: Landeshauptstadt Stuttgart, Stadtplanungsamt, 7000 Stuttgart 1, Schloßstraße 70, Tel. (07 11) 2 16 - 22 88

RUSS-MOHL, STEPHAN, Dr. rer. soc., Dipl.-Verwaltungswissenschaftler, Referent für die Förderprogramme Sozialwissenschaften und Wissenschaftsjournalismus bei der Robert Bosch Stiftung in Stuttgart. Studium der Sozial- und Verwaltungswissenschaften an den Universitäten München, Konstanz und Princeton/USA; 1979 - 1981 Wissenschaftlicher Assistent an der Universität Dortmund.

Veröffentlichungen u. a.: Reformkonjunkturen und politisches Krisenmanagement, Opladen 1981. Kann der Markt, was der Staat nicht kann? Anmerkungen zur ökonomischen Theorie des Staatsversagens, in: Aus Politik und Zeitgeschichte B 14 v. 05.04.80, S. 17 ff. Vollzugsprognosen als Instrument der Politikberatung, Sind die Risiken bei der Umsetzung politischer Programme kalkulierbar?, in: Archiv für Kommunalwissenschaften 1981, S. 207 ff.

Anschrift: Waldburgstraße 247, 7000 Stuttgart 80, Tel. (07 11) 74 11 05.

SCHIMANKE, DIETER, Dr. rer. publ., Professor für Verwaltungslehre an der Hochschule der Bundeswehr Hamburg, jeweils mehrere Jahre Wissenschaftlicher Assistent an der Hochschule für Verwaltungswissenschaften Speyer und hauptamtliche Tätigkeit in einem Bonner Ministerium.

Veröffentlichungen u. a.: Verwaltungsreform Baden-Württemberg, Verwaltungsinnovation als politisch-administrativer Prozeß, Berlin 1978. Funktionen der Flächennutzungsplanung, in: Deutsches Verwaltungsblatt 1979, S. 616 ff. Mehrgliedrige kommunale Organisationsformen, in: Archiv für Kommunalwissenschaften 1977, S. 211 ff.

Anschrift: Hochschule der Bundeswehr Hamburg, Institut für Verwaltungswissenschaft, Holstenhofweg 85, 2000 Hamburg 70, Tel. (0 40) 65 41 - 27 88.

SCHREIBER, HELMUT, Dipl.-Pol., Wissenschaftlicher Angestellter am Zentralinstitut für sozialwissenschaftliche Forschung an der Freien Universität Berlin; mehrjährige wissenschaftliche Tätigkeit in verschiedenen Forschungsprojekten zu Fragen aus dem Bereich der Kommunalpolitik und des Umweltschutzes; mehrjährige Tätigkeit am Internationalen Institut für Umwelt und Gesellschaft des Wissenschaftszentrums Berlin.

Verschiedene Veröffentlichungen zu kommunalpolitischen Fragestellungen.

Anschrift: Putlitzstraße 19, 1000 Berlin 21, Tel. (d) (0 30) 8 52 10 75 und (p) (0 30) 3 96 49 78

SPLITT, ERICH, Inh. Komm. Dipl. WWA Düsseldorf, Städt. Verwaltungsdirektor, stellvertr. Leiter des Stabes für kommunale Entwicklungsplanung der Stadt Duisburg.

Veröffentlichung: Die Koordination von Entwicklungsplanung und Finanzplanung - ein bisher ungelöstes Problem -, in: Zeitschrift für Kommunalfinanzen (ZKF) 1980, S. 66 ff.

Anschrift: Stadtverwaltung Duisburg, Burgplatz, 4100 Duisburg, Tel. (02 03)2 83 20 14

WESSEL, GERD, Dipl.-Volksw., Leiter des Amtes für Stadtentwicklungsplanung und Statistik der Stadt Osnabrück; Berufsweg: Luftfahrtindustrie Bremen, Oberassistent Universität Bonn, leitende Positionen in der Kommunalverwaltung Essen (Ruhr) und Osnabrück; Mitglied der Bundeskonferenz der Stadtentwicklungsdienststellen beim Deutschen Städtetag, Vorsitzender des Arbeitskreises Stadtentwicklungsplanung des Nieders. Städteverbandes, stellvertretender Vorsitzender des Ausschusses Stadtforschung des Verbandes Deutscher Städtestatistiker.

Veröffentlichungen: Zahlreiche wissenschaftliche Aufsätze zu kommunalen Grundsatzfragen, insbesondere zu entwicklungsplanerischen Belangen.

Anschrift: Stadt Osnabrück, Amt für Stadtentwicklungsplanung und Statistik, Postfach 44 60, 4500 Osnabrück, Tel. (05 41) 3 23 41 31